How-nual　Shuwasystem Industry Trend Guide Book

図解入門
業界研究

最新 不動産業界の動向とカラクリがよ～くわかる本

業界人、就職、転職に役立つ情報満載!

［第4版］

磯村 幸一郎 著

秀和システム

はじめに

本書の第3版が発行されてから約5年が経過しました。この間、全世界で新型コロナウイルス感染症が大流行して世界経済・日本経済に大きな影響を与えました。２０２３年以降は、その影響は残るものの、やや落ち着きを取り戻した感があります。日経平均株価も、24年1月にはバブル崩壊後の最高値を34年ぶりに更新し、好況感を示しています。

不動産業界も一時は分譲マンションの供給件数の減少、賃貸や売買の仲介件数の減少、賃貸物件の管理件数の減少などが見られました。しかしコロナ禍の中でも、不動産業者の大きな倒産もなく、業界は総じて大打撃を免れていました。

コロナ禍の影響として、不動産業務面では就業スタイルの変化が挙げられます。打ち合わせなどのオンライン化です。オンライン内見（不動産会社スタッフの現地訪問による映像・音声での物件紹介サービス）、ＩＴ重説（オンラインによる重要事項説明）も採用されるようになりました。

その後、営業面では次の変化が見られました。２０２２年４～９月の海外富裕層の国内不動産投資額は５０００億円強で前年同期比8割増加、海外勢の比率は49％にも上りました。２０２３年1～6月には東京23区の新築分譲マンションの平均価格は約１．３億円に達しました。これら高額物件の売れ行きは順調でした。２０２３年3月期の総合不動産大手5社の決算では、5社とも営業増益で、それぞれ過去最高益を更新しました。

しかし、大企業は一握りの数しかなく、約34万カ所の事業所（民営）、約１３３万人の従業者を抱える不動産業界の大半は中小・零細企業です。億ションの購入者も一部の人に限られています。市場・顧客の両面で二極分化が進んでいます。

不動産業界の将来は、国内外に次で述べる不安材料はあるものの、国民経済のフローから見たＧＤＰの伸び、ストックの面から見た確固たる資産基盤から判断すると、先行き期待ができる市場だと思われます。

不安材料とは、海外では、中国の最大手不動産開発会社である恒大と碧桂園が、相次いで経営危機（前者23年8月、後者同年10月）に陥ったことです。中国経済の大きな担い手2社のもたらした不動産不況は、日本の輸出量の約4分の1を占める中国国家、ひいては中国経済に大きな影響を与えます。

一方、日本の貿易収入の減、在中日系企業の売上減など、日本国内への影響も考えられます。国内では、空き家問題、オフィスビル供給過剰問題などがあります。

不動産業界を国民経済計算面から見てみます。ストック面で見ると、国内不動産評価額は約３０００兆円で、国民総資産の約24％（２０２１年末）を占めています。一方、フロー面で見ると、約66兆円の付加価値額を産出し、国内総生産（ＧＤＰ）の約12％（２０２１年）を占めています。この資産規模・産出額が国民生活や日本経済に与える影響は極めて大きいといえます。

本書は、主に、これからこの業界に就職しようとする学生ならびに中途採用応募者の方を対象に執筆しました。とはいえ、すでに不動産業に携わっておられる方、業界調査、企業調査・研究などの入り口として業界の概要を知りたい方のためにも役立つよう、次の点に留意しました。

①説明資料として基本的資料を収集し、その掲載に努めました。極力第1次資料（例：政府発表資料）を使用し、自作資料以外は出所を明記しました。

②1つの事象を多角的に捉えるため、複数の統計資料がある場合は比較して説明しました。紙数に制限がある場合は資料名だけを付記しました。

③業界を十分に理解するには個々の企業の顔が見えることが必要ですので、ランキング表を多用しました。代表的な不動産会社大手10社については、経営戦略の比較をしました。未上場会社については、少ない情報の有効活用を願って巻末の資料編に、上場会社とともに一覧形式でデータを掲載しました。

④図表は年度間の連続性が保てるよう配慮しています。第1版から今回の第4版まで、同種グラフの数字は16年以上が連続しています。

不動産業界を俯《ふ》瞰《かん》することによって、日本経済・金融・税金・法律の基礎知識も習得できます。逆にいいますと、オールラウンドの知識なしに不動産業界を理解するのは難しいといえます。

本書が不動産業界の深い理解に少しでもお役に立てれば、著者として望外の喜びです。

２０２４年3月　磯村 幸一郎

最新不動産業界の動向とカラクリがよ～くわかる本［第4版］

第2章 不動産業界の仕事と仕組み

第3章 代表的不動産会社の特色と最新動向

第6章 不動産業界の将来動向

資料編

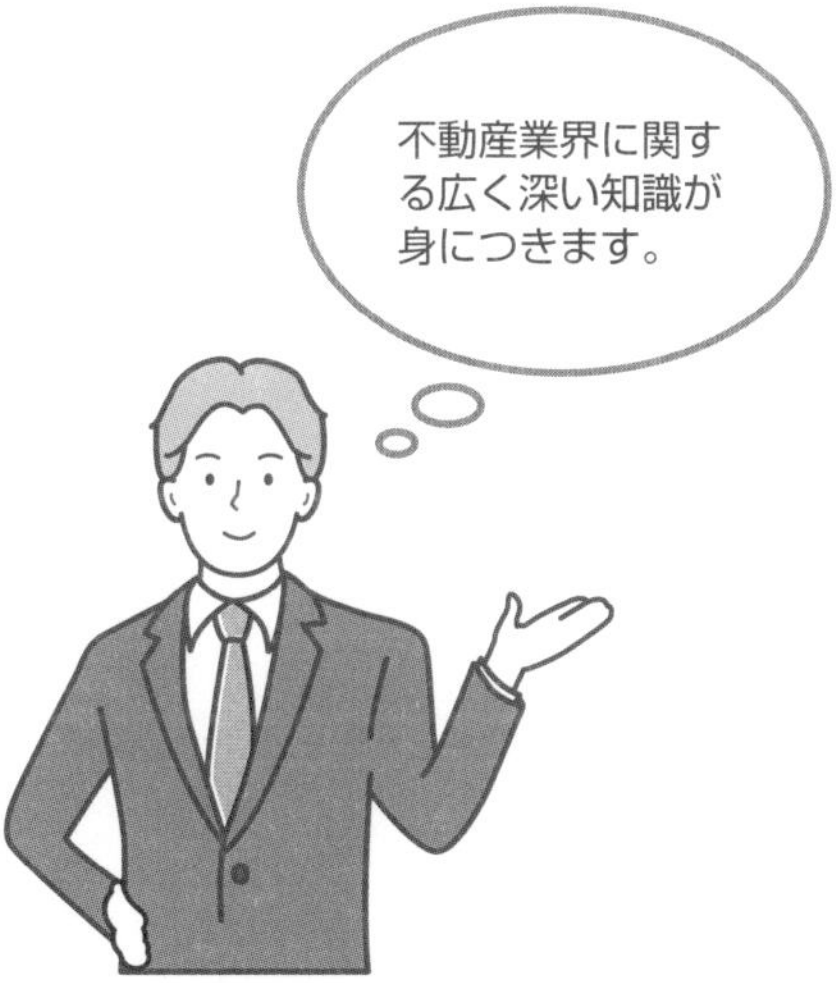

不動産業界に関する広く深い知識が身につきます。

第1章

不動産業界の現状

不動産業の業務は、都市再開発に見られるように経済波及効果が極めて高く、内需拡大に大きく貢献しています。

一方、町の不動産屋さんの手がける不動産の売買・賃貸仲介・管理は、全国どこでも見られ、日常生活と密接に結び付いています。

住宅・建設業との関係も深く、不動産業は日本経済の大きな牽《けん》引力《いんりょく》となっています。

Section

1-1 不動産とは

①不動産業の概況と位置付け

不動産とは土地およびその定着物です。

■不動産の定義と不動産の種類

不動産とは、土地およびその定着物（民法第86条1項）をいいます。

土地自体の定義付けはありません。一般的に「土地」とは「地表を境界点と境界線で区分し境界線で囲まれたその部分」をいいます。その所有権の範囲は、その利用に必要な範囲内での地上および地下に及びます（同第207条）。

土地の定着物とは、土地に付着するものをいい、建物、立木（樹木の集団）、個々の樹木、門・石垣・塀、庭石、庭木などがあります。そのうち、建物、立木法の適用を受ける立木（「樹木の集団」でかつ「登記を受けたもの」）などは、土地とは別に独立の不動産となります。門・石垣・塀、庭石、庭木などは、土地の一部とされ、土地の権利移転に付随します。

建物の定義は「不動産登記法」「建築基準法」「税法」「会計」により若干の違いがあります。

不動産用語での「建物」とは、「土地に定着した建造物」「屋根と周壁がある」「住居や店舗のように使用目的が決まっている」もののことです（不動産登記規則第111条）。

建築基準法で「建物」とされるものは住宅・ビル・門・塀・石垣等、「建物ではないもの」はパーゴラ*・犬小屋・生垣*等です。車庫・物置は、建物とされる場合とそうでない場合があります。

「不動産鑑定評価基準」（国土交通省）によれば、**不動産の種類**とは「不動産の種別および類型」の二面からなる複合的な不動産の概念を示すものです。**不動産の種別**とは、住宅地、商業地など不動産の用途に関して区分される不動産の分類をいい、**不動産の類型**とは、更地、建付地、借地権、底地、自用の建物およびその敷地、貸家およびその敷地、借地権付建物など、その有形的利用および権利関係の態様に応じて区分される不動産の分類をいいます。

Term

パーゴラ　ぶどう棚、藤棚等。　**生垣**　常緑樹で作った垣根。

独立の取引価値のある樹木　登記をしない樹木の集団、および独立の取引価値がある個々の樹木は、立札、縄張りなどの明認方法を示すことによって、土地から独立した不動産と見なすことができる。

不動産とは

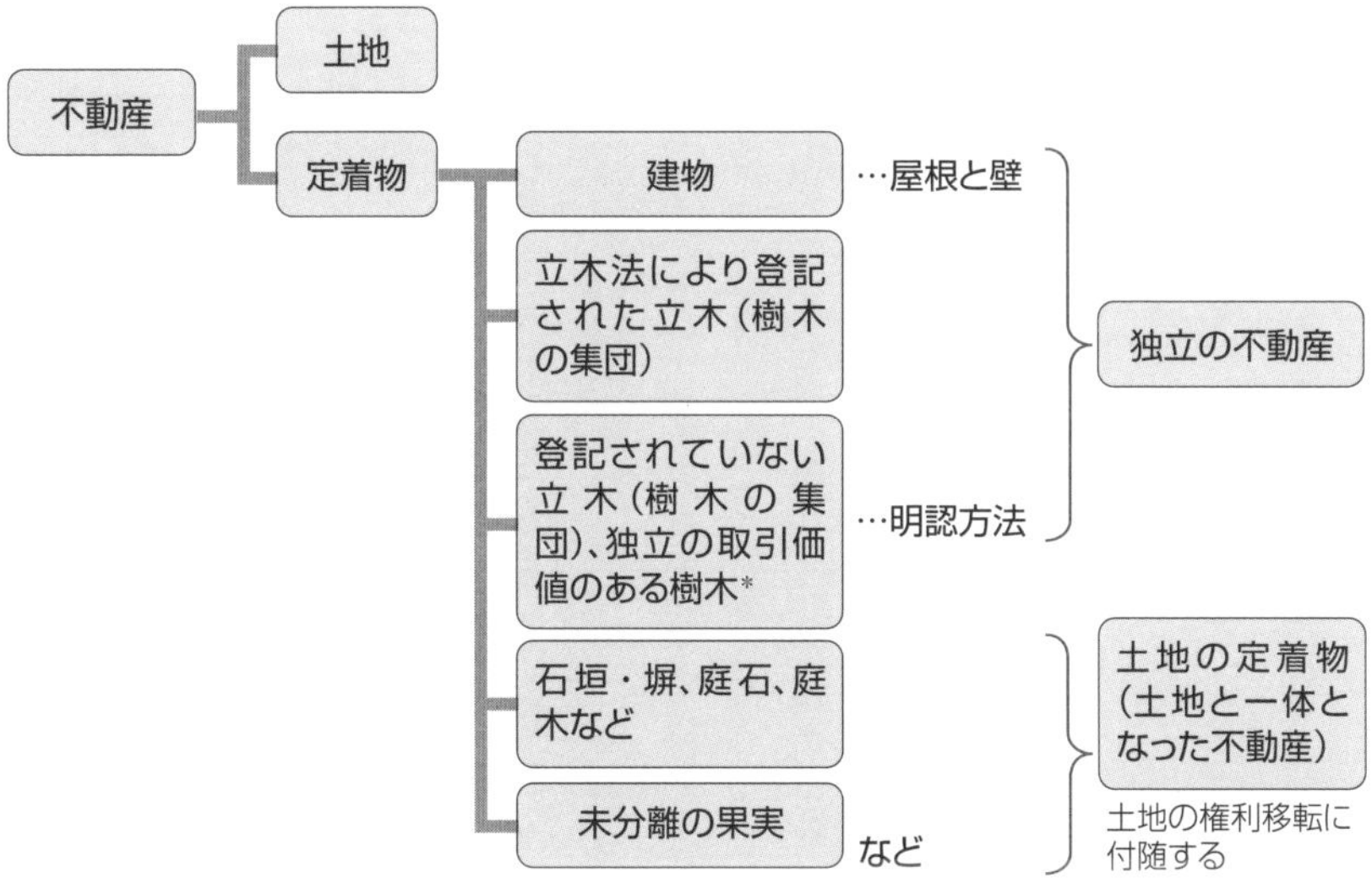

不動産の種類とは

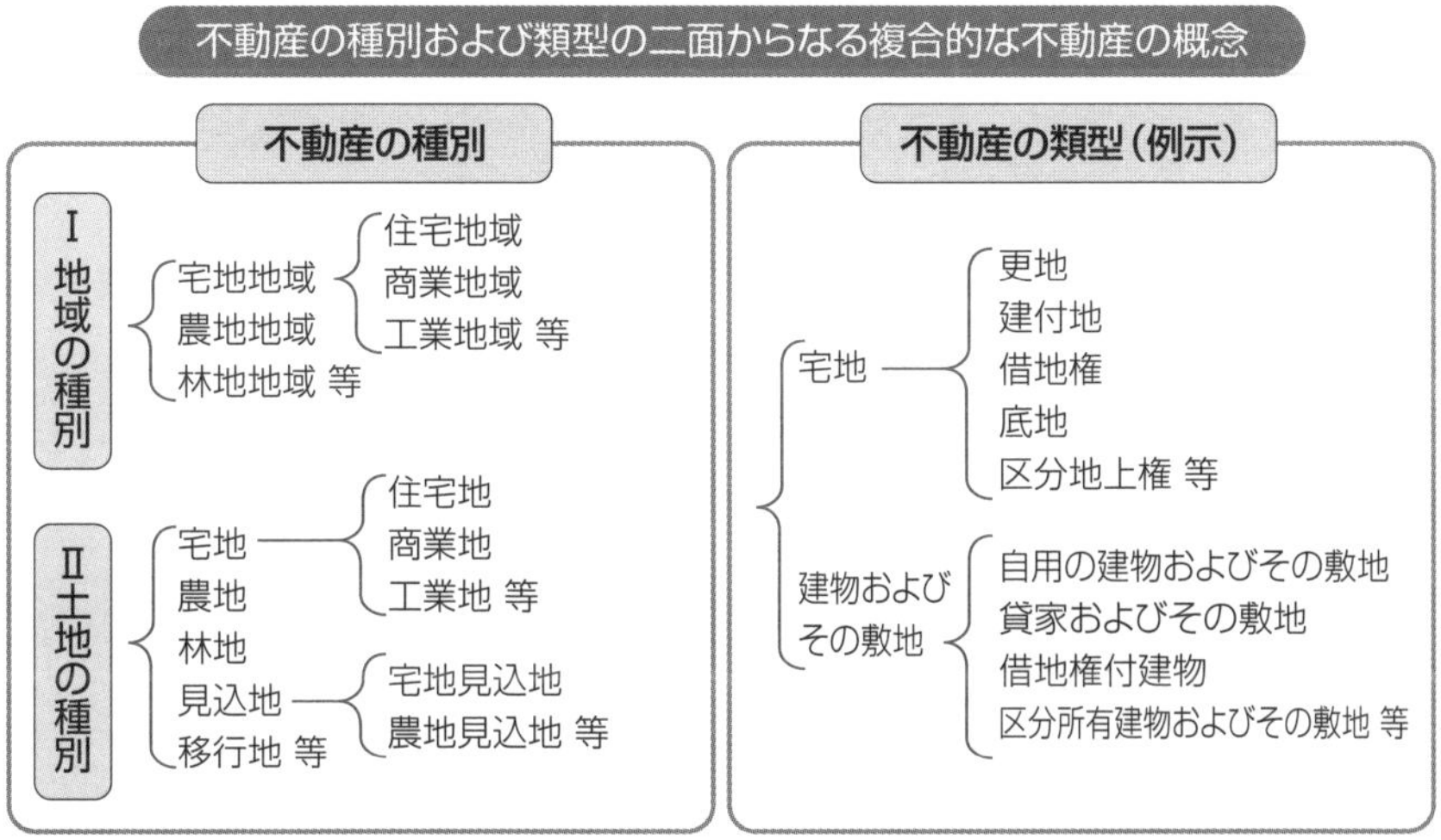

出所：国土交通省「不動産鑑定評価基準」（平成14年7月3日全部改正、最終平成26年5月1日一部改正）

Point

建築物と工作物の違い　建築物は建築基準法上で定義された建物とそれに付随する工作物を指し、工作物は建物以外のすべての人工物を指す。門塀は工作物であるが、家に付随し一体化することにより「建築物」となる。

Section
1-2 不動産業と宅地建物取引業は違う

①不動産業の概況と位置付け

宅地建物取引業者は不動産業者ですが、不動産業者は必ずしも宅地建物取引業者ではありません。

■不動産取引業と不動産賃貸業・管理業

不動産業の正確な定義付けは難しいのですが、日本標準産業分類*では、「不動産業」を**不動産取引業**と**不動産賃貸業・管理業**に分類しています（左ページ図参照）。

不動産業を規制する法律として**宅地建物取引業法**（以下、**宅建業法**とも）があります。

宅地建物取引業*は不動産業より狭義の概念です。不動産業のうち、宅建業法に基づく免許が必要なのは「不動産取引業」であり、「不動産賃貸業・管理業」だけを営む業者は免許取得の必要がありません。

「宅建業法」第2条2項に、「建物の売買業」、「土地売買業」または「不動産代理業・仲介業」を「宅地建物取引業」と定義されています。

左ページ図の不動産業の分類は、日本標準産業分類に基づくものです。全産業が20に大分類されており、その1つが「不動産業、物品賃貸業」です。そのうちの不動産業を中分類、小分類、細分類しています。

中小企業基本法では、業種を「卸売業」、「小売業」、「サービス業」、「製造業その他」に類型化していますが、中小企業庁によれば、不動産業は「サービス業」ではなく「製造業その他」に属します。ただし、不動産業のうち小分類の駐車場業はサービス業に属するとしています。ちなみに大分類では「不動産業・物置賃貸業」として同一分類に属する「物品賃貸業」は、中小企業基準法ではサービス業です。

中小企業信用保険法に定める中小企業者の定義でも、不動産業は製造業等に含まれます。

一方、２００８年7月から総務省で毎月実施している「サービス産業動向調査」では、「不動産、物品賃貸業」はサービス産業としての調査対象に入っています。

Term

日本標準産業分類　「事業所」を経済活動別に分類するためのもの。事業所はモノやサービスを生産または提供する。すべての経済活動を大分類（20分類）・中分類・小分類・細分類の４段階に分類している。

不動産業の分類

大分類		中分類	小分類	細分類	例示	
不動産業、物品賃貸業	不動産業	不動産取引業	建物売買業、土地売買業	・建物売買業	建売業（自ら建築施工しないもの）；事務所売買業；マンション分譲業；中古住宅売買業	宅地建物取引業法の規制する範囲
				・土地売買業	土地売買業（自ら土地造成を行わないもの）；土地分譲業；土地開発分譲業	
			不動産代理業・仲介業	・不動産代理業・仲介業	土地ブローカー；建物仲介業；貸家仲介業；マンション仲介業；アパート仲介業	
		不動産賃貸業・管理業	不動産賃貸業（貸家業、貸間業を除く）	・貸事務所業	貸事務所業（短期のものを除く）；貸店舗業（店舗併用住宅を除く）；貸倉庫業	
				・土地賃貸業	土地賃貸業；地主（土地の賃貸を業とするもの）	
				・その他の不動産賃貸業	貸事務所業	
			貸家業、貸間業	貸家業	貸家業；住宅賃貸業；アパート業；ウィークリーマンション賃貸業；貸別荘業；住宅協会；住宅公社；住宅供給公社；都市再生機構；貸店舗業（店舗併用住宅のもの）；マンション賃貸業	
				貸間業	貸間業	
			駐車場業	・駐車場業	駐車場業；ガレージ業；自動車車庫業；モータープール業；駐車場管理業	
			不動産管理業	・不動産管理業	不動産管理業；ビル管理業；マンション管理業；アパート管理業；土地管理業；社宅.世帯寮管理業；住宅管理事務所	
	物品賃貸業					

注：大分類、中分類、小分類、細分類、例示は『日本標準産業分類（平成25年10月改定）』による。

Term

宅地建物取引業　宅地と建物の売買・交換・賃貸の取引に関する業務を行う。宅建業法の規制を受ける。

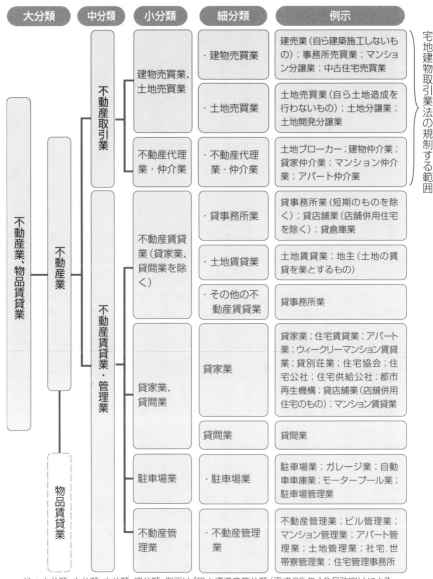

Section 1-3

①不動産業の概況と位置付け

国内総生産の12％のシェアを占める不動産業

不動産業は、国内総生産の大きな比重を占める、日本経済の重要な担い手です。

■国内総生産で製造業と卸・小売業に次ぐ12％のシェアを占める

国民経済計算＊をフローの面から見ると、不動産業は**名目国内総生産**＊（**GDP**）550兆円の約12・0％に当たる約66兆円の付加価値額を産出しています（令和3暦年）。

12％のシェアは、製造業の20・6％、卸・小売業13・7％には及びませんが、16分類の生産活動分類の第3位に位置しています。上位3業種で約50％を占めています。約12％のシェアはここ6年間ほぼ不動です。

66兆円の内訳は、約80％が住宅賃貸業、残り約20％がその他の不動産業となっています。ただしこの中には、不動産業業務で大きな金額の動く開発・分譲部門の生産額は計上されていません。建設部門に含まれるからです。これについては、後述の「経済波及効果」（1-5節参照）で詳述します。

GDPに似た用語にGNP（国民総生産）があります。GNPとは「国内に限らず、日本の企業の海外支店なども含めて1年間に生産されたモノやサービスの付加価値の合計額」です。1993SNA（1993年に国連が加盟各国にその導入を勧告した国民経済計算の体系）の導入に伴い、GNPの概念はなくなり、同様の概念としてGNI（国民総所得）が新たに導入されました。GNIとは「GDP」に「国内の企業が海外で生産した付加価値額」を加えた額です。なお、GNPとGNIは同額です。GDP（国内総生産）と同様に経済成長を測る指標ですが、GDPが「国内で1年間に生産されたモノやサービスの付加価値の合計額」であるのに対し、GNIは「居住者が国内外から1年間に得た所得の合計額」を表します。

以前は日本の景気を測る指標として、主としてGNPが用いられていましたが、現在は国内の景気をより正確に反映する指標としてGDPが重視されています。

Term

国民経済計算（SNA）　一国の経済の状況について、フロー面やストック面を体系的に把握することを狙いとする国際的な基準・モノサシである。一国経済の全体観測が国民経済計算だといえる。

経済活動別国内総生産（名目）の推移と不動産業の生産額

（単位：兆円）

区分＼暦年		平成28暦年	平成29暦年	平成30暦年	平成31（令和元）暦年	令和2暦年	令和3暦年
		(2016)	(2017)	(2018)	(2019)	(2020)	(2021)
国内総生産（GDP）	A	544.4	553.1	556.6	557.9	539.1	549.4
対前年増加率（経済成長率）（%）	B	1.2	1.6	0.6	0.2	−3.4	1.9
産業合計	C	542.4	550.6	553.6	555.0	536.4	547.4
対前年増加率（%）	D	0.5	1.5	5.4	0.2	−3.4	2.0
不動産業	E	64.9	65.4	65.2	65.7	65.8	65.6
住宅賃貸業	F	53.2	53.4	53.2	53.2	53.3	53.1
その他の不動産業	G	11.7	12.0	12.0	12.5	12.5	12.4
対前年増加率（%）	H	0.5	0.7	−0.3	0.7	0.1	−0.3
構成比（%）	I＝E/A×100	11.9	11.8	11.7	11.8	12.2	11.9

出所：内閣府「令和３年度国民経済計算年次推計」（平成27年基準改定値）より作成

経済活動別国内総生産（名目）（令和３年）

（単位：兆円,%）

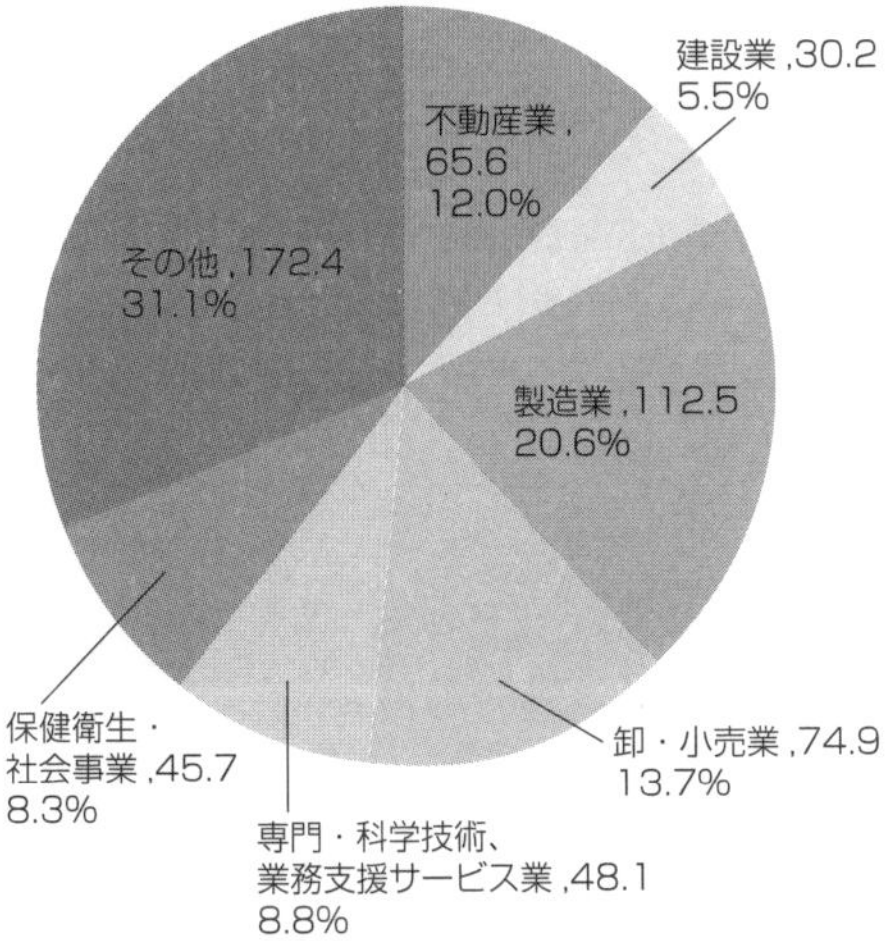

不動産業の生産額（令和３年）

（単位：兆円,%）

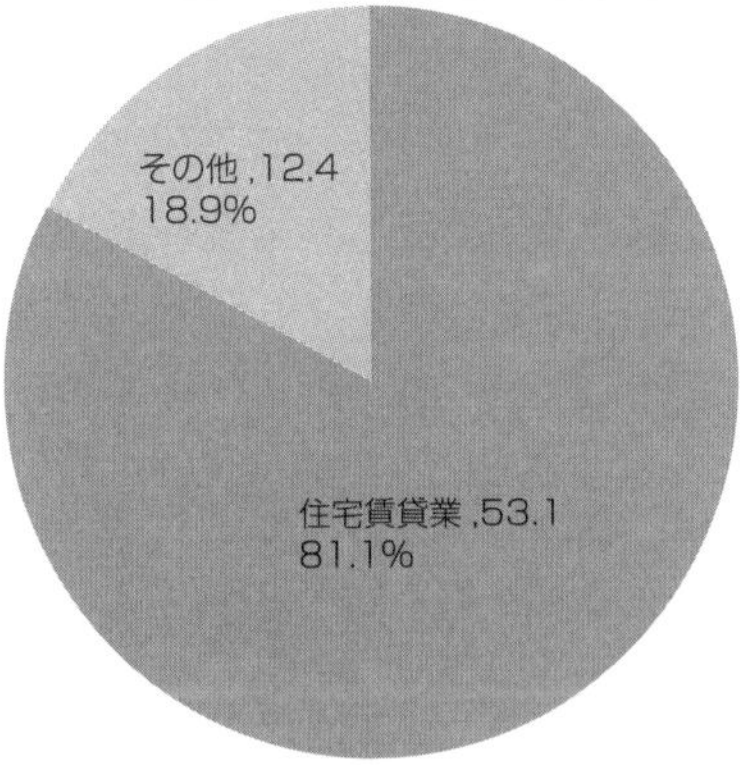

Term

名目国内総生産（GDP） ある一定期間に一国内で新たに生産される財・サービスの付加価値（生産額 − 中間投入物）の合計。GDPの伸びが経済成長率。一方、国民総生産（GNP）は国内に限らず日本企業の海外支店等の所得も含んでいる。

Section

1-4

①不動産業の概況と位置付け

国民総資産の24%のシェアを占める不動産業

不動産業は、国民総資産の大きな比重を占める、日本経済の重要な担い手です。

■国民総資産の24%、国富の76%を占める

国民経済計算を**ストック**の面から見ると、不動産の評価額は約3000兆円となります（令和3年末）。評価額の対象となる不動産の内容は「住宅」、「その他の建物・建築物」、「土地」の3つです。これは、**国民総資産**＊（GNS）の約1京2400兆円の約23・8%に当たります。

バブル期に比べ、金額・比率とも下がっていますが、総資産から金融資産を除いた実物資産（非金融資産）の約85%を占め、家計の金融資産をはるかに凌駕《りょうが》しています。

「資産」から「負債」を控除した概念を「正味資産」といいます。一国全体の正味資産は「国富」とも呼ばれています。

「国富」は「非金融資産」と「金融資産」の合計から「負債」を控除した額ですが、「非金融資産」と「対外純資産」の合計額と言い換えることもできます。この場合、「対外純資産」は「金融資産」から「負債」を控除した額となります。

不動産業の資産は、非金融資産のうちの土地と建物の時価評価額の合計となります。この非金融資産にほぼ同額で対応するのが「国富」です。その意味では、不動産評価額は国富の76%に当たるといえます。

左ページの表から令和3年末の一国経済の「期末貸借対照表」を作成すると、表の左下の図のとおりとなります。総資産は金融資産（9000兆円〈以下、単位は兆円〉）、非金融資産（3445）の合計（12445）となります。総負債も負債（8586）と正味資産（3859）の合計（12445）となり、左右はバランスします。

表の右下のグラフから令和3年末の正味資産の内訳を運用科目別に見ると、固定資産（2088、54%）、土地（1284、33%）、その他（487、13%）、合計（3859、100%）となります。

Term

国民総資産　ある時点における一国の保有財産のこと。国や企業、個人などが保有する土地建物・株式などの残高。

「国民総資産と不動産の評価額」の推移

（単位：兆円）

区分	記号	平成28末 (2016)	平成29末 (2017)	平成30末 (2018)	令和元年末 (2019)	令和2年末 (2020)	令和3年末 (2021)
総資産	A＝B+H	10,582	11,030	11,027	11,354	11,901	12,445
非金融資産（実物資産）	B	3,134	3,189	3,246	3,319	3,327	3,445
うち不動産の評価額	C＝E+F+G	2,684	2,729	2,778	2,843	2,850	2,956
国民総資産に占める割合（%）	D＝C/A×100	25.4	24.7	25.2	25.0	23.9	23.8
住宅	E	412	419	422	431	426	461
その他の建物・建築物	F	1,093	1,114	1,136	1,167	1,165	1,218
土地	G	1,179	1,196	1,220	1,245	1,265	1,277
金融資産	H	7,448	7,840	7,780	8,034	8,575	9,000
うち家計（個人企業含む）	I	1,786	1,860	1,834	1,883	1,930	2,034
総負債・正味資産	J＝K+L＝A	10,582	11,030	11,027	11,354	11,901	12,445
負債	K	7,110	7,509	7,437	7,675	8,217	8,586
正味資産（国富）	L=A−K	3,472	3,521	3,590	3,679	3,684	3,859

（注）不動産評価額＝固定資産のうち住宅、その他の建物・構築物、非生産資産土地の合計
出所：内閣府「令和３年度国民経済計算年次推計」（平成２７年基準改定値）より作成

期末貸借対照表（一国経済）

（令和３年末）

（単位：兆円）

正味資産（資産別）の内訳

（令和３年末）

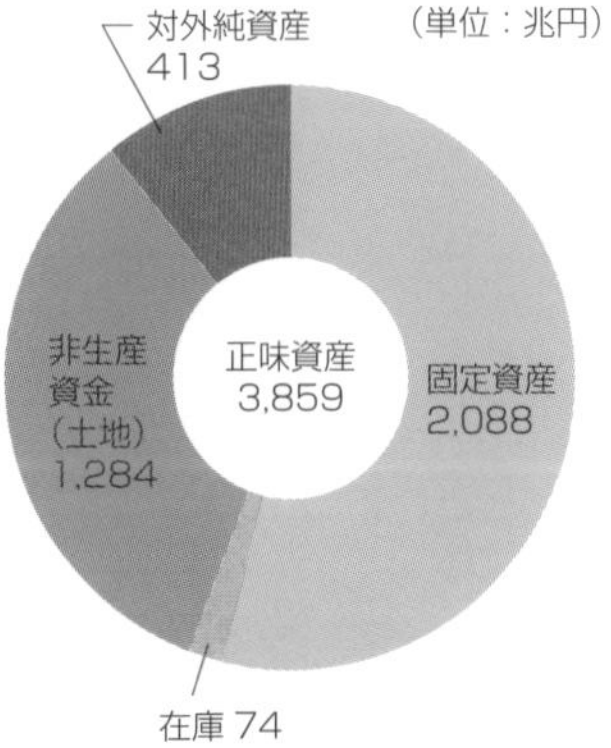

国富の求め方　正味資産（国富）＝非金融資産＋金融資産－負債
＝非金融資産＋対外純資産
対外純資産＝金融資産－負債

Section

1-5

①不動産業の概況と位置付け

不動産業の経済波及効果は1・23倍

不動産業の新規需要に対する経済波及効果は1・23倍とそれほど高くはないものの、表裏一体の関係にあって波及効果の高い建設業を介する分も含め、あらゆる産業に影響を及ぼしています。

建設業を介した波及効果も大きい

一部門（産業）の需要増は他部門（産業）の生産増をもたらします。平成27年産業連関表によると、不動産業（平均）の**経済波及効果**は新規需要額の1・23倍です（左ページの表）。経済波及効果とは、ある経済活動がきっかけとなってその影響が次々と他の経済活動にも及んでいくことです。具体的には、ある産業に需要が発生したとき、その産業の生産を誘発するとともに、「次々と他産業の生産も誘発していく経済活動の波及」のことをいいます。もちろん不動産業の中でも業務部門によって異なります。建設業（平均）は1・83倍で波及効果の高い産業に属します。不動産業の生産額を分類する品目コードは3つですが、建設業は50に分かれています（総務省統計局）。それだけ広範囲の産業に関連していることがわかります。建設業のうち建築は、不動産である土地の上に不動産である建物を建てますので、不動産と密接な関係にあります。

不動産業は建設業の61兆円をやや上回る、年間81兆円（平成27年産業連関表による）の生産額を上げ、それによる経済波及効果は1・23倍の99兆円となります。不動産業の生産額の内訳は、不動産仲介および賃貸15・3兆円、住宅賃貸料14・1兆円、住宅賃貸料（**帰属家賃***）51・3兆円、合計80・7兆円となっています。住宅賃貸料（帰属家賃）が64％を占めています。ここで気が付くのは、不動産の5大業務のうち大きな金額の動く開発・分譲部門の生産額が不動産部門には計上されていないということです。土地造成等に要する費用、建物売買業における建設活動はいずれも建設部門に含まれます。

したがって、建築の波及効果の一部を、不動産の波及効果として合算して考えてもおかしくはありません。

Term

帰属家賃　自己所有住宅（持家、給与住宅：社宅）でも、通常の借家や借間と同様のサービスが生産され消費されるものと仮定し、それを市場家賃で評価した家賃のこと。

経済波及効果　平成27（2015）年産業連関表（37部門別）

部門コード	部門名	新規需要額（単位：百万円）	経済波及効果（単位：百万円）	部門コード
01	農林漁業	0	12,956	01
06	鉱業	0	10,093	06
11	飲食料品	0	12,058	11
15	繊維製品	0	13,404	15
16	パルプ・紙・木製品	0	198,741	16
20	化学製品	0	81,684	20
21	石油・石炭製品	0	149,879	21
22	プラスチック・ゴム製品	0	160,815	22
25	窯業・土石製品	0	56,411	25
26	鉄鋼	0	129,112	26
27	非鉄金属	0	27,679	27
28	金属製品	0	119,384	28
29	はん用機械	0	33,238	29
30	生産用機械	0	36,866	30
31	業務用機械	0	12,576	31
32	電子部品	0	40,106	32
33	電気機械	0	27,931	33
34	情報通信機器	0	5,572	34
35	輸送機械	0	153,094	35
39	その他の製造工業製品	0	157,136	39
41	建設	0	791,044	41
46	電力・ガス・熱供給	0	507,406	46
47	水道	0	59,247	47
48	廃棄物処理	0	43,990	48
51	商業	0	393,354	51
53	金融・保険	0	6,472,090	53
55	不動産	80,718,943	83,405,556	55
57	運輸・郵便	0	736,561	57
59	情報通信	0	1,165,593	59
61	公務	0	52,953	61
63	教育・研究	0	9,612	63
64	医療・福祉	0	3,899	64
65	他に分類されない会員制団体	0	59,514	65
66	対事業所サービス	0	3,857,709	66
67	対個人サービス	0	63,472	67
68	事務用品	0	63,068	68
69	分類不明	0	214,732	69
	合計	80,718,943	99,338,534	

出所：総務省統計局

Point

国民経済計算と産業連関表の不動産の生産額の違い　産業連関表の国内生産は80.7兆円、国民経済活動の国内総生産（生産側）は64.5兆円（いずれも2015年末）。両者の数字が異なるのは、前者には中間投入分が含まれているため。

Section 1-6

不動産業の法人数は漸増

不動産業の法人数は年々増え続けています。令和3年度は前年比4・3%増であり、過去20年間で最高の伸びを示しています。

■不動産業の法人数は全産業の12・8%

業種別の法人数・事業所数を調べる統計としては、法人企業統計調査、会社標本調査、経済センサス（基礎調査・活動調査）などがあります。

財務省の「**法人企業統計調査**＊」によると、2021（令和3）年度の不動産業の法人数は約36万9000社で全産業約289万社の12・8%（母集団は金融業・保険業を除く、以下同じ）を占めています。最近20年間の推移では、すべての年度で前年より増加し続けています。20年間で34・9%増加しており、21年度の法人数は前年より4・3%増と過去20年間で最高の伸び率を示しています。

一方、全産業法人企業数は過去20年で前年割れを2009～12年度の4回記録しており、20年間累計では9・5%増となっています。ここしばらく1%未満の増加率でしたが、21年度は、1・5%まで回復しました。全産業と比較し不動産業の伸びの大きいことがわかります。

国税庁の「**会社標本調査**」は「法人企業統計調査」とほぼ同じ対象企業を調査していますが、いずれも**標本調査**であることから若干の数字の違いが見られます。会社標本調査結果（2021年度調査）によれば、不動産業法人数は約35万7000社で、全産業約284万7000（連結法人を除く）の約12・5%を占めています。20年間の不動産業の法人数の伸びは43・1%となっています。

しかしながら令和3年「経済センサス」（活動調査）の法人数は既述の2調査（法人企業統計調査、会社標本調査）のそれと大きなかい離が見られます。これについては次節で詳述します。

Term

法人企業統計調査　わが国における営利法人等の企業活動の実態を把握するため、標本調査として実施されている基幹統計調査である。年次調査、四半期調査がある。

法人不動産会社数の推移（財務省統計）

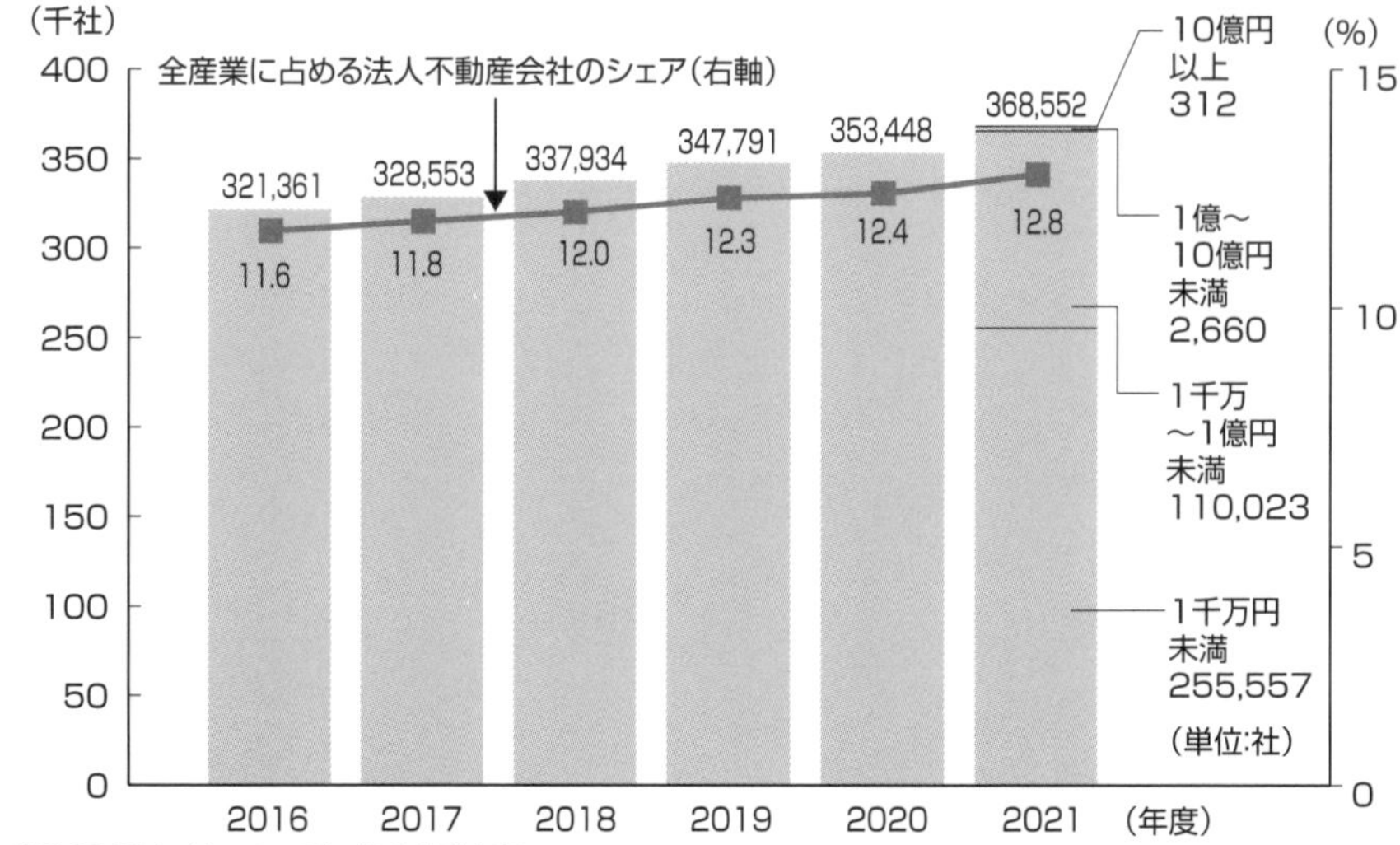

（注）2021年度については、資本金別内訳。
出所：財務省「法人企業統計調査」より作成

法人不動産会社数の推移（国税庁統計）

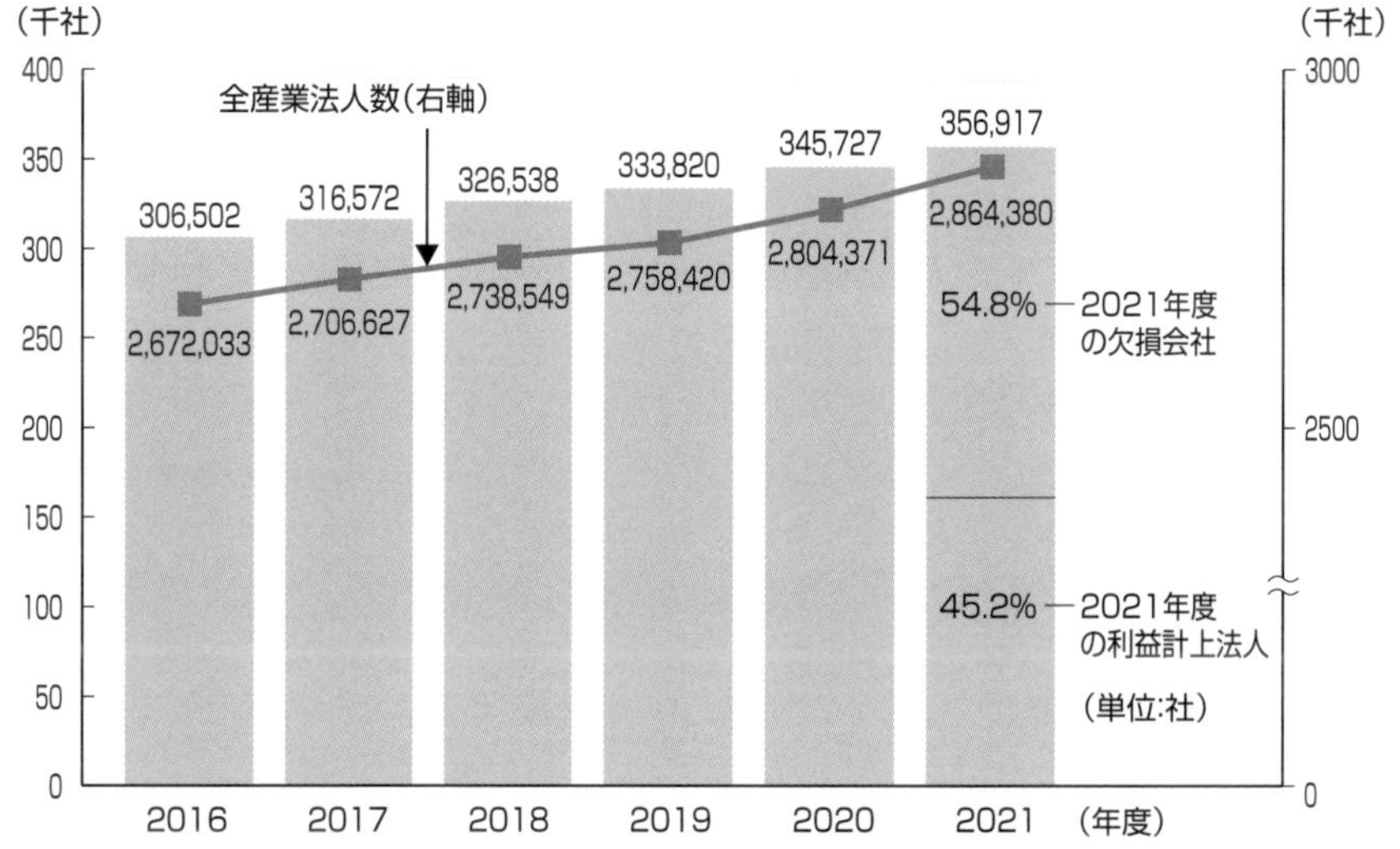

出所：国税庁「会社標本調査」より作成

経済センサス：基礎調査と活動調査の違い①　基礎調査は、事業所・企業の属性など基本的な事項の把握に重点を置く。活動調査は、売上・費用・設備投資など企業の経済活動に重点を置く。（②は5-3節参照）

Section

1-7 不動産業の企業等数は大幅増加

①不動産業の概況と位置付け

2021年経済センサスによる「不動産業企業等数」は、前回（16年）の同一調査から8・5％増加しています。全産業が4・5％減少という中にあって、不動産の規模拡大が光ります。

■不動産業の法人数は21・2万社で企業等数の67・5％を占める

前節で挙げた法人数調査の3番目に、経済センサスによる調査があります。

「2021年経済センサス（活動調査）」によると、不動産業の法人数は21・2万社、うち会社企業が20・9万社で全産業の11・7％を占めます。

この20・9万社が、法人企業統計の36・9万社、会社標本調査の35・7万社にほぼ対応します。対象企業に違いがあるものの、かい離幅が大きすぎる気がします。

なお、財務省と国税庁の調査は標本調査*、経済センサスは悉皆調査*です。

不動産業の企業等数は、法人と個人を含んだ集計となっています（2021年調査）。

「企業等数」に「等」が付いているのは、法人には会社企業のほかに会社以外の法人（NPO法人、一般財団法人、一般社団法人等）があるからです。

不動産業の法人は大半が会社企業です。不動産業の企業等数31・4万社の内訳は、法人21・2万社（67・5％）、個人10・2万社（32・5％）となっています。

さらに、法人の内訳は不動産取引業4・9万社（23・1％）、不動産賃貸・管理業16・3万社（76・9％）となっています（2021年調査）。

2021年調査では2016（平成28）年前回調査から、企業等数は約2・5万社、8・5％増加しています。

その間、全産業企業等数は約17万2000社、4・5％減少しているので、不動産業の増加が目立ちます。

Term

標本調査　母集団から標本を抽出して、母集団の性質などを推定する調査法。
悉皆（しっかい）調査　全数調査ともいう。対象となるものをすべて調べる調査。

不動産業の法・個人別、事業別、企業等数（企業等に関する集計）

		企業等数	法人			個人
			会社企業	会社以外の法人	計	
	全産業	3,684,049	1,781,323	284,161	2,065,484	1,618,565
	不動産業	314,919	209,010	3,624	212,634	102,285
	不動産業の全産業に占める割合（%）	8.5	11.7	1.3	10.3	6.3
	不動産業企業等数の法個人割合（%）	100			67.5	32.5
不動産取引業	建物売買業・土地売買業	17,058	15,548	529	16,077	981
	不動産代理業・仲介業	38,537	32,838	77	32,915	5,622
	（小計）	55,595	48,386	606	48,992	6,603
不動産賃貸・管理業	不動産賃貸業	54,443	45,014	1,188	46,202	8,241
	貸家業・貸間業	148,044	76,393	661	77,054	70,990
	駐車場業	23,033	7,624	595	8,219	14,814
	不動産管理業	33,665	31,492	552	32,044	1,621
	（小計）	259,189	160,527	2,996	163,523	13,206
	建設業	426,155	314,522	905	315,427	110,728
	製造業	339,738	240,965	2,248	243,213	96,525
	卸・小売業	741,239	410,499	8,197	418,696	322,543
	その他	1,861,998	606,327	269,187	875,514	986,484

（注）企業等数、法人数の個別項目の合計は必ずしも総数と一致するとは限らない。
出所：総務省「令和3（2021）年経済センサス―活動調査―」を加工

企業等数の産業別構成比と不動産業の占める割合

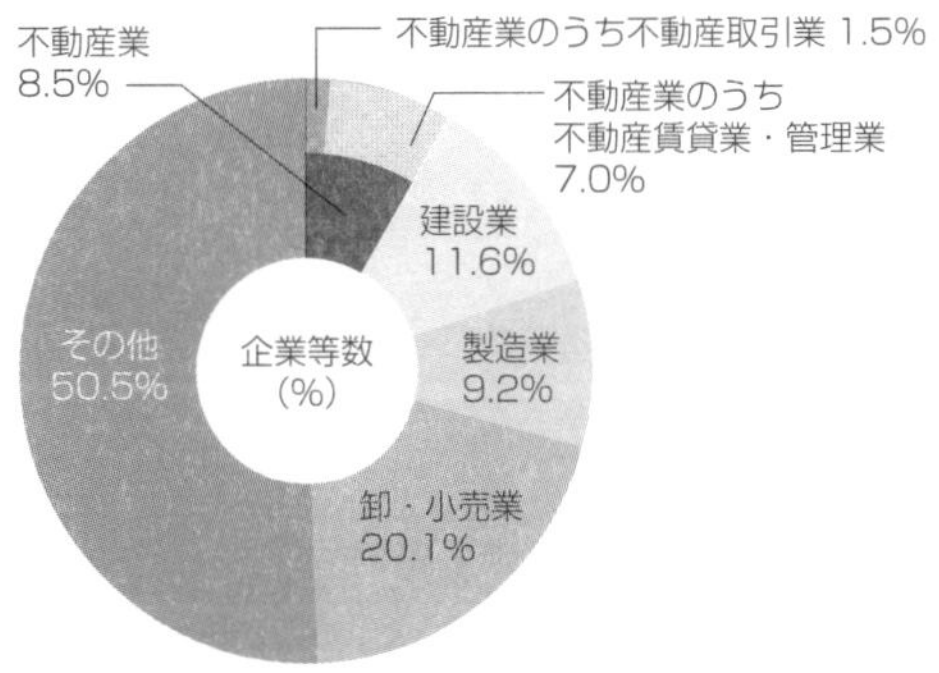

事業所に関する集計と企業等に関する集計の違い　経済センサス（基礎調査・活動調査）には「事業所」および「企業等」に関する集計の方法がある。前者は事業所数および従業員数の状況、後者は企業等数・売上高・付加価値等の状況を知るのに便利である。

Section
1-8

不動産業の事業所数、従業者数も大きく増加

不動産業の事業所数・従業者数も10％前後増加しています。

不動産業の事業所数は全産業の6・7％、従業者数は2・3％

「2021年経済センサス＊（活動調査）」によると、不動産業の事業所＊数（民営のみ）は約34・4万所で、全産業事業所数に占める割合は6・7％となっています。前回の「2016年経済センサス（活動調査）」から、事業所数で約2万所、6・3％増加しています。

不動産業の従業者＊数は約133万人で、全産業に占める割合は約2・3％となっています。1事業所当たりの平均従事者数は3・9人で、全産業平均11・2人の約3分の1。小規模事業所が多いのが不動産業の特徴といえます。

不動産業の従業者数は、前回の経済センサスより約16万人、13・5％増加しています。

全産業では事業所数は3・5％減少、従業者数は1・9％の増加にとどまっているのに対し、不動産業は各平均を上回る大きな伸びを示しています。

不動産業の事業所数で約7割、従業者数で約5割と圧倒的シェアを占めるのは賃貸業であり、金額が大きく動く不動産売買業・仲介業は事業所数で約2割、従業者数で約3割を占めるに過ぎません。

事業所数・従業者数および1事業所当たり従業者数は、必要事項の数値の回答を得られた事業所を対象として集計しています。悉皆調査ではありますが、不完全回答は除外されるので、実態よりは低く発表されます。したがって、事業所数と従業者数、企業等数と従業者数はセットで考えないと、実態を正しく把握できません。

なお、前節の企業等数と本節の事業所数から計算して、1企業当たりの事業所数は全産業平均1・39、不動産業1・09となります。

Term

経済センサス　経済調査のうち、全国・全産業の企業や事業所を対象として行われる調査のこと。「企業を対象とする国勢調査」と表現されることもある。調査は「基礎調査」と「活動調査」の2つに大別される。

不動産業事業所数、従業者数、1事業所当たり従業者数（2021年6月1日現在）

		事業所数(所) 民営のみ	構成比(%)	従業者数 (人)	構成比(%)	1事業所当たり 従業者数（人）
全産業		5,156,063	100	57,949,915	100	11.2
不動産業④+⑪		344,597	[6.7]	1,337,217	[2.3]	3.9
不動産業構成比計		-	100	-	100	-
不動産取引業	管理、補助的経済活動を行う事業所①	87	0.0	2,215	0.0	25.5
	建物売買業・土地売買業②	19,610	5.7	133,466	10.0	6.8
	不動産代理業・仲介業③	47,242	13.7	216,401	16.2	4.6
	（小計）①+②+③=④	(66,939)	(19.4)	(352,082)	(26.3)	5.3
不動産賃貸・管理業	管理、補助的経済活動を行う事業所⑤	152	0.0	1,828	0.0	12.0
	不動産賃貸業（狭義）⑥	58,581	17.0	251,202	18.8	4.3
	貸家業・貸間業⑦	154,903	4.5	409,470	30.6	2.6
	駐車場業⑧	24,606	7.1	63,778	4.8	2.6
	不動産賃貸業（広義）⑤+⑥+⑦+⑧=⑨	(238,242)	(69.1)	(726,278)	(54.3)	3.0
	不動産管理業⑩	39,274	11.4	257,913	19.3	6.6
	（小計）⑨+⑩=⑪	(277,519)	(80.5)	(984.240)	(73.6)	3.5
建設業		485,135	[9.4]	3,737,415	[6.4]	7.7
製造業		412,617	[8.0]	8,803,643	[15.2]	21.3
卸・小売業		1,228,920	[23.8]	11,611,924	[20.0]	9.4
その他		2,684,794	[52.1]	32,459,716	[56.0]	12.1

（ ）は小計、[ ]は全産業に対する構成比
（注）事業所数、従業者数の個別項目の合計は必ずしも総数と一致するとは限らない。
出所：総務省「令和3（2021）年経済センサス－活動調査－」を加工

事業所数・従業者数の産業別構成比と不動産業の占める割合

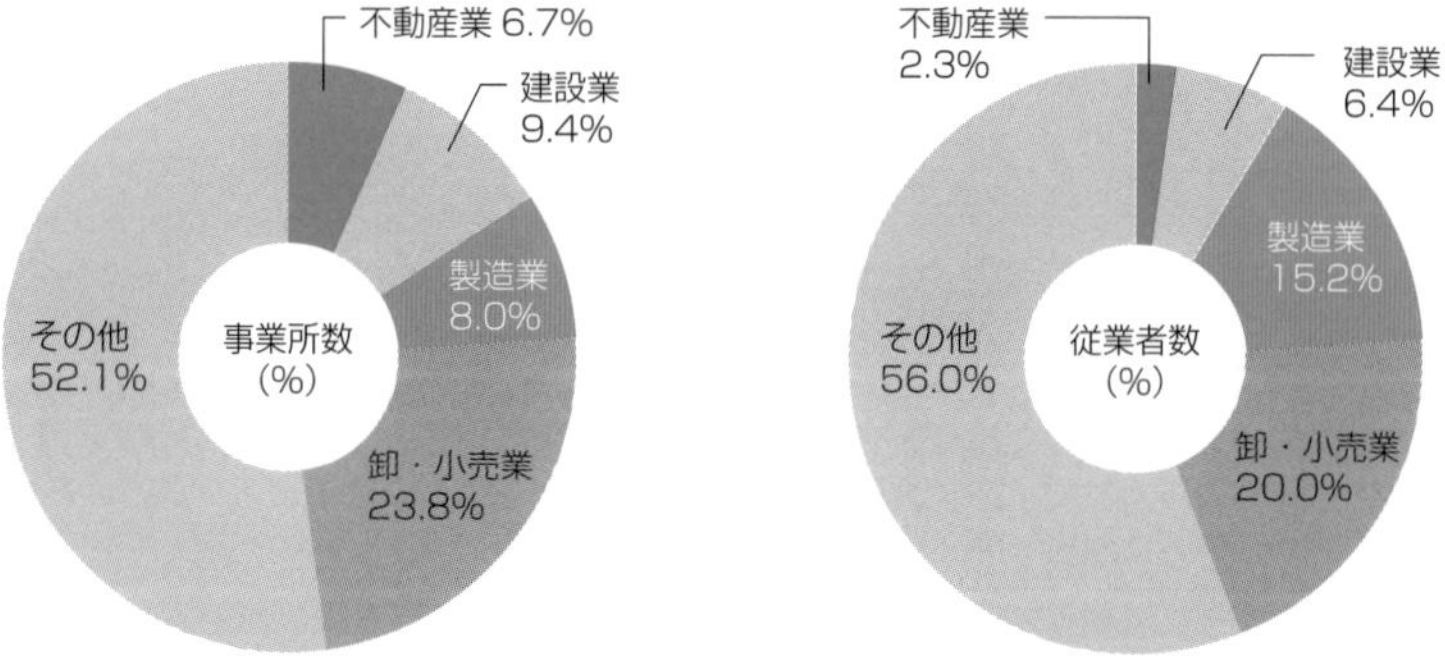

Term

事業所　経済活動の場所ごとの所在であって、単一の経済主体のもと一定の場所（1区画）を占め、従業員や設備を有し、継続的に行われていることの要件がある。
従業者　当該事業所に所属し働いているすべての人をいう。

不動産業の市場規模は48・6兆円

不動産業の市場規模（売上高）は48・6兆円です。これは全産業売上の3・3%に過ぎませんが、陸運業・鉄鋼業を上回る市場規模です。

■売上高（市場規模）は全産業の3・3%、付加価値額は約1800万円／人

財務省「財政金融統計月報」―法人企業統計年報特集（2021年）―によると、不動産業の**市場規模***（売上高）は48・6兆円で、全産業の売上高シェアの3・3%を占めています。なお、悉皆調査の「2021年経済センサス（活動調査）」で集計した売上高総額は43・5兆円であり、1割程度の誤差を勘案した48・6兆円の見込みは妥当と思われます。

不動産業の市場規模を、不動産業と隣接する建設業界と合算すると約185兆円（売上高ベース）となり、非製造業の17%を占めることになります。製造業に当てはめると46%相当の市場規模となります。

一方、**付加価値額***で見ると売上高以上のシェアとなります。同調査によると、不動産業の生み出した付加価値額〔営業純益〈営業利益－支払利息等〉＋役員給与＋従業員給与＋福利厚生費＋支払利息等＋賃借料＋租税公課〕は15兆円で、全産業300兆円に占めるシェアは5%となります。

従業員**1人当たりの付加価値額**（**労働生産性**）は1862万円で、全産業平均722万円の2・6倍となっています。

産業連関表で見た不動産業の**粗付加価値率**（粗付加価値〈生産額－中間投入額〉÷生産額×100）は84%で、他産業よりも飛び抜けて高いのが特徴です。

同様に付加価値を表す概念に**国内総生産**（**GDP***）があります。計算方法の違い（国内総生産はマクロから見て、持ち家・社宅等自己所有物件も、賃借物件と仮定して家賃計算をします）もあり、数字上大きな開きがあります。

市場規模　一般的には、特定の分野において一定期間内に取引された金額や販売数の総計のこと。売上高で見るのが一般的だが、出荷額、資産額、預貯金額、時価総額などで示されることもある。

GDP　1-3節参照。

業種別売上高の推移

単位：兆円

区分＼年度	2016	2017	2018	2019	2020	2021
	H28	H29	H30	H31(R1)	R2	R3
全産業	1,456	1,544	1,535	1,482	1,363	1,448
製造業	396	406	414	399	365	402
非製造業	1,060	1,138	1,121	1,083	997	1,046
うち不動産業	43.0	43.4	46.5	45.4	44.3	48.6
うち建設業	129	141	145	143	134	137

出所：財務省「財政金融統計月報」一法人企業統計年報特集一
（注）全産業には、金融業・保険業を含まない。

各産業の従業員１人当たりの付加価値額の推移

単位：万円

区分＼年度	2016	2017	2018	2019	2020	2021
	H28	H29	H30	H31(R1)	R2	R3
全産業	727	739	730	715	688	722
製造業	832	865	859	812	797	912
非製造業	695	702	694	687	658	670
うち不動産業	1,679	2,129	1,774	1,877	1,847	1,862
うち建設業	873	858	828	850	830	823

（注）全産業には、金融業・保険業を含まない。
出所：財務省「財政金融統計月報」一法人企業統計年報特集一

不動産業の従業員
１人当たりの付加価値額は、
全産業の2.6倍、製造業の２倍、
建設業の2.3倍です。

Point

付加価値額　付加価値とは、企業が事業活動で生み出した価値のこと。付加価値額は、本文中に示した積上法による求め方と、控除法［付加価値額＝売上高－外部購入金額（材料費＋外注加工費等）による求め方がある。付加価値額は加工高ともいう。１人当たりの付加価値額を付加価値生産性、労働生産性という。

Section

1-10 不動産の業務の概要

②不動産業の業務

不動産業の業務は、その内容から①開発、②分譲、③賃貸、④流通(仲介)、⑤管理という5つの分野に分けることができます。

■不動産業の5つの分野

以下、不動産業の5つの分野について、取扱い対象物件別に具体的な業務内容を例示します。

①**開発分野**…宅地開発（大規模ニュータウンを含む）、都市再開発（都市再生）、オフィスビル開発、分譲用マンション開発、賃貸用マンション開発、住宅開発（戸建て開発）、商業施設*開発、ホテル開発、リゾート開発などがあります。オフィスビル、賃貸用マンション、商業施設、ホテルなどの中には、投資ファンド向けに開発されるものもあります。

②**分譲分野**…「宅地分譲」と「住宅分譲」に分かれます。後者には、「マンション分譲、戸建て分譲、リゾートマンション分譲、別荘分譲」などが含まれます。

③**賃貸分野**…賃貸の対象物件としては、賃貸オフィスビル（店舗・事務所）、商業施設*、賃貸マンション・アパート、賃貸用分譲マンション、ウィクリー・マンスリーマンション、貸別荘、貸家（戸建て賃貸）・貸間、貸会議室、賃貸駐車場などが挙げられます。

商業施設の中には「専門店、百貨店、ショッピングセンターなどの大規模店舗や複合商業施設」、「飲食業・サービス業の店舗」、「レジャー・宿泊・レクリエーションなどの施設」、「美術館・博物館・劇場などの文化・芸術的施設」、「ショールーム・展示場などの展示施設」といった、日常社会的サービスを提供するあらゆる施設の賃貸物件が含まれます。「工場、倉庫、配送センターなど、製造や物流施設の賃貸物件」も賃貸業の対象になります。賃貸物件の中には、**サブリース***（転貸物件）も含まれます。

Term

商業施設　人々が日常的に利用する商店街や店舗、レクリエーション施設、美術館、博物館、劇場などのこと。

サブリース　本来の意味は、賃借人がさらに第三者に賃貸（転貸）すること。不動産取引の場合、賃貸住宅のオーナーから管理会社などが一括して借り上げ、賃貸経営を行う方式を指す。

④**流通（仲介）分野**…業務は「不動産代理業務」と「不動産仲介業務」に分かれます。

「不動産代理業務」は、さらに「不動産販売代理業務」と「不動産賃貸代理業務」に分かれます。不動産販売代理業務のうち分譲販売の代理では、代理業者は売主に代わって、新規分譲の営業活動も行います。

「不動産仲介業務」は、「不動産売買仲介」と「不動産賃貸仲介」に分かれます。前者には「持ち家売却の仲介」「中古住宅の売却仲介」「一棟売りマンションの仲介」、後者には「ビル賃貸仲介」「マンション賃貸仲介」「アパート賃貸仲介」などが含まれます。

⑤**管理分野**…土地管理、オフィスビル管理、商業ビル管理、賃貸マンション管理、アパート管理、分譲マンション管理、別荘マンション管理、駐車場管理業などがその例です。ただし、駐車場管理業は駐車場業の一部として不動産賃貸業に含まれます。

以上5分野のほかに、「不動産証券化業務」（2-6～14節参照）を広義の不動産業務と捉える見方もあります。

不動産業の５つの分野

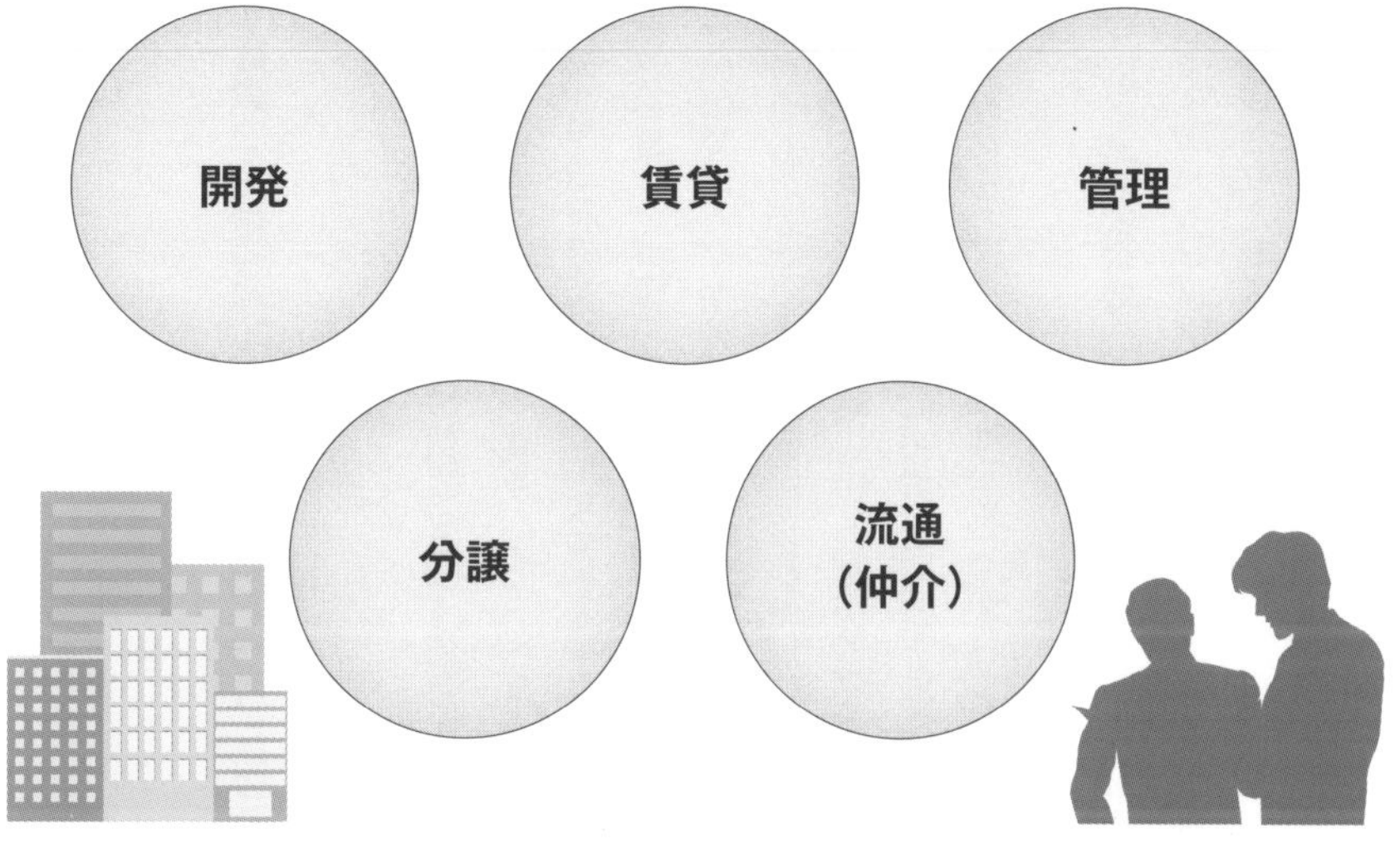

Point

分譲用マンションと賃貸用マンション（分譲用マンションの賃貸を除く）の違い　前者は区分所有登記してあるのに対し、後者は「共同住宅」としての登記のみで、区分建物としての登記をしていない。後者も区分建物としての要件は満たしている。

Section
1-11

②不動産業の業務

住宅・宅地開発分野

大規模な住宅・宅地開発は、主に総合デベロッパー、専業デベロッパーと呼ばれる限られた不動産会社だけが関与しています。

■超高層化・大規模化したマンション開発

不動産開発は、土地を取得し造成インフラ整備を行い、土地に住宅や事業用施設などの建設を行うことにより、不動産の価値創造・向上を行う業務です。開発した不動産の売却・分譲や賃貸事業の展開によって収益を実現します。

従来の住宅・宅地開発では、ニュータウン*建設や新住宅市街地開発など、田畑や山林を造成し、道路や公園、下水道、学校といった公共的な施設の整備とあわせて一戸建て住宅やマンションを建設し、分譲を行ってきました。

こういった大規模開発は、主に**住宅・都市整備公団**（現：**都市再生機構**）など公的機関が手がけてきました。多摩ニュータウン、千葉ニュータウンなどがその例です。民間事業でも100ha（ヘクタール*）を超える大型開発の実績が数多くあります。

最近では、工場移転や駅前再開発の進展、社宅の放出などにより開発適地が増えることもあり、都心地域での超高層や大規模マンション供給が増えています。

市街地開発事業は、一定のエリアを区切り、そのエリア内で公共施設の整備と宅地の開発を総合的な計画に基づいて一律的に行うものです。土地区画整理事業*、新住宅市街地開発事業、工業団地造成事業、市街地再開発事業、新都市基盤整備事業、住宅街区整備事業、防災街区整備事業の7種類があります（都市計画法第12条）。それぞれ根拠法があります。

左ページに、主な大規模ニュータウンの状況および事業手法別のニュータウン地区数・面積を示します。区画整理事業により形成されたものが多いです。

Term

ニュータウン　都市の郊外に新規に建設される大規模な新興住宅地。国土交通省によると、1955年に事業が始まり、面積が16ha以上あるニュータウンは全国に約2020カ所、総面積は19万ha（2018年時点）。

主な大規模ニュータウン（1000ha 以上）

名称	開発面積（ha=万㎡）	事業主体	事業手法	事業年度（開始～終了）
筑波研究学園都市	2,696	都市機構	新住、区画整理、一団地	1968～1998
つくばエクスプレスタウン	2,244	都市機構、茨城県	区画整理	1993～2024
千葉ニュータウン	1,930	都市機構、千葉県	新住	1969～2013
多摩ニュータウン	2,853	東京都、都市機構、組合、公社	区画整理	1966～2005
多摩田園都市	3,208	組合	区画整理	1961～2005
港北ニュータウン	1,341	都市機構	区画整理	1974～1995
けいはんな学研都市	1,844	都市機構、民間、個人、公社	区画整理、開発許可	1970～2014
泉北ニュータウン	1,557	大阪府	新住、公的一般	1965～1982
千里ニュータウン	1,160	大阪府	新住、一団地	1960～1969
西神ニュータウン	1,324	神戸市	新住	1971～2015
“神戸三田”国際公園都市	1,853	都市機構、兵庫県	区画整理、新住	1971～2014
播磨科学公園都市（光都21）	2,010	兵庫県	公的一般	1985～2023

（注）多摩田園都市は区内開発、その他は公的開発。
出所：国土交通省「主な大規模ニュータウン（平成30年度調査）」より抜粋

事業手法別ニュータウン地区数および面積

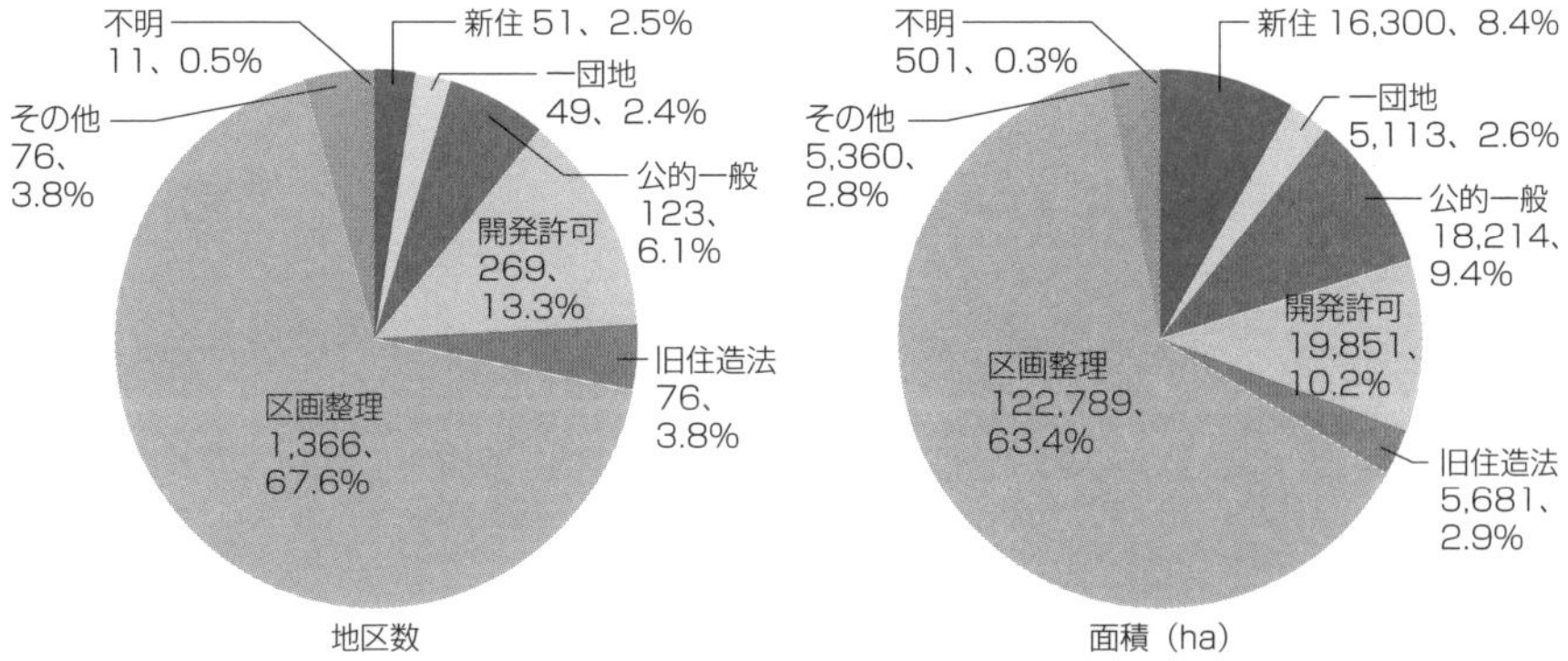

Term

ヘクタール　1アールの100倍。すなわち100×100メートル、1万平方メートル。単位：ha。

土地区画整理事業　都市計画区域間でエリアを区切り、そのエリア内で公共施設（道路、公園、下水道等）の整備改善や宅地の利用促進を図る事業。

Section 1-12

都市再開発分野

再開発事業は経済波及効果が極めて高く、内需拡大による景気回復に大きく貢献する事業です。

■都市再開発とは

都市再開発（**都市再生***）とは、広義には既成の市街地を再整備（再開発）することをいいます。日本では都市再開発法に定める**市街地再開発事業***を指すことが多いです（狭義）。具体的には、都市機能の更新、土地の高度利用、防災性や都市環境の向上、公共空間の創出、地域経済の活性化などを目的に、ビルや商業施設などの都市施設と街路や広場など都市基盤を一体的・総合的に整備することです。

駅前再開発、駅再開発、駅ビル再開発、ビル再開発などの事例が多く見られます。

戦後の復興を経て、超高層ビルブームのはしりとなったのが１９６８年竣工《しゅんこう》の霞が関ビルです。同じ１９６８年には東京都の淀橋浄水場跡が払い下げられ、超高層ビルの立ち並ぶ新宿新都心の建設が始まりました。

１９８６年には東京・港区に17年の歳月をかけたアークヒルズビルが完成しました。これは、**市街地再開発事業**を初めて民間デベロッパー（森ビル）が中心となって施工したもので、都市再開発のさきがけとなりました。

１９８０年後半から、情報化の進展や東京の国際金融センター化を背景に、空前の開発ブームを迎えました。千葉県の幕張、横浜のみなとみらい21、大阪ビジネスパーク（ＯＢＰ）、横浜ビジネスパーク（ＹＢＰ）、恵比寿ガーデンプレイスなどがそれで、いずれも従来にないタイプの**複合開発***として注目されました。しかし、平成不況へ突入し、ビル空室率、賃料低下など市況は一転しました。

２０２３年には大型オフィスビルが次々と竣工しました。「麻布台ヒルズ」は森ビルが地権者との交渉に35年を費やした大型案件。その中核をなす超高層ビル「森ＪＰタワー」は高さ３３０ｍで日本一（23年12月現在）です。

Term

都市再生　衰退しつつある都市を再び活性化させること。
市街地再開発事業　土地区画整理事業などと並び、都市計画法に定められた７種の市街地開発事業の１つ。
複合開発　住宅機能に商業・業務のいずれかまたは双方の機能をあわせて整備された開発を指す。

最近竣工・竣工予定の主なプロジェクト

（延床面積10万m^2以上）

プロジェクト名（ビル名）	延床面積（㎡）	事業主体
住友不動産東京三田ガーデンタワー※	199,700	再開発組合（住友不動産）
麻布台ヒルズA地区※	461,400	再開発組合（森ビル、日本郵便）
田町タワー※	112,500	田町ビル、徳栄商事、三菱重工業
虎ノ門ヒルズ ステーションタワー※	236,600	再開発組合（森ビル）
Shibuya Sakura Stage SHIBUYAタワー	184,700	再開発組合（東急不動産）
東京ワールドゲート赤坂 赤坂トラストタワー	208,000	森トラスト、NTT都市開発
虎ノ門二丁目計画 業務棟	180,700	都市再生機構、日鉄興和不動産他
TAKANAWA GATEWAY CITY複合棟Ⅰ（North・South）	460,200	東日本旅客鉄道
八重洲一丁目東地区再開発 B地区	225,000	再開発組合（東京建物）
日本橋一丁目中地区再開発 C街区	368,700	再開発組合（三井不動産）
TAKANAWA GATEWAY CITY複合棟Ⅱ	208,200	東日本旅客鉄道
豊洲4-2街区開発計画	136,000	IHI、三菱地所
大井町駅周辺広町地区開発 A-1敷地 オフィス棟	250,000	東日本旅客鉄道
虎ノ門一丁目東地区再開発	120,700	再開発組合（中央日本土地建物、都市再生機構、住友不動産）
浜松町二丁目4地区開発計画A-1棟/A-2棟	210,000	世界貿易センタービル、鹿島建設、東京モノレール、東日本旅客鉄道
品川駅西口地区A地区	313,100	京浜急行電鉄
東池袋一丁目地区再開発	155,000	再開発組合（住友不動産）

（注）※は2023年に竣工済（一部工事継続を含む）
出所：森ビル（株）「東京23区の大規模オフィスビル市場動向調査2023」より作成

複合商業施設　ショッピングセンターをはじめ、飲食店施設やホール、遊技場などの施設が集まった建物・地域の総称である。

Section

1-13

②不動産業の業務

リゾート・ホテル開発分野

バブル期にはブームであったリゾート事業もいまは冷え込んでいます。最近ではホテルを中心とするリゾート開発が行われています。

リゾートマンションは激減、リゾートホテルへのインバウンド需要に期待

山や海など、自然の中での保養を目的とするリゾート地としては、明治10年代に整備された湘南（神奈川県）が最初です。以後、別荘地として軽井沢、那須、雲仙などが開発され、昭和に入ると日光、箱根などにリゾートホテル＊の建設が進みました。

１９７５年以降には、週休２日制の普及で国民の余暇が多くなり、大規模複合リゾートが出現。テーマパーク、海浜リゾートなどが建てられ、リゾート建設はブームを迎えました。１９８７年には**リゾート法**（**総合保養地域整備法**）＊が制定され、リゾート開発は地方振興の目玉とされました。しかし、見るべき成果もなく、各種の批判もあり、リゾート構想のあった全国42地域のうち大半が廃止となっています。

バブル崩壊後、平成不況を迎え、盛況であった**リゾートマンション**＊も激減し、破綻するリゾート施設も出てきました。

（株）不動産経済研究所によれば、リゾートマンションの発売戸数はバブル期の１９９０年の約１万６０００戸をピークとして年々減少傾向にあり、左ページの表のとおりおおむね２桁台が続いています。一方、最近はホテルを中心とする新たなリゾート開発が行われています。

リゾートホテル数は３０００強で全宿泊施設の約５％を占めます。２０２２年の延宿泊者数は約４億５０００万人泊、うち外国人は３・７％ですが２０１９年は19・４％占めていました。コロナ禍で急減したものの復元しつつあり、２０２２年は前年比２８８％増で全体43％増を大きく上回っています。リゾート地でのインバウンド需要の伸びが期待されます。

Term

リゾートホテル　ホテルのうち行楽地や保養地に建てられた、主に観光客を対象とするもの（国土交通省観光庁の定義）。　**リゾートマンション**　東京近郊の１都３県（神奈川、千葉、埼玉）以外に建築された３階以上の中高層マンションのこと（不動産経済研究所）。

リゾートマンションの供給実績と平均価格・面積の推移

年	2016	2017	2018	2019	2020	2021
発売戸数（戸）	145	88	73	61	80	109
平均価格（万円）	6,836	8,165	4,450	12,234	10,208	12,310
分譲単価（万円/㎡）	85.7	95.2	60.0	114.5	99.3	119.9
平均面積（㎡）	79.7	85.8	74.2	106.8	102.8	102.7

出所：（株）不動産経済研究所「全国マンション市場動向」による

施設タイプ別客室稼働率の推移（単位：%）

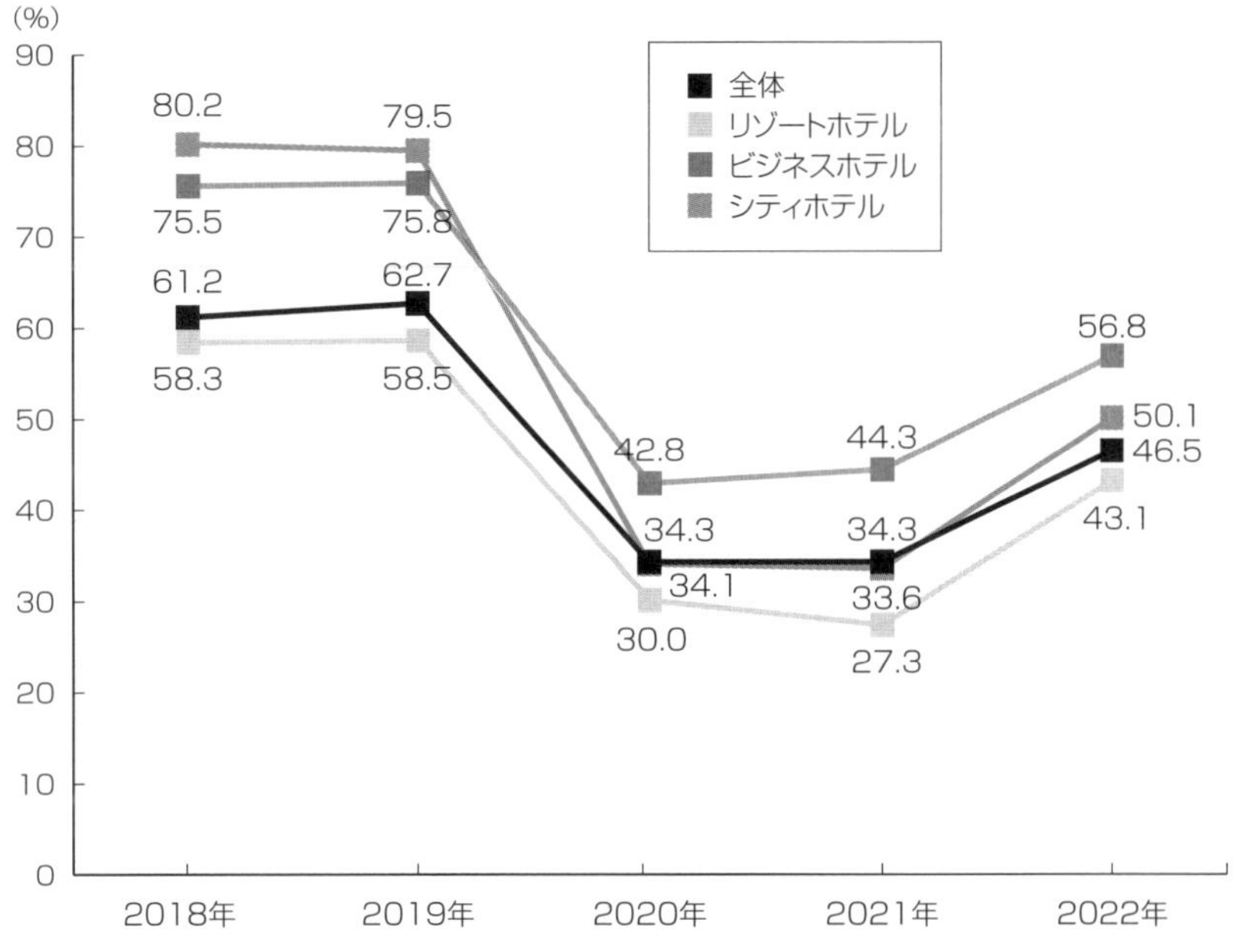

出所：国土交通省観光庁「宿泊旅行統計調査2022年（速報値）」

リゾート法（総合保養地域整備法） 1987年制定。民活を活用して長期滞在型の大規模リゾート地を全国的に整備しようとするもの。地方振興と内需拡大の先導役とする狙いがあったが、失敗に終わった。

Section
1-14 マンション分譲分野

都心で生活するための住まいの一形態として始まったマンションですが、地方でもニーズが高まっています。ファミリーマンション以外にも様々な商品が供給されています。

■マンションストック数は686万戸、築20年以上が59%

マンション分譲は、不動産分譲の1つです。不動産分譲は宅地分譲と住宅分譲に、住宅分譲は主にマンション分譲と戸建て分譲に分かれます。いずれも不動産を開発し販売する業務です。

マンションの前身ともなる共同住宅の始まりは、関東大震災後に建てられた、中層鉄筋コンクリート造の同潤会アパートです。1960年代の終わり頃から、当時大量に供給されていた団地とは一線を画した今日のマンションが出始めました。1970年代の後半には「億ション」が供給され、バブル全盛期には**リゾートマンション**がブームとなりました。

マンションの歴史は超高層化の歴史でもあります。1998年以降（暦年末、以下同じ）、50階以上のマンションも続々建てられ、最近は都心での**超高層マンション**がブームで都心回帰が顕著です。

マンション供給戸数（国土交通省発表、竣工ベース）は1989年以降急増し、毎年15万戸以上が供給されてきました。93、94年は景気後退により一時的に供給量が減少したものの、翌年には増加に転じ、2007年まで20万戸前後で増減を繰り返してきました。2012年以降は10万戸前後で推移しています。マンションストック数は約686万戸（2021年末時点）です。築後20年を超えるものがおよそ59%を占めています（1-18節参照）。

分譲マンション供給戸数の統計は**（株）不動産経済研究所**でも発表しています。捉え方の違いもあり、前出の国土交通省の戸数・増減時期とはずれが見られます。

Point

分譲住宅と共同住宅の違い　ともに「住宅着工統計」上の用語。「分譲住宅」は利用関係から、「共同住宅」は建て方から見たもの。分譲住宅は、大まかにいえば「一戸建て住宅」と「分譲マンション」に分かれる。

超高層マンションとタワーマンションの違い　p.54のコラムを参照。

分譲マンションの供給戸数とストック戸数の推移（暦年ベース）（単位：万戸）

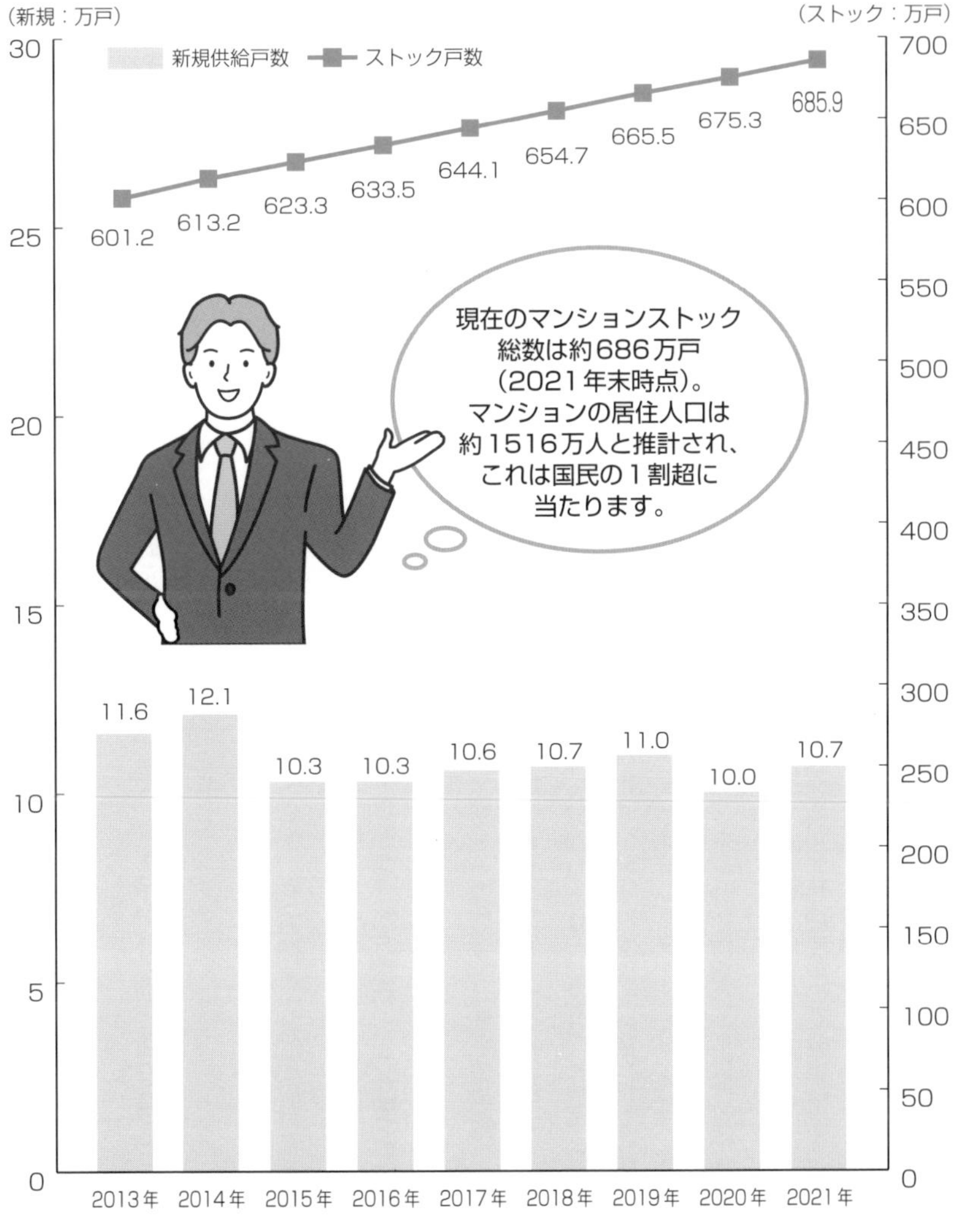

注：1.新規供給戸数は、建築着工統計等をもとに推計した（竣工ベース）。
　2.累積戸数は新規供給戸数の累積等をもとに推計した。
　3.ここでいうマンションとは、中高層（3階建て以上）・分譲・共同建で、鉄筋コンクリート、鉄骨鉄筋コンクリートまたは鉄骨造の住宅をいう。

出所：国土交通省

Point

分譲マンションの統計数値の算出方法　分譲マンションの数値は「住宅着工統計」の「利用関係」、「建て方」、「建築物着工統計」の「構造」数値を組み合わせて作成・発表（国土交通省）する。住宅着工統計のもとになる「建築許可申請」には「マンション」という申請項目はない。

Section
1-15

②不動産業の業務

戸建て分譲分野

利便性の高さからマンション需要にも根強いものがありますが、分譲戸数で見ると戸建て分譲がマンション分譲を上回り、差も開きつつあります。

■マンションを上回る戸建て分譲戸数

戸建て分譲は住宅分譲の1つです。住宅分譲は**マンション分譲**と戸建て分譲に分かれます。

最近20年間で見ると、直近10年間の戸建ての分譲戸数はマンションのそれを常時上回っており、差も開いてきています。直近の比率は58対42です。戸数は２０１９年に14万６０００戸で直近15年間のピーク、２０２１年度も14万４０００戸と好調です。

１９８８年の統計開始以降21年間、マンションの分譲戸数が戸建てのそれを上回ってきましたが、２００９〜10年はマンション分譲が激減したため、逆転しました。２０１２年度以降は、戸建てがマンションを常時上回っています。

地域別に見ますと、首都圏が40・３%、近畿圏14・９%、中部圏13・４%、地方圏31・５%の分布となっています。直近8年間の増減では、首都圏６・８%減、近畿圏４・６%減、中部圏１・０%増、地方圏10・４%増となっており、地方圏の伸びが目立ちます。

ここで戸建て（一戸建て）住宅の位置付けを説明します。新設住宅は持家系と貸家系に分かれます。持家系は持家と分譲住宅に分かれます。貸家系は貸家と給与住宅（社宅）に分かれます。分譲住宅は大雑把にいえば、一戸建て分譲とマンション分譲に分かれます。厳密にいいますと、一戸建て分譲とマンション分譲の合計は分譲住宅に一致しません。長屋建てや、マンションに当てはまらない共同住宅があるからです。これらを含めて分譲住宅の数字となります。

「長屋建て」は、共有の階段や廊下がなく、1階に面したそれぞれの独立した玄関から直接各戸へ入ることのできる集合住宅です。長屋建ては共同住宅には分類されません。

Term

建売住宅と売り建ての違い　「売り建て」とは、業者が開発した宅地を売り、取引の際、その土地への住宅建築を購入者の意向に沿って受注し、建てる住宅のこと。業者側の自社計画住宅を売る「建売住宅」とは異なる。売り建て用の土地を**建築条件付土地**と呼ぶことがある。

分譲住宅の住宅着工数の推移（単位：戸）

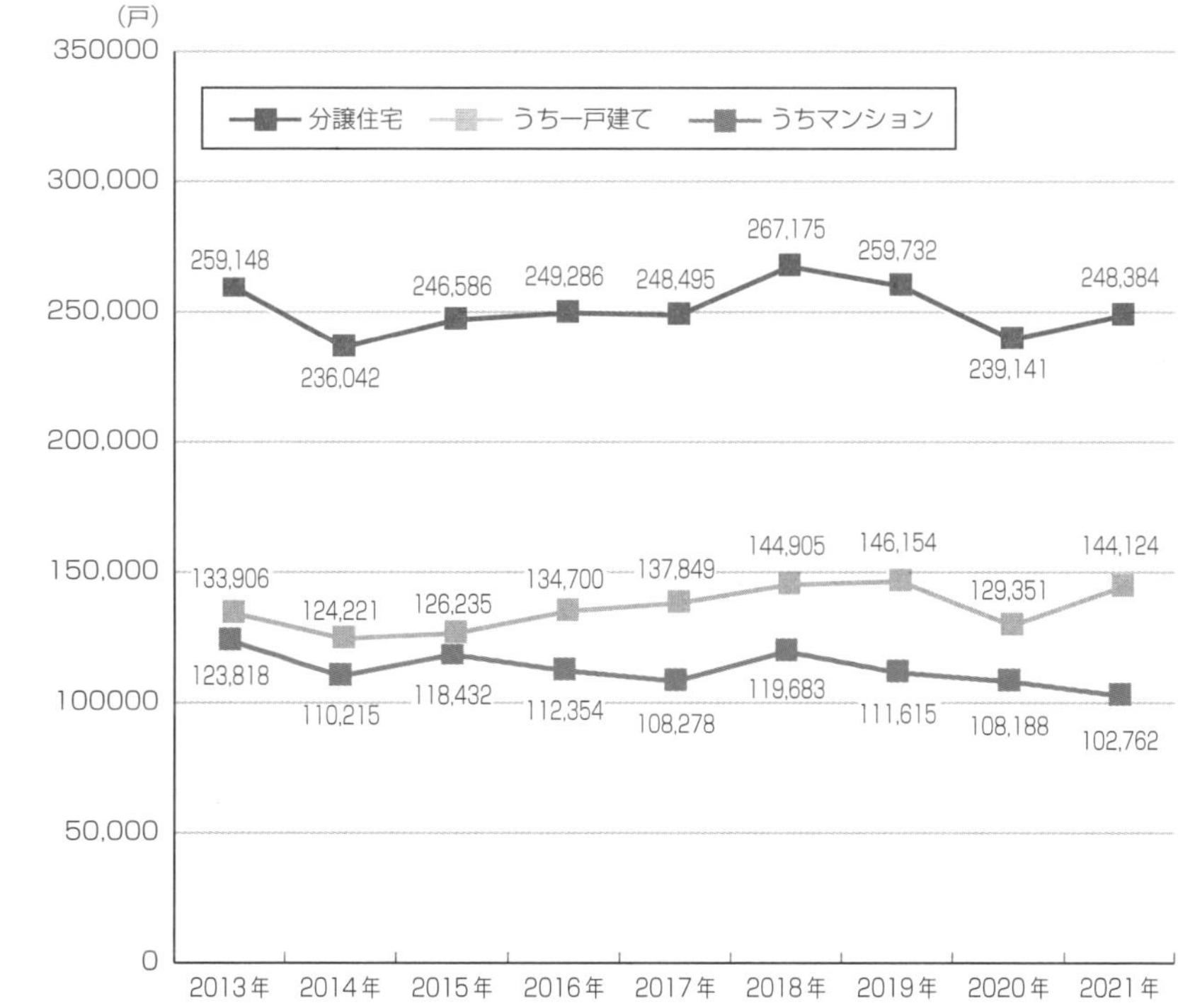

出所：国土交通省「建築着工統計調査報告」による

Point **建築物着工統計と住宅着工統計の違い**　両者をあわせて「建築着工統計調査」という。「建築着工統計」は建築物の着工状況を建築主、構造、用途等に分類して把握する。「住宅着工統計」は着工建築物のうち、住宅の着工状況を構造、建て方、利用関係等に分類して把握する。

Section

1-16

②不動産業の業務

不動産賃貸分野

不動産賃貸業は、不動産流通業と並んで不動産業の原点です。賃貸業は宅建業の規制する範囲にはありませんが、不動産会社にとっては大きな収益源です。

■賃貸の定義と賃貸事業の歴史

不動産賃貸は、自ら所有する不動産を賃貸し、あるいは他人から賃借した不動産を転貸し、賃貸料を得る事業です。賃貸の対象は住宅から**オフィスビル**、商業施設、ホテル、スポーツ施設などまで多岐にわたります。

日本の貸地や貸家の歴史は古く、貸家の経営とその管理は不動産業の原点といえます。1921年には「借地法」「借家法」の制定により、貸主（大家）と借主（店子、借家人）との実質平等を保障した「賃貸借契約」が確立されることになります。

わが国におけるオフィスビルの歴史は、1894年に完成した三菱1号館から始まるといわれています。1914年完成の三菱21号館が、専門的貸ビル業の始まりです。

事務所床面積は過去8年で4・1％（全国平均）増床しています。東京・大阪・名古屋圏はいずれも5％台で全国平均を上回っていますが、その他の地域は2・8％の増加にとどまっています。

昨今の賃貸市場を見ますと、都心で大型ビルの開発が相次ぐ中、在宅勤務の定着や外資系企業の事業の見直しなどで空室率は6・4％となり、オフィス賃料反転の目安の5％を超えています（2023年8月時点、三鬼商事調べ）。

空室率の上昇が続けば、賃料の下落が予測されます。今年竣工した都心オフィスもテナント獲得に躍起になっています。2023年8、9月不動産業の倒産件数も増加し続けており、今後、注視の必要があります。

物件価値を最大限に引き上げるために総合的な賃貸管理・運営を行う**アセットマネジメント**（AM）*および**プロパティマネジメント**（PM）*と呼ばれる新業態が定着。賃貸市場における新しい潮流となっています。

Term

アセットマネジメント（AM）　不動産業界では、投資用不動産を投資家に代わって管理・運用する業務を指す。プロパティマネジメント（PM）の委託先であるPM会社の選択とそこへの指示などを行い、投資家に対しては投資利回りを最大化する責務を負う。

ビルディング賃貸オフィス床面積の推移

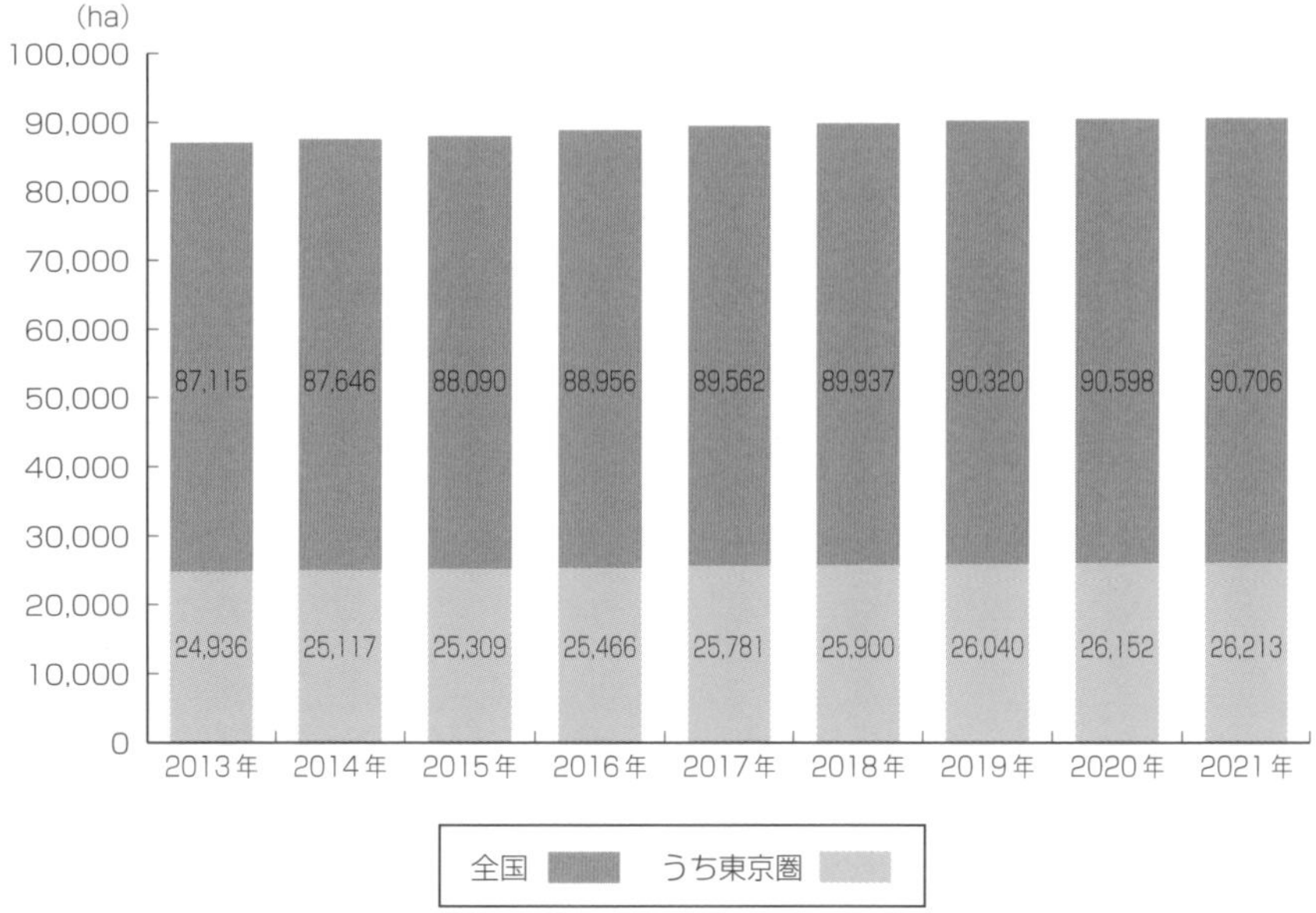

注1：木造家屋の事務所・銀行・店舗および非木造家屋の事務所・店舗・百貨店である。
注2：東京圏は埼玉県、千葉県、東京都、神奈川県。
出所：総務省「固定資産の価格等の概要調書」

プロパティマネジメント（PM）　主に不動産に関する資産の管理を行う業務のこと。狭義のプロパティマネジメントは、投資用不動産の所有者、またはその代行者であるAM会社から受託して行う管理業務のこと。

Section

1-17 不動産流通分野

②不動産業の業務

不動産流通業は、不動産賃貸業と並んで不動産業の原点です。地元中小企業者が大手の系列会社に対抗するには、インターネット活用などにより独自性を打ち出す必要があります。

■不動産流通業は不動産業の原点

不動産流通は、主として、土地建物等の売買・交換・賃貸の仲介、住宅分譲の販売代理を行う業務です。

不動産流通業は古くは**周旋屋**と呼ばれ、貸地や貸家の管理を行う**差配**と並んで、不動産業の原点と考えられています。資本力をあまり必要とせず、むしろ地域とのつながりが大切なため、1960年代以降、大手不動産業者などが参入するまでは、地域密着型の小規模事業者の独壇場でした。

「2021年経済センサス（活動調査）」によると、不動産代理・仲介業が不動産業全体に占める割合は事業所数で13・7%、従業者数で16・2%ですが、宅建業法の規制する「不動産取引業」に占める割合は各70・5%、61・5%となっています（1-8節参照）。事実、全国に約12・5万人いる宅建業者の大半が、仲介業だけを専門に行っている中小・零細業者です。

取扱い業務は、中古住宅の売買ならびにアパートなど住宅の賃貸が大部分ですが、大手の流通業者を中心に、大型ビルの売買のあっせん、デベロッパーが建設した新築戸建てやマンションの**販売代理***なども行っています。

不動産取引の一層の拡大のため、宅建業者間で物件情報を交換し、契約の相手を模索する仕組みに、**指定流通機構***制度があります。

国土交通省から指定を受けた指定流通機構が運営しているコンピュータネットワークシステムを**レインズ**（REINS）といいます。

左ページに示すとおり、2021年に指定流通機構に登録された売り物件は約126万件、うち約15%に当たるおよそ19万件が成約となっています。

Term

販売代理　売主から新築住宅の販売業務を受託（代理権を得ること）し、売主に代わって取引の交渉をし、買主との契約をする。販売代理の不動産会社を通して購入する場合、買主は手数料を支払わなくて済むのが一般的。

指定流通機構の活用状況

▼売り物件の新規登録件数の推移（年度）　　（単位：件）

区分		2013	2014	2015	2016	2017	2018	2019	2020	2021
総数		1,415,071	1,590,118	1,681,661	1,621,352	1,621,702	1,896,239	1,693,283	1,471,786	1,264,268
物件種類別	マンション	395,503	441,631	499,864	459,054	476,025	540,837	502,901	446,131	406,877
	一戸建て	455,652	520,491	513,359	516,826	521,737	615,522	559,960	479,443	405,788
	土地	488,837	548,789	580,476	558,785	533,599	632,437	538,318	470,675	380,213
	住宅以外	75,079	79,207	87,962	86,689	90,341	107,433	92,104	75,537	71,390

▼売り物件の成約報告件数の推移（年度）　　（単位：件）

区分		2013	2014	2015	2016	2017	2018	2019	2020	2021
総数		162,848	157,733	172,751	178,605	179,289	185,105	187,176	187,517	186,084
物件種類別	マンション	70,945	66,465	70,143	73,009	73,271	75,128	75,3218	72,787	74,195
	一戸建て	52,243	51,520	56,888	58,605	58,809	61,215	64,312	66,445	64,169
	土地	34,738	34,756	40,063	41,301	41,562	43,627	42,501	43,611	42,499
	住宅以外の建物全部	4,387	4,445	4,970	4,956	5,000	4,604	4,480	4,191	4,682
	住宅以外の建物一部	535	547	687	734	647	531	555	483	539

出所：（公財）不動産流通推進センター「指定流通機構の活用状況について」

指定流通機構に
登録済みの売り物件の
成約率は、マンションが約18%、
一戸建てが約16%、土地が約11%、
住宅以外が約7%です。

指定流通機構　1990（平成2）年から全国37の圏域で会員業者をオンラインで結び、物件の登録検索を行ってきたが、不動産流通の一層の近代化、市場の透明化を進めることを目指して、1997（平成9）年4月から4つの指定流通機構に統合された。

Section
1-18
②不動産業の業務
不動産管理分野

近年、不動産管理の業務は高度化しています。特にオフィスビル管理においては、PM会社*がビルの運営管理を一括で請け負う形態が出てきました。

■ビル運営管理に新しい波―PM会社が担当

不動産管理は、管理対象の不動産の違いから土地管理と各種建物管理に分かれ、後者はさらにオフィスビル管理、分譲マンション管理などに分かれます。

一方、管理業務内容から見ると、大きく**建物管理業務**と**賃貸管理業務**に分かれます（資産管理を含め、3領域に分類する考え方もあります）。賃貸アパート・マンションの場合、建物管理を必要としないこともあり、多くは賃貸管理だけの受託となります。管理の仕事は高度化しており、オフィスビル管理では賃貸管理、建物管理を含めて**プロパティマネジメント**（**PM**）**会社**が受託するケースが多いです。

分譲マンションの場合、建物管理会社は管理組合と建物管理契約を締結します。管理会社は**マンション管理適正化法**により、国交省への業者登録が必要なほか、事務所ごとに必ず専任の**管理業務主任者***を置くなどの義務*があります。PM業務を請け負う管理会社は、分譲したデベロッパーの子会社であることが多いのですが、対応が悪いと他社に交代させられるケースもあります。分譲と管理、仲介と管理、賃貸と管理は同一会社や系列会社に決まることが多いのが実情です。

不動産業に属する不動産管理業と、サービス業に属する**ビルメンテナンス業**とは、業務で重複するところも多く、後者はビルマネジメントがある点に違いがありました。しかし、両者ともにPM業務を行っており、区別が付かなくなってきています。日本標準産業分類による定義を見ると、ビル管理・保全業務に共通点が見いだせます。不動産管理はマンションの経営業務、ビルメンテナンスはビルの清掃・衛生に重点が置かれていることが読み取れます（2－5節参照）。

Term

PM会社　1-16、2-5、2-14節参照。
管理業務主任者　4-21節参照。
…の義務　5戸以下のマンションの管理事務のみをその業務とする事務所には設置不要。

分譲マンションストックの築後年数の状況（単位：%）

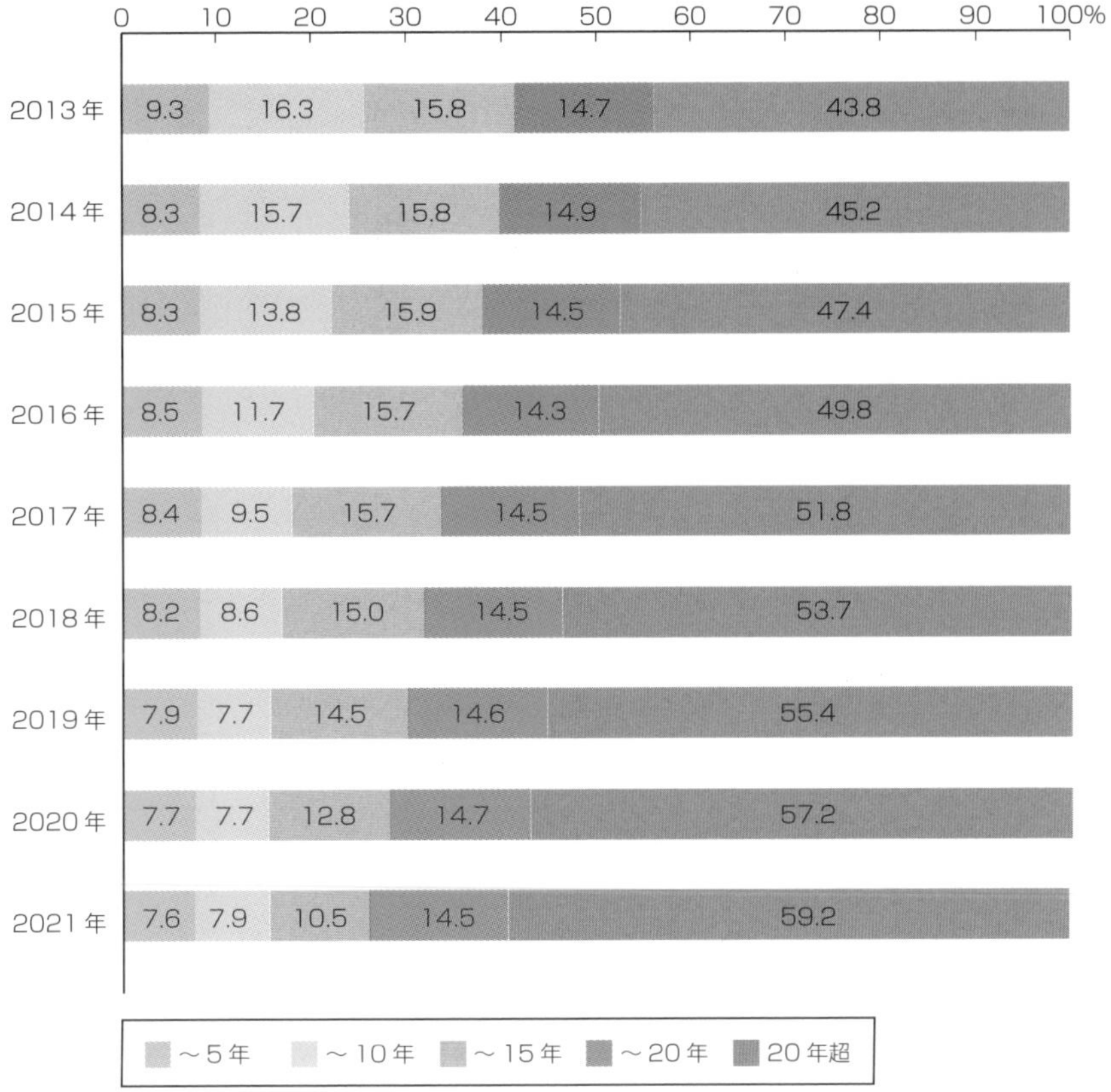

注：築後年数状況は、国土交通省推計による各暦年末の数値である。
出所：(一社) マンション管理業協会「マンション管理受託動向調査結果報告書*」

分譲マンションの
約6割が築20年超です。
日本における民間分譲マンション第1号の四谷コーポラスは、築61年で建て替えられました。

マンション管理受託動向調査結果報告書　マンション管理業協会が発行する書籍。マンションの管理体制や修理の状態、積立金の金額や滞納状況など、マンション管理に関する内容が記されている。

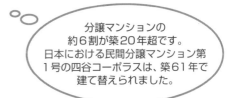

Section

1-19

②不動産業の業務

ファンド出現による不動産業務の変化

不動産ファンドビジネスにより、従来型の不動産業務の範囲は変化してきました。その変化を分野ごとに見ていきます。

■分野別に見た義務の変化

・**開発・分譲分野**…従来、デベロッパーは主に個人客をエンドユーザーとする居住用不動産の分譲事業に特化していましたが、現在ではこのほかに不動産ファンドへの「一棟売り」が加わってきました。

・**賃貸分野**…従来、賃貸ビジネスはビルを開発したオーナーが、そのビルの所有と運営を行い、テナントからの賃料収入を主な収入源としていました。現在は、開発に伴う借入負担減、**減損会計***適用による価格変動リスクの軽減のため、一部保有物件をオフバランス（売却してバランスシートから外すこと）したり、オフバランスの際に自らが**PM業務**を行ってノウハウを獲得するなど、保有物件を戦略的に活用する例も見られます。なお、不動産の建物管理業務、テナント募集とテナント管理業務、建物修繕業務、入出金管理業務、レポート業務といったPM業務を行う専門家のことを**プロパティマネジャー**といい、これもPMと略します。

・**流通（仲介）業務**…従来の法人仲介ビジネスは「売主➡エンドユーザー（ビル使用者）」か「売主➡デベロッパー」の2つのパターンしかありませんでした。現在、買手には「ファンド運用会社」、「ファンド向けデベロッパー」なども加わり、選択肢が広がりました。

ここでいう「ファンド運用会社」とは、「投資家からの資金を預かって不動産に投資・運用する会社」のことをいい、**ファンドマネジャー**や**アセットマネジャー**（AM）などとも呼ばれています。

「ファンド向けデベロッパー」とは、「リノベーション」（改築・改修）、「コンバージョン」（用途変更）、「不整形地に合った賃貸マンション建設」などあらゆる手法を駆使し

Term

減損会計　固定資産の収益性の低下により、投資額の回収が見込めなくなった状態を「固定資産の減損」という。減損会計とは、企業が保有する固定資産の価値が帳簿上の価格を大きく（50%）下回った場合に、差額の損失を計上する会計制度。なお、含み益が生じても、利益を計上したり、帳簿価格を引き上げることはできない。

て、不動産ファンド向けの物件を専門的に供給するデベロッパーをいいます。

・**管理分野**…従来は、ビル賃貸会社や分譲デベロッパーが、自ら保有する賃貸ビルや開発した分譲マンションの管理を行うため、その子会社や自社で管理業務を担当するケースが大半でした。現在、そのノウハウを活かして不動産ファンドのPM業務を積極的に受注しています。

アセットマネジャーは、投資家利益の極大化を目指します。プロパティマネジャーは、キャッシュフローの最大化を目指します。

AM と PM の関係

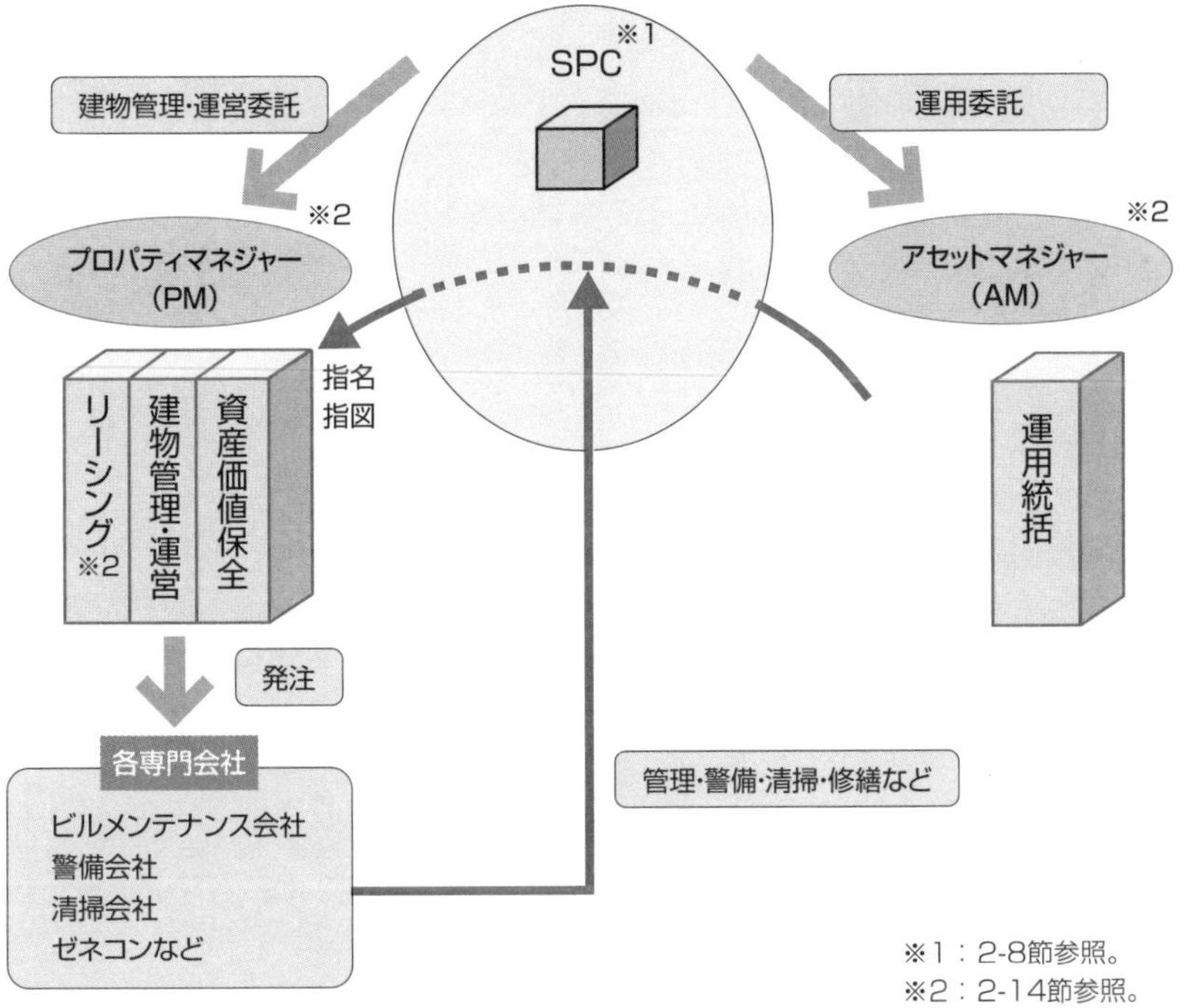

出所：三菱UFJ信託銀行不動産コンサルティング著『不動産証券化のすべて』（東洋経済新報社）より

Point　**一棟売りマンション**　分譲マンションの発売戸数ランキングの数字に、一棟売りのマンション戸数は入っていない。商社がランキング落ちしているのは、このせいかもしれない。

Section
1-20 ②不動産業の業務 住宅リフォーム事業

不動産業の周辺業務に住宅リフォームがあります。今後、成長が期待できる分野です。

■住宅リフォーム市場規模は約7・6兆円

（公財）住宅リフォーム・紛争処理支援センター*によると、2021年の住宅リフォームの市場規模は6兆5000億円（増・改築工事費と設備等の修繕維持費の合計）、広義に捉えた金額で約7兆6000億円（狭義リフォーム工事費に家庭用耐久消費財、インテリア商品などを含めた金額）です。

別調査になりますが、同様に**矢野経済研究所**が調査した2022年の同市場規模は7兆3000億円となっています。いずれもアンケート調査等をもとに市場規模を推計していますが、サンプル数の違いもあります。

わが国の総住宅数が6240万戸であるのに対し、世帯数は5400万世帯、空き家数は849万戸となっています。総住宅数の13・6%が空家（2018年、住宅・土地統計調査）となっています。もちろん、居室面積、老朽化、街並み、景観といった質の問題はありますが、絶対数では充足しています。

総人口はすでに2008年にピークに達し、世帯数も2023年をピークに減少することが予測されています。新設住宅着工戸数も13年連続で100万戸を切っています。

耐久力のある良質な住宅の増加、高齢者住宅のバリアフリー化、老親介護のための親子同居の増加、給与所得伸びの不透明さによる新築物件の買い控えなどにより、新築（建替えを含む）以上に増・改築等のリフォームニーズが高まっていくものと思われます。

新型コロナウイルス感染拡大の影響で在宅勤務やテレワークが普及し、住まいの使い方が変化しました。生活様式の変化に伴うリフォームニーズの増加、空き家活用やリノベーション市場拡大により、リフォーム市場は拡大していくものと思われます。

Term

（公財）住宅リフォーム・紛争処理支援センター　住宅の修繕やリフォームに関する相談や情報提供を行っている、国土交通省の所管する公益法人。愛称は「住まいるダイヤル」。

住宅リフォームの市場規模（単位：兆円）

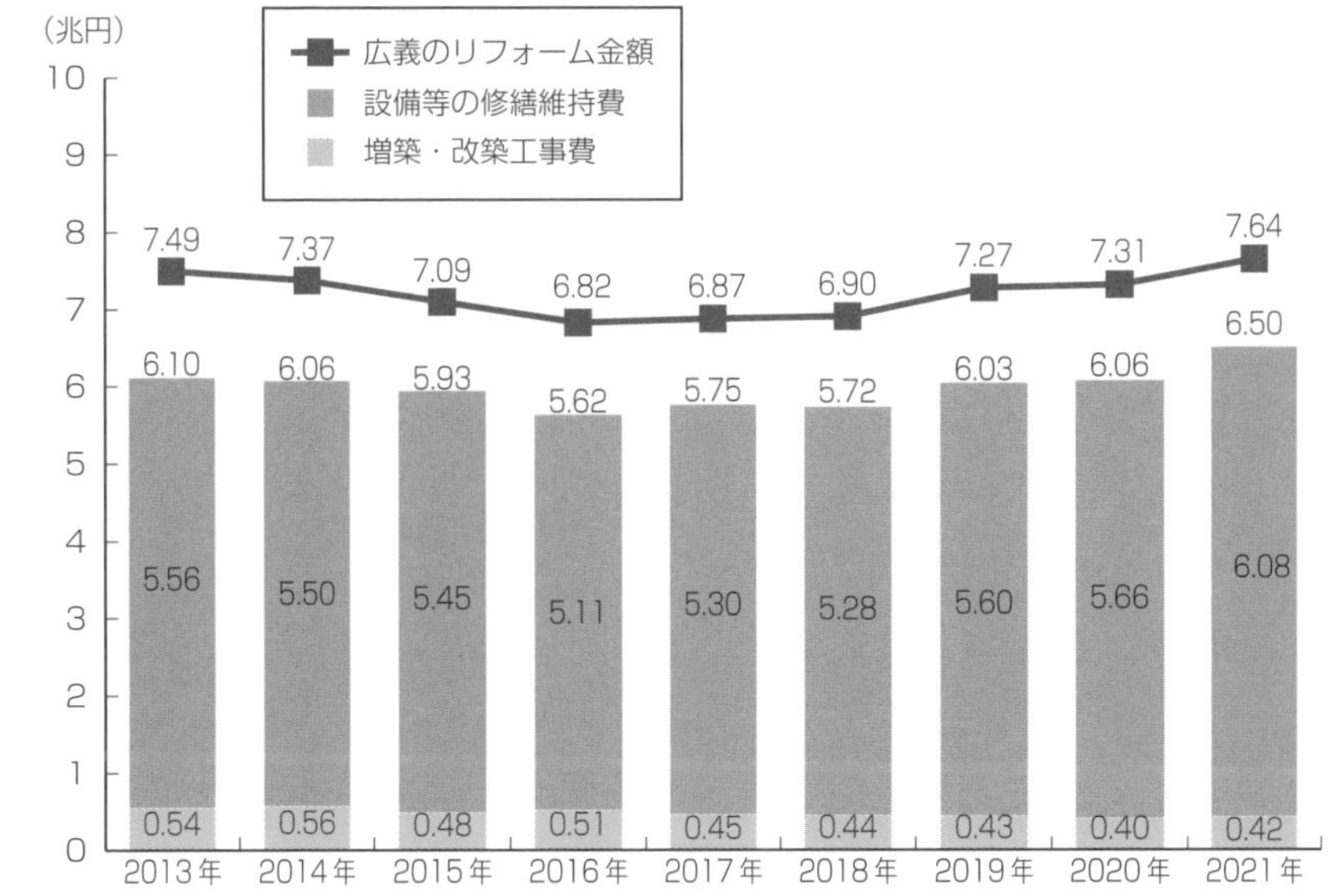

出所：住宅リフォーム・紛争処理支援センター資料

リフォーム、リノベーション、コンバージョンの違い　決まった定義はない。リフォームは老朽化した建物等を原状回復すること、リノベーションは改造等により新築時より価値を向上させること、コンバージョンは用途変更（例：オフィス→住宅）をすることである。

Section
1-21

③業界の最近の動向

公示地価、路線価とも上昇基調

公示地価は、住宅地・商業地とも1992年以降、下降基調にありましたが、2015～16年から上昇基調に変化しています。

■公示地価は3大都市圏では住宅地・商業地とも上昇基調、地方圏でも商業地は上昇へ

2023年**公示地価**＊（地価公示価格ともいいます。23年1月1日基準、3月20日発表）は前年比1・6%（全用途平均）上昇し、2年連続の上昇となりました。住宅地と商業地のいずれも2年連続で上昇しています。

3大都市圏で見ると、住宅地・商業地・全用途平均とも2%前後の上昇、地方圏でも1%以上の上昇となっています。

公示地価の長期トレンドを見ると、バブル期の1991年をピークにその後15年間下がり続け、2007、08年にいったん上昇に転じたものの、その後住宅地は8年間、商業地は6年間下がり続けました。近年は2021年を除き上昇が続いています。

2023年の**路線価**＊（23年1月1日基準、7月3日発表）は全国平均で前年比1・5%増、前年の0・5%を1ポイント上回りました。都道府県別の平均路線価を見ると、対前年変動率が上昇した都道府県は25、横ばい2、下落20で、前年より好転しています。ここ1～2年はいずれの種類の価格も上昇基調にあることで一致しています。

2023年の**基準地標準価格**＊（基準地価格、地価調査価格ともいいます。23年7月1日基準、9月19日発表）は、全国平均（全用途）で1・0%上昇、住宅地の全国平均は0・7%増で、2年連続プラス、特に地方圏で31年ぶりの上昇となりました。商業地も2年連続プラスです。

要因としては、コロナ禍の影響を脱し、回復が鮮明になったことがあるといえます。訪日客数の回復、都心マンション需要の回復、日本不動産の海外投資家からの注目度アップなどが考えられます。

Term

公示地価　4-1節参照。
路線価　4-1節参照。
基準地標準価格　4-1節参照。

地価の趨勢《すうせい》

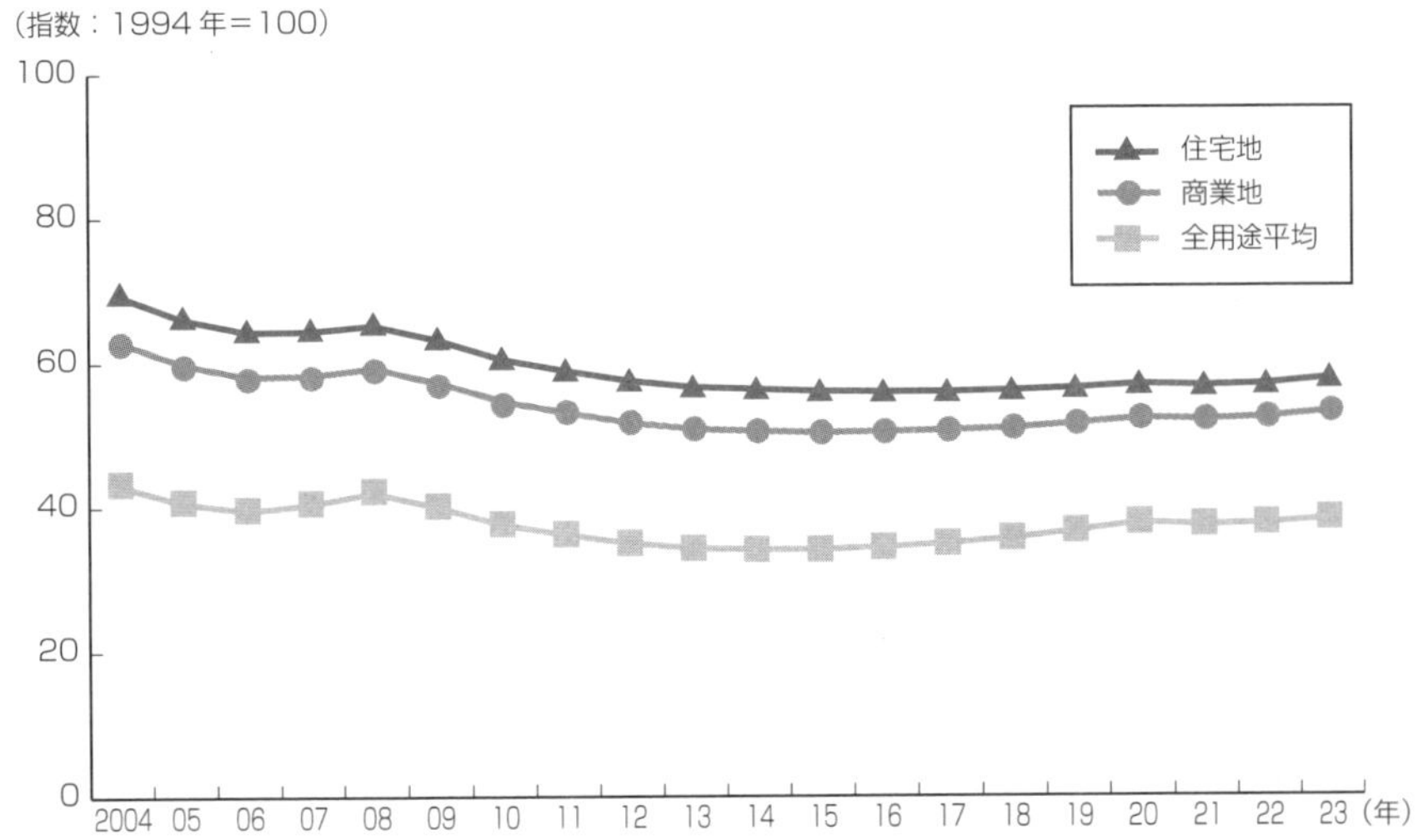

出所：国土交通省「地価公示」より作成

直近3カ年の用途別地価変動率

単位：%

	住宅地			商業地		
	2021公示	2022公示	2023公示	2021公示	2022公示	2023公示
全国平均	−0.4	0.5	1.4	−0.8	0.4	1.8
3大都市圏	−0.6	0.5	1.7	−1.3	0.7	2.9
東京圏	−0.5	0.6	2.1	−1.0	0.7	3.0
大阪圏	−0.5	0.1	0.7	−1.8	0.0	2.3
名古屋圏	−1.0	1.0	2.3	−1.7	1.7	3.4
地方平均	−0.3	0.5	1.2	−0.5	0.2	1.0

出所：国土交通省「地価公示」より作成

不動産・住宅用語の定義付けの必要性

「不動産業」という用語の統一された定義付けはありません。マンションについても分譲マンション、ワンルームマンション、リゾートマンションなどと使い分けられますが、一定の定義に基づいて、マンションという用語が使われているわけではありません。

マンションは「マンションの管理の適正化の推進に関する法律」(以下、「マンション管理適正化法」といいます)で初めて定義付けがなされました。それによると、マンションとは「2以上の区分所有者が存する建物で、人の居住の用に供する専有部分のあるもの並びにその敷地及び付属施設」となっています。

この定義からすると、俗にいう**賃貸マンション**はここでいうマンションには該当しません。「2以上の区分所有者が存する建物」ではないからです。その意味では**賃貸住宅**という呼び名にした方が無難かもしれません。

この定義ができるまでは、国土交通省がいう「利用関係は分譲住宅、建て方は共同建て、構造は鉄骨鉄筋コンクリート造(SRC造)、鉄筋コンクリート造(RC造)、鉄骨造(S造)のいずれかの中高層(3階以上)の建物」がマンションとされていました。この説明にある分譲住宅とは「建て売り又は分譲の目的で建築するもの」であり、共同建てとは「1つの建築物(1棟)内に2戸以上の住宅があって、広間、廊下若しくは階段等の全部又は一部を共用するもの」のことです。

住宅着工統計のもとになる建築許可申請では、「マンション」という申請項目はありません。上記の要件を満たす建物を「建築物着工統計」から拾い出して「マンション」として集計しています。したがって、「住宅着工統計」として国土交通省が発表するマンションは、マンション管理適正化法が定義するマンションと必ずしも一致するとは限りません。以下に述べるワンルームマンションやリゾートマンションも、マンション適正化法で定義するマンションには該当しません。

ワンルームマンションは、ほとんど投資目的で購入されるため、投資用マンションともいわれています。(株)不動産経済研究所では、平均専有面積30㎡以下の住宅をワンルームマンションと称しています。

同研究所では「東京近郊の1都3県(神奈川、千葉、埼玉)以外に建築された3階建て以上の中高層マンション」を**リゾートマンション**として集計しています。

また、同研究所では、月額賃料30万円以上の住戸を含む物件を**高級・高額賃貸マンション**、20階建て以上のマンションを超高層マンションと称して各種統計を発表しています。

一般的には、タワーのように高い超高層マンションを**タワーマンション**、外部の著名建築家にデザインを委託したマンションを**デザイナーズマンション**と呼んでいます。

定義付けをはっきりさせておかないと、その用語が一人歩きする危険性もあります。

第2章

不動産業界の仕事と仕組み

不動産業の業務は開発、分譲、賃貸、流通（仲介）、管理に分かれます。しかし、これらの分野は相互に関連していますから、お顧客に喜ばれる仕事をしていく上では、あらゆる分野に精通することが必要です。広義の不動産業には不動産証券化業務も含まれます。これは、不動産・金融・証券が一体化された業務です。

Section

2-1 開発分野の仕事と仕組み

①不動産業務の5大分野

不動産開発では用地取得が最大の難関です。担当者は優れた情報収集力に加えて、業界・税金・金融・経済等の総合的な知識が要求されます。

■デベロッパーにも得意分野がある

大規模開発、いわゆる「街づくり」を手がける業者を**デベロッパー***と呼びます。宅地造成や市街地の再開発を担う事業者の総称といえます。不動産開発の仕事とは、一般的にいえば、「土地情報を入手して土地を取得し、その土地にふさわしい建物を建設する」仕事をいいます。

開発業務の流れとしては、まず、開発候補地の敷地の規模、形状、都市計画等インフラの整備状況、周辺における各種施設の集積状況の調査・把握を行います。その上で、開発コンセプトや建築計画・事業収支などの事業計画を立案します。用地取得後は、より具体的な建築等の設計を行い、開発・建築等の許認可の手続きを進め、工事着手から完成へと至ります。

開発事業規模が大きい場合、社内でプロジェクトチームを組むことも多く、その場合、開発分野担当者が陣頭指揮をとります。のちに述べる分譲の仕事を兼ねる場合もありますが、その場合は建築から販売までの一連の流れを統括しなければなりません。

開発部門は、常日頃から、人間関係を築くことが重要な部門でもあります。社内の営業、建築、マーケティングなど各部門との接触のみならず、社外の弁護士、税理士、司法書士、仲介業者、金融機関、ゼネコン・建設業者などともコミュニケーションをとって、事業を円滑に進めていかなければなりません。

開発分野の仕事は難易度が高く、仕事はつらいけれどもやりがいのある仕事だといえます。特に用地取得は、情報収集力ならびに業界・税金・金融・経済等の総合知識が必要なほか、人柄なども試されます。実績がすぐに出るものでもありません。総じて開発部門には、優秀な人が配属さ

Term

デベロッパー　総合デベロッパー、マンション・オフィスビル・戸建て専業デベロッパー、独立系デベロッパーなどがある。

れているようです。

デベロッパーは、オフィスビルや商業施設などを主体に総合的に開発する総合デベロッパーのほか、その開発する物件により、オフィスデベロッパー、マンションデベロッパー、一戸建て専業デベロッパーなどに分けられます。設立母体により、財閥系、電鉄系、金融・商社系、建設住宅系、独立系デベロッパーなどに分けることもあります。

大規模なオフィスビルや商業施設を開発する**複合開発**は、資金力やノウハウなどの点から、大手の総合デベロッパーでないと手がけられません。

オフィスビルは不動産業者以外に生命保険会社、事業会社、金融機関などの大手企業が事業主となることも多く、オフィスビルデベロッパーは不動産業者とは言いきれません。マンション開発は、総合デベロッパーももちろん手がけますが、マンション専門業者が手がけることが多いといえます。

デベロッパーの今後の課題として、人口減による需要の減少が懸念されます。対応として、①街づくりのソフト面の強化（例えば開発後のイベント開催によるテナント利用者の増加）、②海外事業の強化や国内で得たノウハウの海外展開、などが考えられます。

一般的な不動産開発事業の流れ

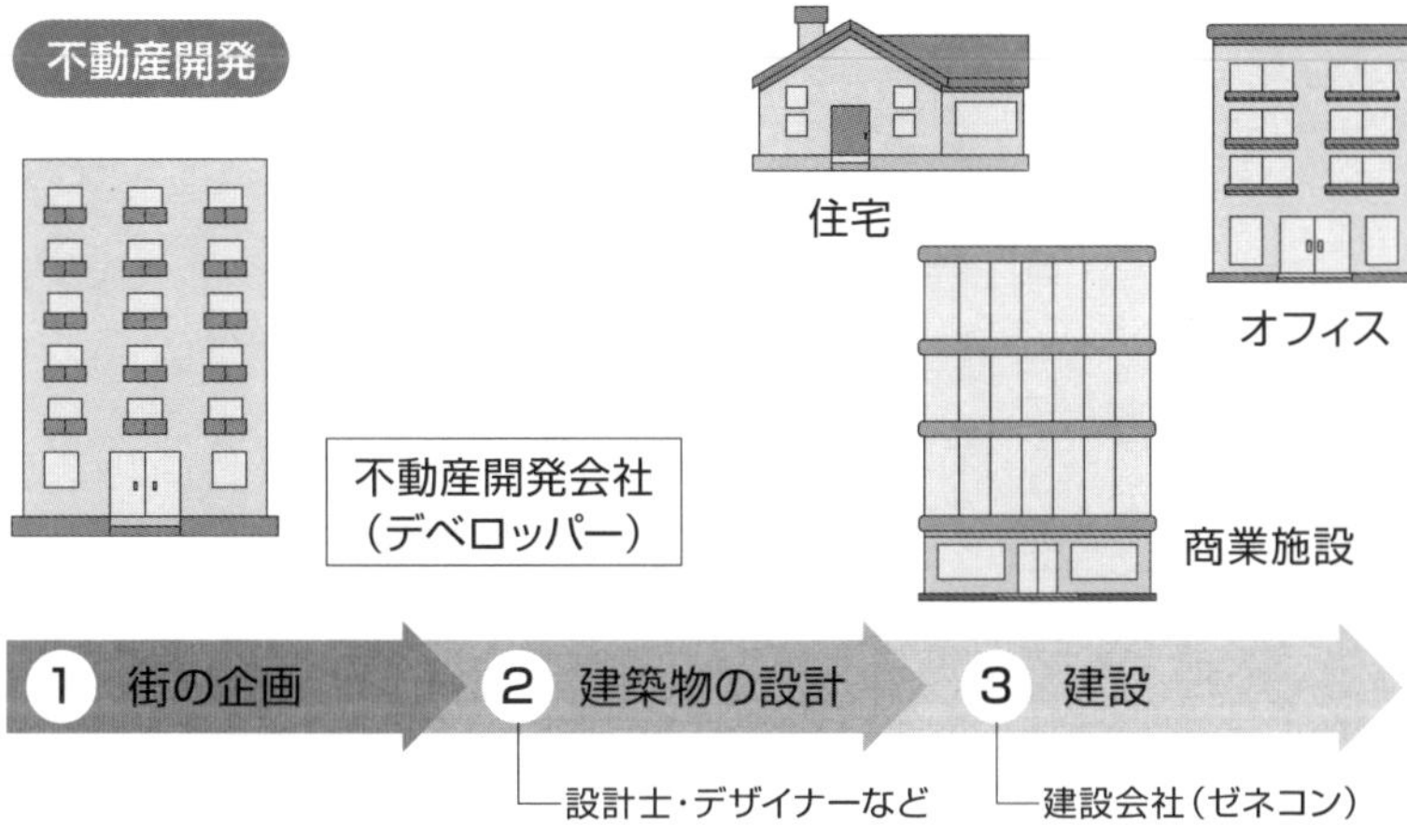

出所：三井不動産レジデンシャル

Point

開発分野担当者の関係者　地権者、住宅の施主等の顧客、広告代理店、銀行、テナント、設計事務所、ゼネコン、地域住民、政府、地方行政など。

Section

2-2

①不動産業務の5大分野

分譲分野の仕事と仕組み

多様化する顧客ニーズを先取りするため、製販管一貫型のデベロッパーが増えてきています。

■マンション分譲は青田売りが一般的

開発業務と分譲業務は業務内容が大きく異なり、求められるノウハウも違うため、分業化されるのが一般的です。特に住宅分譲において顕著です。

住宅分譲事業では、用地取得、顧客ニーズや市場動向などに関するマーケティング、商品企画、建築設計、広告・販売など多くの業務があります。

近年はライフスタイルあるいは住宅に対するニーズの多様化により、様々な提案性の高い商品の企画販売が行われており、業務も多様化しています。多様化したニーズに対応する販管（製造・販売・管理）一体のデベロッパーも増えてきました。「三井不動産レジデンシャル」がその一例です。

かつてはマンション分譲の最大手であった大京は、用地取得、上物《うわもの》（建物）プランづくり、許認可取得、ゼネコンへの発注、近隣交渉、工程管理、竣工に至るまですべてを「事業部」（マンションの販売に至る前段階のものづくり部門）が担当する一貫型です。近隣対策*を専門業者抜きでやるのは大京だけだといわれています。

大京の場合、完成したマンションを販売するのは営業です。新入社員は必ず営業に配属になります。

大規模なマンションの場合、通常は竣工6カ月前くらいに**モデルルーム***をオープンし、営業部隊が常駐し、販売活動を開始します。モデルルームのオープン当日に完売（ソッカン）される例もあります。小規模物件では**完成売り**もありますが、戸建て分譲と同様、マンション分譲は**青田売り***が多いのが現状です。宅建業法では、広告開始時期は建築確認取得後という制限をしていますので、特に青田売りの場合は注意が必要です。

営業マンは、契約成立後は、ローン手続き、不動産登記手続きのための司法書士への橋渡しなどを行います。

Term

近隣対策　不動産デベロッパーが中高層建築物などを建築する際、周辺住民に計画を説明する業務。

モデルルーム　不動産業者や住宅メーカーが住宅展示場などに展示した住宅、または分譲地内に建設した戸建て住宅やマンションで、展示やPRに用いるものをいう。

マンション事業フロー図

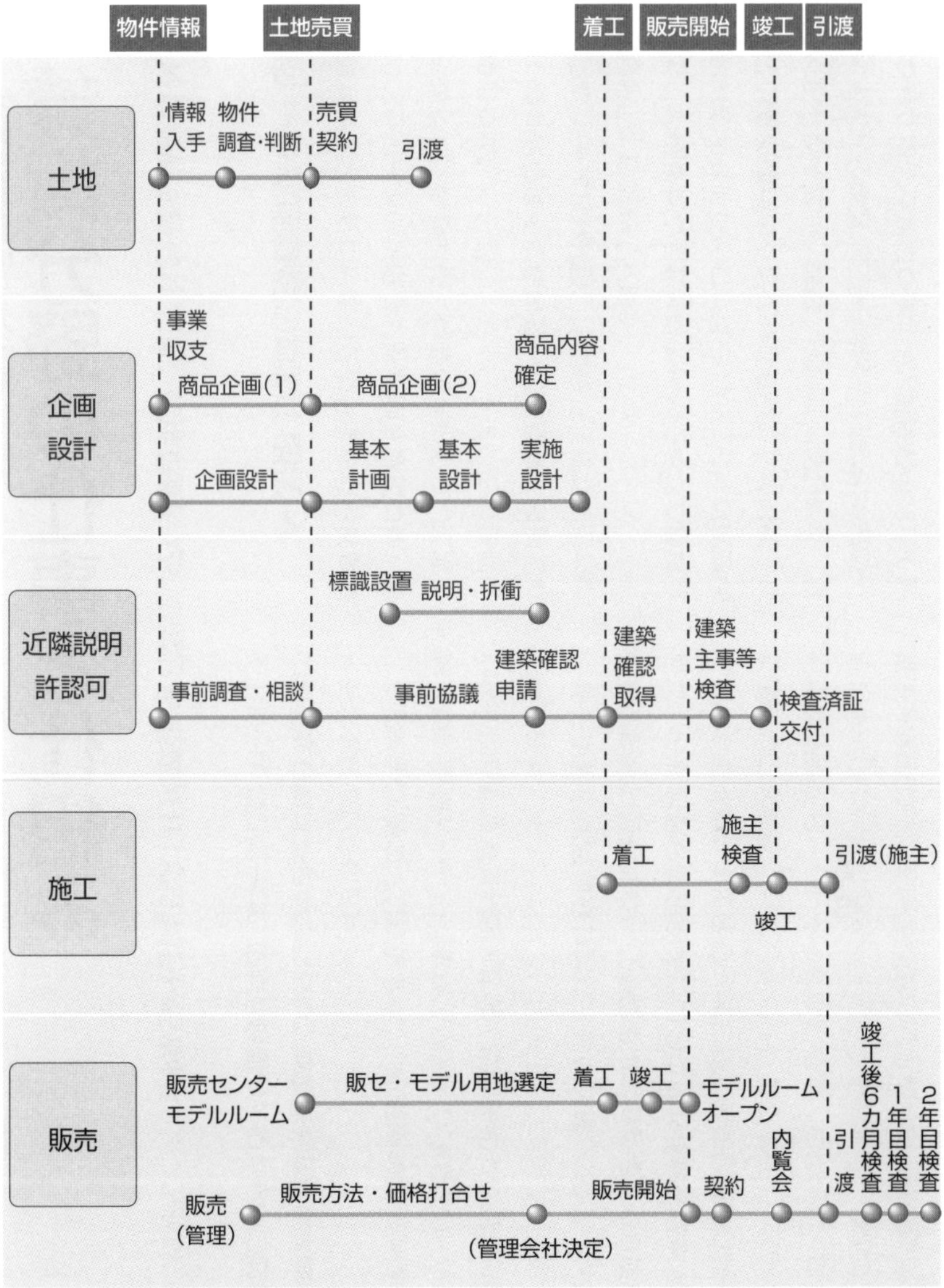

出所：(一社) 不動産協会「日本の不動産業」より

青田売り　建物完成前に販売するのが青田売り（または未完成売り）、竣工後に販売するのが完成売りである。

Section

2-3

①不動産業務の5大分野

賃貸分野の仕事と仕組み

不動産賃貸業の業務は、開発業務・仲介業務・管理業務と一体となっています。

■賃貸営業で不動産業務の基礎が学べる

不動産賃貸は先述のとおり、自ら所有する不動産を賃貸するか、あるいは他人から賃借した不動産を転貸して、賃貸料を得る事業です。すなわち、立地産業であると同時に装置産業でもあります。

賃貸業は不動産業の事業所数で約7割、従業者数で約5割を占めており（1-8節参照）、不動産業に携わる者は経験する機会の多い分野だといえます。

賃貸事業は、対象物件が大はオフィスビルから小は貸間業まで、賃貸業者も大手デベロッパーから町の不動産屋まであり、その仕事内容はまったくといっていいほど違います。しかし、テナント探し、審査、賃貸借契約の締結、賃料の回収、滞納賃料の督促、借地借家法等に関連した貸主・借主間のやりとりなどは変わりません。業務の一部は不動産管理業務とも重なり合います。

大手デベロッパーは、自社が開発した物件あるいは賃借した物件の賃貸業務を行います。賃貸業務は開発業務とも不可分の関係にあります。

町の不動産屋さんは賃貸仲介*、不動産管理をすることにより、建物オーナー（賃貸業者）との接触を深めます。このように賃貸業は開発・仲介・管理業務とも密接に関連しています。

中小規模の賃貸営業は売買・仲介営業に比べ、ノルマ、営業時間等では恵まれているかもしれません。その点を活かし、不動産業の基礎を学ぶには好適な部署といえます。しかし、いままでの例ですと年配の女性の継続勤務の度合いも高い部署ともいえます。

不動産業務の1つである賃貸業務は、自主契約・自主管理をする限りコストはほとんどかかりません。しかし、業務が多岐にわたり手間がかかることもあり、委託管理するケースが多いです。

Term

賃貸仲介　賃貸物件を探す顧客への情報提供・案内などの契約の手続きから請求、鍵の引渡しまで行う仕事。仲介手数料の上限は家賃の1カ月＋消費税、相場は家賃の0.5～1カ月＋消費税。

東京ミッドタウン八重洲（2022年8月竣工）

by しっかかもっかか

八重洲セントラルタワー：
延床面積：283,877㎡
地下4階、地上45階、
塔屋2階
八重洲セントラルスクエア：
延床面積：5,856㎡
地下2階、地上7階、
塔屋1階
※東京都中央区

麻布台ヒルズ（2023年6月竣工）

by Syced

麻布台ヒルズ：
延床面積：約861,700㎡
麻布台ヒルズ森JPタワー：
高さ：約330m／64階
敷地面積：約24,100㎡
延床面積：約461,800㎡
※東京都港区

Point **賃貸管理業務の主な内容**　**居住者対応**：家賃の回収集金、更新解約手続き、クレーム対応、修理の手配、近隣トラブル対応、空室募集活動　**建物管理**：設備点検や交換・工事、長期修繕工事計画、清掃業務やゴミの管理

Section

2-4

①不動産業務の5大分野

流通分野の仕事と仕組み

流通分野（広義の仲介分野）の仕事は、主に販売代理と仲介業務です。仲介には売買仲介と賃貸仲介があります。法人仲介、個人仲介という分類方法もあります。

■不動産流通業者と不動産販売業者は異なる

流通分野（広義の仲介分野）の仕事は、主に不動産の販売代理と仲介業務です。

不動産売買の仲介では、不動産の売却希望客に対して適切な価格査定と販売活動を、また購入希望客に対して希望条件に合った物件の情報提供を行う必要があります。

物件の情報提供に関していえば、不動産各社は**物件サイト***を立ち上げ、情報の受発信に積極的に取り組んでいます。2003年には業界団体による不動産統合サイト**不動産ジャパン***が開設され、「情報はネットで」の時代になっています。

仲介業務を行う業者を**不動産流通業者**と呼びます。流通大手業者には○○販売、○○住宅販売といった社名が多く、一般に**不動産販売業者**とも呼ばれています。ここでいう販売には、自ら所有する物件を売主となって販売する場合と新築住宅やマンションなどの販売業務を受託する「販売代理」の場合があります。前者は不動産売買業務ですが、後者は仲介業務です。したがって、不動産流通業者と不動産販売業者とではニュアンスが若干異なります。

なお、販売会社が自ら中古物件を買い取り、リフォームして転売する（**買取仲介**と呼んでいます）ケースがありますが、実態は売買です。

代理には**売買代理**と**賃貸借代理**があります。典型的な例が、売主が販売ノウハウなどを持つ業者に販売を依頼し、その業者が代理人として販売する形態の**販売代理**です。

「仲介」は**媒介**とも呼ばれ、法律的には**準委任**にあたります。「仲介」は先に述べたとおり、大きく「売買仲介」と「賃貸仲介」に分かれます。別の分類方法で、「法人仲介」と「個人（リテール）仲介」に分けることもあります。

Term

物件サイト　不動産物件情報検索サイト、情報サイト、情報検索サイト、物件情報サイトなどと呼ばれる。

不動産ジャパン　消費者が全国の不動産物件の情報を、インターネットを利用して網羅的に閲覧できるものとして構築された不動産物件情報検索サイト「不動産統合サイト」の愛称。

不動産仲介（媒介）業務の流れ

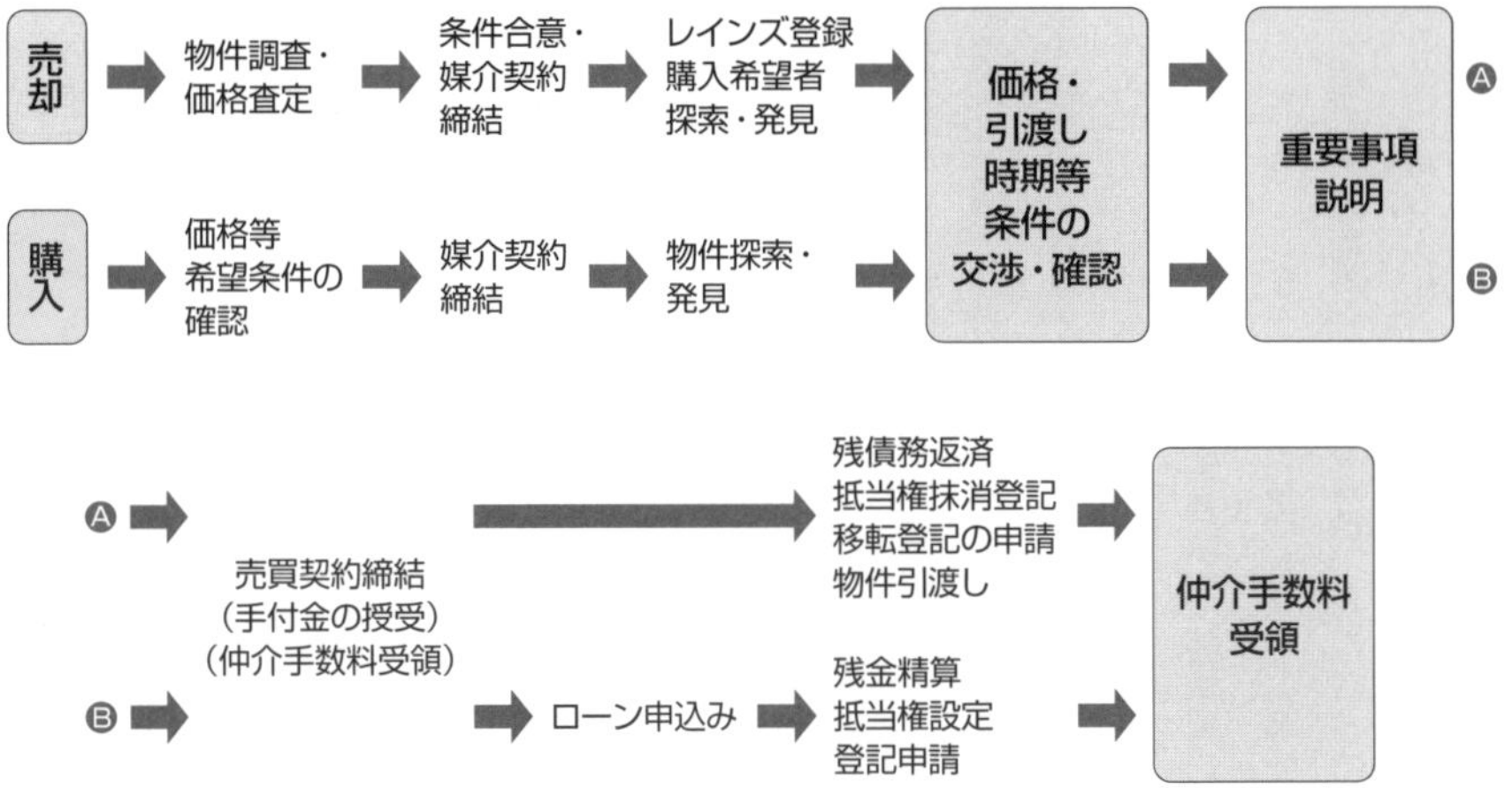

出所：不動産協会「日本の不動産業2023」

流通（広義の仲介）分野の業務の流れ

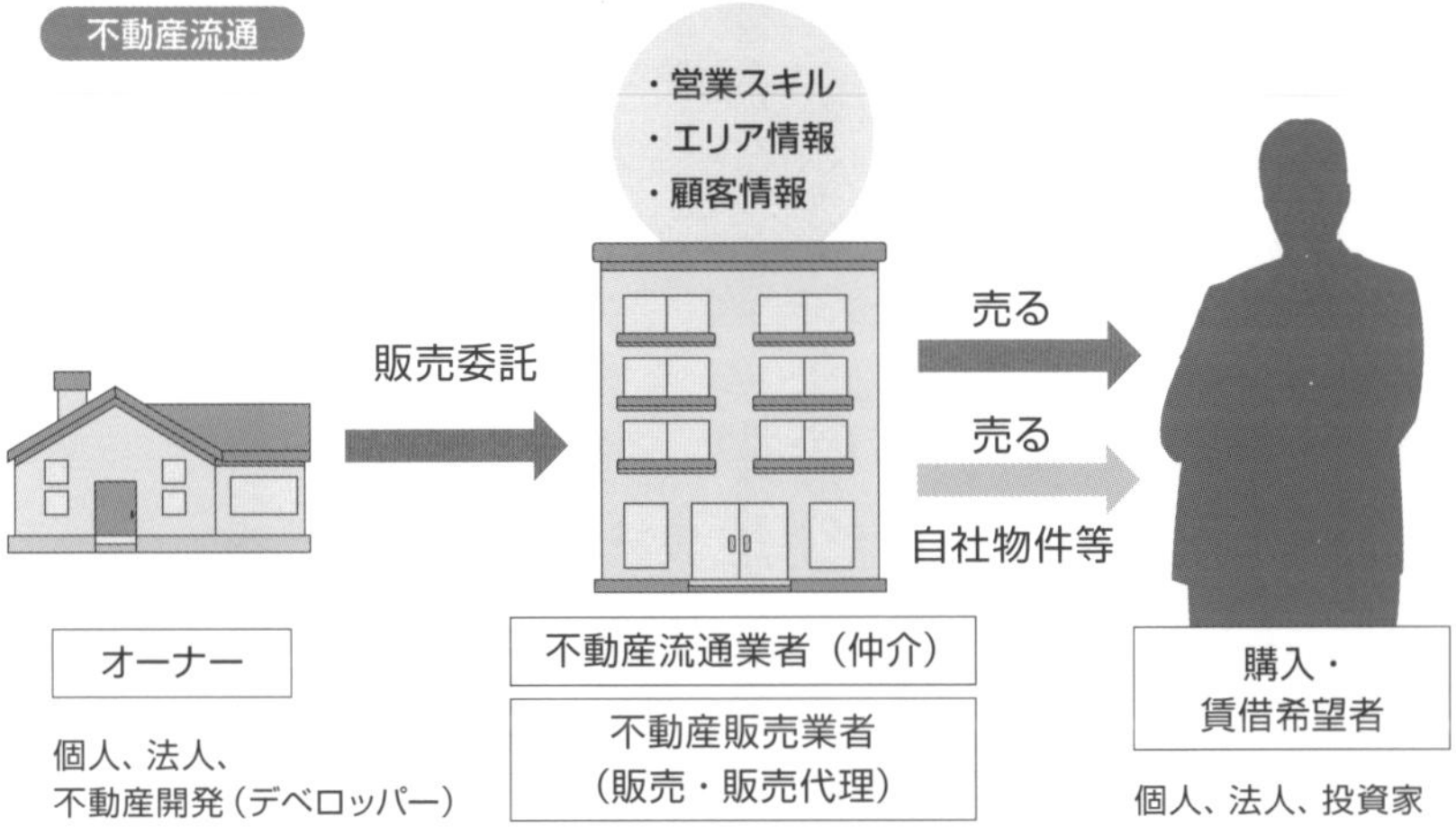

出所：三井不動産レジデンシャルを参考に作成

Point

仲介手数料　契約（賃貸、売買）を仲介した不動産会社に支払う手数料。賃貸不動産の仲介手数料は2-3節参照。売買不動産の仲介手数料は、売買価額×3%＋6万円＝仲介手数料（税別）。不動産会社は売主・買主の双方から、この金額を上限とする仲介手数料を受ける（国土交通省告示）。

Section

2-5 管理分野の仕事と仕組み

①不動産業務の５大分野

不動産管理の仕事は高度化しています。オフィスビル管理では、所有と経営が分離し、プロパティマネジメント業務が採り入れられてきました。

建物管理も賃貸管理もＰＭが受託する時代に突入

不動産管理の仕事には、土地管理、ビル管理（オフィスビル、商業ビルなど）、アパート管理、マンション管理（賃貸用、分譲用）、リゾート運営管理、ホテル運営管理、ゴルフ場運営管理などがあります。

不動産管理業*はビルメンテナンス業*と一部ダブった業務をしている傾向があります。日本標準産業分類では、不動産管理業が「主としてビル、マンション等の所有者の委託を受けて経営業務あるいは保全業務等不動産管理を行う」のに対し、ビルメンテナンス業は「ビルを対象として清掃、保守、機器の運転を一括して請負い、これらのサービスを提供する」としています。ビルメンテナンス業には、清掃・衛生・設備管理、管理サービス、保全管理業務などがあります。両者の大きな違いは後者がビルマネジメント業務を請け負うことがある点にありましたが、ＰＭが不動産管理業務に取り込まれつつある昨今ではその違いがはっきりしません。

不動産業のビル管理業務には**建物管理業務**と**賃貸管理業務**の２つがあります。前者はビルのオーナーやマンションの管理組合との契約で共用部分について日常管理を請け負います。後者は賃貸住宅、マンション、アパートのオーナーから個別住戸の入居者募集、賃料の回収、滞納時の督促、個別住戸内のクレーム処理を請け負います。この請負業者を**賃貸管理会社**といいます。

以上の管理業務は従来、デベロッパーやビル賃貸会社がその子会社や自社で担当するケースが大半でした。最近は「プロパティマネジメント」業務が管理業務の延長として採り入れられてきました。

Term

不動産管理業 1-18節、3-25節参照。

ビルメンテナンス業 1-18節、3-25節参照。

プロパティマネジメントとは、「その物件の収益性を最大化し、その結果として不動産の価値を最大化するために、企画・立案し、具体的な運営を行う」という、当該物件の経営代行業をいいます。所有（オーナー）と経営（ＰＭ会社）が分離した形態です。プロパティマネジメント会社の多くは賃貸管理業務・建物管理業務を含めて受託します。

その経営代行と実務執行を行うものを**プロパティマネジャー**といい、受託会社を**ＰＭ会社**といいます。

大手管理会社は蓄積したノウハウを活かし、外資系の進出著しい**不動産ファンド**のＰＭ業務を受注しています。

不動産管理業の流れ

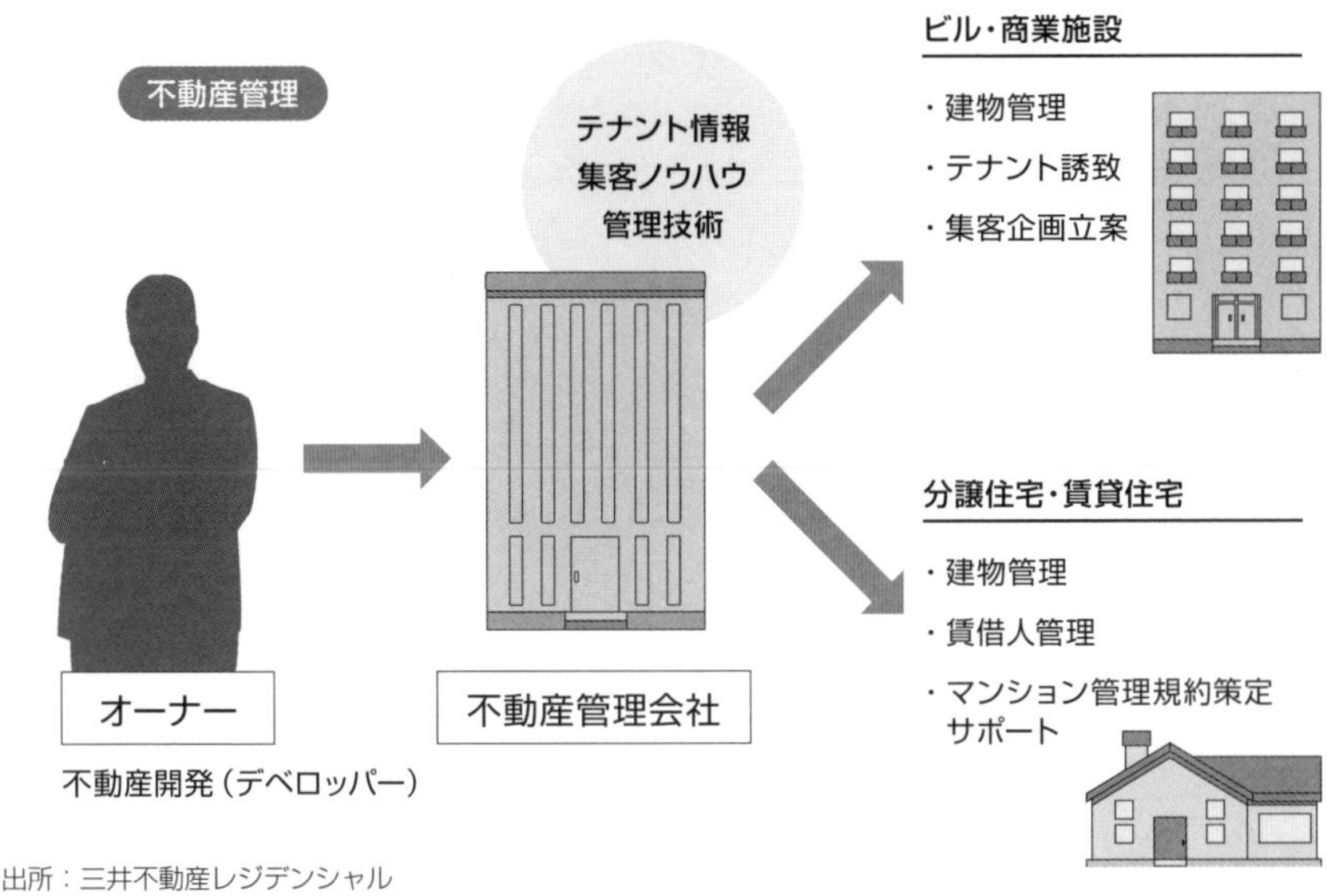

出所：三井不動産レジデンシャル

不動産管理業とビルメンテナンス業の分類上の違い

	日本標準産業分類（大・中・小・細分類）	中小企業基本法
不動産管理業	不動産業、物品賃貸業（大分類）の小・細分類	製造業等
ビルメンテナンス業	サービス業（他に分類されないもの）（大分類）のうちの細分類	サービス業

Point
ビルメンテナンス業とプロパティマネジメントの違い　ビルメンテナンス業は、個別ビルの設備管理、清掃、警備などを行う建物作業管理業務。プロパティマネジメントは、不動産（ビル）の収益性を最大化し、価値を最大化するために計画を立案し、具体的な運営を行う。ビル経営に関する経営代行業務。

Section

2-6

証券化とは何か

最近、不動産の証券化が進んでいます。これに関連して不動産や金融の専門用語が頻繁に出てきます。ここでは言葉の定義・意味を整理しておきましょう。

■「資産金融の証券化」の意味

証券化は、もともと金融の専門用語です。証券化を定義すれば、「様々な資産を、何らかの仕掛けを使って、最終的に証券の形に変換する金融技術」のことです（井出保夫著『証券化のしくみ』）。

様々な資産の中に「住宅ローン」や「不動産」が、仕掛けの中に**SPC**（**特別目的会社**）*や信託が、でき上がった証券の中に**MBS***（住宅モーゲージ担保証券）や**REIT***（不動産投資信託）があるわけです。

証券化には「**企業金融**（コーポレート・ファイナンス）の証券化」（例：株式、社債等の発行）および「**資産金融**（アセット・ファイナンス）の証券化」の2つの流れがあり、ここで述べる「証券化」とは、資産金融の証券化を意味します。ファイナンスの対象は企業ではなく、資産そのものなのです。

証券化は、キャッシュフローを生み出せる資産であれば、どんなものでも可能です。証券化しやすいものの代表として、住宅ローンを証券化したMBSが挙げられます。証券化した住宅ローンの代表が**フラット35**です。フラット35の仕組みは、「取扱民間金融機関から住宅金融支援機構がフラット35の債権を買い取り、それを担保とする債券を発行することで長期の資金調達を行う」というものです。これによって、民間金融機関が長期固定金利の住宅ローンを提供しやすくしています（4-15節参照）。そのほかにも、リース債権、クレジットカード債権、自動車ローン、企業の売掛債権などがあります。逆に証券化しにくい資産の代表として、かつては不動産が挙げられていました。ところが2000年5月に**投信法**が改正され、それまで認められていなかった不動産が投資信託の対象として認められることになり、「不動産の証券化」に拍車がかかりました。

Term

SPC（特別目的会社）／ABS　2-8節参照。　**REIT**　2-10節参照。
MBS　Mortgage Backed Securitiesの略。住宅モーゲージ担保証券のこと。住宅ローン債権を担保とした資産担保証券。モーゲージ（住宅抵当付き融資）を流動化させるために金融機関が発行するもの。

どんな資産が証券化できるのか

証券化

しやすい資産	しにくい資産
住宅ローン	商業不動産担保ローン
リース債権	商業不動産の所有権
クレジットカード債権	不良債権
自動車ローン債権	更地

↓ キャッシュフローが読みやすい　　↓ キャッシュフローが読みにくい

キャッシュフローがすべて

キャッシュフローを生み出せるものなら、
何でも証券化できる

出所：井出保夫著『証券化のしくみ』（日本実業出版社、1999年12月）より

証券化（Securitization）の定義

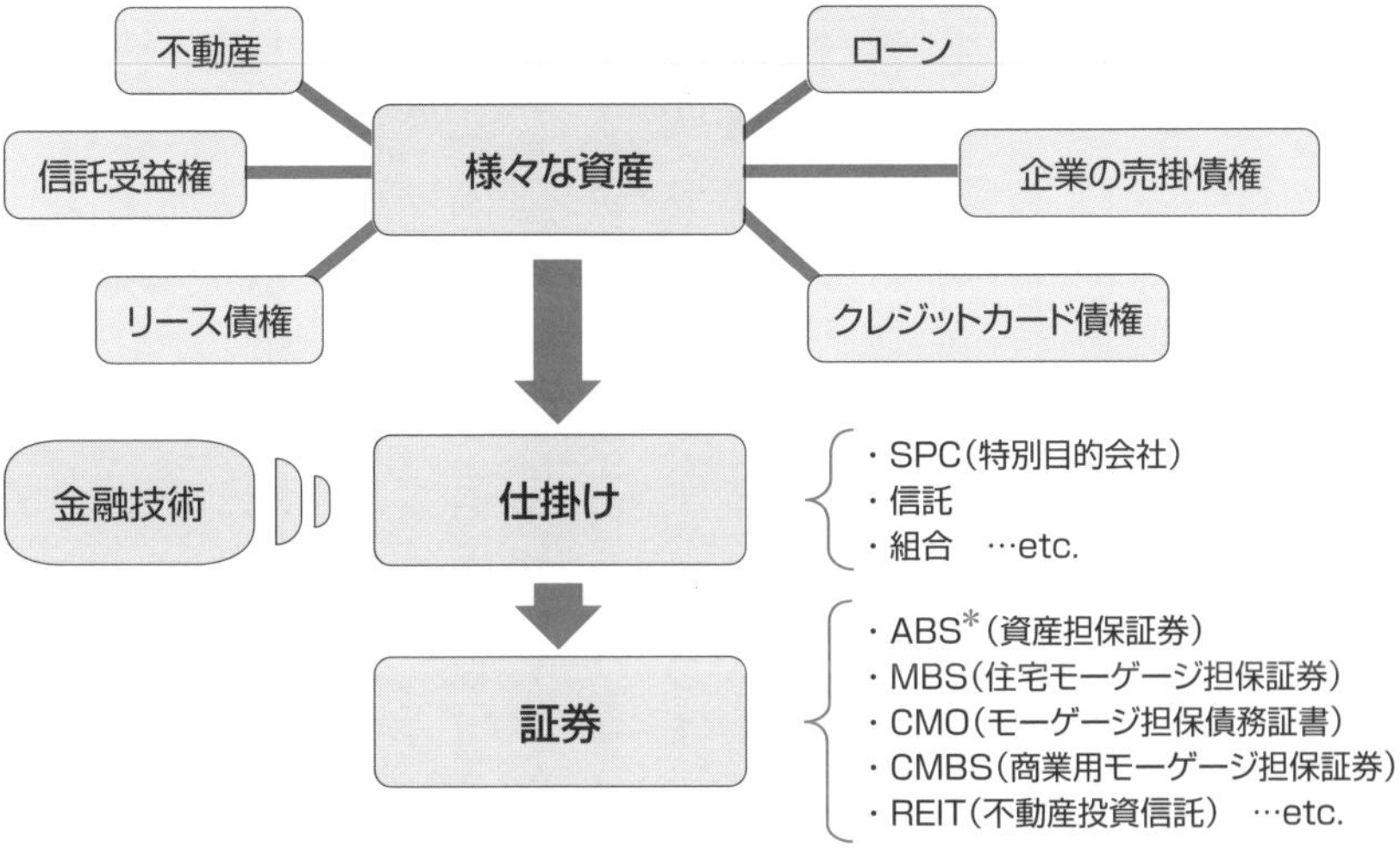

出所：井出保夫著『証券化のしくみ』（日本実業出版社、1999年12月）より（一部修正）

Point

企業金融の証券化と資産金融の証券化　「企業金融の証券化」とは、企業が企業自体の信用を引当として資本市場から資金を調達すること。株式や社債の発行がその例（株式や社債という証券を用いて資金調達）。「資産金融の証券化」とは、企業自体の信用ではなく、特定の資産そのものだけを引当として資金を調達すること。

Section

2-7

② 不動産証券化業務

不動産の証券化とは何か

「証券化」と「流動化」の違いはどこにあるかを説明し、「不動産の証券化」の定義を掲げます。

■流動化は証券化より広い概念

証券化と流動化は同義に使われることが多いのですが、厳密には次のような違いがあります。

流動化は、広義では「物件の取引が増えること」「物件価格が上昇すること」ですが、狭義では「資産を分離し、その分離された資産が生み出すキャッシュフローを裏付けとして資金を調達すること」という使われ方をしています。

この「狭義の流動化」を、最終的に有価証券を用いて行うのが**証券化**です。一般に、単なる共有持分権や出資証券よりも、市場性を持った有価証券の形態にする方が、資産価値はより高まります。「証券化」という方法でなく**ノンリコースローン***を用いて資金を調達するのも、資産流動化です。

このように、証券化は流動化の一部であり、一手段です。

広義不動産の証券化には**資産流動化型不動産証券化**（狭義の不動産証券化）と**資産運用型**（**ファンド型**）**不動産証券化**の2つの種類があります。前者は「はじめに資産がある」タイプの証券化であり、後者は「はじめにお金がある」タイプの証券化です。後者の代表例がJ-REIT（不動産投資信託）です。証券化は流動化の一部であり、譲渡性・流通性が高いので「より高度な流動化」ともいえます。

不動産証券化とは、「不動産の証券化という特別の目的のために設立された法人などが、証券を発行して投資家から資金を集めて不動産に投資し、そこから得られる賃料収入等の収益を投資家に配分する仕組みであり、対象不動産の資産としての収益力に着目した投資形態である」と定義されています。専門用語が入ると次のように定義されます。

不動産の「証券化」とは、「不動産を保有する者（オリジネーター*）が当該不動産を証券化のための器であるSPC*（Special Purpose Company）などに譲渡し、SPCなどが、その不動産が生み出すキャッシュフロー等を裏付けとした資金調達を行うこと」をいいます。

Term

ノンリコースローン　非遡及型融資。返済資金として融資対象物件の賃貸収入や売却収入だけを充当するローンの形態。借り手が事業に失敗しても、担保を金融機関に譲渡するだけで、それ以上の返済責任を遡及されないローン。　**オリジネーター**　2-14節参照。　**SPC**　2-8節参照。

証券化・流動化の概念図

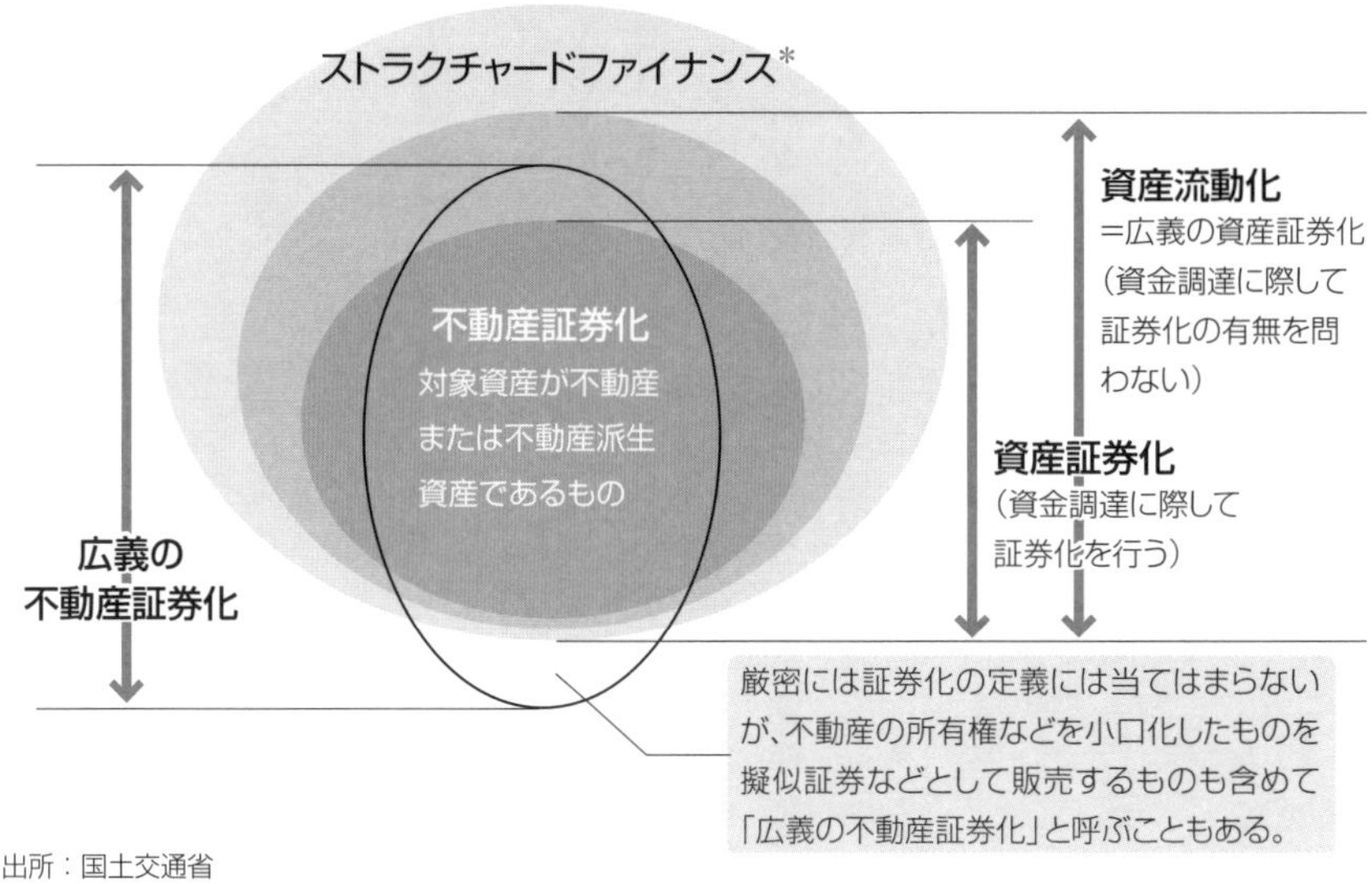

出所：国土交通省

不動産証券化の基本構造

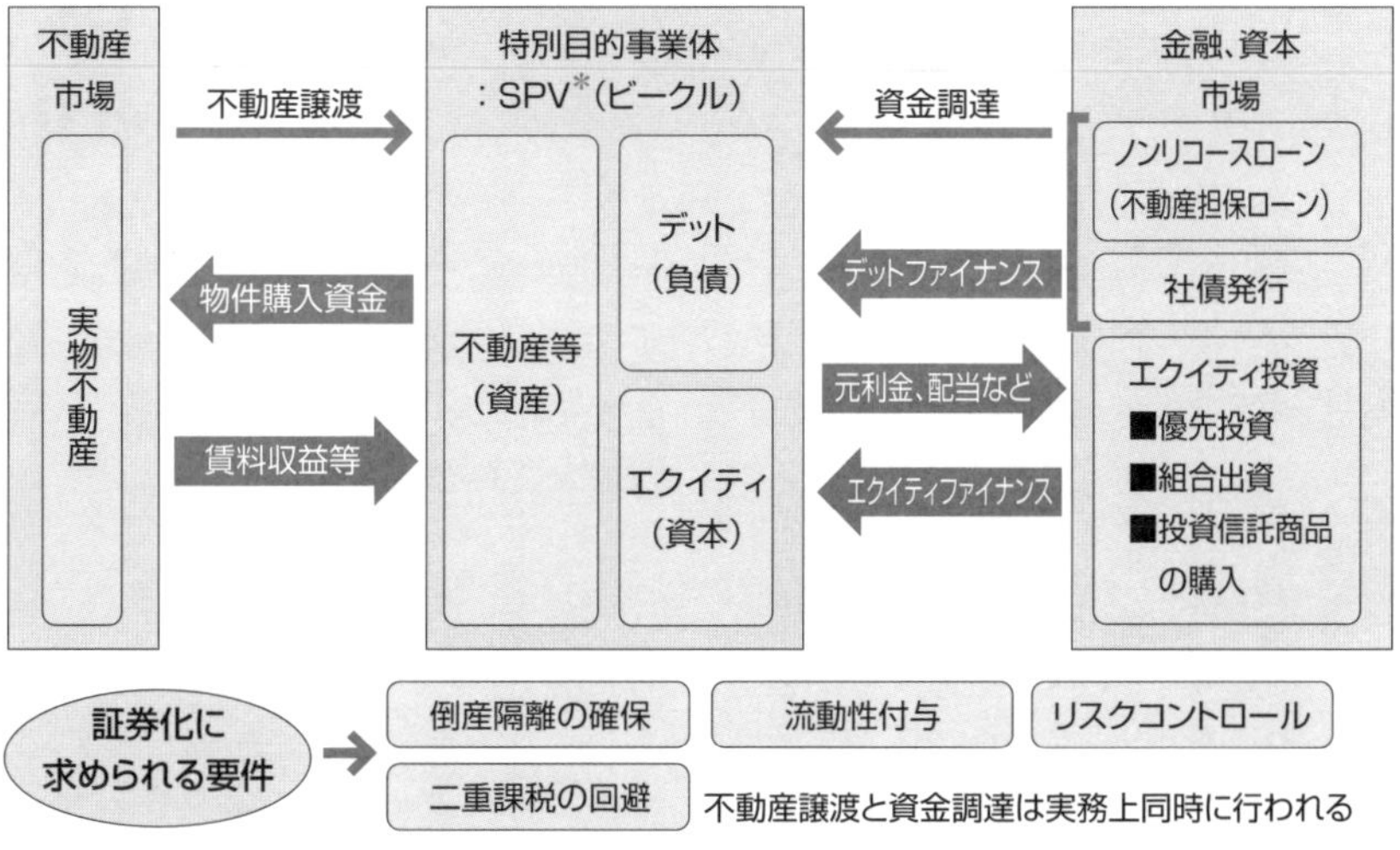

出所：国土交通省

Term **ストラクチャードファイナンス**　「仕組み金融」と訳される。証券化などの仕組みを利用して資金調達を行う手法。具体例はプロジェクトファイナンス、債権の流動化など。　**SPV**　Special Purpose Vehicleの略。証券化を行うことを目的に組織される特別目的会社、匿名組合、パートナーシップ、投資信託などの総称。

Section
2-8

②不動産証券化業務

不動産ファンドとは何か

「不動産ファンドとは何か」を説明し、「不動産流動化・証券化」との違いを述べます。

■不動産証券化（狭義）との違い

ファンドとは「投資家の資金を集め、その資金を、利益を生む資産や事業に投資する仕組みや商品のこと」をいいます。投資対象により、投資信託や買収ファンドなど様々な類型があり、不動産ファンドもその一種です。

不動産ファンド（**資産運用型**〈**ファンド型**〉**不動産証券化**）は「投資家から集めた資金を不動産で運用する仕組み」をいいます。

不動産ファンドには公募型と私募型の2種類があり、前者の代表として**J-REIT**（日本版不動産投資信託）が挙げられます。後者は少数の限定された投資家もしくは機関投資家（年金基金・銀行・生損保など）が出資できる不動産ファンドをいい、**私募ファンド**または**プライベートファンド**と呼ばれています。

広義の不動産証券化の中には「不動産ファンド」も入りますが、狭義の不動産証券化（**資産流動化型不動産証券化**）は、「不動産保有者が資金調達のために**SPC***（**特別目的会社***）に保有資産を譲渡して、自らの不動産をオフバランス（財務諸表／バランスシートから切り離すこと）する仕組み」をいいます。「保有不動産をオフバランスしたい」というニーズに合う投資家（年金、機関投資家など）を探索していきます。ここで発行される証券は特定の資産に対応していますので、**ABS**（Asset Backed Securities、資産担保証券）と呼ばれます。

それに対し、不動産ファンドは「資金を不動産に投資したい」という投資家のニーズに基づいて組成されるもので、ニーズに合う不動産を取得していきます。ファンド型証券は特定の資産に対応しないので、ABSではありません。

まとめると広義の不動産証券化の中に資産流動化型と資産運用型（ファンド型）があります。後者が不動産ファンドと呼ばれるものであり、「資金ありき」から出発します。

Term

SPC　Special Purpose Companyの略。特別目的会社。一般には「エス・ピー・シー」と読む。特定目的会社（SPC：Specific Purpose Company）はその利用形態の1つ。企業が不動産などの保有財産を証券化し、第三者に販売するために設立された会社。　**特別目的会社**　2-9節参照。

不動産ファンドのイメージ

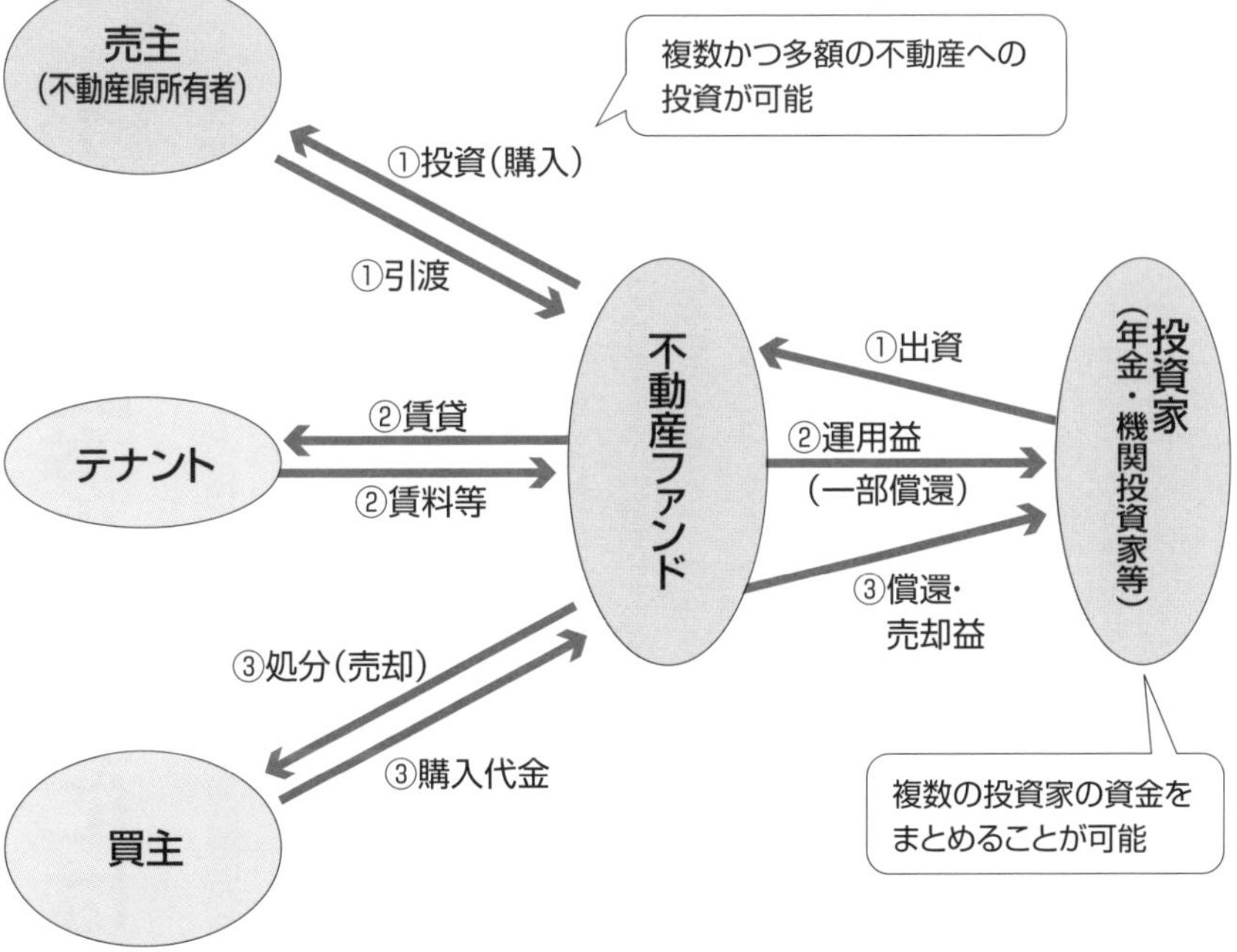

出所：脇本和也著『図解入門ビジネス 最新不動産ファンドがよ〜くわかる本［第2版］』（秀和システム）より

不動産証券化と不動産ファンドの概念上の違い

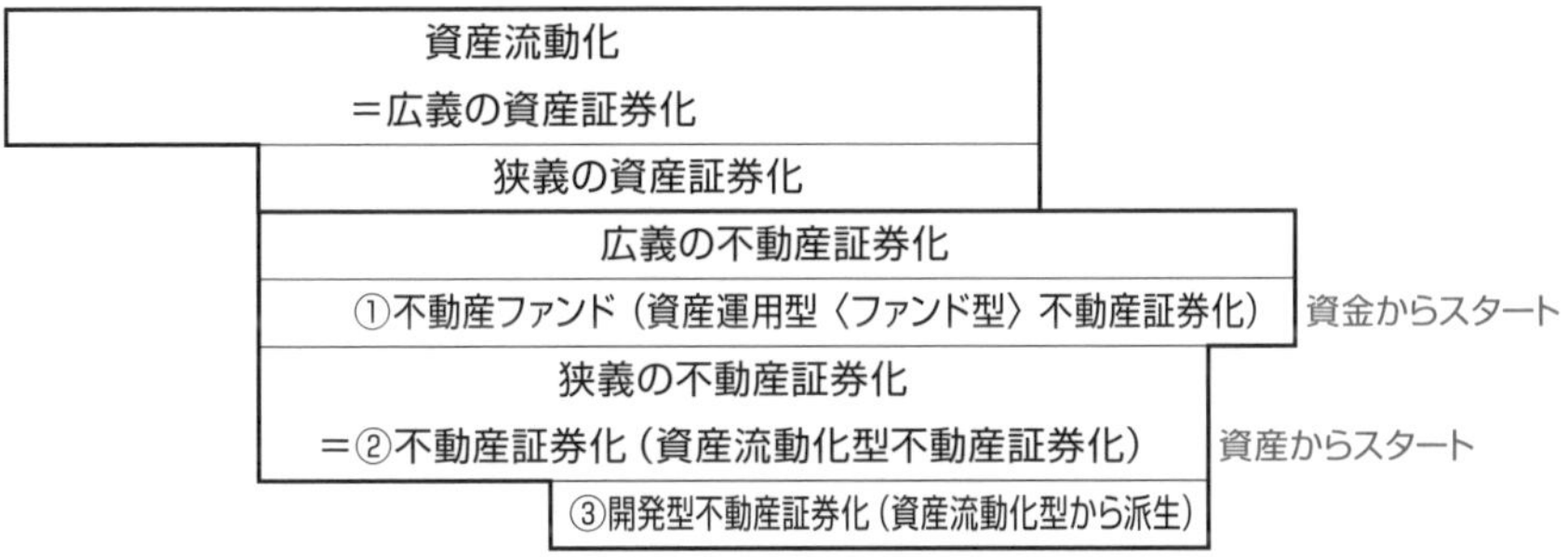

Point

特別目的会社と特定目的会社　特別目的会社は特別の目的（投資家のための不動産運用事業）のために設立された会社で、具体的には特定目的会社、合同会社、投資法人などがある。特別目的会社は、従来型の主に海外で作るSPCの日本語訳。特定目的会社は、SPC法でいうSPCの日本語訳。

Section
2-9 不動産証券化商品にはどんなものがあるか

「不動産証券化商品」と銘打った不動産投資商品が販売されています。J-REITは有名ですが、ほかにどんなものがあるのでしょうか。

■投信法の改正によりJ-REITが登場

不動産に投資する形態を大きく2つに分けると、ワンルームマンションなどの不動産に直接投資するタイプと、間接的に投資するタイプがあります。後者が一般的に「**不動産証券化商品**」と呼ばれるものです。

不動産証券化商品は、根拠法により大きく4種類に分かれます。次に商品を例示します。

(1) 個別法に基づくもの

①投信法（投資信託および投資法人に関する法律）による商品……不動産投資信託（J-REIT）

②**不動産特定共同事業法***+会社法による商品……「匿名組合型」の商品

不動産特定共同事業法+民法による商品……「任意組合型」（現物出資の場合）の商品（注：直接投資ですが、一般的には不動産証券化商品として取り扱います）

③資産流動化法（資産の流動化に関する法律）による商品……特定目的会社（TMK*）への優先出資証券など

(2) 個別法以外（商法・会社法・信託業法・信託法）のもの

④その他（不動産特定共同事業法以外）の匿名組合出資型商品……匿名組合に出資する商品「**合同会社**（**GK**）+**匿名組合***（**TK**）の方式（GK-TKスキーム）による商品」など

不動産証券化商品における投資家の立場ですが、資金を拠出する見返りとして、配当や収益分配を受ける権利を有します。また、各種証券や契約書等が発行されますが、不動産を直接所有する権利を持つわけではありません。各種

Term

不動産特定共同事業法　不動産特定共同事業を営む者の損害防止のため、1995年に施行された法律。
匿名組合　当事者の一方（匿名組合員）が、相手方（営業者）の営業のために出資をなし、その営業により生じる利益を配分すべきことを約する契約。

商品のうち取扱いシェアの大きいものは「J-REIT」および不動産特定共同事業の「匿名組合出資持分」です。最近増加しつつある「**私募リート**」は、大半が法人向けです。

私募リートとは、私募形式の不動産投資信託（REIT）をいいます。投資法人の仕組みを利用して、不動産または不動産信託受益の運用を行う不動産ファンドの1つです。

以下、不動産証券化の流れを見てみます。不動産の小口化商品は1980年代後半から始まりました。95年、投資家保護の観点から**不動産特定共同事業法**が施行されました。98年9月に「特定目的会社法」（**旧SPC法***）が施行され、金融商品取引法上の有価証券として、流動性を持つかたちで不動産の証券化を行うことが可能となりました。

さらに2000年11月には特定目的会社法が「資産流動化法」（**新SPC法***）に改正され、商品設計の自由度が拡大しました。同時に「投信法」の改正により、不動産ファンド（不動産投資信託＝J-REIT）が登場しました。下図に、個人向けの不動産証券化商品の代表例を掲げておきます。

主な個人向け不動産証券化商品の分類

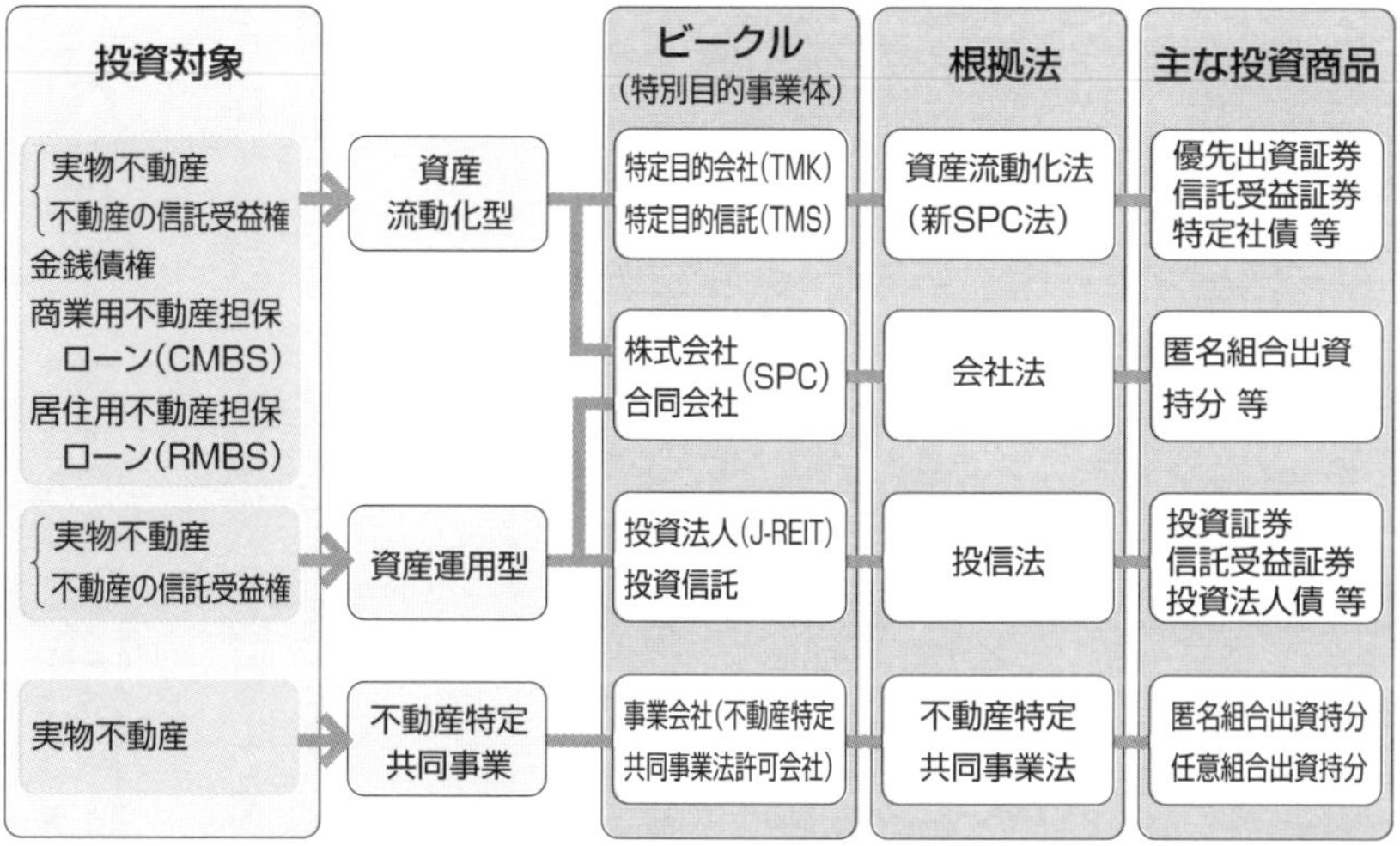

出所：（一社）不動産証券化協会「不動産証券化商品チェックポイント」より

Term
TMK　2-11節参照。 **特定目的会社**　新SPC法上のSPC（特定目的会社）をいい、一般のSPCとは区別され TMK（2-11節参照）と呼ばれることもある。 **旧SPC法**　1998年に施行された「特定目的会社法」のこと。
新SPC法　2000年に旧SPC法が改正され、施行された法律「資産流動化法」。改正SPC法ともいう。

Section
2-10 投資法人としてのJ-REITの仕組み

②不動産証券化業務

J-REITは「商品」でしょうか、「会社」でしょうか。J-REITは法人（会社）であり、投資法人型（会社型）の不動産投資ファンドです。商品名として使われることもあります。

■J-REITの仕組み

J-REITは日本版の不動産投資信託のことをいいます。米国の不動産投資信託（Real Estate Investment Trust）が略称で**REIT***（リート）と呼ばれることから、その日本版という意味で**J-REIT**（ジェイ・リート）と呼ばれます。

名称から、投資信託という商品の一種のように思われますが、一般的には、**投資法人***という法人（会社）を指します。**不動産投資信託***（**不動産投資ファンド**）には投資法人*と呼ばれる会社型と、**投資信託**と呼ばれる契約型の2種類があります。現在、証券取引所に上場している不動産投資信託はすべて投資法人です。J-REITは投資法人型（会社型）の不動産投資ファンドです。この投資法人をREITと呼び、一方では商品でもある投資口のこともREITと呼んでいます。

J-REIT（投資法人）の仕組みは左ページの図に示すとおりです。J-REITは単に、保有する不動産の生み出す利益を投資家へ配当するための器に過ぎません。従業員も雇用しないペーパーカンパニーです。したがって、必要な業務のほとんどは外部委託しています。投資信託委託業者（**アセットマネジメント会社**）、資産保管会社、一般事務受託者などに委託します。この点が、不動産特定共同事業法による商品（匿名組合）の仕組みと大きく異なります。

2001年9月に2銘柄（日本ビルファンド投資法人、ジャパンリアルエステイト投資法人）が東京証券取引所に上場、J-REIT（不動産投資信託）が開始され、日本でも不動産投資ファンド市場ができました。REITは2003年以降急激に上場が増え、2007年に42銘柄、現在60銘柄（23年8月15日現在）となっています。

Term

REIT　Real Estate Investment Trustの略。

不動産投資信託　投信法の定める制度には投資信託制度と投資法人制度の2つがあり、前者の形態を契約型投信、後者を会社型投信と呼ぶ。不動産投資信託も、契約型（狭義の投資信託）と会社型に分かれる。

投信法による商品（J-REIT）の仕組み

商品の仕組み

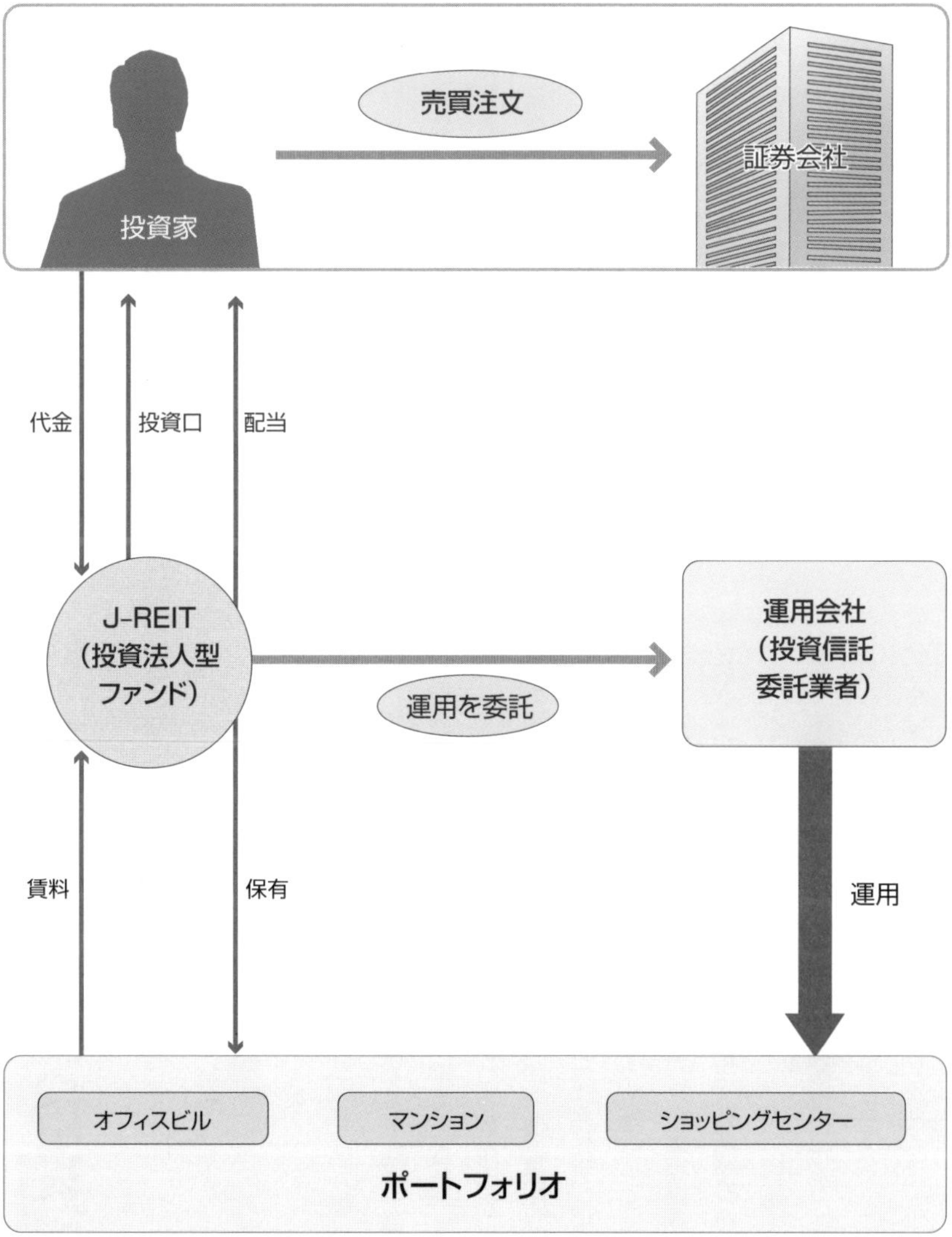

出所：不動産証券化協会「不動産証券化商品チェックポイント」より

投資法人　投資信託の一種。会社型投資信託とも呼ばれている。不動産投資法人、証券投資法人などがある。集めた資金を不動産や証券などに投資して運用するためのペーパーカンパニー。株式会社の株主、株式、株券、社債、株主総会は、投資法人ではそれぞれ、投資主、投資口、投資証券、投資法人債、投資主総会となる。

Section
2-11

②不動産証券化業務

不動産証券化の市場規模は53・3兆円

不動産証券化の市場規模は2022年末で約53・3兆円（運用資産額ベース）です。

不動産の証券化市場規模は拡大中、特に私募リートの伸びが顕著

国土交通省「2022年度不動産の証券化の実態調査」によれば、22年度末において、不動産証券化の対象となった不動産または信託受益権の資産総額（ストックから見た市場規模）は約53・3兆円でした。

22年度にリートおよび不動産特定共同事業の対象として取得された不動産または信託受益権の資産額は約2・0兆円、譲渡された資産額は約0・5兆円（フローから見た市場規模）でした。内訳項目とはなりますが、不動産特定共同事業のうち、不動産の開発資金を証券化により調達する「開発型の証券化」について22年度実績は96件、約790億円でした。

不動産証券化市場は、募集形態からは公募型と私募型に分かれ、前者はJ-REIT、後者は私募リートに代表されます。スキームからは、リート、不動産特定共同事業、その他の私募ファンド（TMK*、GK-TKスキーム*など）に分かれます。

なお、取得額、譲渡額の中には私募リートを除く私募ファンドの額が含まれていません。したがって、取得ベースと残高ベースの差額で見た数字とは一致しません。また、スキームの調査時点の違い、J-REIT以外の公募型があり、J-REITと私募ファンドの合計が証券化市場規模と一致するとは限りません。

不動産証券化市場の資産総額から見た市場規模は、5年半前に比べ67％増加しています。中でも私募リートは133％と顕著な伸びを見せています。

なお、不動産ファンドと広義の不動産証券化をほぼ同一と見なし、同一市場規模とすることもあります。

Term

TMK　資産流動化法（改正SPC法、新SPC法ともいう。正式名称は「資産の流動化に関する法律」）に定める特定目的会社（Tokutei Mokuteki Kaisha）の略。

GK-TKスキーム　2-9節参照。

証券化の対象となった不動産の資産総額推移（単位：兆円）

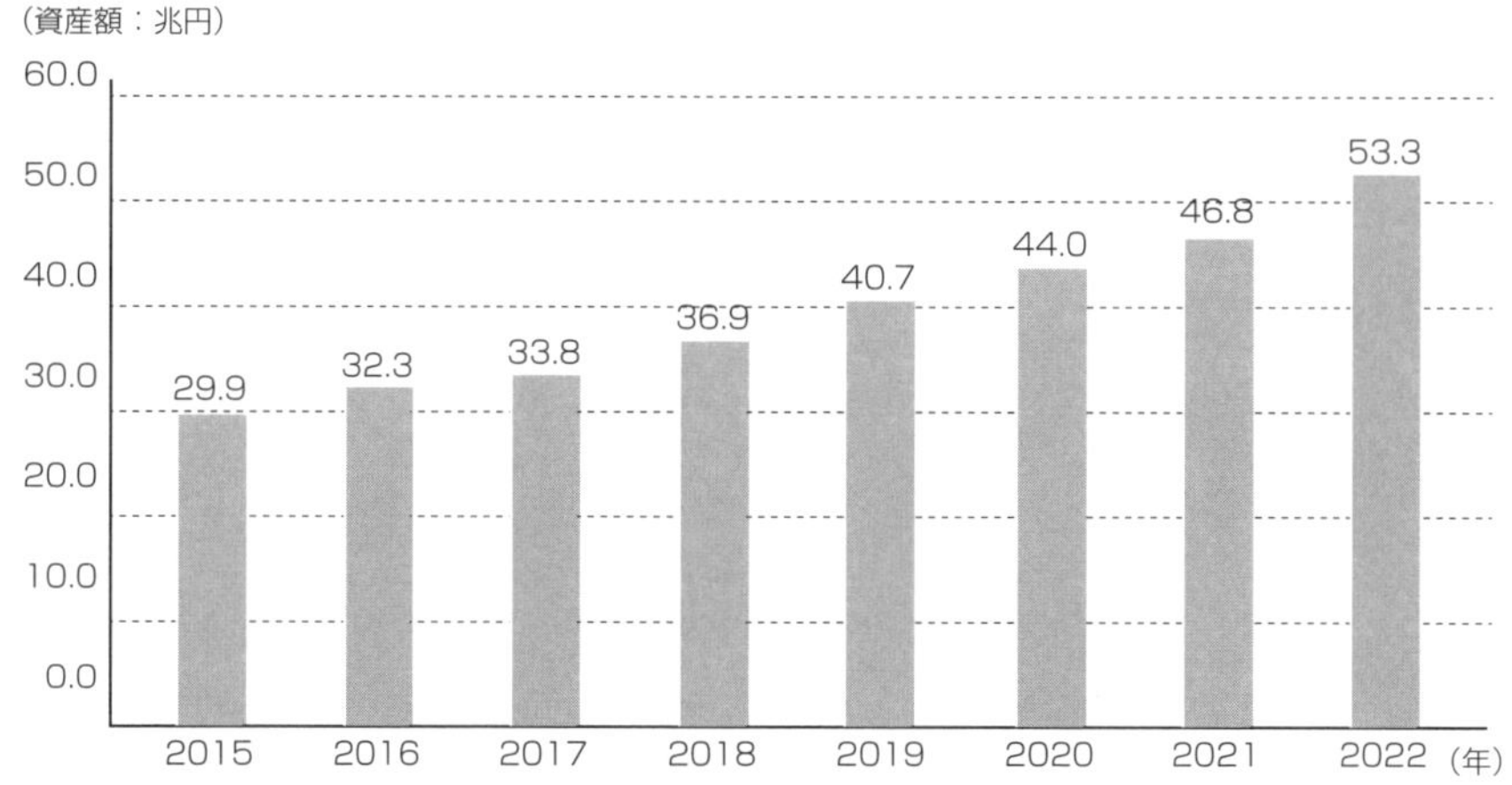

出所：国土交通省2022年度「不動産証券化の実態調査」

証券化の対象となった不動産の2022年度における取得・譲渡実績（スキーム別）

取得（単位：兆円）		令和4（2022）年度		
		実物	信託受益権	合計
	リート（私募リートを含む）	0.19	1.50	1.69
	不動産特定共同事業	0.31	−	0.31
合計		0.50	1.50	2.00

譲渡（単位：兆円）		令和4（2022）年度		
		実物	信託受益権	合計
	リート（私募リートを含む）	0.03	0.36	0.38
	不動産特定共同事業	0.11	−	0.11
合計		0.14	0.36	0.50

出所：国土交通省2022年度「不動産証券化実態調査」、不動産証券化協会「私募リート・クォータリー」、三井住友トラスト基礎研究所資料により作成

Point

信託受益権　信託銀行に資産（債権や不動産など）を信託し、その資産から生まれる収益と元本を受け取る権利。信託とは、委託者が受託者に財産権を移転し、受託者がその財産の管理または処分をすること。

開発型証券化　将来建設される物件について、証券化を利用して資金調達する仕組み。

Section
2-12

②不動産証券化業務

J-REITの市場規模は22・4兆円

J-REITの市場規模は2023年8月末で22・4兆円（運用資産、取得金額ベース）です。

20年超の歴史があり、直近5年半で保有資産は35％増加

2-9節でJ-REITは不動産証券化商品の1種（投資口＝投資証券のこと）として採り上げました。一方2-10節では商品でもあるが一般的には「投資法人」（不動産投資信託）を指す」と説明しました。本節では後者について、説明します。J-REITの市場規模を見る際は2つの見方があります。

1つ目の見方では「投資口*の時価総額（投資口価格×投資口発行済口数）」を用います。「市場がどう見ているか」から見た評価額です。2023年8月末の時価総額は16・1兆円です。4年半前に比べ騰貴率は約25％です。同時点での上場銘柄数は60銘柄（4年前比1銘柄減）、総合的な値動きを示す東証リート指数は1892・25（配当なし）となっています。

2つ目の見方では「運用資産総額（保有不動産額）」を用います。現在運用中のファンドが保有する資産総額です。同時点での運用資産総額は取得金額ベースで22・4兆円、鑑定評価ベースで26・8兆円となっています（2023年8月末）。保有資産を用途別に見ると、2022年度実績ではオフィスビル40％、物流施設20％、商業施設16％、住宅14％、その他ホテルなど10％と多様化しています（取得金額ベース）。過去4年間の運用資産の伸び率は取得額ベースで21・7％増、物件数ベースで16・6％増となっています。用途別に見ると、物流施設が61％増で大きく寄与していますが、他の主要3用途（オフィス、商業、住宅）は平均12・5％増で、全平均の21・7％に及びません。物件数ベースで見ても物流は39・1％の伸びで全平均の16・6％を大きく上回り、他の主要3用途平均は12・8％で全平均を下回ります。伸び率では物流施設に劣るものの、主要3用途はシェアでは取得価格・物件数とも75％前後を占めています。

Term

投資口　不動産投資信託において、投資家が投資法人に出資する単位のことを「投資口」という。普通の会社における株式に相当する。

J-REIT 用途別運用資産額の推移

▼ J-REIT 市場時価総額の推移

（金額の単位：億円）

	J-REIT 市場時価総額		東証 REIT 指数（配当なし）	
年	銘柄数	時価総額	指数	騰落率（対前年）（%）
2018	61	129,702	1,774.06	6.68
2019	64	164,380	2,145.59	20.94
2020	62	143,980	1,783.90	△16.85
2021	61	169,957	2,066.33	15.83
2022	61	158,370	1,894.06	△8.34

（注）各年末時点。
出所：（一社）不動産証券化協会

▼ J-REIT 取得価格合計の推移

（金額の単位：億円）

	J-REIT 取得価格合計								物件数（件）							
	オフィス	商業	住宅	物流	ホテル	ヘルスケア	その他	合計	オフィス	商業	住宅	物流	ホテル	ヘルスケア	その他	合計
2018	76,517	32,182	27,247	27,228	13,443	1,448	1,712	179,777	960	494	1,694	360	265	89	37	3,899
2019	79,296	33,678	27,671	30,798	15,959	1,837	2,026	191,265	994	536	1,745	398	304	102	44	4,123
2020	81,784	34,114	28,618	36,840	16,314	2,610	2,600	202,880	1,014	550	1,788	444	312	133	47	4,288
2021	84,944	34,793	29,960	40,650	16,386	2,810	2,845	212,388	1,023	568	1,863	472	313	143	47	4,429
2022	86,317	34,856	31,384	43,857	16,310	3,122	2,885	218,731	1,027	570	1,924	501	313	164	51	4,550

（注）各年末時点。
出所：（一社）不動産証券化協会

▼ J-REIT の取得価格合計と物件数（2022 年暦年）

取得価格合計（億円）

合計　218,731

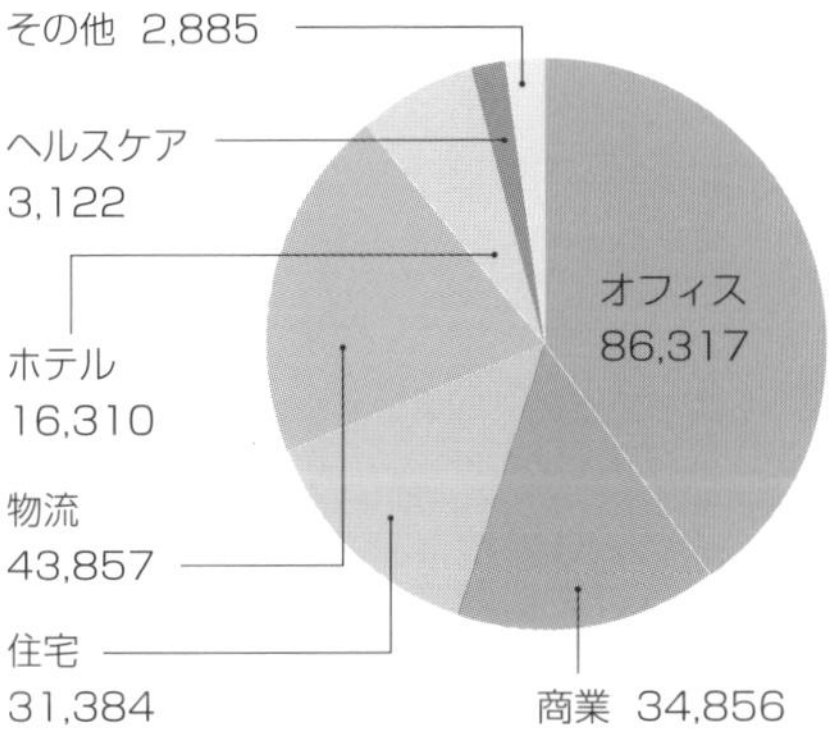

物件数

合計　4,550

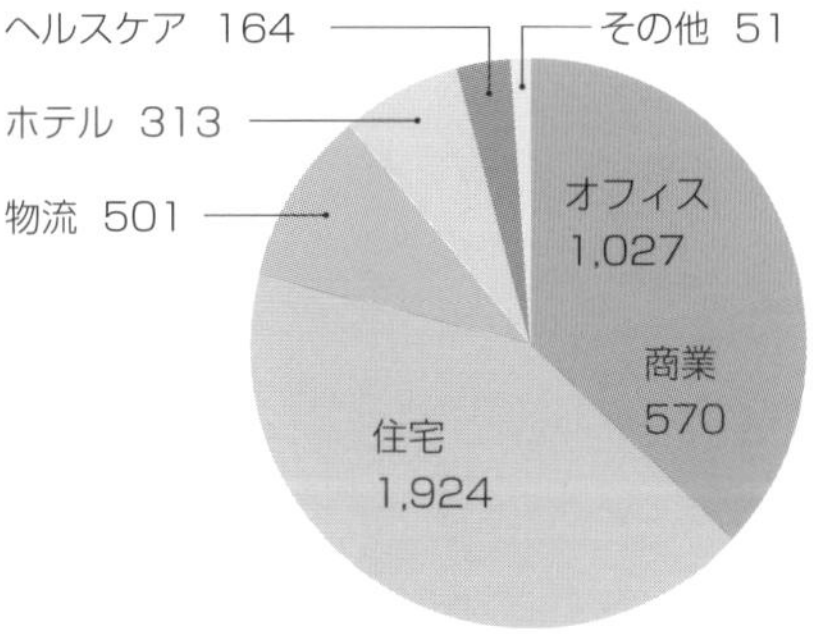

Point

取得金額ベースと鑑定評価ベース　運用資産総額（保有不動産額）を算定する際、取得時金額を使う方法と、算定時点で鑑定評価し直す（その時点の時価）方式がある。

Section 2-13

②不動産証券化業務

私募ファンドの市場規模は33・4兆円

2023年6月末時点の不動産私募ファンドの市場規模（運用資産額ベース）は33・4兆円です。

■私募ファンドの市場規模の推計は2団体共同で行うことに

2021年12月分までは、**私募ファンド***の推計は（一社）不動産証券化協会（ARES、以下「協会」）と（株）三井住友トラスト基礎研究所（以下「研究所」）で別々に行っていました。そのため、両団体は市場規模（運用資産ベース）として別々の数字を発表してきました。

2022年7月以降は、両団体が不動産私募ファンド市場の共同調査を開始しました。第3回目の両団体合同調査による2023年6月末時点の私募型のファンド（私募ファンド）の市場規模（運用資産総額ベース）は33・4兆円です。内訳は国内特化型私募ファンド24・5兆円（73％）、私募リート5・6兆円（17％）、グローバル型私募ファンド*（日本以外も投資対象）3・4兆円（10％）です。

合同調査になったとはいえ、協会は会員調査中心、研究所はヒアリング中心、公表情報を極力捕捉、グローバルファンド情報も含めた調査方法である点は変わりません。

私募ファンドの市場規模（2023年6月）は2014年12月以来、年間平均16・7％伸びています。内訳別では国内特化型17・1％、私募リート20・5％、グローバル型10・7％の伸びです。直近1カ年では全体で25・6％伸びており、直近6・5年の平均より8・9％も伸び率が高いです。これは、構成比の高い国内特化型が24・3％伸びたことが要因となっています。私募リートも12・8％伸びており順調です。

国内特化型と私募リートは前年を下回ることはありませんが、グローバル型は変動が激しく、統計上捨象した方がよいかもしれません。

ちなみに直近10年でJ－REITが私募ファンドを上回ったのは2017年6月、12月、および翌18年6月、12月の4回だけです。

Term

私募ファンド　プライベートファンドともいう。少数の限定された投資家、もしくは機関投資家と呼ばれるプロの投資家（年金基金、銀行、生損保など）のみが出資できる不動産ファンド。縁故関係にある個人や法人に販売する私募ファンドを少人数私募債という。

私募ファンドとJ-REITの市場規模推移（単位：兆円）

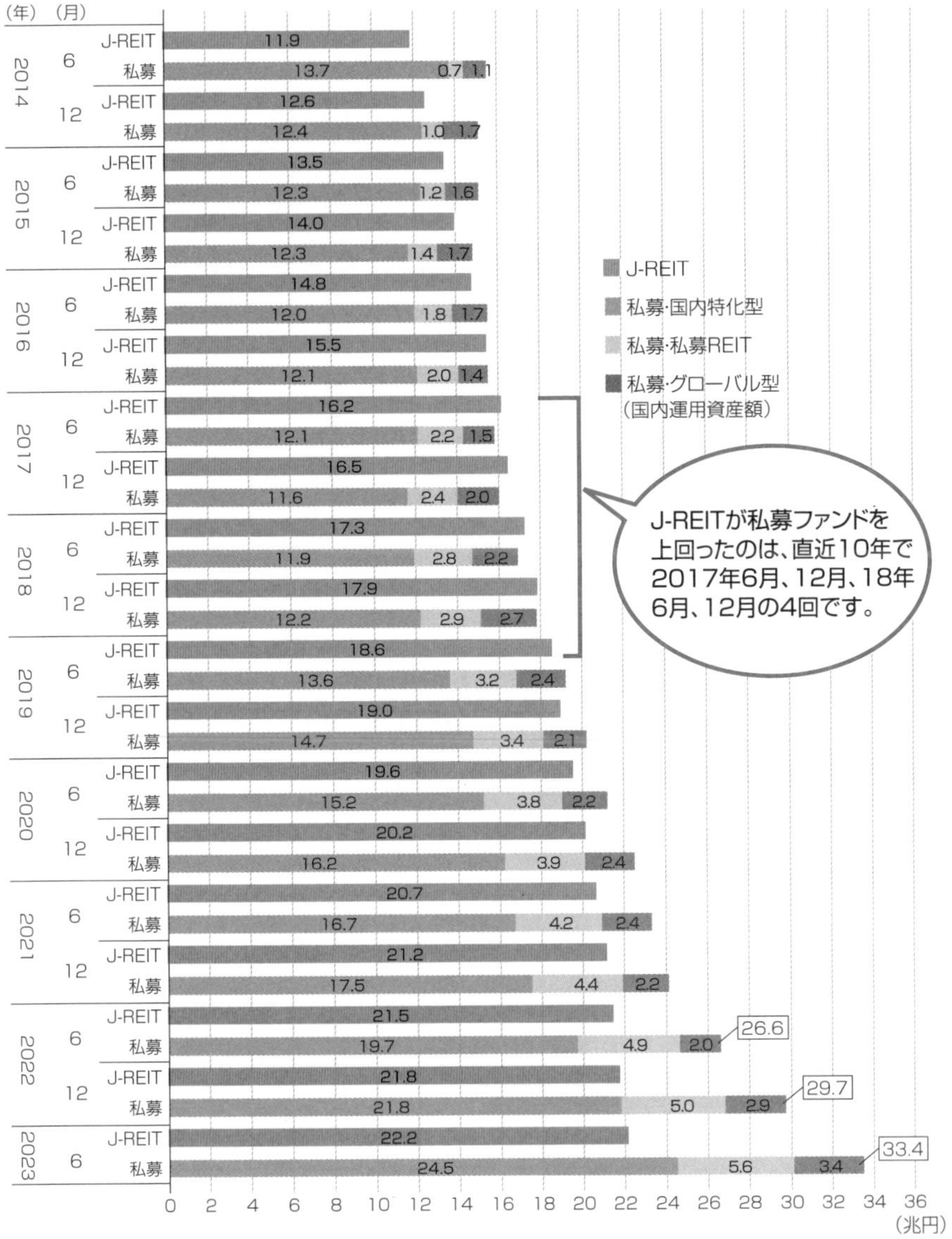

出所：不動産証券化協会「私募リート・クォータリー」、三井住友トラスト基礎研究所

Term **グローバル型私募ファンド**　日本以外の国も投資対象とするファンドとして、三井トラスト基礎研究所が定義。

Section

2-14

②不動産証券化業務

証券化を担うプレイヤーたち

不動産の証券化商品や不動産ファンドの組成運営には数多くのプレイヤーが関わります。主なプレイヤーについて説明していきます。

■不動産に関わる多彩なプレイヤー

●アセットマネジャー

アセットマネジャー＊（Asset Manager：AM）は個別不動産の投資判断を行う、いわば不動産証券化全体における経営者のような役割を担い、投資家利益の極大化を目指します。

AMの業務範囲は広く、不動産の取得から売却までの運営を行い、投資家の意向を踏まえて、SPCから不動産の運用業務を受託します。

不動産プライベートファンドやJ-REITではAMの役割は非常に重要ですが、**セール&リースバック**＊の**資産流動化型不動産証券化**の場合、専任のAMが設置されないこともあります。

当該業務を担う会社を**アセットマネジメント（AM）会社**＊といいます。

●プロパティマネジャー

プロパティマネジャー＊（Property Manager：PM）は直接的にビルオーナーの指示に従って、建物の運営管理・資産価値保全などや**リーシング**＊（**テナント付け**）を行い、個別不動産のキャッシュフローの最大化を目指します。PMは間接的あるいは一部直接的にAMの指導・監督を受けて、日常の管理運営業務を行います。

当該業務を担う会社を**プロパティマネジメント（PM）会社**＊といいます。

●アレンジャー

証券化商品や不動産のファンド組成を行う業務を**アレンジャー業務**といい、これを行う人や機関を**アレンジャー**

Term

アセットマネジャー　1-19節参照。
アセットマネジメント会社　2-10節参照。
プロパティマネジャー　1-19、2-5節参照。
プロパティマネジメント会社　2-5節参照。
セール&リースバック　所有する財産を売却したあと、同じ不動産を賃借すること。

といいます。アレンジメント業務については、依頼者のニーズにより、「物件取得手続き・調査から資金調達まですべての業務をコントロールする」こともあれば、「資金調達だけ」というように部分的に請け負うこともあります。

この業務はアセットマネジャーが兼ねることも多いのですが、第三者に依頼する場合は、信託銀行や証券会社などがこの業務を行います。

●デューデリジェンス業者

デューデリジェンスとは、不動産に関する適正な調査という意味です。投資対象となる不動産について、「投資家の期待どおりの収益を生み出すことができるか」などを精査する作業のことをいいます。主な作業として、**エンジニアリングレポート**＊の作成、不動産鑑定評価の取得などがあります。

●オリジネーター（売主）

SPCが取得する不動産の原所有者、つまり売主のことです。**資産流動化型不動産証券化**における不動産の原所有者を指すときに用います。

不動産証券化（ファンド型）のプレイヤー

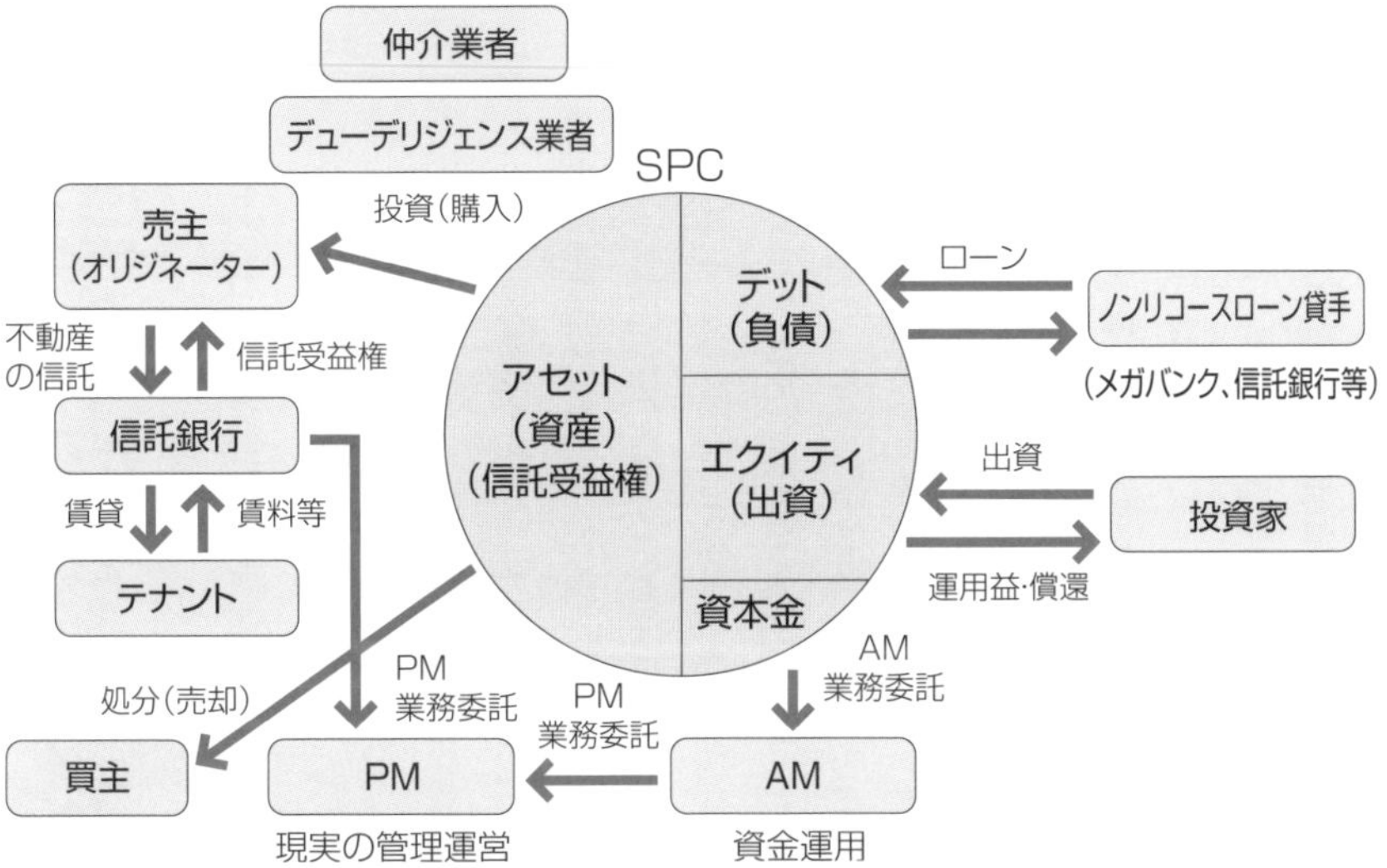

Term

リーシング　不動産業界では、賃貸不動産に対して「テナント付け」を行い、仲介事業を行うこと。

エンジニアリングレポート　不動産の取引などにおいて用いられる報告書の1つ。専門家が建物を診断し、その物理的な状況を評価した報告書のこと。

Section

2-15

③不動産業の労働条件

院卒・大卒・高卒初任給は全産業平均を上回る

不動産業・物品賃貸業の院卒・大卒・高卒の初任給は平均を上回っています。学歴別・男女別では、高卒を除いて男女とも平均を上回っています。

■不動産業・物品賃貸業の就職者数は横ばい

不動産会社の中で定期的に新卒者を採用しているところは、大手・中堅デベロッパー、大手系列の流通会社、管理会社などに集中しています。2022年の四年制大学卒不動産業・物品賃貸業への就職者数は1万726人で、5年前に比べ2.6%の増加で全産業平均1.7%をわずかに上回っています。全産業に占めるシェアで見ると2.4%で変わりません。

■不動産業・物品賃貸業の初任給は学歴別、男女別すべてで全産業平均を上回る

2022年**賃金構造基本統計調査**によると、2022年の不動産業・物品賃貸業の大卒の初任給平均は23万4400円／月で、全産業平均の22万8500円をわずかながら上回っています。5年前からの不動産業・物品賃貸業の伸びは9.2%で、全業種平均9.0%を若干上回っています。「賃金構造基本統計調査」（初任給）統計は令和元年度で終了しました。別項目から調べることは可能です。

内訳別に見ていきます。学歴別では高卒・大卒・院卒とも全産業平均を上回り、男女別では高卒を除き男女とも全産業平均を上回っています。5年前は学歴別では、大卒以外は全産業平均以下、男女別では女子が一部を除き全業種平均以下でしたから、底上げができてきた感があります。

業種別に比較すると、生涯賃金ではトップクラスの金融・保険業は初任給に関しては、全産業平均を下回っており、不動産業・物品賃貸業には及びません。

大卒で初任給が最も高い業種は学術研究、専門・技術サービス業、次いで鉱業、採石業、砂利採取業となっています。

Point

毎月勤労統計調査と賃金構造基本統計調査の違い　同じ厚生労働省の統計だが、事業所従業員規模（前者：5人以上、後者：公営10人以上、民間5人以上）、調査対象時点（前者：毎月の平均、後者：7月1回のみ）、給与の範囲（前者：諸手当を含む、後者：6月1月分の所定内給与額）が異なる。

令和4（2022）年業種別就職者数（4年生大学卒業者）

区分	人数	比率（%）
不動産業、物品賃貸業	10,726	2.4
建設業	23,166	5.3
製造業	44,485	10.1
運輸業、郵便業	9,575	2.2
卸売業、小売業	66,931	15.2
金融業、保険業	23,579	5.4
学術研究、専門・技術サービス業	20,370	4.6
宿泊業、飲食サービス業	9,916	2.3
生活関連サービス業、娯楽業	8,967	2.0
その他	221,968	50.5
計	439,683	100.0

出所：文部科学省「令和4年（2022）年度学校基本調査*報告書」

新規学卒者の所定内給与額［初任給］、企業規模計（10人以上）

単位：千円、十人

区分	学歴計		高校卒		大学卒		大学院卒	
	所定内給与額	労働者数	所定内給与額	労働者数	所定内給与額	労働者数	所定内給与額	労働者数
男女計　産業計	217.0	51,662	181	10,247	229	27,655	268	2,589
不動産業、物品賃貸業	230.7	1,017	184	70	234	796	272	61
金融業、保険業	218.1	2,189	164	105	221	1,994	273	39
男　産業計	218..0	26,145	183	6,323	230	13,941	272	1,904
不動産業、物品賃貸業	236.5	555	192	33	238	460	278	39
金融業、保険業	224.5	1,002	170	6	225	946	239	24
女　産業計	215.9	25,516	178	3,923	227	13,814	257	685
不動産業、物品賃貸業	223.6	462	177	37	230	346	262	21
金融業、保険業	212.7	1,187	164	99	217	1,038	327	15

出所：厚生労働省「令和4（2022）年賃金構造基本統計調査」（新規学卒者の所定内給与額）

Term

学校基本調査　文部科学省が毎年実施している統計調査。学校に関する内容を調査対象としている。

Section

2-16

③不動産業の労働条件

給与水準は平均以上、産業間順位は中の上位

不動産業の給与は全産業平均を上回りますが、業種・事業別の順位は中の上位です。年齢別では55～59歳がピークです。

■不動産業の事業により、賃金に格差

不動産業の給与水準を調べるには、同じ厚生労働省調査で「賃金構造基本統計調査」と「毎月勤労統計調査」の2つの調査統計があります。

「2022年**賃金構造基本統計調査**」によると、不動産取引業で38万7000円、不動産賃貸業・管理業は35万5000円となっています。不動産業を2分類した両事業とも、全産業平均を上回っています。

年齢別では、両者とも賃金ピークは55～59歳で全産業ピーク年代と合致しており、金額的には全産業平均を上回っています。5年前の調査では、全産業・不動産業とも50～54歳がピークでした。高齢化が進行しつつも、60歳までは給料はアップが続いているのかもしれません。

不動産取引業が「～19歳」を除く全年齢層で全産業平均を上回っているのに対し、不動産賃貸業・管理業では「～19歳」と「65～69歳」「70歳～」は平均を下回っています。ここで見た賃金とは「決まって支給する給与」を指しますが、その一部である「所定内給与*」についても同一傾向が見られます。

「**毎月勤労統計調査**」（2023年8月確報）によると、「決まって支給する給与」は32万4000円／月となっています。同じ「決まって支給する現金給与額」について、2つの調査間にかい離が見られます。その主因は、対象事業所規模の違い（10人以上と5人以上）にあります。そのほか、比較する調査月の違いもあります。一般的には、対象規模の小さい「毎月勤労統計調査」の方が低目の数字が出ます。「毎月勤労統計調査（2023年8月確報）」によると、不動産業・物品賃貸業の現金給与額は16業種（日本標準産業分類の大分類）中の第7位に当たり中位です。

Term

所定内給与　決まって支給する給与（**定期給与**という。基本給、家族手当、超過労働手当を含む）のうち**所定外給与**（**超過労働給与**という。時間外手当、休日出勤手当など）以外のもの。このほかの給与に**特別給与**（賞与、ベースアップ差額追給分）がある。

産業別・年齢階層別「決まって支給する現金給与額」（企業規模10人以上）

単位：千円

	産業計（民営事業所）	不動産業	
		不動産取引業	不動産賃貸業・管理業
男女計　学歴計	340.1	387.6	355.1
～19歳	200.3	198.0	179.5
20～24歳	240.8	265.9	245.1
25～29歳	281.7	304.2	289.1
30～34歳	314.1	365.2	325.1
35～39歳	346.7	421.2	375.9
40～44歳	366.1	464.8	385.2
45～49歳	379.5	448.0	414.2
50～54歳	393.2	463.2	401.2
55～59歳	395.6	468.3	418.9
60～64歳	313.0	366.1	313.8
65～69歳	271.0	298.9	241.7
70歳～	249.6	278.9	214.1

出所：令和4（2022）年賃金構造基本統計調査

月額現金給与額

単位：円

区分	現金給与額				
	総額	決まって支給する給与	所定内給与	所定外給与（超過労働給与等）	臨時に支払われた給与（ボーナス等）
事業所規模5人以上　令和5年　8月分実数					
調査産業計	282,700	270,082	251,463	18,619	12,618
不動産業	340,001	324,046	305,098	18,948	15,955
建設業	395,997	347,686	323,875	23,811	48,311
製造業	330,684	312,824	284,949	27,875	17,860
卸売業、小売業	255,479	244,642	232,723	11,919	10,837
金融業、保険業	397,978	386,940	361,585	25,355	11,038
飲食サービス業等	128,997	125,201	117,852	7,349	3,796
生活関連サービス業	210,074	199,732	190,182	9,550	10,342
事業所規模30人以上　令和5年　8月分実数					
調査産業計	319,318	308,585	284,298	24,287	10,733
不動産業	362,448	338,811	318,278	20,533	23,637
建設業	418,375	389,917	357,471	32,446	28,458
製造業	347,046	333,141	300,325	32,816	13,905
卸売業、小売業	295,674	285,533	270,727	14,806	10,141
金融業、保険業	437,159	423,802	391,749	32,053	13,357
飲食サービス業等	169,490	163,595	153,992	9,603	5,895
生活関連サービス業	227,837	218,548	205,787	12,761	9,289

出所：厚生労働省「毎月勤労統計調査」（2023年8月確報）

Section
2-17

③不動産業の労働条件

労働時間は全産業平均より長い

不動産業の労働時間は、総労働時間・所定内労働時間・所定外労働時間とも産業平均より長くなっています。

■週休2日制は定着

厚生労働省「毎月勤労統計調査」（2023年8月確報）によると、不動産業の月間総労働時間144・4時間の内訳は、所定内労働時間134・4時間、所定外労働時間10・0時間となっています。全産業平均と比較して、総労働・所定内・所定外労働時間はそれぞれ12・1、11・5、0・6時間だけ長くなっています。

所定内労働時間とは「**労働協約**、**就業規則**等で定められた正規の始業時刻と終業時刻の間の実労働時間数」のことであり、**所定外労働時間**とは「早出、残業、臨時の呼出、休日出勤等の実労働時間数」のことです。

業種別に見ると、不動産業を含め、16業種中11業種が産業平均より長くなっています。これは、飲食サービス業が90・2時間で極端に低く平均を押し下げており、半数以上が平均より長くなっていると思われます。一方、建設業や金融業・保険業の労働時間が長いのが特徴です。

不動産業の出勤日数は18・2日で平均より1・1日多く、週休2日制がほぼ定着していることがわかります。

ただし、土日が休みになるとは限りません。賃貸仲介、売買仲介、販売等に関わる社員は土日が書き入れ時になります。顧客の休みになる土日に営業担当者はモデルルーム、建売現場、営業所等に駐在し、接客をしなければなりません。

その関係から、これらの部署では火曜・水曜を休みにしているところが多いようです。住宅業界では展示場接客があり、大半がこのパターンです。

正月、5月の連休、お盆休みに営業するのは住宅業界では当たり前ですが、不動産業界でもこの傾向にあります。左ページの表にあるとおり、不動産業の労働時間は長めですが、所定外労働時間はやや短めです。

Point

総実労働時間　**所定内労働時間**（正規の始業時刻と終業時刻の間の実労働時間数）と**所定外労働時間**（早出、残業、休日出勤などの実労働時間数）の合計。

月間労働時間および出勤日数

単位：時間、日、人

産業	労働時間				本月末労働者数
	総労働時間	所定内労働時間	所定外労働時間	出勤日数	
事業所規模５人以上　令和５年　８月分実数					
調査産業計	132.3	122.9	9.4	17.1	52,495,724
不動産業	144.4	134.4	10.0	18.2	638,082
建設業	155.2	142.3	12.9	19.0	2,781,707
製造業	147.4	134.7	12.7	17.7	7,727,424
卸売業、小売業	126.9	120.1	6.8	17.3	9,585,903
金融業、保険業	148.4	136.5	11.9	18.6	1,355,921
飲食サービス業等	90.2	84.7	5.5	13.7	5,612,523
生活関連サービス業	122.9	116.5	6.4	16.9	1,689,668
事業所規模30人以上　令和５年　８月分実数					
調査産業計	139.7	128.5	11.2	17.6	29,622,100
不動産業	142.3	132.1	10.2	18.2	309,247
建設業	154.8	138.9	15.9	18.4	1,033,809
製造業	150.0	135.8	14.2	17.7	5,801,946.0
卸売業、小売業	133.0	125.3	7.7	17.8	4,105,765
金融業、保険業	150.5	136.0	14.5	18.7	820,607
飲食サービス業等	104.3	97.1	7.2	14.6	1,666,231
生活関連サービス業	124.7	116.9	7.8	16.8	755,167

出所：厚生労働省「毎月勤労統計調査」（2023年８月確報）

不動産業の労働時間は、
建設業、金融業・保険業、製造業
に次いで長いです。

Point

労働協約と就業規則　どちらも労働条件などを決めるものであるが、労働協約は使用者と労働組合が対等の立場で取り決めた集団的合意、就業規則は使用者が一方的に作成したもの。労働協約は就業規則より優位に立つ。

Section

2-18

③不動産業の労働条件

大手不動産会社の賃金は同業平均の2倍以上

大手不動産会社の初任給は全産業平均や不動産業平均をやや上回る程度ですが、平均年収は2倍以上となっています。

■大手デベロッパーはおおむね平均年収が高い

上場不動産会社の平均年収ランキングを左ページに掲げました。

ランキング上位20社のうち16社が東証プライム上場であり、全不動産会社売上高ランキング20社（3-4節参照）のうち6社がダブっていることから、年収の高い、不動産会社は大手企業に多いことがわかります。

ところが最大手デベロッパーの一角、住友不動産がランクインしていません。同社の平均年収は712万円で56位です（Ullet＊調べ。2022年決算期対象）。ランクインした他のデベロッパーはいずれも年収1000万円以上ですから、30％以上の開きがあります。営業マンの雇用形態等に同業他社との違いがあるのかもしれません。

大手不動産会社の2022年4月入社の大卒初任給（総合職）は22～24万円ですから、先に述べた「賃金構造基本統計調査」（初任給）の全産業平均、不動産業・物品賃貸業と比較し、やや上か同程度です。

平均年収ランキング上位20社の平均年収は1110万円であり、「賃金構造基本統計調査」から算出した不動産取引業465万円、不動産賃貸業・管理業426万円に対し、年収は2倍以上の額です。大手不動産会社の中でも大手デベロッパーは高給会社といえます。なお、第1位のヒューリックの最新情報の平均年収は1904万円、従業員数202人、平均年齢39・7歳となってます（2023年公開有価証券報告書）。

未上場会社では、「森ビル」の平均年収は878万円（平均年齢43・0歳、平均勤続年数15・4年）、「森トラスト」の平均年収は783万円（平均年齢40・2歳、平均勤続年数14・5年）となっています（2024就職四季報（総合版））。

Term

Ullet（ユーレット）　上場企業約4000社の決算書やニュース、大株主などの情報をワンクリックで分析できる企業価値検索サービス。

上場不動産会社の平均年収ランキング

平均年収順位	会社名	2022年1～12月			
		平均年収（万円）	従業員数（単独）人	平均年齢（歳）	勤続年数（年）
1	◎ヒューリック	1,803	189	39.5	6.5
2	◎地主	1,694	45	39.6	3.5
3	△霞ヶ関キャピタル	1,343	119	37.3	2.0
4	◎三井不動産	1,273	1,898	40.4	11.1
5	◎三菱地所	1,264	1,053	40.5	17.3
6	◎ロードスターキャピタル	1,124	52	43.2	3.3
7	◎平和不動産	1,067	91	43.2	15.9
8	◎プロパスト	1,061	44	39.3	7.5
9	◎東急不動産ホールディングス	1,057	87	43.4	15.6
10	○ JALCOホールディングス	1,040	9	55.3	－
11	◎野村不動産ホールディングス	1,016	283	42.0	13.9
12	◎東京建物	1,008	725	42.3	11.5
13	◎京阪神ビルディングス	992	50	46.8	10.2
14	○ランドビジネス	972	23	49.8	6.5
15	◎プレサンスコーポレーション	965	355	30.9	4.7
16	◎レーサム	953	107	45.4	7.0
17	◎いちご	918	99	42.8	－
18	◎エスリード	907	224	32.4	5.8
19	△ LeTech	875	73	40.3	5.2
20	◎エスポア	864	5	50.7	13.7
	上位20社合計	22,196	5,531	－	－
	平均	1,110	277	44.5	9.0

（注）会社名頭部の◎東証プライム、○東証スタンダード、△東証グロース上場
出所：有価証券報告書、Ullet記事を加工

Point
住友不動産の営業マンの給与体系　営業マンの給与は「固定給＋高率歩合給」となっている。歩合給の率が高く、年収の9割を歩合給で稼ぐ営業マンの例もある。高率歩合給は、各人の獲得した粗利額に所定のパーセンテージを乗じて決める。「粗利」額の低い営業マンの年収は低いことになる。

Column 近畿圏業者が躍進のマンション業界の勢力図

「直近５年間のマンション供給ランキングの変化」（左ページの表）および「事業主別マンション販売戸数の推移（2020〜22年）（3-21節p.146の表）などから、以下の特徴が見いだせます。

①全国発売戸数は2013年の105千戸をピークに減少傾向にあり、19年には40千戸まで激減したが、直近２期は70千戸台とやや持ち直している。
②５年間の減少率は全国ベースで5.7%、首都圏17.4%、近畿圏4.4%となっている。
③事業主別では野村不動産が直近の２年連続で全国トップであるが、22年の戸数は４千戸強と近来になく少なく、上位４社は近接している。
④上位20社の供給戸数合計は５年前とほぼ同じ約40千戸であるが、シェアは3.4%アップし54.7%となっている。地域別では、首都圏は上位15社で62.5%、近畿圏は同15社で64.1%と、寡占化が進んでいる。
⑤上位20社のうち、５年前と比較して供給戸数が増えている会社は10社、減少している会社も10社と同数である。
⑥マンション業界に君臨していた大京の名前が、21年からベスト20には見られない。狭小戸建て住宅に強みを持つ（株）オープンハウスグループがマンションにも進出し、20年から20社内にランクインしている。
⑦近畿圏で30%のシェアを占めるプレサンスコーポレーション、エスリード、関電不動産開発、阪急阪神不動産の４社が、全国20社に名を連ねている。近畿圏業者の躍進がめざましく、全国上位５社のうち２社が近畿圏業者である。
⑧この５年間前後で、日鉄興和不動産、エスリード、阪急阪神不動産、名鉄都市開発、タカラレーベン等が、合併その他により会社名変更をしている。

直近５年間で
近畿圏マンション業者の躍進が
顕著です。2020年には、近畿圏の
プレサンスコーポレーションが初の
供給戸数全国１位になりました。

直近5年間のマンション供給ランキングの変化

単位：戸

2017年		
順位	事業主	戸数
1	住友不動産	7,177
2	プレサンスコーポレーション	5,267
3	野村不動産	5,158
4	三井不動産レジデンシャル	3,787
5	三菱地所レジデンス	3,101
6	大和ハウス工業	2,098
7	日本エスリード	2,017
8	穴吹興産	1,798
9	積水ハウス	1,503
10	タカラレーベン	1,467
11	穴吹工務店	1,315
12	阪急不動産	1,164
13	大京	1,119
14	東急不動産	1,061
15	近鉄不動産	990
16	新日本建設	949
17	エヌ・ティ・ティ都市開発	873
18	名鉄不動産	856
19	新日鉄興和不動産	853
20	マリモ	853
	上位20社合計	43,406
	シェア（%）	(56.1)
	全国計	77,363

単位：戸

2022年		
順位	事業主	戸数
1	野村不動産	4,240
2	プレサンスコーポレーション	3,760
3	三井不動産レジデンシャル	3,420
4	住友不動産	3,109
5	エスリード	2,214
6	三菱地所レジデンス	2,153
7	タカラレーベン	2,134
8	大和ハウス工業	2,022
9	オープンハウス・デベロップメント	1,870
10	日鉄興和不動産	1,850
11	穴吹興産	1,688
12	関電不動産開発	1,489
13	阪急阪神不動産	1,462
14	新日本建設	1,435
15	東急不動産	1,410
16	東京建物	1,316
17	日本エスコン	1,142
18	近鉄不動産	1,139
19	フージャースコーポレーション	1,047
20	名鉄都市開発	1,042
	上位２０社合計	39,942
	シェア（%）	(54.7)
	全国計	72,967

( ) 内は掲載会社計の全国計に対するシェア
出所：(株)不動産経済研究所「全国マンション市場動向」

Column

日本の既存（中古）住宅流通量は統計資料により大きな開きがある

5-6節で詳述していますが、日本の既存（中古）住宅流通量を知るには４種類の統計資料があります。これらの資料は、流通量を「14万～16万戸」としているものと「56万～62万戸」としているものに大別されます。

１つ目は、使用頻度が最も高い総務省「**住宅・土地統計調査**」の資料です。流通量は年間16万戸（2018年）で、外国との比較にはこの数値が使われます。

ここでの流通量は、調査時点で居住中の持家取得者のみを対象としたサンプル調査からの推計した値です。

２つ目は**指定流通機構（レインズ）**の成約報告件数で、14万3000件（2021年）です。流通量は戸建て住宅とマンションの合計値であり、居住用だけでなく事業用（賃貸用）も対象としています。一棟売りマンションは戸数にかかわらず１件でカウントしています。成約件数の中には中古のみならず新築物件も含まれているので、厳密にいえば、この内容をよく検討する必要があります。マンションは中古のみです。

次の２つの統計では、上記２調査に比べて３倍程度の流通量になっています。

３つ目が**不動産流通経営協会（FRK）**による資料で、既存住宅流通推計量を56万7000戸（2020年）としています。建物売買による所有権移転登記をベースに推計しており、セカンドハウス、賃貸住宅、法人取引も含まれます。

４つ目が**不動産流通推進センター**による資料で、中古住宅推計流通量は62万1000戸（2020年）となっています。新不動産ビジョン（1992年５月発表）で試算された計算式：

「中古住宅流通量」＝

「継承取得住宅数」－「住宅贈与件数」

から算出しています。

いずれの資料の数字を採るかによって結論が変わってくることもあるので、実態を知った上で統計数値を利用する必要があります。

既存住宅流通量は、
統計により14万～62万件と
大きな開きがあります。調査研究では、
どの統計を使うか明確にした上で結論
を導き出す必要があります。

第3章

代表的不動産会社の特色と最新動向

日本の代表的な不動産会社は、上場会社 145 社に有力未上場不動産会社、有力他業種不動産関連会社を加えて、190 社程度と推定されます。社数シェアは法人不動産会社約 21.2 万社（経済センサス）の 0.1% にも達しません。しかし、上場不動産会社の売上合計は約 16.7 兆円で、業界売上高 43.0 兆円の約 39% を占めています。大手不動産会社の業績は好調で、中小零細会社との格差は拡大傾向にあります。

Section **3-1**

①不動産会社の分布と区分

上場市場別に見た不動産会社の分布

上場不動産会社数は１４５社、5年前に比べ約13％増加しています。

単独上場の96％は東京証券取引所へ一極集中

日本には約37万社（法人企業統計、1-6節参照）または約21万社（経済センサス、1-7節参照）の法人企業があるといわれています。

そのうち上場不動産企業は１４５社（２０２２年度決算先）です。そのうち約96％に当たる１４０社が東京証券取引所に上場しています。

地方市場である名古屋、札幌、福岡証券取引所に関しては、単独市場上場は5社のみで、重複市場上場が延べ17社となっています。地方市場が重複する相手市場は東京証券取引所のみです。従来は東京証券取引所の旧第一部市場との重複が多かったのですが、東証プライム、スタンダード、グロース３市場*にほぼ同数分布しています。

２０１３年１月に大阪証券取引所は東京証券取引所と経営統合、同年７月、大阪証券取引所に単独上場していた全業種１１００社をすべて東京証券取引所に移管しています。そのため、東京証券取引所への集中が加速しました。ちなみに、大阪証券取引所は２０１４年３月「大阪取引所」に商号変更、デリバティブ（金融派生商品）に特化した取引所になりました。

業種分類は不動産業ではないものの不動産業務比率の高い上場会社が15社程度あるため、広義の不動産上場会社数は約１６０社となります。これに未上場の有力会社30社程度を加えた約１９０社が、日本の不動産業の代表的企業といえます。

Term

東証プライム、スタンダード、グロース３市場　2022年４月に東証一部、東証二部、ジャスダック、マザーズの4市場は、東証プライム、スタンダード、グロースの３市場に再編された。東証一部が上場企業の６割を占め、各市場のコンセプトが不明確であったので是正された。

不動産会社の証券所別・市場別上場先数（2023 年 6 月 16 日時点）

	市場区分	単独上場	重複市場				合計
			東京証券取引所				
			東証プライム	東証スタンダード	東証グロース	小計	
東京証券取引所	東証プライム	64	ー	ー	ー	ー	64
	東証スタンダード	55	ー	ー	ー	ー	55
	東証グロース	21	ー	ー	ー	ー	21
	小計	140	ー	ー	ー	ー	140
名古屋証券取引所	名証プレミア	0	5			5	5
	名証メイン	1		2	1	3	4
	名証ネクスト	1				0	1
	小計	2	5	2	1	8	10
札幌証券取引所	札幌証券取引所	0	1			1	1
	札証アンビシャス	1				0	1
	小計	1	1			1	2
福岡証券取引所	福岡証券取引所	1	1	3	1	5	6
	福証 Q-Board	1		1	2	3	4
	小計	2	1	4	3	8	10
合計		145	7	6	4	17	162

出所：会社四季報（東洋経済）2023 年 3 集、Ullet（企業価値検索サービス）、Jpubb 資料

▼上表の補足説明（東証以外の地方市場へ上場中の具体的会社名）

	市場区分	単独上場	重複市場							
			東証プライム			東証スタンダード			東証グロース	
名古屋証券取引所	名証プレミア		平和不動産	三重交通	地主					
			大東建託	AVANTIA						
	名証メイン	日本システムバンク				AMG HD	ウッドフレンズ		アールプランナー	
	名証ネクスト	エスポア								
札幌証券取引所	札幌証券取引所		平和不動産							
	札証アンビシャス	日本グランデ								
福岡証券取引所	福岡証券取引所	大英産業	平和不動産			ハウスフリーダム	コーセーアールイー	エストラスト	LAHD	
	福証 Q-Board	ビジネスワン HD				東武住販			グランディーズ	トラスト HD

Section

3-2 上場不動産会社の証券市場別売上高

①不動産会社の分布と区分

上場不動産会社の売上高合計は約16・7兆円になります。

■上場不動産会社の売上高は5年間に35％、1社当たり売上高も19％増加

左ページの表に見るとおり、上場会社の売上高合計は16・7兆円（2022年度決算）となります。

5年前の売上高合計が12・4兆円ですから、その間に4・3兆円（35％）増加したことになります。1社当たりの売上高も186億円（19％）増加しています。

上場会社数も17社（13％）増加しています。近時、ホールディングスによる**完全子会社***化で上場廃止等が見られるものの、株式公開意欲に根強いものがあることがうかがえます。

上場市場別に見ると、東証プライムが会社数で44％、売上高で90％を占め、他市場を凌駕しています。東証スタンダードはそれぞれ38％と7％、東証グロースは15％と3％、地方市場は3％と0・1％となっています。

上場証券市場別の会社数をより詳細に見ていきます。東証の市場区分の見直し前は東証一部が60％弱で断トツでした。残りを東証二部、ジャスダック、マザーズの3市場が三分していました。再編後は東証プライムが48％、残りを東証スタンダード38％、東証グロース14％で比率がばらけてきました。不動産業だけで見ても東証プライム46％、東証スタンダード39％、東証グロース15％で同様の比率構成です。

東京プライム上場の1社当たりの売上高は約2300億円で、全上場先平均の2倍強となっています。

これは、売上1兆円以上の企業が5社あり、平均を引き上げているためです。ちなみに1000億円以上売上企業は東証プライムに25社（含む1兆円以上企業）、東証スタンダードに3社、東証グロースに1社存在します。

Term

完全子会社　株式の100％を親会社が所有する子会社。親会社の連結決算の対象となる。

Ullet　上場企業約4000社の決算書（財務諸表）やニュース、大株主などの情報をワンクリックで分析できる企業価値検索サービス。

上場不動産会社の証券市場別会社数と売上高（2022年4月～23年3月）

単位：社、億円、%

	市場区分	会社数	売上高	1社当たりたりの売上高	会社数シェア	売上高シェア
東京証券取引所	東証プライム	64	151,170	2,362	44.1	90.0
	東証スタンダード	55	12,361	225	37.9	7.4
	東証グロース	21	4,133	197	14.5	2.5
	小計	(140)	(167,664)	(1,197)	(96.6)	(99.9)
名古屋証券取引所		2	80	40	1.4	0.0
札幌証券取引所		1	46	46	0.7	0.0
福岡証券取引所		2	100	50	1.4	0.1
地方市場小計		(5)	(226)	(45)	(3.4)	(0.1)
総合計		145	167,890	1,158	100.0	100.0

出所：Ullet＊資料を集計・加工

▼上表のデータをグラフ化（左：会社数、右：売上高）

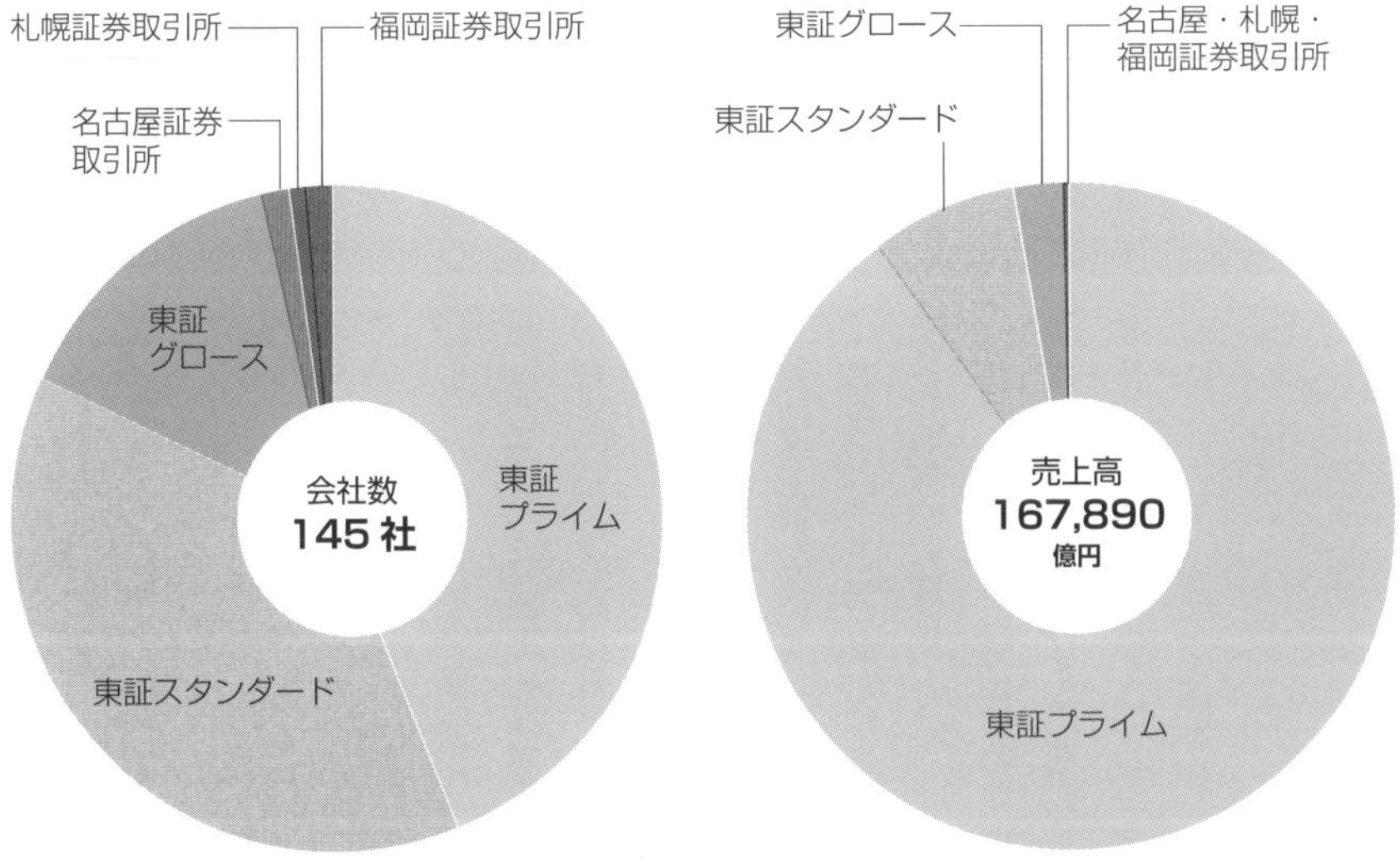

Point **東京証券取引所の再編**　再編後のプライム市場は再編前は東証一部と二部、再編後のスタンダード市場は再編前は東証二部とジャスダック（スタンダード）、再編後のグロース市場は再編前はマザーズとジャスダック（グロース）です。

Section

3-3 発祥形態別に見た不動産会社の区分

①不動産会社の分布と区分

オフィスデベロッパーは旧財閥系が引き続き主流を占めます。マンションデベロッパーは一時期独立系が主流でしたが、昨今は旧財閥系と独立系が上位に入り乱れています。

■ホールディングス（持株会社）化による完全子会社への移行で上場廃止企業が続出

日本の不動産会社は、大きくは**デベロッパー**とそれ以外の会社に分けられます。大手不動産会社はデベロッパーであることが多いのですが、仲介・管理分野で専門特化した大手・中堅企業もあります。デベロッパーは次の6タイプに集約されます。

①旧財閥系デベロッパー
②大企業系列（ゼネコン、メーカー、流通など）デベロッパー
③電鉄系デベロッパー
④金融・総合商社系デベロッパー
⑤独立系総合デベロッパー
⑥独立系専門特化型デベロッパー

機能別に見て、オフィスビルデベロッパー、マンションデベロッパー、戸建て専業デベロッパーなどの分類もできます。オフィスビルデベロッパーは、森ビル、森トラストなどを除けばほとんどが旧財閥系または電鉄系を含む大企業系列デベロッパーです。マンション分譲デベロッパーはかつては独立系が供給戸数で優位を占めていましたが、倒産などによる撤退が激しく、昨今では、上位を金融系・旧財閥系デベロッパーに取って代わられています。

独立系不動産会社は賃貸・仲介・管理のみに特化するケースも多く、これらはデベロッパーとはいえません。独立系賃貸・仲介・管理専門不動産会社と言い表します。

Point

デベロッパーと不動産会社（狭義）の違い　広義の不動産会社にはデベロッパー（大規模な住宅開発、都市開発、リゾート開発などをする業者）を含むが、「デベロッパー・不動産会社」と列挙した場合の不動産会社は、デベロッパーを除く狭義の不動産会社である。

代表的な不動産会社の発生形態別分類

系列	会社名	系列	会社名
旧財閥系デベロッパー		**金融系デベロッパー**	
三井系	+三井不動産	野村HD系	+□ 野村不動産HD
販売	三井不動産レジデンシャル	開発・分譲	野村不動産
流通	三井不動産リアルティ	流通	野村不動産ソリューションズ
賃貸	三井不動産レジデンシャルリース	管理	野村不動産パートナーズ
管理	三井不動産ファシリティーズ		
戸建て住宅分譲	三井ホーム(建設業)	みずほグループ	+ヒューリック
三菱系	+三菱地所	**電鉄系デベロッパー・不動産会社**	
販売	三菱地所レジデンス	東急電鉄系	+□ 東急不動産HD
流通	三菱地所リアルエステートサービス	開発・分譲	東急不動産
管理	三菱地所プロパティマネジメント	流通	東急リバブル
住友系	+住友不動産	管理	東急コミュニティ(サービス業)
流通	住友不動産販売	近鉄グループHD系	近鉄不動産
旧安田系	+東京建物	近鉄系	+□ 三重交通グループHD 三交不動産
流通	東京建物不動産販売		
大手企業系列デベロッパー		名古屋鉄道G	名鉄都市開発
東京ガスグループ	東京ガス不動産	阪急阪神HD系	阪急阪神不動産
NTTグループ	エヌ・ティ・ティ都市開発	小田急電鉄系	小田急不動産
住友系	+京阪神ビルディング	京浜急行電鉄系	京急不動産
商船三井系	ダイビル	相模鉄道系	相鉄不動産
フジ・メディア・HD系	(株)サンケイビル	西武HD系	西武プロパティーズ
三菱地所系	+平和不動産	**独立系分譲マンション主体デベロッパー**	
ANA HD系	ANAファシリティーズ	オリックス系 大京グループ	(株)大京
ENEOS系	ENEOS不動産	大京グループ流通	大京穴吹不動産
オリックスG	オリックス不動産	大京グループ管理	大京アステージ
大成建設G	大成有楽不動産	大京グループ開発	穴吹工務店(建設業)
第一生命HD系	第一ビルディング	独立系	++プレサンスコーポレーション
イオン系	+イオンモール	独立系	++穴吹興産
日鉄系	日鉄興和不動産	独立系	+□ MIRARTH HD(旧タカラレーベン)
関西電力系	関電不動産開発	独立系	マリモ
旭化成グループ	旭化成不動産レジデンス	独立系	+ゴールドクレスト
東日本旅客鉄道グループ	JR東日本都市開発	独立系デベロッパー	+□ フージャースHD フージャースコーポレーション
独立系オフィスビル・戸建てデベロッパー		大和ハウス系	++コスモイニシア
独立系総合	森ビル	**その他の流通・仲介不動産業者**	
オフィスビル賃貸	□(株)森トラストHD 森トラスト	大和ハウス系	大和ハウスリアルエステート (旧日本住宅流通)
戸建て分譲(ハウスビルダー)	+飯田グループHD	大和ハウス系	大和リビング
	一(はじめ)建設、アーネストワン	長谷工系	長谷不動産
戸建て分譲	+オープンハウスG		++APAMAN
総合商社系デベロッパー		**サブリース主体デベロッパー**	
三井物産系	三井物産都市開発		+大東建託
伊藤忠商事系	伊藤忠都市開発		+レオパレス21
	++センチュリー21・ジャパン		+東建コーポレーション(建設)
三菱商事系	三菱商事都市開発	**管理専業不動産会社**	
丸紅系	丸紅都市開発		++日本ハウズイング(サービス業)
双日系	双日新都市開発		日本総合住生活

(注1)+東証プライム上場、++東証プライム以外に上場、無印は未上場。　(注2)系列名や会社名のHDはホールディングス、Gはグループの略。　(注3)HDのうち不動産業に属するもの(□印)は会社名欄に記載し、その不動産子会社を直下に記入。不動産業に属さないものは系列欄に記入、その不動産子会社を会社欄に記入した。
出所:著者作成

Section
3-4 全不動産会社売上高ランキング

①不動産会社の分布と区分

不動産会社売上高上位は、一部を除いて上場総合デベロッパーが占めています。

■ランクインした15社の上場会社の売上は全上場不動産会社売上の76％を占める

左ページの表は２０２２年度（２０２２年4月～23年3月決算）の不動産会社の売上ランキングです。

上位10社は大東建託、レオパレス21を除き、旧財閥系・電鉄系・独立系の総合デベロッパーです。

上位20社のうち上場企業は15社（すべて東証プライム）です。未上場5社は総合デベロッパーの森ビル、森トラストの2社、積水ハウスの完全子会社の積水ハウス不動産東京、東建コーポレーション完全子会社の東建ビル管理、みずほFGと日本製鉄が母体の総合デベロッパー日鉄興和不動産です。

２０２２年度の上位20社売上高合計は約14兆円、うち上場会社は12・8兆円です。これは上場不動産会社の売上16・7兆円（3-2節参照）の76％に当たります。この上位20社売上高は２０１７年度比で3兆５０００億円、34％増加しています。特殊要因の大東建託を除いても1兆８０００億円、17％の増加です。三井不動産、ヒューリック等の大幅売上増が寄与しています。ランキング表を個別に見ていくと、今回の上位15社は5年前調査とほとんど変わりません。2位の大東建託は22年10月に証券上の事業区分が建設業から不動産業に変わったことによるランクインです。13位の積水ハウス不動産東京は、前回の積和不動産からの名称変更による登場です。そのほか、森トラスト、ケイアイスター不動産、日鉄興和不動産、東建ビル管理が前回にない名前として出ています。ケイアイスター不動産*を除き、いずれも未上場です。

Term

ケイアイスター不動産　一次取得者向けの分譲住宅販売が主力。土地仕入から販売まで一気通貫で供給している。本社は埼玉県。東証プライム上場。

全不動産会社売上高（連結決算）ランキング（2022年4月～23年3月）

金額単位：億円

売上高順位	会社名 会社名の頭に株式会社が付くもののみ(株)の表示をした	2022年度業績（2022年4月～23年3月）※未上場会社は最新公表数値				特色
		決算期	売上高	当期純利益		
				順位		
1	◎三井不動産	23/3	22,691	1	1,970	三菱地所と並ぶ総合不動産の双璧
2	◎大東建託	23/3	17,576	7	704	賃貸住宅の建築請負から一括借り上げで圧倒的な存在感。2022年9月、建設業から業種変更
3	◎飯田グループホールディングス	23/3	14,398	6	756	戸建て分譲住宅のガリバー。パワービルダー6社が13年経営統合して発足
4	◎三菱地所	23/3	13,778	2	1,653	三井不動産と並ぶ総合不動産の双璧
5	◎東急不動産ホールディングス	23/3	10,058	10	482	東急系の総合不動産大手
6	◎（株）オープンハウスグループ	22/ 9	9,527	5	779	都内23区など都心部の狭小戸建て住宅に強み。22年1月持株会社化
7	◎住友不動産	23/3	9,399	3	1,619	総合不動産最大手
8	◎野村不動産ホールディングス	23/3	6,547	8	645	「プラウド」ブランド等のマンション開発、分譲が主力
9	◎ヒューリック	22/12	5,234	4	792	旧富士銀行の銀行店舗ビル管理から出発。都区内の駅近接に好物件所有
10	◎（株）レオパレス21	23/3	4,064	15	198	単身者向けアパート転貸が主力。ソフトバンク系のファンドの支援を受ける
11	◎イオンモール	23/ 2	3,982	17	130	イオンの子会社（出資58.1%）。日本唯一のSC専業デベロッパー
12	◎東京建物	22/12	3,499	12	431	旧安田系総合不動産業
13	積水ハウス不動産東京	22/1	2,942	13	220	積水ハウス(建設業)100%子会社
14	◎パーク24	22/10	2,902		25	24時間無人時間貸し駐車場「タイムズ」を運営
15	森ビル	23/3	2,855	11	437	東京港区を中心に大規模都市開発を進める総合デベロッパー
16	森トラスト	23/3	2,666	9	530	不動産、ホテル&リゾート、投資が核
17	◎ケイアイスター不動産	23/3	2,419	18	118	主力は一次取得層向け分譲住宅
18	◎スターツコーポレーション	23/3	2,339	14	202	賃貸住宅の建設、仲介・管理の一体展開に特長。営業店舗は「ピタットハウス」
19	日鉄興和不動産	22/3	2,260	16	196	みずほFGと日本製鉄が母体の総合不動産デベロッパー
20	東建ビル管理	21/4	1,709		33	東建コーポレーション（建設業）の100%子会社
	上位20社合計	－	140,845		11,920	
	（うち上場会社15社計）		(128,413)		(10,504)	
	上位20社売上高純利益率	－		－	8.5	

注1：会社名欄頭部の◎は東証プライム上場、○東証スタンダード、無印は未上場を示す。
注2：当期純利益の20位以内には19位サンフロンティア不動産、20位サムティが入る。
注3：実態は不動産業経営と思われるが、他業種分類（サービス業、建設業等）に属しているものは本表では採り上げていない。
出所：会社四季報（2023年夏号）、各社決算短信、会社四季報（未上場会社版、2023年版）、Ulletより作成

Section 3-5

①不動産会社の分布と区分

上場不動産会社時価総額ランキング

時価総額と売上高の順位は必ずしも一致しませんが、相関関係も見られます。

■時価総額が売上高を上回る傾向の優良企業

市場規模を把握するには「売上高」を基準にするのが一般的ですが、**時価総額***で見ることもできます。時価総額は通常、「株価×発行済株式数」で計算され、企業の規模を示しているといえます。

左ページの表は「上場不動産会社の時価総額ランキング表」です。時価総額のほかに各社の売上高も記載しました。両者間には調査時期のずれがあるので注意が必要です。

この表から次の点が読み取れます。

①時価総額上位15社・20社の時価総額合計額は売上高合計値とよく似た値であること

②時価総額上位20社の中に売上高上位20社のうち14社が含まれていること（前節の売上高の表を参照）

③時価総額が売上高を上回る会社数は9社、時価総額が売上高を下回る会社数は11社である

④上位の優良企業と称されている会社は、時価総額が売上高を上回る傾向にあること

⑤レオパレス21は売上高が時価総額の3・6倍。2019年の不祥事で株価が急落したことが原因と思われる。時価総額は「市場はどう見ているか」を表していることがよくわかる

⑥時価総額が売上高を超える倍率の高い会社は、ティーケーピー（2・2倍）、ヒューリック（1・8倍）、住友不動産（1・8倍）、三菱地所（1・6倍）などであるが、いずれも貸しビル、貸しオフィスに強みを持っている

⑦時価総額が売上高を下回る倍率の会社は、レオパレス21（0・3倍）のほかに、飯田GHD（0・4倍）、大東建託（0・6倍）、東急不動産（0・6倍）、スターツコーポレーション（0・7倍）など

Term

時価総額　現在の株価に発行済株式数を掛けて求められる数値。企業の価値や規模を評価する重要な指標。

上場不動産会社の時価総額ランキング

単位：億円

時価総額順位	証券コード	市場名	会社名 会社名の頭に株式会社が付くもののみ（株）の表示をした	時価総額 2023年8月18日時点	売上高 2022年度業績	コメント
1	8801	プライム	三井不動産	28,462	22,691	デベロッパー最大手
2	8802	プライム	三菱地所	22,605	13,778	ビル賃貸最大手
3	8830	プライム	住友不動産	16,867	9,399	不動産大手
4	1878	プライム	大東建託	10,599	17,576	提案型営業
5	3003	プライム	ヒューリック	9,487	5,234	不動産投資事業
6	3291	プライム	飯田 G HD	6,462	14,398	パワービルダー最大手
7	3231	プライム	野村不動産 HD	6,428	6,547	野村系
8	3289	プライム	東急不動産 HD	6,250	10,058	不動産大手
9	3288	プライム	（株）オープンハウス G	5,869	9,527	戸建て 54% マンション 7%
10	8905	プライム	イオンモール	3,980	3,982	イオングループ
11	8804	プライム	東京建物	3,819	3,499	芙蓉グループ
12	4666	プライム	パーク 24	3,597	2,902	駐車場・カーシェア最大手
13	8919	プライム	（株）カチタス	1,811	1,213	中古住宅買取・再販
14	8850	プライム	スターツコーポレーション	1,605	2,339	不動産管理・建設請負
15	8803	プライム	平和不動産	1,447	445	証券取引所の大家
上位１５社小計				**129,288**	**123,588**	
16	3254	スタンダード	プレサンスコーポレーション	1,281	1,452	分譲マンション中堅
17	8848	プライム	（株）レオパレス 21	1,126	4,064	アパート主力
18	3479	グロース	（株）ティーケーピー	1,113	505	貸会議室大手
19	3244	プライム	サムティ	1,045	1,284	不動産開発・流動化
20	8892	プライム	（株）日本エスコン	786	994	マンション開発
上位 20 社合計				**134,639**	**131,887**	

（注）HD はホールディングス、G はグループの略。
出所：NIKKEI Value Search

Section
3-6 未上場不動産会社の売上高ランキング

①不動産会社の分布と区分

未上場不動産会社の売上高上位はホールディングス（持株会社）グループ、単体大手不動産会社の１００％子会社が大半です。独立系では森ビル、森トラスト、日鉄興和不動産などがランクインしています。

■未上場不動産会社上位20社の売上高合計は約５兆７０００億円

２０２１年度（２０２１年４月〜２０２２年３月決算）の未上場企業の売上高ランキング（公表数値のみ）は左ページの表のとおりです。

特徴的なこととして、20社中17社が不動産、住宅・建設・不動産、金融、電鉄等の大手企業あるいはホールディングス（持株会社）、グループの１００％子会社です。

１９９７年の純粋持株会社の解禁により、グループ内の複数の上場会社を経営統合し、親会社を「ホールディングス*」と称する持株会社とし、既存の上場会社は完全子会社化されて上場廃止となる傾向が強まっています。これらの完全子会社の売上高は親会社の連結決算で計上されている（連結の際、一部相殺控除されることがある）ので、業界全体の売上を計算するときはこの点を考慮する必要があります。

三井不動産、三菱地所などに見られるように、業務分担別に設立された完全子会社もあります。未上場会社の中には、上場会社並みあるいはそれ以上の売上高を計上する企業も増えてきています。

独立系の未上場会社では、森ビル、森トラスト、日鉄興和不動産、日本総合住生活などがランキング入りをしています。巻末の資料編に約１６４社の「代表的な未上場不動産会社一覧」を掲載したので、資本関係や事業内容等を知るための参考にしてください。なお、売上高数字が３-４節のそれを上回っているにもかかわらず、３-４節に計上されていないのは、連結決算ですでに織り込み済みだからです。

Term

ホールディングス　**持株会社**のこと。グループの核となる会社。純粋持株会社と事業持株会社に区分される。前者は株式を保有することにより、他の会社の活動を支配することのみを事業目的とする。後者は他の会社の活動を支配するのみならず、持株会社自身も相当規模で事業を行っている。

未上場不動産の会社売上高ランキング（2021/4～22/3期決算）

金額単位：百万円

売上高順位	会社名 会社名の頭に株式会社が付くもののみ（株）の表示をした	2021年度業績（2021年4月～22年3月または最新公表期）				特色
		決算期	単体、連結の別	売上高	うち単体売上高	
1	大東建託パートナーズ	21/3	単体		970,082	大東建託の100%子会社
2	野村不動産	22/3	単体	-	428,008	野村不動産HDの100%子会社
3	（株）オープンハウス・ディベロップメント	21/9	単体		427,648	（株）オープンハウスグループ系列100%子会社
4	東急不動産	22/3	単体		359,236	東急不動産HDの100%子会社
5	三井不動産レジデンシャル	22/3	単体		335,326	三井不動産の100%子会社
6	一建設	22/3	単体		329,569	飯田グループHDの100%子会社
7	アーネストワン	21/3	単体		320,882	飯田グループHDの100%子会社
8	積水ハウス不動産東京	22/1	連結	294,369	(294,243)	積水ハウス（建設業）100%子会社
9	三菱地所レジデンス	22/3	単体		264,647	三菱地所の100%子会社
10	森トラスト	22/3	連結	258,832	(115,030)	森トラスト・HDの100%子会社
11	森ビル	22/3	連結	245,306	(193,646)	大手総合デベロッパー
12	日鉄興和不動産	22/3	連結	226,020	(194,018)	みずほFGと日本製鉄が母体の総合不動産デベロッパー
13	飯田産業	21/3	単体		209,022	飯田グループHDの100%子会社
14	東建ビル管理	21/4	単体		170,851	東建コーポレーション100%子会社。同社の物件の管理事業
15	三井不動産リアルティ	22/3	単体		155,550	三井不動産100%子会社
16	（株）東急コミュニティー	22/3	単体		151,368	東急不動産HDの100%子会社
17	近鉄不動産	22/3	単体		148,626	近鉄グループHDの100%子会社
18	タイムズ24	21/10	単体		147,958	パーク24の100%子会社
19	日本総合住生活	22/3	単体		146,636	都市再生機構の関連会社（同機構83%出資）。不動産管理専業
20	東急リバブル	22/3	単体		146,246	東急不動産HDの100%子会社
	上位20社合計			1,024,527	4,711,655	

5,736,182

（注1） HDはホールディングスの略称。
（注2） 旧大和リビングマネジメント（株）（2022年1月、大和リビングに吸収合併）の売上高は消滅後につき計上されていない。公表数値は大和リビングの21/3期の998億円（四季報、未上場版）のみであったため、上表にはランクインしていない。
出所：会社四季報（未上場会社版、2023年版、TDB業界動向2023-Ⅱ等より作成）

大手不動産系列会社の売上高と業務分担

大手不動産会社（デベロッパー）は、不動産業務分野ごとの自社系列の子会社を抱えています。

■三井不動産・三菱地所 二強の系列会社は質量ともに充実

大手不動産会社（**デベロッパー**）は開発・分譲・流通・賃貸・管理の不動産5大分野のいずれの部門にも系列会社を有し、顧客確保、顧客サービスの充実、資金還流を図っています。系列会社とはいえ、三井不動産レジデンシャルは約3300億円、三菱地所レジデンスは約2600億円の年間売上（いずれも2022年3月期決算）を上げ、上場会社を含めてもベストテンに入る規模です。ただし、両社とも親会社100%出資の完全子会社となっており、上場はしていません。2002年までは大手不動産会社の系列会社のうち、仲介系の東急リバブル、住友不動産販売、東京建物不動産販売、管理系の東急コミュニティーの4社が上場していました。いずれも完全子会社になったため、上場廃止となりました。また2013年、同系のパワービルダー＊（大手戸建て分譲業者）上場6社が経営統合し、飯田グループホールディングスを設立、6社が完全子会社となり上場廃止となりました。三井不動産系の三井ホーム（当時の持株比率56％）が2018年に三井不動産の完全子会社となりました。現在、大手不動産会社の系列会社で上場している不動産会社はハウスコム（大東建託の子会社）、プレサンスコーポレーション（オープンハウスグループの子会社）など数社だけです。

各デベロッパーとも仲介系列会社は必ず所有しており、上述の東急リバブル、住友不動産販売、東京建物不動産販売のほか三井不動産リアルティ、三菱地所リアルエステートサービス、野村不動産ソリューション、大京穴吹不動産、長谷工アーベスト、日本住宅流通などが大手不動産各社の専属仲介業者となっています。不動産管理の売上上位には、大手系列の東急コミュニティーその他が入ります。

Term

パワービルダー　一般には、「住宅一次取得者層（初めての住宅購入者）をターゲットにした、30坪程度の土地付き一戸建て住宅を、2000～3000万円/戸程度の価格で販売する建売住宅業者」を指す和製英語である。

大手不動産系列会社の売上高と業務分担表（その1）

不動産会社名	大手不動産会社（デベロッパー）の系列会社	売上高（東京建物およびその系列会社は21/12期、その他は22/3期、一部21/3期）		担当業務の内訳								
				開発業務	分譲・販売業務	流通・仲介業務	賃貸業務	管理業務（ビルメンテナンス、プロパティマネジメントを含む）				
								管理			ビルメンテナンス	PM（ビル運営管理・総合管理）
								オフィスビル	住宅・マンション	商業施設		
		単体、連結の別	金額（単位：百万円）	①	②	③	④	⑤	⑥	⑦	⑧	⑨
●三井不動産		連	2,100,800									
	三井不動産レジデンシャル	単	335,326	○	◎	◎（販売受託）	◎駐車場事業（リパーク）					
	三井不動産リアルティ	単	155,550		○	◎						
	三井不動産レジデンシャルリース	単	96,385				◎（転貸）					
	三井不動産レジデンシャルサービス	単	46,518				◎		◎			◎
	三井不動産ファシリティーズ	単	36,733					○	○	○		◎
	三井不動産商業マネジメント	単	33,954							○		◎
	三井ホーム	単	157,232						◎			
	三井ホームエステート	単	28,839						◎			
●三菱地所		連	1,349,400									
	三菱地所レジデンス	単	264,647	◎	◎							
	三菱地所リアルエステートサービス	単	24,820		○	◎	○					
	三菱地所コミュニティ	単	57,342					○	○			◎
	三菱地所プロパティマネジメント	単	95,773				○					◎
●住友不動産		連	939,400									
	住友不動産販売	連	65,678		○	◎						
	住友不動産建物サービス	単	34,089					○	○			◎
●東急不動産HD		連	989,000									
	東急(旧東京急行電鉄)	連	879,100									
	東急不動産	単	359,236				◎	○		○		
	東急リバブル	単	146,246	◎	◎	◎	○					
	東急コミュニティー(サービス業)	連	151,368				○	○	○			◎
	東急モールズデベロップメント	単	17,891							◎		
	東急リゾーツ&ステイ	単	42,457							◎リゾート		
	東急住宅リース	単	60,192						○			

注1：●は東証プライム上場を表す。
注2：◎は最重点業務、○は重点業務。
注3：売上金額欄の - は未公開または不明。
出所：会社四季報、会社四季報（未上場版）、TDK 業界動向 2023-Ⅱ、有価証券報告書等より作成

大手不動産系列会社の売上高と業務分担表（その 2）

不動産会社名	大手不動産会社（デベロッパー）の系列会社	売上高（東京建物およびその系列会社は 21/ 12 期、その他は 22/ 3 期、一部 21/3 期）		担当業務の内訳								
				開発業務	分譲・販売業務	流通・仲介業務	賃貸業務	管理業務（ビルメンテナンス、プロパティマネジメントを含む）				
								管理			ビルメンテナンス	PM（ビル運営管理・総合管理）
								オフィスビル	住宅・マンション	商業施設		
		単体、連結の別	金額（単位：百万円）	①	②	③	④	⑤	⑥	⑦	⑧	⑨
●野村不動産HD		連	645,000									
	野村不動産	単	428,008		◎	○（販売代理）	○	○	◎			
	野村不動産ソリューション（旧野村不動産アーバンネット）	単	43,543		○	◎		○	○			
	野村不動産パートナーズ	連	97,541				◎	○	○			◎
●東京建物		連	340,477									
	東京建物不動産販売	単	28,318		○	◎						
	東京建物アメニティサポート	単	–									
（株）大京		連	42,205	○	◎							
	大京穴吹不動産（旧大京リアルド）	単	53,820			◎	○					
	大京アステージ	単	58,848						◎			
●長谷工コーポレーション		連	772,328	○	◎							
	長谷工アーベスト	単	12,212		○	◎						
	長谷工ライブネット	単	44,084			○	○		◎			
	長谷工コミュニティ	単	53,937						◎			
●大和ハウス工業		連	4,439,536	○	◎							
	大和ライフネクスト	単	91,409						◎			
	日本住宅流通	単	44,643			◎			○			
	大和リビング	単	99,870						◎			◎
	大和ハウスリアルティマネジメント（旧大和ロイヤル）	単	88,993				◎			◎		
●飯田グループHD		連	1,386,991									
	一建設	単	329,569			◎			◎			
	アーネストワン	単	316,617			◎			◎			
	飯田産業	単	181,455			◎			◎			
	東栄住宅	単	168,237			◎			◎			
	タクトホーム	単	151,451			◎			◎			
	アイディホーム	単	102,664			◎			◎			

注1：●は東証プライム上場を表す。
注2：◎は最重点業務、○は重点業務。
注3：売上金額欄の - は未公開または不明。
出所：会社四季報、会社四季報（未上場版）、TDK 業界動向 2023-Ⅱ、有価証券報告書等より作成

代表的不動産仲介・管理会社の系列別一覧

系統	系列元会社名	系列会社名	
		仲介会社名	管理会社名
不動産会社系	三井不動産	三井不動産リアルティ	三井不動産ファシリティーズ
		三井ホームエステート	―
	三菱地所	三菱地所リアルエステートサービス	三菱地所コミュニティ
		―	三菱地所プロパティマネジメント
	住友不動産	住友不動産販売	住友不動産建物サービス
	東急不動産 HD	東急リバブル	東急コミュニティー（サービス業）
	野村不動産 HD	野村不動産ソリューション（旧野村不動産アーバンネット）	野村不動産パートナーズ
	東京建物	東京建物不動産販売	東京建物アメニティサポート
	大京	大京穴吹不動産（旧大京リアルド）	大京アステージ
	大東建託	ハウスコム	大東建託パートナーズ
建設系	大和ハウス工業	日本住宅流通	大和ライフネクスト
	積水ハウス	積水ハウス不動産	―
	長谷工コーポレーション	長谷工アーベスト	長谷工コミュニティ
		長谷工ライブネット	―
	大成建設	大成有楽不動産販売	大成有楽不動産
	鹿島	―	鹿島建物総合管理
	竹中工務店	―	アサヒファシリティーズ（竹中工務店１００%出資）
金融系	みずほ FG	みずほ不動産販売	―
	三井住友トラスト HD	三井住友トラスト不動産	―
	三菱 UFJFG	三菱 UFJ 不動産販売	―
大企業系	オリックス	―	オリックス・ファシリティーズ
	NTT	―	NTT ファシリティーズ
	イオン	―	イオンディライト
	JR 東日本	―	JR 東日本ビルテック

（注 1）HD はホールディングス、FG はフィナンシャル・グループの略。

（注 2）上記のほかに、独立系仲介会社としてケン・コーポレーション、エイブル、ニッショウ等、独立系管理会社として共立メンテナンス、日本ハウズイング、日本管財 HD（以上上場）、日本メックス、太平ビルサービス等がある。

Section

3-8 大手不動産会社の中長期経営計画

大手不動産会社のほとんど全部の会社が、中長期計画を公表しています。

■長期計画は10年、中期計画は5年、現段階で終期は2031年3月期が多い

経営計画のうち、10年計画を長期経営計画、長期経営方針、長期ビジョンなど、5年計画を中期経営計画、またこれらをまとめて**中長期計画**と呼んでいる場合が多いです。

各社とも中長期計画の中で、企業の目指す姿、基本方針、基本戦略、重点課題等を説明しています。これらの説明に加え、「利益財務計画」などと称して、具体的計量目標を数字で示しています。

中期計画を3年とする会社もあります。住友不動産は中期計画を3年ごとに更新し、すでに第九次中期経営計画を推進中です。三菱地所、東急不動産、ヒューリックも中期計画は3年単位です。

計量目標は財務目標が中心となります。同目標としてROA、ROE、配当性向、売上高、各種利益（事業・営業・経常・当期純利益）、D／Eレシオ、有利子負債／EBITDA倍率といった様々な財務指標＊の目標値を多くの会社が掲げています。そのほかに、EPS、自己資本比率等を挙げている会社もあります。

計量目標のうち非財務目標として各社が共通して掲げているのは、CO_2排出量です。そのほか、女性管理職比率、男性育児休暇取得率等を掲げている企業も見られます。

116ページに各社の計量目標（財務・非財務）を掲げました。絶対値で示される指標は、趨勢を加味して見ないと良否がわかりません。一方、倍率や%などで示されている指標はそのまま他社との比較が可能です。非財務系目標は事業内容によって各社に合った独自指標を用いるケースが多く、共通の指標は少ないといえます。

すでに挙げた指標のほか、「顧客満足度」、「デジタル活用の取り組み」などの指標もあります。

Term **財務指標**　p.117の表ならびにp.158のコラムを参照のこと。

各社ビジョン／中長期計画の概要①

	社名	計画名	計画策定時期	計画実施期間（始期〜終期）
1	三井不動産	グループ長期経営方針 VISION 2025	2018.5	2018.4 〜 2025 年前後
2	三菱地所	グループ長期経営計画 2030	2020.1	2020.4 〜 2031.3（11年間）
3	住友不動産	第九次中期経営計画	2022.5	2022.4 〜 2025.3
		「持続的成長」のための基本的な経営戦略と中長期見通し	2023.5	−
4	東急不動産HD	GROUP VISION 2030	2021.5	2021.4 〜 2031.3
		長期経営方針（再構築フェーズ、強靱化フェーズ）	2021.5	2021.4 〜 2031.3
		中期経営計画 2025（長期経営方針再構築フェーズ）	2022.5	2022.4 〜 2026.3 （22.3 から5年間）
5	野村不動産HD	グループ中長期経営計画 グループ 2030 年ビジョン	2022.4	2022.4 〜 2031.3（9 年間）
6	東京建物	長期ビジョン	2020.2	2020.1 〜 2030 頃
		中長期経営計画	2020.2	2020.1 〜 2024.12
7	ヒューリック	新中長期経営計画	2020.2	2020.1 〜 2029.12
		新中期経営計画	2023.2	2023.1 〜 2025.12
8	大東建託	中期経営計画「新５カ年計画＜令和・新成長プラン＞」	2019.4	2019.4 〜 2024.3
9	森ビル	−	−	−
10	森トラスト	新中長期ビジョン advance2030	2023.11	2023.4 〜 2031.3
		同上第４ステージ		2023.4 〜 2031.3

出所：各社 HP より

上記会社の大半は中期
経営計画の更新をしています。
理由は、計数目標を中心に
所期の目標を達成したからです。
「計画について適宜見直しを行い、
新しい目標に向かってまい進する」
ことの必要性が感じ取れます。

	野村不動産 HD	東京建物	ヒューリック	大東建託
	—	—	—	—
	グループ 2030 年ビジョン	長期ビジョンおよび中期経営計画策定の背景	新中長期経営計画	中期経営計画「新 5 カ年計画　＜令和・新成長プラン＞」
	グループ中長期経営計画	中長期経営計画	新中期経営計画	—
	(1) 全体コンセプト ①事業環境認識②全体コンセプト	長期ビジョンおよび中期経営計画策定の背景	中長期経営計画フェーズ (2020~2029) 目指す姿・基本方針・基本戦略	大東建託（株）平成 30 年間の歩み
	(1) 全体コンセプト ③価値創造の進化・変革④財務目標⑤サスナビリティ	2030 年頃を見据えた長期ビジョン	同計画フェーズⅠ（2020~2022）総括	コア事業である賃貸事業住宅の建設・不動産事業を軸に成長
	(2) 本計画で目指す成長 ①本計画で目指す成長②財務戦略	中期経営計画（2020~2024 年度）（以下 4 項目）	同計画（フエーズⅡ）位置付け	5カ年ごとの売上・利益構成
	(2) 本計画で目指す成長 ③利益計画④株主還元方針	①利益・財務計画	同計画（フエーズⅡ）基本方針・重点課題	賃貸事業市場を取り巻く環境と今後の展望
	(3) 成長を加速させる施策 ① DX 推進②人材活用③戦略投資	②ロードマップ 2030	定量目標（2025・2029 年）	新成長プラン全体像
	(4) 部門戦略 ①住宅部門②都市開発部門③資産運用部門	③投資計画	中期計量計画（利益計画、投資計画）	コア事業の強化策
	(4) 部門戦略 ④仲介・CRE 部門⑤運営管理部門⑥海外部門	④株主還元方針	—	総合賃貸業
	—	—	—	生活支援サービス
	—	—	—	コア事業の強化継続（建設事業、不動産事業）
	—	—	—	事業領域の拡大（総合賃貸業、生活支援サービス業）
	—	—	—	2019 年 3 月➡ 2024 年 3 月（売上比較、営業利益比較）
	—	—	—	夢や希望を託すことのできる企業へ（KPI 目標 24 個）

各社ビジョン／中長期計画の概要②

会社名		三井不動産	三菱地所	住友不動産	東急不動産HD
ビジョン・中長期計画名		―	―	―	GROUP VISION 2030
		グループ長期経営方針 VISION 2025	グループ長期経営計画 2030	第九次中期経営計画	長期経営方針（再構築フェーズ、強靱化フェーズ）
				「持続的成長」のための基本的な経営戦略と長中朝の見通し	中期経営計画2025（長期経営方針再構築フェーズ）
大見出し項目	1	イノベーション2017ステージⅡの振り返り	本経営計画において目指す姿（本経営計画の概要）	業績目標	GROUP VISION 2030策定について（以下4項目）
	2	外部環境認識	当社グループの強みと成長戦略（本経営計画の概要）	部門別業績目標と事業戦略	①長期ビジョン策定の背景と目的
	3	2025ストラテジー	計数目標（2030年目標）	設備投資計画	②「GROUP VISION 2030」の概要
	4	基本ストラテジー	ROEに向けた基本方針（計数目標の達成に向けて）	資金調達計画	③長期経営方針（全社方針、事業方針、財務資本戦略）
	5	主要な取り組み方針	2030目標の実現イメージ（ROA、ROE、EPS）（計数目標の達成に向けて）	株主還元方針	④目標指標
	6	将来見通し	不動産市況を踏まえた資本政策（柔軟な資本政策）	政策保有株式に対する数値目標の導入	中期経営計画2025策定について（以下4項目）
	7	持続可能な社会の実現に向けて	BSコントロールによる企業価値向上（柔軟な資本政策）	CO_2 排出量削減目標の設定	①中期経営計画策定の背景
	8	株主還元方針	キャピタルアロケーションの方針（柔軟な資本政策）	―	②中期経営計画2025の概要（環境経営、DX、経営基盤の強化）
	9	―	事業利益の成長に向けた戦略（2030目標に向けて）（計数目標の達成に向けて）	―	③2025年度の目標指標
	10	―	事業利益の成長に向けたロードマップ（計数目標の達成に向けて）	―	④キャピタルアロケーション
	11	―	主要パイプライン（計数目標の達成に向けて）	―	―
	12	―	直近3カ年の投資回収計画（投資回収計画）	―	―

各社中長期計画の計量目標

	社名	指標 / 基準年度	財務計量目標（財務指標）									非財務目標
			ROA	ROE	配当性向	売上高	事業利益（+連結事業利益）	営業利益（+連結営業利益）	当期純利益	D/Eレシオ（+ネットD/Eレシオ）	有利子負債EBITDA倍率	CO_2排出量（+温室効果ガス削減目標）
1	三井不動産	2025	5%程度	—	—	—	—	+3500億円程度	—	—	—	—
		2030	—	—	—	—	—	—	—	—	—	+40%削減（2019対比）
2	三菱地所	2030	5%	10%	30%程度	—	3500～4000億円程度	—	—	—	—	35%削減
3	住友不動産	2024	—	—	—	3兆円累計	—	7700億円（経常利益7500）累計	5000億円累計	—	—	50%削減（2014対比）
4	東急不動産HD	2025	4%以上	9%以上	30%以上	—	—	1200億円	650億円	2.2倍以下	10倍以下	△50%以上（2019年度比）
		2030	5%以上	10%以上	—	—	—	1500億円	750億円	2.0倍以下	—	△46.2%（SBT認定）
5	野村不動産HD	2025	4.5%水準	9%水準	40～50%		1150億円	—	—	2.0倍以下	—	—
		2030	5%以上	10%以上	40%水準		1800億円以上	—	—	—	—	△35%（SBT認定）
6	東京建物	2024	—	—	—	—	*750億円	—	750億円以上	2.4倍程度	12倍程度	—
		2030	—	—	—	—	*1200億円	—	—	—	—	—
7	ヒューリック	2025	—	10%以上	40%以上	—	—	—	—	+3倍以内	12倍以内	—
		2029	—	10%以上	—	—	—	—	—	+3倍以内	12倍以内	—
8	大東建託	2023	—	20%以上	50%公約	1兆7500億円	—	1300億円	—	—	—	—
9	森トラスト	2027	—	—	—	2100億円	—	500億円	—	—	—	—
		2030	—	—	—	3300億円	—	700億円	—	—	—	—

（注）財務指標については左ページの表ならびにp.158のコラムを参照のこと。
出所：各社HPより

中長期経営計画における財務指標の計算式

	財務指標	計算式
1	ROA（%） （総資本利益率）	=営業利益÷総資本（または総資産）（一般的）
		=事業利益÷総資産（期首期末平均）［三菱地所］［野村不動産］
		=（営業利益+営業外収益）÷総資産（期首期末平均）［三井不動産］
2	ROE（%） （自己資本利益率）	=当期純利益÷自己資本（一般的）
		=親会社株主に帰属する当期純利益÷自己資本
3	EPS（円） （1株当たり純利益）	=当期純利益÷発行済み株式総数（一般的）
		=親会社株主に帰属する当期純利益÷期中平均株数
4	配当性向（%）	=配当金支払総額÷当期純利益
		=1株当たりの年間配当金÷1株当たりの純利益（EPS）
5	総還元性向（%）	=（配当金支払総額+自社株買い総額）÷当期純利益（一般的）
6	事業利益	=経常利益+支払利息（一般的）
		=営業利益+持分法投資損益［三菱地所］
		=営業利益+持分法投資損益+企業買収に伴い発生する無形固定資産の償却費［野村不動産］
	連結事業利益	=連結営業利益+持分法投資損益［東京建物］
	海外事業利益	=海外営業利益+海外持分法投資損益［三井不動産］
7	親会社株主に帰属する当期純利益	連結損益計算書の「当期純利益」のうち、「親会社株主に帰属する当期純利益」のこと。「企業集団の純利益」（=当期純利益）のうち、［親会社株主に帰属する純利益］のこと［東急不動産ほか］
8	有利子負債	=短期借入金+長期借入金+社債
9	自己資本	=純資産−新株予約権−少数株主持分
10	D/Eレシオ（倍）	=有利子負債÷自己資本
	ネットD/Eレシオ（倍）	=（有利子負債−現金および預金）÷自己資本
	連結D/Eレシオ（倍）	=連結（有利子負債−現金および預金）÷自己資本
11	EBITDA	=営業利益+減価償却費（簡便法）
		=営業利益+受取利息・配当金+持分法適用会社利益+減価償却費+のれん償却費［三菱地所］
12	EV/EBITDA倍率（倍）	=（株式時価総額+有利子負債−現金および預金）÷EBITDA（営業利益+減価償却費）
	有利子負債/EBITDA倍率（倍）	=有利子負債÷EBITDA（営業利益+減価償却費）
	ネット有利子負債/EBITDA倍率（倍）	=（有利子負債−現金および預金）÷EBITDA（営業利益+減価償却費）

（注1）財務指標の計算式の基本形はあるものの、各社の事情により計算式は異なった使われ方をすることがあるので注意を要する。

（注2）財務指標の意味はp.158のコラムを参照。

Section
3-9

②大手不動産会社の特色と最新動向

超スマート社会の実現を目指す三井不動産

三井不動産は三菱地所と並ぶ総合不動産の最大手企業で、三井グループの中枢です。

■長期経営方針「VISION 2025」は最終段階に突入

三井不動産は、1941年に三井合名会社の不動産課が独立し、設立されました。1968年に日本初の超高層ビル、霞が関ビルディングを完成させ、1983年には東京ディズニーランドをオープンさせました。2018年には東京ミッドタウン日比谷（東京有楽町一丁目、2月竣工）、日本橋高島屋三井ビルディング（東京日本橋二丁目、6月竣工）が完成しました。三井不動産、東京ガス、三菱地所の3社が事業主となる駅直結再開発プロジェクト、msb Tamachi 田町ステーションタワーSは18年5月に竣工しました。

2023年3月10日、三井不動産が「八重洲二丁目北地区市街地再開発組合」の一員として開発を推進してきた「東京ミッドタウン八重洲」がグランドオープンしました。

2015年度に公表した中期計画「イノベーション2017」は成功裡に終了しました。その後、外部環境の変化も激しく、長期的視野に立った戦略を実行するため、2018年5月、長期経営方針「VISION 2025」が策定され、現在は最終段階です。

その内容は、持続可能な社会の構築、不動産業のイノベーション、グローバリゼーションへの取り組みの3点です。基本ストラテジーは次ページに図示したとおりです。具体的取り組み方針として次の点を挙げています。

①街づくりの一層の進化
②リアルエステートテック活用によるビジネスモデルの革新
③海外事業の飛躍的な成長

計量計画として、左ページの表に示した「連結営業利益」「うち海外事業利益」「ROA」の3つの数値を挙げています。

Term
超スマート社会　必要なもの・サービスを、必要な人・時・量の提供をし、社会のニーズにきめ細かに対応でき、あらゆる人が質の高いサービスを受けられ、年齢、性別、地域、言語などの違いを乗り越え、活き活きと快適に暮らすことのできる社会のこと（内閣府定義）。「**Society 5.0**」は超スマート社会の別称。

VISION 2025（長期経営方針）

▼2025 VISION

①街づくりを通して、持続可能な社会の構築を実現
②テクノロジーを活用し、不動産業そのものをイノベーション
③グローバルカンパニーへの進化

基本ストラテジー

2025 VISIONの実現に向け、3つの基本ストラテジーの実践による価値創造に取り組む

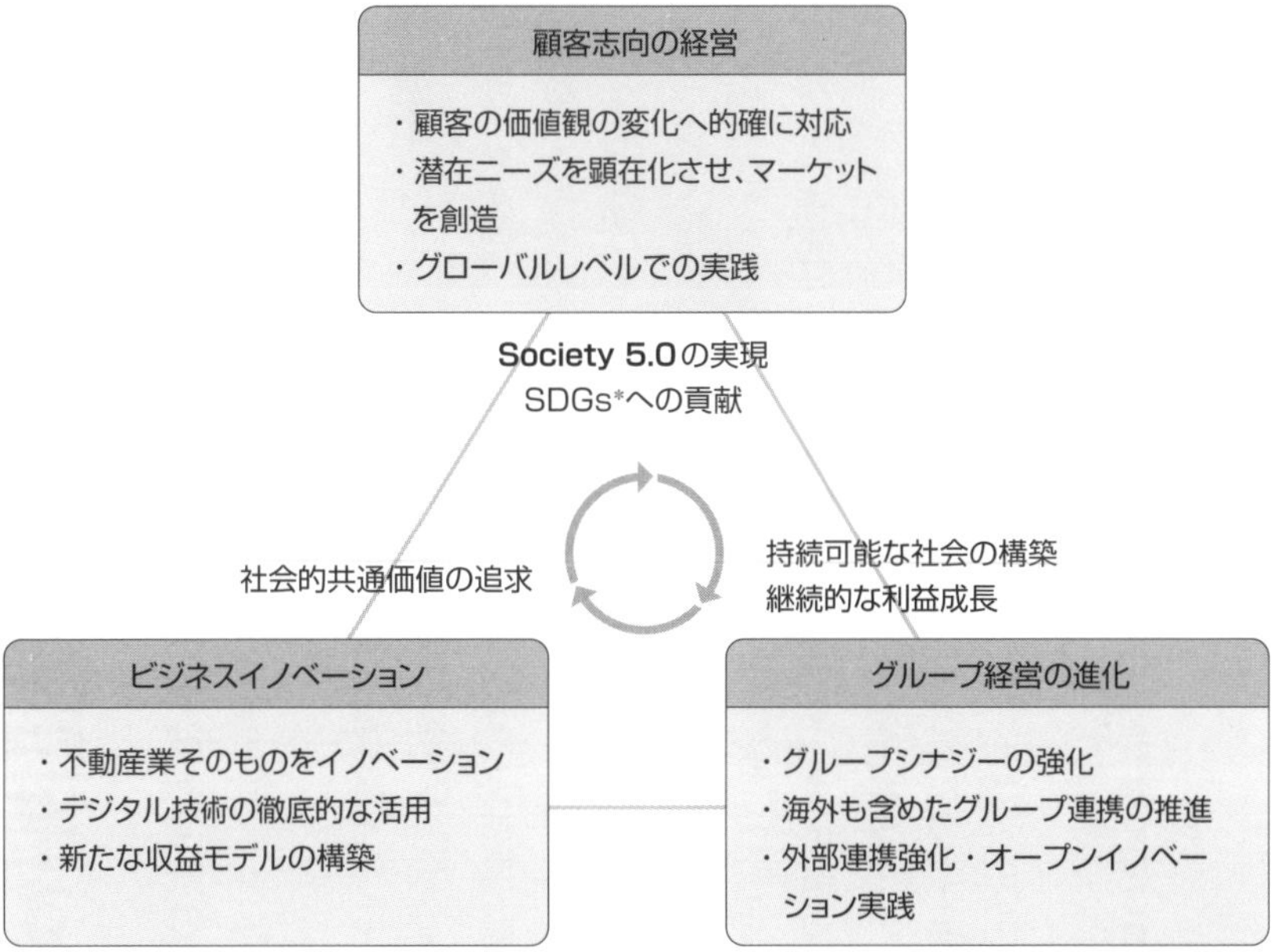

▼将来見通し

連結営業利益	3500億円程度
うち海外事業利益	30%程度
ROA	5%程度

2025年前後に向けて、持続的な利益成長を実現していく。

出所：「三井不動産グループ長期経営方針 VISION 2025」

Term
ROA　3-8節、p.158のコラムを参照。
SDGs　3-14節参照。

Section

3-10

②大手不動産会社の特色と最新動向

競争力あふれる企業への変革目指す三菱地所

三菱地所は、三井不動産と並び総合不動産の双璧です。東京大手町・丸の内・有楽町地区に約30棟の賃貸用ビルを所有していることから、通称「丸の内の大家さん」と呼ばれています。

■「長期経営計画2030」を推進中

三菱地所は、1937年に三菱合資会社の不動産部門・建築部門が分社して設立されました。日本経済・金融の拠点、東京大手町・丸の内・有楽町地区に約30棟の賃貸ビルを所有しています。築20年以上のビルも増えてきているので、今後も数多くが新築ビルに生まれ変わると思われます。これは、同社により現在進行中の「大手町・丸の内・有楽町再開発プロジェクト」の実現によるものです。

1998年に旧丸ビルが閉館、2002年の「丸の内ビルディング」竣工を皮切りに、2007年までに「丸ビル」「新丸ビル」など6棟(同社所有)のビルが新しくなりました。2008年には7棟、延床面積で約120ha（120万㎡）のビルを竣工しました。

2017年1月、同社開発の「大手町パークビル」が竣工しました。本社も築年数60年の大手町ビルから同ビルに移転しました。壁のない大部屋で個人座席を特定させないフリーアドレス制勤務が、「働き方改革」の1つの側面を先取りした形となっています。2018年度には「丸の内二重橋ビルディング」も竣工しました。

現在、「東京駅前常盤橋《ときわばし》プロジェクト」と称する大規模複合再開発を展開中です。東京駅周辺約3.1haの敷地にビル4棟を建設します。常盤橋タワー、銭瓶町《ぜにがめちょう》ビルディングはすでに竣工、高さ350mのトーチタワー、変電所棟およびトウキョウトーチパークは2028年3月末に竣工予定です。

推進中の「長期経営計画2030」の概要は左ページに示すとおりです。

グループ長期経営計画 2030

▼グループの基本使命

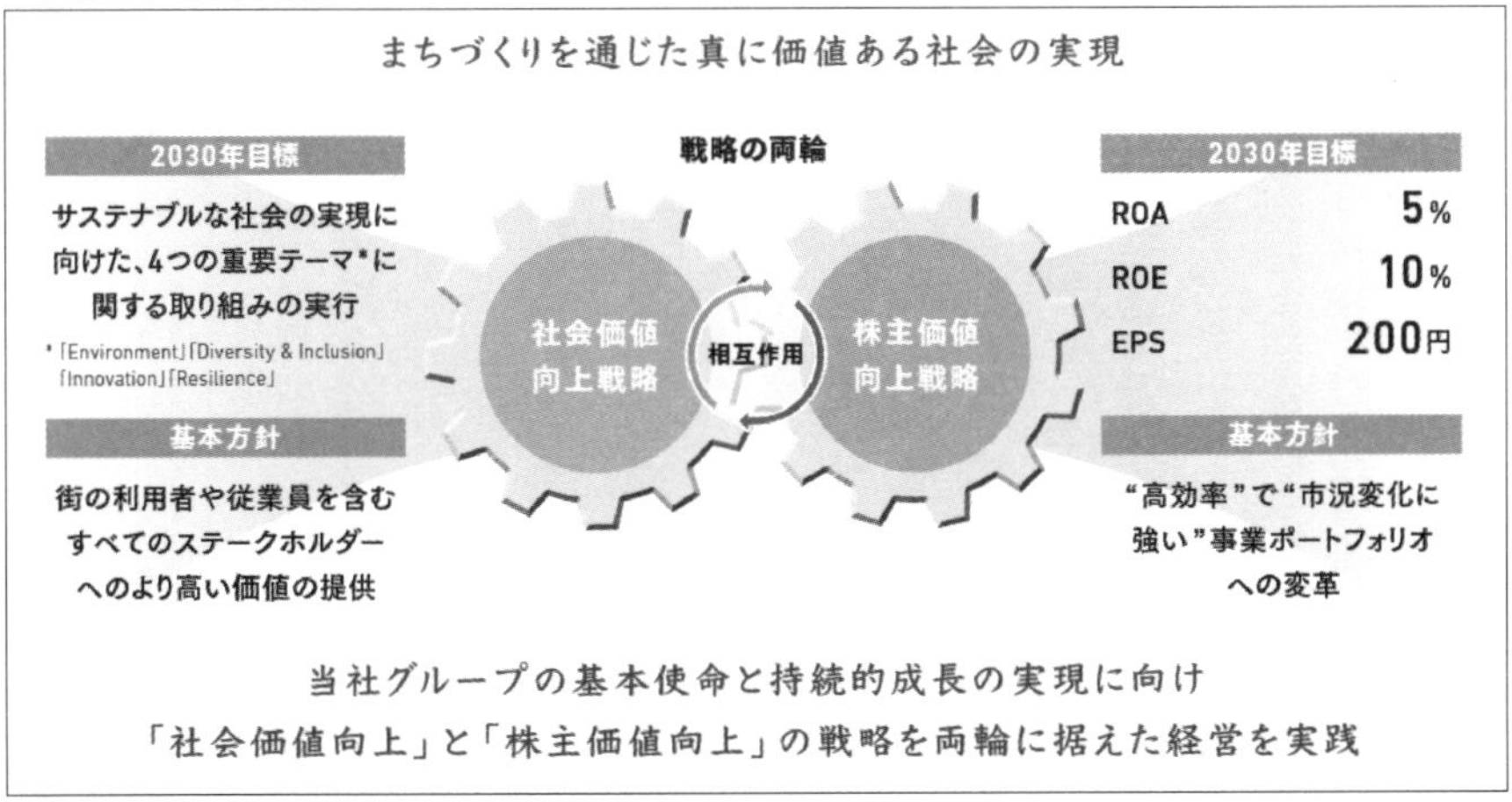
まちづくりを通じた真に価値ある社会の実現
2030年目標
サステナブルな社会の実現に向けた、4つの重要テーマ*に関する取り組みの実行
*「Environment」「Diversity & Inclusion」「Innovation」「Resilience」
基本方針
街の利用者や従業員を含むすべてのステークホルダーへのより高い価値の提供
戦略の両輪
社会価値向上戦略
相互作用
株主価値向上戦略
2030年目標
ROA 5%
ROE 10%
EPS 200円
基本方針
"高効率"で"市況変化に強い"事業ポートフォリオへの変革
当社グループの基本使命と持続的成長の実現に向け
「社会価値向上」と「株主価値向上」の戦略を両輪に据えた経営を実践

出所：https://www.mec.co.jp/ir/plan2030/

計数目標

① 2030の計数目標

ROA*	事業利益÷総資産（期首期末平均）	5%
ROE*	親会社株主に帰属する当期純利益÷自己資本	10%
EPS*	親会社株主に帰属する当期純利益÷期中平均株式数	200円

②目標達成に向けた前提・指標

利益成長	事業利益*：3500～4000億円程度
株主還元	配当性向*：30%程度＋資本政策の一環としての自己株式の取得
財務健全性	現状の格付水準が維持可能な財務健全性の確保

※事業利益 ＝ 営業利益 ＋ 持分法投資損益
出所：三菱地所グループ長期経営計画 2030

Term
ROA／ROE／EPS 3-8節、p.158のコラムを参照。
事業利益／配当性向 3-8節、p.158のコラムを参照。

Section
3-11

②大手不動産会社の特色と最新動向

増益路線を堅持中の住友不動産

住友不動産は三井不動産、三菱地所と並び総合デベロッパーの大手3社の一角です。東京都心を中心に230棟以上のオフィスビルを所有中です。

■「第九次中期経営計画」を推進中

住友不動産は、1949年財閥解体時に住友本社を継承する会社として、「泉不動産」の社名で設立されました。1957年に現在の住友不動産に社名変更となっています。

当初は住友グループのビル管理が主でしたが、1962年「目白台アパート」竣工、高級賃貸アパート事業に参入しました。1964年には大手不動産としては最も早く分譲マンション事業に進出しています。1974年に新宿住友ビル、1982年に新宿NSビルを完成させ、新宿副都心のオフィスビル開発では三井不動産より先行しました。約45年にわたり、一貫して東京都心部で開発を続けたオフィスビルの数は現在230棟を超え、業界トップのラインナップとなっています。オフィスビルの大半は自己所有で賃貸中です。

2017年3月期に「住友不動産六本木グランドタワー」「住友不動産麻布十番ビル」、2018年3月期に「住友不動産大崎ガーデンタワー」が竣工し、収益向上に寄与しています。

2023年10月には、インド最大の経済都市ムンバイの中心部で大規模再開発事業を進めると発表しました。総事業費は5000億円超で、総延べ面積が100万㎡、2030年代の全面開業を目指しています。

2022年3月期で第八次中期経営計画目標を達成し、第九次中期経営計画がスタートしました。2022年3月期は売上を除き、営業利益、経常利益、純利益のすべてで最高益を連続更新しました。営業利益の6割は東京のオフィスビル賃貸事業です。第九次の中期計画の骨子と数量目標を左ページに示します。

Point

住友不動産の過去の中期経営計画　第一次1999/3～2001/3、第二次2002/3～2004/3、第三次2005/3～2007/3、第四次2008/3～2010/3、第五次2011/3～2013/3、第六次2014/3～2015/3、第七次2017/3～2019/3、第八次2020/3～2022/3、第九次2023/3～2025/3期。

中期経営計画

▼第九次中期経営計画の位置付

2030 年度の経常利益 3000 億円実現を視野に入れ、「第九次中計」をその第一陣と位置付ける

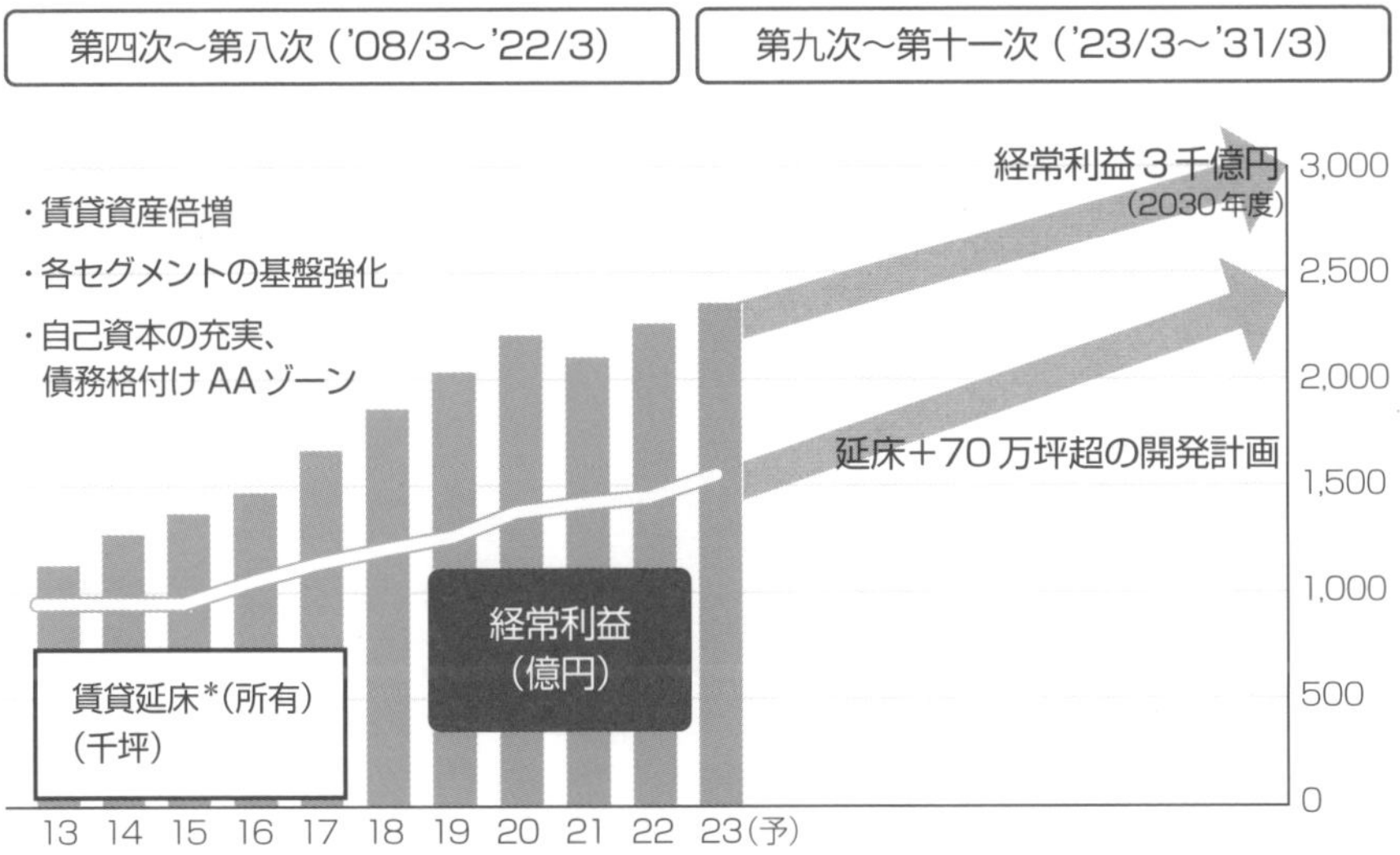

３カ年の累計業績目標

· 中期最高連続更新
· 3 カ年累計経常利益 7500 億円、当期利益 5000 億円の達成

（億円）

	第七次（実績）（2017/3～2019/3）	第八次（実績）（2020/3～2022/3）	第九次（計画）（2023/3～2025/3）
売上高	28,858	28,704	30,000
営業利益	6,132	6,875	7,700
経常利益	5,578	6,556	7,500
当期利益	3,533	4,328	5,000

出所：住友不動産「第九次中期経営計画」

Term

賃貸延床　建物の各階の床面積の合計のこと。延床面積は「延べ床面積」とも呼ばれる。建築基準法に基づき算出され、外壁または柱の中心線で囲まれた部分が算出対象となる。

Section

3-12

②大手不動産会社の特色と最新動向

街づくりで生活提案する東急不動産ＨＤ

東急不動産ホールディングスは、東急不動産、東急コミュニティー、東急リバブルなどを傘下に持つ持株会社です。

長期経営方針における再構築フェーズである「中期経営計画」策定

東急不動産は１９５３年、東急電鉄の不動産部の業務の一部を分離・独立させる形で設立されました。鉄道沿線の開発事業は東急電鉄に残し、同社は不動産の販売事業と砂利、造園などの事業の譲渡を受けただけの出発でした。そのため、自ら独自開発せざるを得ず、１９５５年には日本初の外国人向け高級賃貸住宅「代官山東急アパートメント」の建築につながりました。同社は１９１８年に前身会社が高級住宅地田園調布を開発したという街づくりノウハウもあり、大規模な宅地造成に定評があります。

１９８２年、当時としては最大級規模の、自然と調和した新たな街づくり「あすみが丘ニュータウン」（千葉市）に事業着手しました。

最近では、１００年に一度といわれる渋谷駅周辺再開発の一環である「渋谷フクラス」「渋谷サクラステージ」のほか、臨海部では「東京ポートシティ竹芝」などを手がけています。

２０２１年５月に「長期経営方針」を発表し、その方針に沿って22年５月に「中期経営計画２０２５（21～25年度、５年間）」を公表し、現在推進中です。

２０２３年３月期の売上高は１兆円を突破しました。売上高業界３位を堅持しています。営業増益・過去最高益を計上、増益率31・７％であり、大手５社の最高です。Ｄ／Ｅレシオも２・28から２・17へと、目標指標の２・２倍以下を達成しています。

中期経営計画の概要は左ページのとおりです。本計画を長期方針における「再構築フェーズ」と位置付けています。

中期経営計画 2025

▼中期経営計画策定の背景

GROUP VISION 2030　価値を創造し続ける企業グループへ

誰もが自分らしく、いきいきと輝ける未来の実現

2021-2025
長期経営方針：再構築フェーズ

2026-2030
長期経営方針：強靭化フェーズ

アフターコロナの再成長に向けた
稼ぐ力と効率性の向上

強固で独自性のある
事業ポートフォリオの構築

中期経営計画 2025

生産性向上・効率的投資による
利益率改善

顧客体験価値向上による
収益増加・事業機会拡大

ビジネスモデル変革による
事業価値最大化

2025 年度の目標指標

マテリアリティに基づき、財務、非財務を統合した目標指標の達成を目指す。

マテリアリティごとの主要な目標

ライフスタイル	街と暮らし	環境	デジタル	人材	ガバナンス
顧客の満足度※1	コミュニティ活性化施設	CO_2 排出量※2	デジタル活用の取り組み件数	男性育児休暇取得率	取締役会の実効性向上（第三者評価）
90%以上	50 件以上	△ 50%以上（2019 年度比）	50 件以上	100%	100%

効率性		利益目標	財務健全性
ROE* 9%	ROA* 4%	営業利益 1200 億円	D/E レシオ* 2.2 倍以下
EPS* 90円以上		当期純利益※3 650 億円	有利子負債/EBITDA 倍率* 10 倍以下

※1：東急こすもす会アンケート　※2：SBT 認定におけるスコープ1・2　※3：親会社株主に帰属する当期純利益

出所：東急不動産ホールディングス中期経営計画 2025

Term

ROE／ROA／EPS　3-8節、p.158のコラムを参照。

D/Eレシオ　3-8節、p.158のコラムを参照。

有利子負債/EBITDA倍率　3-8節、p.158のコラムを参照。

Section

3-13 持続的収益拡大を目指す野村不動産HD

野村不動産ホールディングスは、野村不動産、野村不動産パートナーズ、野村不動産ソリューションズなどを傘下に持つ持株会社です。

■中長期経営計画（２０３０年ビジョン）策定

野村不動産ホールディングスは、２００４年６月に野村不動産、野村ビルマネジメント（現野村不動産パートナーズ）などの持株会社として設立されました。同年10月に野村土地建物（株）から野村不動産（株）の株式全部の現物出資を受けて業務を開始、２００６年10月に東証第一部（当時）に上場しました。大手デベロッパーとしては最も新しい会社です。

しかし前身であり、中核である野村不動産は野村證券から分離独立し設立されたのが１９５７年で、60年以上の歴史を持っています。

同社は設立当初、ビルの賃貸・管理を主業務としていましたが、１９５９年に仲介業務、１９６１年に「鎌倉・梶原山住宅地」の開発でデベロッパー業務を開始しています。

１９６３年「コープ竹ノ丸」の建築でマンション分野にも進出、１９６９年には「野村ホーム」ブランドで本格木造住宅の建築を開始して住宅建築分野に進出、１９７２年には別荘地分譲で海外にも進出しました。

現在では「プラウド」ブランド等のマンション開発・分譲が主力です。

22年４月に「グループ中長期経営計画 グループ２０３０年ビジョン」（23年３月期～31年３月期、９年間）を策定しました。概要は左ページに示すとおりです。

２０２３年３月期決算は２期連続増収増益でした。利益は当期純利益の16・６％増をはじめとして、事業利益、営業利益、経常利益とも９％以上の増益でした。時価総額の騰貴率が大手７社最高の21・55％でした（22年12月末現在）。

野村不動産グループ中長期経営計画

▼サステナビリティポリシー

Earth Pride

地球を、つなぐ

人間らしさ　　自然との共生　　共に創る未来

2030年までの重点課題（マテリアリティ）

出所：https://www.nomura-re-hd.co.jp/ir/pdf/plan2022_presen.pdf

利益計画、ROA・ROE・株主還元

▼利益計画

	フェーズ1 （2023年3月期〜2025年3月期）	フェーズ2 （2026年3月期〜2028年3月期）	フェーズ3 （2029年3月期〜2031年3月期）
事業利益※*	1150億円	1400億円〜	1800億円〜
年平均成長率	8%水準		

※事業利益＝営業利益＋持分法投資損益＋企業買収に伴い発生する無形固定資産の償却費

▼ROA・ROE・株主還元

	フェーズ1 （2023年3月期〜2025年3月期）	フェーズ2 （2026年3月期〜2028年3月期）	フェーズ3 （2029年3月期〜2031年3月期）
ROA※*	4.5%水準	5%水準	5%以上
ROE*	9%水準	10%水準	10%以上
株主還元	総還元性向*40〜50%	配当性向*40%水準	

※ROA＝事業利益÷期中（平均）総資産
出所：野村不動産グループ中長期経営計画（2023年3月期〜2031年3月期）

Term

事業利益／ROA／ROE／配当性向　3-8節、p.158のコラムを参照。
総還元性向　企業の株主還元の度合いを示す指標の1つ。配当性向が「当期利益に占める配当金の割合」を示すのに対し、配当金と自社株買いの金額を合計し、これを純利益で割って求める。3-8節、p.158のコラムを参照。

「信頼を未来へ」を理念に成長続ける東京建物

東京建物は1896（明治29）年、旧安田財閥創始者の安田善次郎により設立された、日本最古かつ伝統ある総合不動産会社です。

■長期ビジョンおよび中長期経営計画を推進中

東京建物は、旧安田銀行（のちに富士銀行、現みずほ銀行）を中心とする安田財閥、それを引き継いだ芙蓉《ふよう》グループの中核企業として、戦前・戦後にわたり重要な役割を果たしてきました。

設立時、住宅ローンの原型となった割賦販売で不動産売買を開始し、中国・天津でも住宅やビルの管理運営事業を展開。現在では主力のビル事業と住宅事業を中心に、アセットサービス、駐車場、リゾート、海外、資産運用、不動産鑑定など幅広い事業を展開しています。

2015年7月に東京建物不動産販売を完全子会社化し、同社は名実ともにグループ全体の戦略策定機能を担うこととなりました。

大規模プロジェクトの1つに「ブリリアタワー池袋」の竣工（2015年）があります。区本庁舎と高層住宅が一体化した日本初の区庁舎一体型タワーマンションです。最大の特徴は、1～10階に池袋区役所、商業施設、オフィス、11～49階に住宅を配した「立体都市」だということです。大きな木をイメージした高いデザイン性を備え、環境性能にも優れています。

2019年度を最終年度とする5カ年の中期経営計画のうち、19年度は当初目標を上回る実績を上げました。

この実績と事業環境の変化を踏まえ、2020年2月に、「長期ビジョン」（20～30年頃）および「中長期経営計画」（20～24年度）を策定しました。概要は左ページのとおりです。

Term

SDGs　エスディージーズと読む。Sustainable Development Goals（持続可能な開発目標）。2015年9月の国連サミットで採択された。

長期ビジョン・中期経営計画

▼2030年頃を見据えた長期ビジョン

2030年頃を見据えた長期ビジョン

次世代デベロッパーへ

人口動態の変化や人々の価値観の多様化、テクノロジーの加速度的な進展など、
変化が激しく、不確実性が高まっている時代のなか、
サステナブルな社会の実現に向けて様々な課題が顕在化している。

東京建物グループは、デベロッパーが果たす役割も大きく変わるべきだと考え、
事業を通じて「社会課題の解決」と「企業としての成長」をより高い次元で両立することで、
すべてのステークホルダーにとっての「いい会社」を目指します。

着実な利益成長
2030年頃の目指す姿：
連結事業利益※1,200億円

様々な社会課題の解決
SDGs達成への貢献
SUSTAINABLE DEVELOPMENT GOALS

利益成長の基本方針
- 安定的な賃貸利益を着実に拡大、利益構成の中心とする
- 資本効率を意識したバランスの良い利益構成を目指す

※連結事業利益＝連結営業利益＋持分法投資損益　海外事業等の成長を取り込むため、目標とする利益指標として、営業利益に持分法投資損益を加えた「事業利益」を設定。

2024年度の利益・財務計画

2024年度数値として、利益目標については連結事業利益750億円を目指します。また、資本効率・財務規律を意識し、事業ポートフォリオの最適化をはかるため、ROE・D/Eレシオ・有利子負債/EBITDA倍率の数値を以下の通り設定しました。

利益目標	連結事業利益※1：750億円
資本効率	ROE：8～10%
財務指標	D/Eレシオ※2：2.4倍程度 有利子負債/EBITDA倍率※3：12倍程度

※1 連結事業利益＝連結営業利益＋持分法投資損益
※2 D/Eレシオ＝連結有利子負債÷連結自己資本
※3 有利子負債/EBITDA倍率＝連結有利子負債÷（連結営業利益＋連結受取利息・配当金＋持分法投資損益＋連結減価償却費＋連結のれん償却費）

出所：東京建物グループ「長期ビジョン・中期経営計画」

Term **連結事業利益／ROE ／ D/Eレシオ ／ 有利子負債/EBITDA倍率**　3-8節、p.158のコラムを参照。

Section
3-15

②大手不動産会社の特色と最新動向

時代をリード、複合開発を推進する森ビル

森ビルは、港区を中心に約100棟の賃貸ビルを有し、「港区の大家さん」とも呼ばれます。都市再開発事業、不動産賃貸・管理事業、文化・芸術・タウンマネジメント事業を手がける総合デベロッパーですが、上場はしていません。

■「都市を創り、都市を育む」が会社の理念

森ビルの前身の森不動産は1955年、大学教授だった森泰吉郎氏が個人で創業し、1959年に森ビル（株）の名称で法人に改組、本格的に貸ビル業を開始しました。1993年に泰吉郎氏が亡くなると、泰吉郎氏の次男・森稔氏が森ビルを引き継ぎました。稔氏は六本木ヒルズ、表参道ヒルズ、上海環球金融中心などの実績を残しましたが、2013年3月に逝去されました。

2011年には辻慎吾氏が社長に就任し、先代のDNAを受け継ぎ、「都市を創り、都市を育む」を理念に掲げて都市づくりを推進しています。

同社はオフィスを核に、住宅、商業施設、ホテル等の複合施設の開発・賃貸を中心とし、関連の上場投資法人（リート）への投資による収益確保にも努めています。また、都心部での都市再開発事業を多く手がけ、文化・芸術・タウンマネジメント*にも注力しています。

直近の業績は左ページのとおりです。

2023年3月期は、虎ノ門ヒルズレジデンシャルタワーにおける分譲・賃貸収益の増加に加えて、ホテル事業の業績回復が寄与したことにより、増収増益となりました。営業収益*は前期比16・4%、営業利益19・1%、経常利益11・5%増でした。

2024年4月期は「虎ノ門ヒルズステーションタワー」（2023年10月開業）と「麻布台ヒルズ」（2023年11月開業）の開業による収益増加および麻布台ヒルズの住宅分譲により、営業収益・営業利益・経常利益はいずれも過去最高を更新する予定です。

Term
タウンマネジメント　大規模複合施設やその周辺エリアを一体的な「まち」と捉え、専門の体制により戦略的に経営・管理するマネジメント手法。「六本木ヒルズ」は本手法の先駆である。

森ビルグループの業績推移など

単位：億円

	連結			単体		
	2021/3期	2022/3期	2023/3期	2021/3期	2022/3期	2023/3期
営業収益（売上）	2,300	2,453	2,855	1,864	1,936	2,258
営業利益	509	527	628	454	446	501
経常利益	486	537	599	519	499	541
当期純利益	385	429	443	385	423	411
親会社株主に帰属する当期純利益*	314	422	437	−	−	−
資産・純資産の状況						
総資産額	22,809	23,670	26,074	18,768	19,561	21,848
純資産額	5,694	6,276	6,851	4,286	4,645	5,132
自己資本比率（%）	25	27	26	23	24	23

出所：森ビル（株）有証報告書、会社四季報未上場会社版

環境・緑がテーマの都市づくりの概観

© DBOX for Mori Building Co., Ltd. - Azabudai Hills

森ビルが理想とする都市モデル「ヴァーティカル・ガーデン・シティ（立体緑園都市）」を具現化し、圧倒的な緑に囲まれた広場のような街「麻布台ヒルズ」。

Term

営業収益　売上高とほぼ同義。主に商品などの販売を売上高、役務の給付を営業収益というが、不動産会社の間でも使い方はまちまちである。収益には営業収益（売上高）、営業外収益、特別利益の３種類がある。「営業利益」（利益の一種）と「営業収益」とは似て非なるものである。

親会社株主に帰属する当期純利益　親会社が子会社を100%支配している場合には、子会社が計上した損益も100%が親会社の損益、つまり連結財務諸表上の損益になる。しかしながら、非支配株主が存在する場合には、子会社が計上した損益のうち、親会社持分相当額が親会社株主に帰属する当期純利益である。それ以外の部分を非支配株主持分に振り替える。

Section
3-16

②大手不動産会社の特色と最新動向

虎ノ門、赤坂で大規模複合開発中の森トラスト

都心での大型複合開発のほか、地方リゾートでも外資系ブランドホテルを展開している総合デベロッパーです。森トラスト・ホールディングスともども、上場はしていません。

■中長期ビジョン「Advance2023」策定

森トラストは、森泰吉郎氏が「森ビル開発（株）」の名称で1970年に設立しました。1993年、泰吉郎氏の逝去により三男・森章氏が社長就任（現会長、社長は長女・伊達美和子氏）、1999年には現在の森トラスト（株）に社名変更しています。

トラストグループとしての歴史は古く、森ビル設立前の1951年、泰成株式会社の名称で現森トラスト・ホールディングスが設立されています。その後、森トラストグループ本社への改称を経て、2005年に現在の社名の森トラスト・ホールディングスになっています。グループ持株会社で、森トラストに対し100%出資しています。

森トラストは「不動産事業」「ホテル&リゾート事業」「投資事業」の3事業を主軸に、国内外66棟のビル・住宅・商業施設と、31カ所のホテル・リゾート施設を展開しています（2023年3月時点）。

森トラストグループは2016年6月に中長期ビジョン「Advance2027」を策定、27年度の売上目標2300億円ほかを掲げ、推進してきました。2027年度の諸目標を2019年度より4年連続して達成しています。そこで「Advance2027」を改定し、2023年11月に新中長期ビジョン「Advance2030」を策定しました。2030年度までに1兆2000億円の事業投資を行う予定です。

直近3期の決算状況を左ページに掲げました。23年3月期は堅調なホテル関係の収益増加が寄与し、増収増益でした。賃貸・ホテル関係収益とも既往最高です。高利益率で自己資本比率も高いのが同社の特徴です。

Point

コネクティングドット　Connecting the dots。点と点をつなげる。過去の経験が、その当時は思いもよらなかったことに活かせる状況を指す。スティーブ・ジョブズ氏の格言。

森トラストグループの業績推移など

単位：億円

	連結			単体		
	2021/3期	2022/3期	2023/3期	2021/3期	2022/3期	2023/3期
営業収益*（売上）	2,514	2,588	2,666	1,349	1,150	1,227
営業利益	582	629	655	488	450	576
経常利益	598	693	693	505	505	602
当期純利益	376	430	560	337	229	525
親会社株主に帰属する当期純利益*	354	403	530	－	－	－
資産・借入・純資産の状況						
総資産	11,514	11,636	12,546	10,082	9,851	10,591
純資産	4,796	5,136	5,599	4,299	4,338	4,671
自己資本比率（%）	39.3	41.7	44.4	42.6	44.0	44.1

（注）自己資本＝純資産－新株予約権－少数株主持分
出所：子会社開示資料、森トラスト（株）有価証券報告書、会社四季報未上場会社版

新中長期ビジョン「Advance2030」

現在、同社が展開中の「第４ステージ」では、創業家精神を継承するとともに、以下の３つの視点で、変化するニーズに応え、新たな都市の価値を創造することで、社会から信頼される企業として、社会貢献を果たしていきたいと考えている。

①Out of the box　枠にとらわれない柔軟な発想
②Innovation　**コネクティングドット***の発想
③Globalism　グローバリズムへの対応

●数値目標

（金額の単位は億円）

年度	2016年度実績（Advance2027初年度）	2023年度見込み	2030年度目標（Advance2030）
売上高	1,402	2,720	3,300
賃貸関係事業	627	900	1,000
ホテル関係事業	298	600	1,000
不動産販売事業	364	1,020	1,000
その他の事業	112	200	300
営業利益	303	550	700

出所：森トラストグループ新中長期ビジョン「Advance2030」より

Term

営業収益　3-15節を参照。
親会社株主に帰属する当期純利益　3-15節を参照。

Point

株式上場の視点から見た親子会社の関係　東証プライム上場のエスリードは森トラストの子会社だが、親会社の方は未上場。逆のケースは多いが、本ケースは珍しい。

Section
3-17

②大手不動産会社の特色と最新動向

賃貸住宅建設・一括借上で実績抜群の大東建託

賃貸住宅の仲介件数、賃貸管理戸数、完成戸数の第１位を堅持しています。

■中期経営計画「新５カ年計画〈令和・新成長プラン〉」を推進中

大東建託は１９７４年に「大東産業」として設立され、当初は事業用貸倉庫・貸工場の建築・管理業務を行っていました。１９７８年「大東建設」、１９８８年「大東建託」に社名変更し、現在に至っています。

大東建託は、土地オーナーからの賃貸住宅の建築・管理業務の請負、入居希望者へのサービスを行っています。資産活用したいオーナーに賃貸事業の企画・提案から設計・施工・管理まで一気通貫に行うビジネスモデルです。大東建託の強みとして、徹底的な品質管理により顧客満足を得ることに重点を置いています。

２０２２年10月に同社内の不動産売上（１兆円）が建設売上（５０００億円）を大きく上回ったことから、証券上の業種が建設業から不動産業に変更になりました。１・７兆円（23年３月期）の売上高は不動産業では三井不動産に次ぎ業界第２位です。

賃貸仲介件数（約25万件、22年度、以下同じ）、賃貸管理戸数（約１２３万件）、賃貸住宅年間完成戸数（約４万件）はいずれも業界首位（全国賃貸住宅新聞社調べ）です。

自己資本利益率（ＲＯＥ）が18・２％と高く、優良企業と見なされる８～10％を大きく超えています。

２０１９年４月に中期経営計画「新５カ年計画〈令和・新成長プラン〉」を発表し現在推進中です。２０１９年度以降に賃貸住宅業界で発生したアパートローンの不正融資問題や、新型コロナウイルス感染拡大、ウッドショック等が続き、２０２２年度に中期経営計画の下方修正を余儀なくされました。具体的には、売上の当初目標２兆２０００億円を１兆７５００億円以上に、営業利益１８００億円を１３００億円以上に変更しました。

Point

従業員エンゲージメント　従業員が会社の方向性に共感し、「自発的に会社に貢献したい」と思う意欲。

中期経営計画「新５カ年計画」〈令和・新成長プラン〉

▼目指すべき姿「生活総合支援企業」

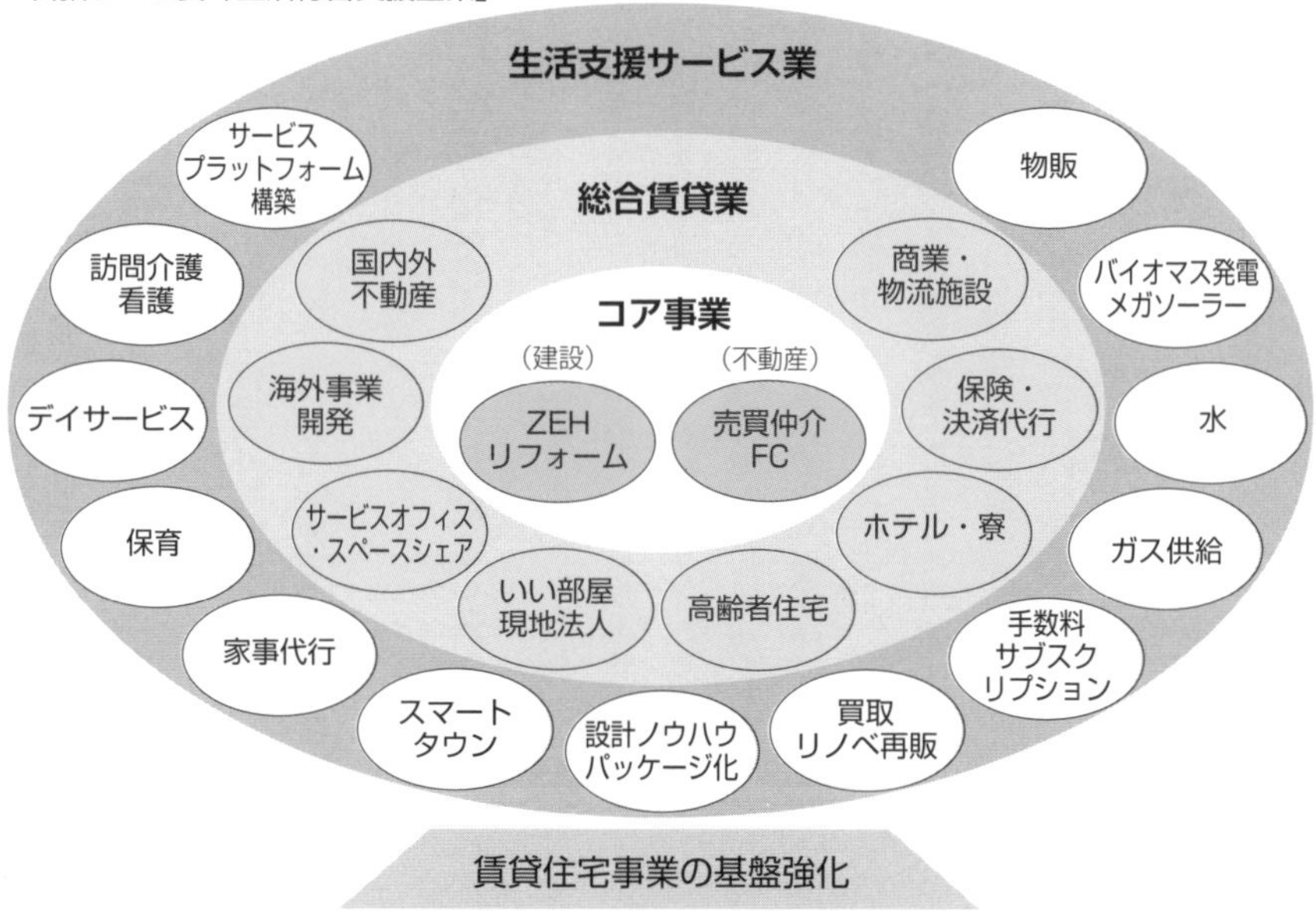

出所：大東建託

新５カ年計画の業績目標

コア事業（賃貸住宅事業）の強化による着実な事業成長に加え、「総合賃貸業」と「生活支援サービス業」による収益拡大によって、持続的な成長を実現する。

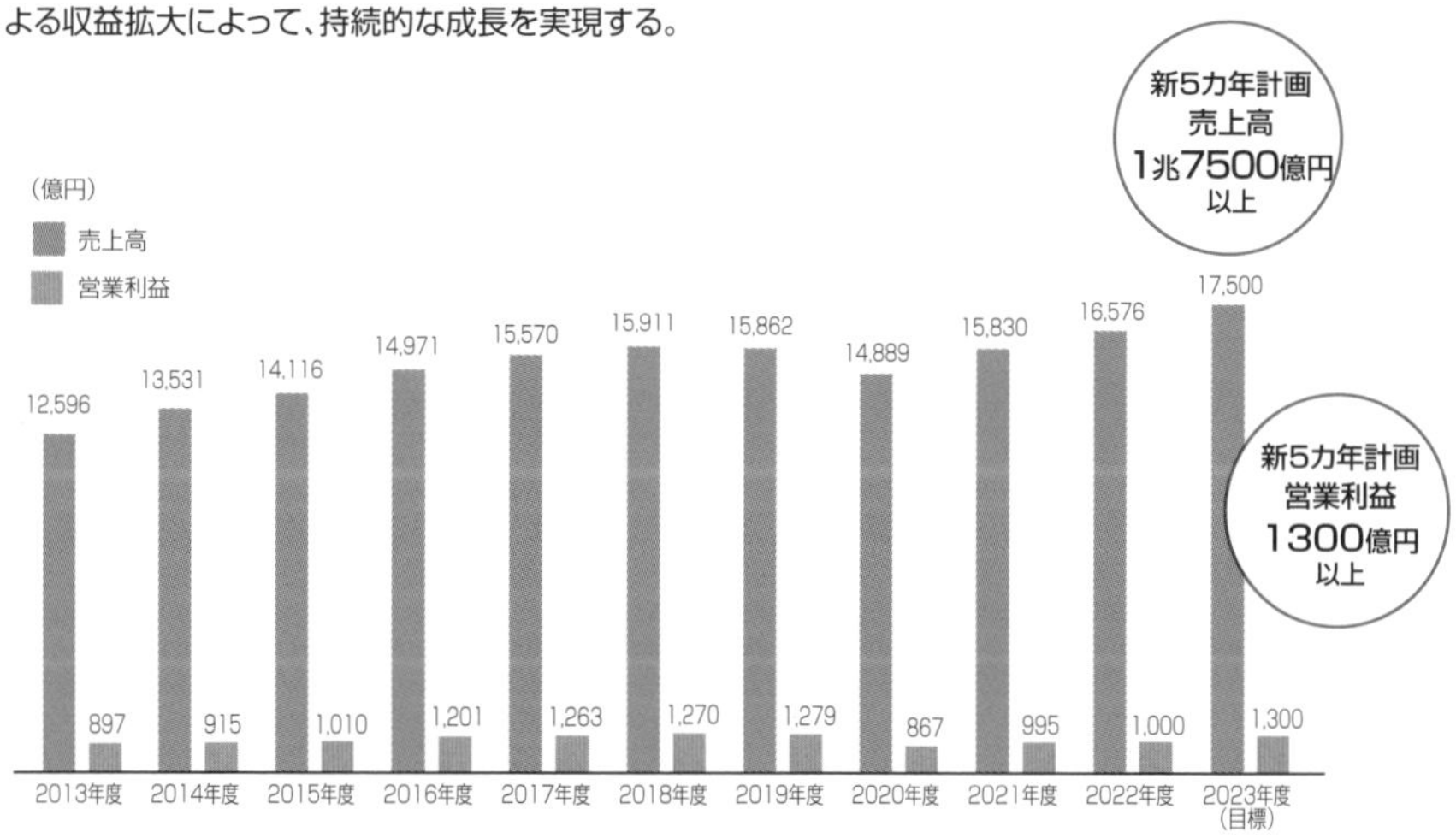

出所：中期経営計画「新５カ年計画」〈令和・新成長プラン〉

Section **3-18**

②大手不動産会社の特色と最新動向

好立地賃貸が寄与、高収益続くヒューリック

直近4期の業績はほぼ増収増益です。売上高、利益（営業・経常・当期純利益）とも35～49%（3年間）の伸びを示しています。2022年12月期は売上・全利益とも既往最高でした。

■新中期計画（2023年12期～2025年12期）を推進中

ヒューリックは1957年、旧富士銀行（現みずほ銀行）グループが所有する不動産の管理会社として、日本橋興業の社名で誕生しました。全国各地の富士銀行店舗の所有権を引き継ぎ、それらの同行への賃貸業務と保険代理店業務が長らく2本柱でした。

成長路線へ経営方針を切り替えた2007年にヒューリックに社名変更、2008年11月東証一部（当時）へ上場しました。その後2012年7月に旧昭栄と合併。実質はヒューリックによる昭栄の吸収合併でしたが、存続会社が昭栄となったため、即日、ヒューリック（2代目）に商号変更しました。このため、設立は旧昭栄の1931年3月、上場は1949年5月に変わりました。

同社は都区内の駅近接ビルを中心に、全国好立地場所の約260件の賃貸物件（2022年12月期決算短信）を所有しています。うちオフィスビルと商業施設が約200棟、オフィスビルの9割が首都圏です。そのため高水準の稼働率を上げており、安定収益を確保しています。近年では、既存物件の建替えに加え、高齢者・健康、観光、環境をキーワードに高齢者向け施設、観光ホテル、旅館にも注力しています。単体従業員数は202名（2022年12月末）と少数でありながら、営業利益は業界4位と、生産性を追求した効率経営も特徴です。同社の基本姿勢として、顧客満足は当然のこと、従業員満足にも注力しており、従業員平均給与は1904万円（平均年齢39・8才）で業界第1位です。

2020年2月に「新中長期経営計画」、2023年2月に「新中期経営計画」を発表しています。

新中期経営計画（2023～2025年）

▼中長期経営計画フェーズ（2020～2029年）

2029年度に目指す姿	「変革」と「スピード」をベースに、環境変化に柔軟に対応した進化を通じて、持続的な企業価値向上を実現する企業グループ
10年間の基本方針	「成長性」「収益性」「安全性」「生産性（効率性）」を高次元でバランスしつつ、圧倒的なスピードによるダイナミックな転換を図り、さらなる成長を実現する
10年間の基本戦略	事業 1. ビジネスモデルの進化と賃貸ポートフォリオの再構築 1. 開発事業およびバリューアッド事業の強靭化 3. 独自性のある新規事業領域の創造とグループ力の向上 ▲ 経営インフラ 4. 経営基盤の強化とリスク管理の徹底 5. 社会と企業の共創・共生を図るサステナビリティを重視したマネジメント

定量目標（2025・2029年）

		2025年（フェーズⅡ新中計最終年度）	2029年（中長計最終年度）
成長性	経常利益	1500億円	1800億円
安全性	有利子負債/EBITDA*	12倍以内	12倍以内
	ネットD/Eレシオ*	3倍以内	3倍以内
効率性	ROE*	10%以上	10%以上
株主還元	配当性向*	40%以上	

出所：ヒューリック　「新中期経営計画（2023～2025）」

Term

有利子負債/EBITDA ／ ネットD/Eレシオ ／ ROE ／ 配当性向　3-8節、p.158のコラムを参照。

Section
3-19

③不動産業の業務分野別売上高ランキング

賃貸部門の売上高ランキング

賃貸部門は各社とも利益額確保、利益率向上に大きく貢献しています。

■賃貸部門は安定的利益額確保上極めて重要

総合デベロッパーの売上は通常、賃貸売上と分譲売上（不動産販売売上を含む）で大半を占めます。不動産業の賃貸売上だけを集計した統計資料はなく、したがって正確な会社別賃貸売上ランキングを知るのは難しいといえます。

賃貸売上の上位が総合デベロッパーで占められているのは確かなので、**有価証券報告書**＊、**決算短信**＊などにより各社の賃貸部門売上を抽出しランキングしました（未上場会社の多くは部門別売上高までは公表していないため、原則として省略しました）。

作成した「大手不動産会社の**賃貸事業部門売上高（連結）ランキング**」を次々ページ上の表に示します。

賃貸事業部門売上の全社売上に占める割合が高いのは、レオパレス21（96・3％）、ヒューリック（94・2％）、森トラスト（76・8％）大東建託（66・5％）、三菱地所（52・7％）、住友不動産（45・2％）です。いずれも賃貸重視の経営姿勢があらわれています。

一方、低いのは東急不動産（20・0％）、東京建物（23・4％）野村不動産（26・7％）です。これらの会社の賃貸比率が低いのは、幅広い分野に進出したことで相対的に賃貸の比率が下がったためだと考えられます。

賃貸事業部門営業利益の全社営業利益に占める割合は各社とも高い割合を占めていますが、レオパレス21、ヒューリックは100％を超えています。これは、賃貸部門の黒字を他部門の赤字が食いつぶしたためだと思われます。

住友不動産の38・9％をはじめとして、森トラストを除く各社の賃貸部門の利益率は、全社利益率を大きく上回っています（賃貸部門が会社利益の大半を稼ぎ出していることになります）。

Term

有価証券報告書　上場企業や一部の非上場企業に提出が義務付けられている書類。会社の概況や事業・設備の状況など、幅広い情報が盛り込まれている。

以上、賃貸部門売上を、上場不動産会社を中心に捕捉してきましたが、未上場会社を含め「不動産賃貸業（住宅系賃貸を除く）の営業収益ランキングと大手各社の賃貸面積」を示したのが次々ページの表です。

ただし、この表は他部門を含めた全社売上であり賃貸部門売上のみではないこと、単体決算であり連結決算ではないこと、決算期が直近期でないことから、既出の資料との比較検討には注意を要します。上位10社は全不動産会社売上高（連結決算）ランキング（３-４節参照）と顔ぶれは変わりません。

11～20位は平和不動産を除き未上場会社で占められています。本表では住宅系賃貸を除いているため、飯田グループＨＤやオープンハウスの名前が出てきません。やはりここには出てこない大東建託、レオパレス21、東建コーポレーション、積水ハウス不動産東京は、サブリース業に絞ったランキング表（次ページの下表）にその名が見られます。なお、大東建託は22年10月までは証券上の業種区分は建設業でしたが、同時期より不動産業に業種変更になりました。不動産の売上が建設売上を大きく上回ったためです。

次々ページの表に名を連ねている会社は、大手デベロッパーをはじめとし、賃貸部門に力点を置いていることがわかります。

イオンモールはイオンの商業施設（ＳＣ）運営、日鉄興和不動産はみずほ銀行と日本製鉄を母体とする賃貸施設運営を行う総合不動産デベロッパーです。

２０１９年１月に上場廃止したエヌ・ティ・ティ都市開発はオフィスビル、商業施設の開発に定評があります。

阪急阪神不動産は不動産賃貸、商業施設の賃貸が主力です。中央日本土地建物は日土地西新宿ビル、サンケイビルは東京サンケイビル、平和不動産は日本各地の証券取引所ビル、東神開発は玉川高島屋ビルを運営・賃貸しています。ルミネ、アトレはＪＲ東日本の駅ビルを運営中です。

次々ページの表には、大手不動産の２０２２年３月末の建物賃貸面積も示しています。賃貸大手３社は各社４００万㎡超の賃貸面積を有しています。三井不動産と住友不動産が拮抗《きっこう》していますが、転貸面積を除く自己所有物件の賃貸面積では住友不動産が圧倒的に凌駕しています。直近５年間の賃貸面積の増加率も22％増の住友不動産が19％増の三井不動産を上回っています。第３位の三菱地所も16％の伸びを示しており、他の４社（森ビル、森トラスト、東京建物、東急不動産ＨＤ）が横ばいか減少の中にあって、格差は開いています。

Term

決算短信　株式を証券取引所に上場している企業が、証券取引所の適時開示ルールに則り決算発表時に作成・提出する、共通形式の決算速報である。

大手不動産会社の賃貸事業部門売上高（連結）ランキング

単位：億円、％

順位	会社名	決算期	賃貸事業部門（連結）			全社（連結）			賃貸事業部門の全社に占める割合（連結）	
			売上高 A	営業利益 B	売上高営業利益率 E	売上高 C	営業利益 D	売上高営業利益率 F	売上高 A/C*100	営業利益 B/D*100
1	大東建託	23/3	11,030	815	7.4	16,576	1,000	6.0	66.5	8.2
2	三井不動産	23/3	7,543	1,491	19.8	22,691	3,054	13.5	33.2	48.8
3	三菱地所	23/3	7,261	-	-	13,778	2,967	21.5	52.7	-
4	住友不動産	23/3	4,253	1,656	38.9	9,399	2,412	25.7	45.2	68.7
5	レオパレス 21	23/3	3,914	168	4.3	4,064	98	2.4	96.3	171.4
6	ヒューリック	22/12	4,931	1,397	28.3	5,234	1,261	24.1	94.2	110.8
7	東急不動産 HD	23/3	2,007	340	16.9	10,058	1,104	11.0	20.0	30.8
8	野村不動産HD	23/3	1,750	-	-	6,547	995	15.2	26.7	-
9	◇森トラスト	23/3	853	94	11.0	2,666	655	24.6	76.8	14.4
10	東京建物	22/12	820	-	-	3,499	614	17.5	23.4	-
11	◇森ビル	23/3	1208	334	27.6	2,855	628	22.0	42.3	53.2

注１：会社名の先頭の◇は未上場、無印は東証プライム上場。
注２：ヒューリックの売上高には販売用不動産の売上高、営業利益には同不動産の売上総利益も含まれる。
注３：売上のセグメントの方法は会社によって異なるため、必ずしも厳密な賃貸事業部門だけの数字が反映されているとはいえない。
出所：各社決算短信・有価証券報告書より作成

大手不動産会社のサブリース業の売上高（単体決算）ランキング

単位：百万円

売上高順位	企業名	2021 年度業績（2021 年 4 月期～ 2022 年 3 月期）				
		決算種類	決算期	売上高	経常利益	当期純利益
1	◎大東建託	連結	22/ 3期	1,583,003	103,671	69,580
2	◎レオパレス 21	連結	22/ 3期	398,366	-2,151	11,854
3	◎東建コーポレーション	連結	22/4 期	311,586	15,361	10,275
4	積水ハウス不動産東京		22/1 期	294,243	31,282	21,701
5	大和リビング		22/ 3期	230,363	18,494	12,382
	上位 5 社合計		2021 年度	2,817,561	62,986	125,792
	売上高利益率（%）				2.2	4.5

注1　企業名の先頭の◎は東証プライム上場、無印は未上場。
注2　決算種類欄の「連結」は連結決算、「無記入」は単体決算。
注3　業績数字は全社数字であり、サブリースだけの数字ではない。
出所：TDB 業界動向 2023-Ⅱ（帝国データバンク）

不動産賃貸業（住宅系賃貸を除く）の営業収益ランキングと大手各社の賃貸面積

単位：百万円、千㎡

売上高順位	企業（事業主）名	2021年度業績（2021年4月～2022年3月）					2022年3月末	
		決算種類	決算期	営業収益（売上高）	経常利益	当期純利益	賃貸面積	うち転貸面積
1	◎三井不動産	連結	22／3期	2,100,870	224,940	176,986	5,788	(2,136)
2	◎三菱地所	連結	22／3期	1,349,489	253,710	155,171	4,151	(1,592)
3	◎住友不動産	連結	22／3期	939,430	225,115	150,452	5,633	(777)
4	◎ヒューリック	連結	21／12期	447,077	136,477	94,050		
5	野村不動産		22／3期	428,008	32,691	22,820		
6	東急不動産		22／3期	359,236	60,453	41,172	901	(－)
7	◎東京建物	連結	21／12期	340,477	45,270	34,965	862	(87)
8	◎イオンモール	連結	22／2期	316,813	32,540	19,278		
9	日鉄興和不動産		22／3期	194,018	2,993	20,077		
10	森ビル		22／3期	193,646	49,979	42,311	755	(216)
11	エヌ・ティ・ティ都市開発	連結	22／3期	124,572	20,777	19,461		
12	阪急阪神不動産		22／3期	123,305	11,525	8,164		
13	森トラスト		22／3期	115,030	50,597	22,940	1,489	(－)
14	中央日本土地建物		22／3期	77,099	18,061	29,530		
15	サンケイビル		22／3期	76,214	12,485	7,951		
16	ルミネ		22／3期	59,044	3,110	1,645		
17	◎平和不動産	連結	22／3期	57,818	11,572	8,705		
18	ザイマックス		22／3期	47,239	1,503	1,867		
19	東神開発		22／2期	41,393	15,552	12,257		
20	アトレ		22／3期	38,858	3,377	1,873		
	上位20社合計		2021年度	7,429,636	1,212,727	871,675		
	営業収益利益率（%）				16.3	11.7		

注1：企業名の先頭の◎は東証プライム上場、○は東証スタンダード上場、無印は未上場。
注2：業績数字は全社数字であり、不動産賃貸業（住宅系賃貸業を除く）だけの数字ではない。
注3：各社とも賃貸面積には自用建物を含まない。( ) 内は転貸面積（内数）。森トラストはグループ合計。東京建物の賃貸面積は2021年12月末の数字。
出所：売上高ランキングはTDB業界動向2023-Ⅱ（帝国データバンク）に加筆。賃貸面積は各社有価証券報告書およびHPによる

賃貸大手3社のうち
住友不動産は圧倒的に
自社ビル賃貸が多い
（転貸面積が小さい）
ようです。

Section
3-20

③不動産業の業務分野別売上高ランキング

分譲部門の売上高ランキング

分譲部門は、賃貸部門と並ぶ不動産会社の2大収入源の1つです。しかし、利益率は高いとはいえません。

■分譲部門売上はキャッシュフローで貢献

賃貸部門と同様、分譲部門だけの売上高を集計した統計資料はありません。そこで、有価証券報告書、決算短信などから抽出した「大手不動産会社の**分譲事業部門売上高（連結）ランキング**」を左ページの表に示します。

ここで分譲事業には建物および土地の売買事業を含みます。すなわち、本来のマンション分譲業、土地分譲業、土地関係分譲業等のほかに、建物売買業、建売業（自ら建築施工しないもの）、事務所賃貸業、中古住宅売買業、土地売買業（自ら土地造成を行わないもの）を含みます。

ほとんどの大手デベロッパーが分譲・賃貸のセットで事業を行っているため、ランキングの会社名は賃貸部門とほぼ同じ顔ぶれです。かつては分譲マンション大手の大京が分譲部門売上のトップを占めていましたが、直近期には、戸建て分譲6社の経営統合でできた飯田グループHD*が、売上高では断トツとなっています。

分譲部門売上の全社売上に占める割合も、飯田グループHDが90・1%と極めて高く、野村不動産HD、森トラストが40%台でこれに続きます。低位は東急不動産HDの14・5%です。それに住友不動産（23・6%）、三井不動産（28・2%）、三菱地所（32・8%）と続きます。

分譲部門の営業利益率は全社営業利益率よりも低めのところが多いようです。とはいえ、今回は入手サンプル数が少なかったこともあり、はっきりしたことはいえません。

分譲売上は、賃貸売上に比べ、大口入金等のキャッシュフローで寄与するところは大きいといえますが、営業利益率では劣っています。そのため、取扱量をこなして利益額をアップする必要があるといえます。

Term
飯田グループHD　一（はじめ）建設、飯田産業、東栄住宅、タクトホーム、アーネストワン、アイディホームの6社が2013年に経営統合した共同持株会社。現在、東証プライム上場、戸建て分譲に注力（東京シェア84%）。

大手不動産会社の分譲事業部門売上高（連結）ランキング

単位：億円、%

順位	会社名	決算期	分譲事業部門（連結）			全社（連結）			分譲事業部門の全社に占める割合（連結）	
			売上高 A	営業利益 B	売上高営業利益率E	売上高 C	営業利益 D	売上高営業利益率F	売上高 A/C*100	営業利益 B/D*100
1	飯田グループHD	23/3	12,976	-	-	14,397	1,023	7.1	90.1	-
2	三井不動産	23/3	6,406	1,457	22.7	22,691	3,054	13.5	28.2	47.7
3	三菱地所	23/3	4,516	-	-	13,778	2,967	21.5	32.8	-
4	野村不動産HD	23/3	3,082	-	-	6,547	995	15.2	47.1	-
5	住友不動産	23/3	2,220	539	24.3	9,399	2,412	25.7	23.6	22.3
6	東急不動産HD	23/3	1,463	246	16.8	10,058	1,104	11.0	14.5	22.3
7	◇森トラスト	23/3	1,180	-	-	2,666	655	24.6	44.3	-
8	東京建物	22/12	1,332	-	-	3,499	644	18.4	38.1	-
9	◇森ビル	23/3	1,208	201	16.6	2,855	628	22.0	42.3	32.0

注1：会社名の先頭の◇は未上場、無印はすべて東証プライム上場。

注2：売上のセグメントの方法は会社によって異なるため、必ずしも厳密な分譲事業部門だけの数字が反映されているとはいえない。

出所：各社決算短信・有価証券報告書より作成

分譲住宅着工数の推移

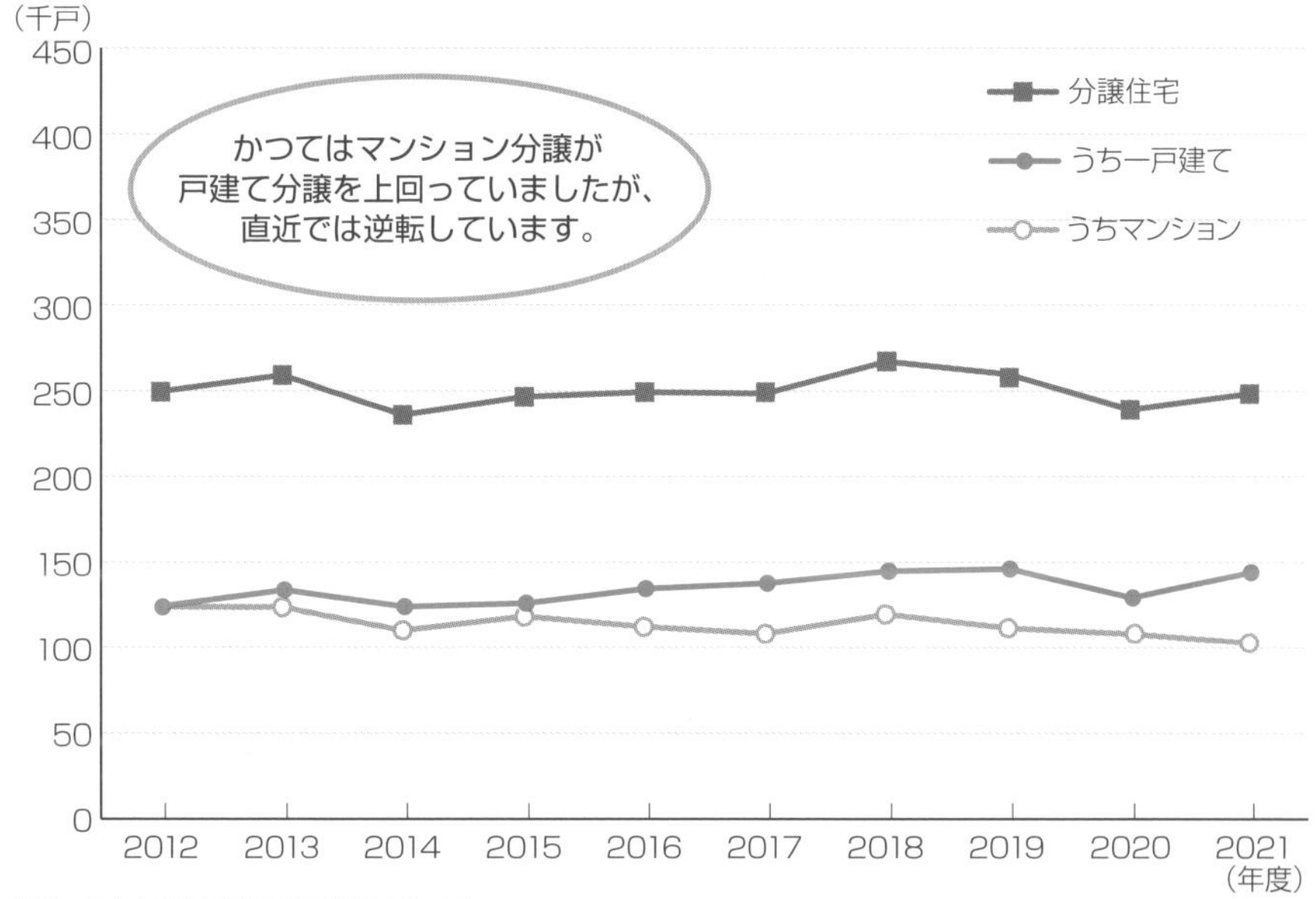

出所：国土交通省「住宅着工統計」による

Section

3-21 分譲マンションの供給ランキング

③不動産業の業務分野別売上高ランキング

バブル崩壊後にはマンション業者の倒産が明らかに増え、リーマンショック後もその傾向が見られました。最近は落ち着いてきています。

■民間調査機関と国交省による2つのマンション統計の間にかい離

分譲マンションの供給戸数（または着工戸数）を知るには2つの統計があります。1つは民間の**（株）不動産経済研究所**が発表している（発売）戸数ベースで、事業主別ランキング等を全国、首都圏・近畿圏、その他に分けて公表しています。もう1つは**国土交通省**が毎月発表している**住宅着工統計**です。新設住宅の内訳として「分譲住宅」、さらにその内訳として「マンション」の戸数・床面積を全国・都道府県別に発表しています。建築着工（建築確認受付）ベースです。

まず**全国マンション市場動向**から見ていきます。不動産経済研究所によると、2022年の供給戸数は全国で7万2967戸で、そのうち首都圏・関東が43・2％、近畿圏が24・5％となっています。全国で前年比4585戸（5・9％）減少しています。7万戸台は維持したものの、7年連続8万戸割れです。

事業主別では野村不動産が2年連続全国トップですが、4000台と低値です。上位20社の合計は3万9942戸（全国シェア54・7％）で前年比1983戸（4・7％）減少、シェアは0・6ポイントアップしています。過去10年間（2013～2022年）でトップは住友不動産が2014～2019年6年連続の4回、野村不動産2回、プレサンスコーポレーション、三井不動産レジデンシャル各1回となっています。プレサンスコーポレーションは常時2～4位をキープ、全国トップは2020年が初めてです。三井不動産レジデンシャルの過去10年間でのトップは2013年ですが、そのほかにも2010年に首位となっています。2009年以前はほぼ大京のトップが続いていました。

Point

分譲住宅と建売住宅の違い　分譲住宅は、分譲地内に建てられた住宅（戸建て住宅と分譲マンションがある）。建売住宅は土地と住宅をセットにして建てられた戸建て住宅。「売り建て」の方法で建てることもある（1-15節参照）。

トップの供給戸数は当初７年間５～７０００戸で推移していましたが、直近３年間は４０００戸前後と低位推移です。

上位20社合計戸数は４万戸前後であり、大きな変動はありません。シェアも通常は55％前後を維持しています。２０１８年と２０１９年の両年は上位20社と全国合計値が一致、上位20社のシェアが１００％という珍しい現象が見られました。有力マンション業者は20社強（入れ替えがありますので）に絞られると見てよいと思います。

上位20社のうち、前年（２０２１年）比で戸数を増やしたところと減らしたところは各10社でした。大きく増やしたのは阪急阪神不動産、住友不動産、タカラレーベンで35～36％前後伸ばしています。一方、大きく減らしたのはフージャースコーポレーションで、46％減少しています。

近畿圏での供給は長らく、プレサンスコーポレーションと日本エスリード（２０１９年10月、エスリードに社名変更）が他を大きく引き離して１、２位を占めていましたが、２０２１年を境に関電不動産開発と阪急阪神不動産もトップ集団に加わり供給実績を上げてきており、全国ベースでもこの４社は13位以内（２０２２年）に入っています。

マンション業者の営業地盤には地域性があります。エスリード、穴吹興産は首都圏、タカラレーベン、穴吹工務店、新日本建設は近畿圏、阪急阪神不動産、新日本建設は地方圏での供給が少ない点が考えられます。

全盛期には29年間トップを維持した大京も、２０１７年にはベストテン入りを逃して13位となっています。その後は２０２０年を最後にベスト20に姿を見せなくなりました。

次に、**住宅着工統計**の一部を見ていきます。同統計の「分譲住宅」のうち「共同住宅」かつ構造はＳＲＣ造、ＲＣ造、Ｓ造のいずれかの中高層（３階以上）の建物が分譲マンションに当たります。この統計によると、住宅着工戸数はリーマンショック後、１００万戸割れが続いています。２００９年度、10年度には二度の10万戸割れもあり、その後持ち直したものの、２０２２年度はピーク時の約半分以下の10万８１９８戸となっています。このマンション着工戸数に対し、不動産経済研究所の供給戸数は２０２２年（暦年ベース）約７万２０００戸となっていて、両者に約３万５０００戸のかい離が見られます。その理由としては、着工ベースと供給ベースの違い、年度と暦年の対象期間の取り方の違い、後者が一棟売り、投資用マンションを含まないこと、前者は申請後の取り消しがあったり、分譲・賃貸間に用途変更があること、さらに両者間には需給のずれがあること、などが考えられます。

Point

共同住宅と分譲マンションの違い　共同住宅は、独立した複数の住戸が１つの建物内に集っている住宅で、アパートや賃貸マンションがその例。分譲マンションは、共同住宅のうち条件に合致するものを抽出したもの。

事業主別マンション発売戸数の推移（2020 ～ 22 年）

（単位：戸、%）

順位	2020年		2021年		2022年	
	事業主	戸数	事業主	戸数	事業主	戸数
1	プレサンスコーポレーション	4,342	野村不動産	4,014	野村不動産	4,240
2	野村不動産	3,791	三井不動産レジデンシャル	3,982	プレサンスコーポレーション	3,760
3	住友不動産	3,512	プレサンスコーポレーション	3,950	三井不動産レジデンシャル	3,420
4	三井不動産レジデンシャル	2,334	ダイワハウス工業	3,634	住友不動産	3,109
5	エスリード	2,151	三菱地所レジデンス	2,214	エスリード	2,214
6	穴吹興産（通称：あなぶき興産）	2,073	住友不動産	2,211	三菱地所レジデンス	2,153
7	大和ハウス工業	2,039	エスリード	2,198	タカラレーベン	2,134
8	三菱地所レジデンス	1,767	穴吹興産	2,035	ダイワハウス工業	2,022
9	日鉄興和不動産	1,711	フージャースコーポレーション	1,934	オープンハウス・ディベロップメント	1,870
10	東急不動産	1,549	日鉄興和不動産	1,782	日鉄興和不動産	1,850
11	タカラレーベン	1,382	東急不動産	1,680	穴吹興産	1,688
12	新日本建設	1,232	東京建物	1,645	関電不動産開発	1,489
13	穴吹工務店	1,017	タカラレーベン	1,582	阪急阪神不動産	1,462
14	オープンハウス・ディベロップメント	987	関電不動産開発	1,521	新日本建設	1,435
15	マリモ	933	日商エステム	1,482	東急不動産	1,410
16	近鉄不動産	921	近鉄不動産	1,405	東京建物	1,316
17	明和地所	774	オープンハウス・ディベロップメント	1,350	日本エスコン	1,142
18	大京	769	日本エスコン	1,125	近鉄不動産	1,139
19	日本エスコン	760	新日本建設	1,112	フージャースコーポレーション	1,047
20	フージャースコーポレーション	723	阪急阪神不動産	1,069	名鉄都市開発	1,042
上位20社計		34,767 (58.0)		41,925 (54.1)		39,942 (54.7)
全国計		59,907		77,552		72,967

出所：（株）不動産経済研究所「全国マンション市場動向」

Point

穴吹興産と穴吹工務店の違い　両社とも四国の高松市に本社を置くが、現在は人的・資本的関係はない。業務の主体は両者ともマンション、分譲。前者は東証スタンダード上場。後者は倒産後に大京の傘下に入り、現在は大京の100%子会社。

マンション分譲業の売上高ランキングと事業者別マンション販売戸数

単位：百万円、戸

売上高順位	企業（事業主）名	2021年度業績（2021年4月～22年3月）					マンション発売戸数（2022年暦年）	
		決算種類	決算期	売上高	経常利益	当期純利益		
1	◎住友不動産	連結	22/ 3期	939,430	225,115	150,452	4	3,109
2	野村不動産		22/ 3期	428,008	32,691	22,820	1	4,240
2	東急不動産		22/ 3期	359,236	60,453	41,172	15	1,410
4	三井不動産レジデンシャル		22/ 3期	355,326	42,114	30,605	3	3,420
5	◎東京建物	連結	21/12期	340,477	46,270	34,965	16	1,316
6	三菱地所レジデンス	連結	22/ 3期	264,647	30,825	20,364	6	2,153
7	○プレサンスコーポレーション	連結	22/9期	145,205	20,809	14,111	2	3,760
8	日鉄興和不動産		22/ 3期	194,018	28,993	20,077	10	1,850
9	◎ MIRARTH ホールディングス	連結	22/ 3期	162,744	10,258	6,215	7	2,134
10	近鉄不動産		22/ 3期	148,626	22,747	10,384	18	1,139
11	阪急阪神不動産	連結	22/ 3期	122,305	11,525	8,164	13	1,462
12	○コスモイニシア	連結	22/ 3期	107,349	2,610	1,703	-	-
13	新日本建設	連結	22/ 3期	107,092	15,583	10,796	14	1,435
14	◎穴吹興産（通称：あなぶき興産）	連結	22/6期	111,339	7,068	4,187	-	-
15	フージャースコーポレーション	連結	22/ 3期	79,542	5,692	2,934	19	1,047
16	◎日本エスコン	連結	21/12期	79,017	9,099	5,961	17	1,142
17	高松建設		22/ 3期	78,539	5,291	3,940	-	-
18	◎エスリード	連結	22/ 3期	74,597	8,575	5,428	5	2,214
19	伊藤忠都市開発		22/ 3期	57,656	4,437	3,123	-	-
20	◎明和地所	連結	22/ 3期	57,209	3,160	2,597	-	-
	上位20社合計		2021年度	4,212,362	593,315	399,998		
	売上高利益率（%）				14.1	9.5		

注1：企業名の先頭の◎は東証プライム上場、○は東証スタンダード上場、無印は未上場。
注2：決算種類欄の「連結」は連結決算、「無記入」は単体決算。
注3：企業の並びは2021年度売上高実績の多い順。ただしプレサンスコーポレーション、穴吹興産の決算数字については調査時点で判明していた2022年度数値を計上した。
出所：売上高ランキングはTDB業界動向2023-Ⅱ（帝国データバンク）に加筆。マンション発売戸数は（株）不動産経済研究所「全国マンション市場動向」による

Point

親子会社が上場のプレサンスコーポレーション　プレサンスコーポレーション（東証スタンダード上場）の親会社はオープンハウスグループ（東証プライム上場）。不動産業界で親子上場のケースはほかに大東建託-ハウスコムがあるくらいで珍しい。社名の由来はプレステージ（名声）とネサンス（誕生）の造語。

Section
3-22

③不動産業の業務分野別売上高ランキング

不動産流通業（仲介業）の売上ランキング

ここでは大手・中堅デベロッパー系流通会社が上位を占める、不動産流通（仲介）業の業界構造を見ていきます。

■流通大手はすべて未上場会社

大手・中堅デベロッパーは、次のとおり自社の系列の流通会社（仲介会社）を抱えています。賃貸仲介も扱いますが、売買仲介が主体です。

①住友不動産……住友不動産販売
②東急不動産ＨＤ……東急リバブル
③東京建物……東京建物不動産販売
④三井不動産……三井不動産リアルティ、三井ホームエステート
⑤三菱地所……三菱地所リアルエステートサービス
⑥大京……大京穴吹不動産
⑦野村不動産ＨＤ……野村不動産ソリューションズ
⑧長谷工コーポレーション*……長谷工アーベスト
⑨大和ハウス工業*……日本住宅流通

系列流通会社のうち住友不動産販売、東急リバブル、東京建物不動産販売の3社は、かつては東証一部上場会社でしたが、現在は完全子会社となり、上場していません。

不動産仲介業（住宅系賃貸業を含む）の売上高ランキング表を左ページに掲げます。売上高は仲介業以外の他業務を含む全社売上です。ランキング表の20社の大半は大手・中堅デベロッパーの系列会社および金融系不動産会社が占めています。

ランキング表には仲介取扱高等実績を掲載しました。取扱高、仲介件数、手数料とも、三井不動産リアルティ、住友不動産販売、東急リバブルの上位3社が独占していて、不動産仲介業の御三家と呼ばれています。

野村不動産ソリューションズ、信託銀行系3社（みずほ不動産販売、三井住友トラスト不動産、三菱ＵＦＪ不動産販売）が御三家に続きます。

Point

仲介手数料の種類　**両手取引**と**片手取引**の２種類がある。前者は売主・買主の双方から仲介手数料を受領でき、後者は売主・買主のうち一方のみから受領できる取引。

長谷工コーポレーション／大和ハウス工業　２社は建設業、その他はすべて不動産業。

不動産仲介業（住宅系賃貸業を含む）の営業収益ランキングと仲介取扱高等実績

単位：百万円、件

営業収益順位	企業名	2021年度業績（21年4月～22年3月）					取扱高等実績（2022年3月期）		
		決算種類	決算期	営業収益（売上高）	経常利益	当期純利益	取扱高	仲介件数	手数料収入
1	三井不動産リアルティ		22/3	155,550	23,158	15,581	1,892,665	42,183	90,120
2	東急リバブル		22/3	146,246	19,293	13,542	1,577,795	28,750	71,540
3	住友不動産販売		22/3	73,484	18,421	12,559	1,241,023	35,122	62,358
4	大京穴吹不動産		22/3	53,820	3,882	2,416	167,550	5,313	7,676
5	エイブル		22/10	46,666	4,093	2,626	–	–	–
6	日本住宅流通		22/3	45,173	2,789	2,005	–	–	–
7	長谷工ライブネット		22/3	44,084	4,472	3,215	–	–	–
8	野村不動産ソリューションズ		22/3	43,543	477	7,809	964,882	10,081	39,833
9	セキスイハイム不動産		22/3	36,165	2,492	1,717	–	–	–
10	三井ホームエステート		22/3	28,839	2,020	1,335	–	–	–
11	東京建物不動産販売		21/12	28,318	4,450	3,076	173,591	1,139	4,770
12	三菱地所リアルエステートサービス		22/3	24,820	1,672	1,104	273,926	1,118	8,961
13	三井住友トラスト不動産		22/3	22,975	6,000	4,792	412,462	7,202	17,475
14	ケン・コーポレーション		22/11	22,036	9,734	7,219	–	–	–
15	三菱UFJ不動産販売		22/3	19,087	–	4,561	450,169	4,652	19,003
16	みずほ不動産販売		22/3	18,048	6,639	4,555	428,610	3,978	17,767
17	オープンハウス		21/9	17,835	35,579	35,088	362,430	8,268	15,051
18	ハウスコム	連結	22/3	14,206	614	372	–	–	–
19	ニッショー		21/9	14,017	871	578	–	–	–
20	長谷工アーベスト		22/3	12,211	4,621	3,205	–	–	
	上位20社合計		2021年度	867,123	151,277	127,355	–	–	
	営業収益利益率（%）				17.4	14.7			

注1：上記企業のうちハウスコム（東証プライム、大東建託の仲介子会社）を除きいずれも未上場。
注2：決算種類欄の「連結」は連結決算、「無記入」は単体決算。
注3：企業の並びは2021年度営業収益の多い順。ただしエイブルの決算数字については調査時点で判明していた2022年度数値を計上した。
注4：業績数字は全社数字であり、不動産仲介業だけの数字ではない。
注5：仲介件数は売買仲介のみの数字である。したがって、賃貸仲介件数国内連続1位の大東建託は入っていない。両手取引は1件でカウント。
出所：営業収益ランキングはTDB業界動向2023-Ⅱ（帝国データバンク）に加筆
取扱高等実績は（株）住宅新報「住宅新報」調べ

上表「取扱高等実績」からわかること
- 1件当たり平均物件価格＝取引高÷仲介件数
- 1件当たり平均手数料＝手数料収入÷仲介件数
- 手数料率＝手数料収入÷取引高

Section
3-23
③不動産業の業務分野別売上高ランキング
住宅賃貸仲介会社

賃貸仲介業界は情報収集力がものをいいます。資金力と情報収集力の両方を兼ね備えた大手企業は売買仲介に力を入れていますが、取引数の多い賃貸仲介は地元情報に精通した地域密着型の中小企業者が有利です。多くはFCの運営会社が店舗数を増やし、勢力を伸ばしています。そのうちの代表的なものを3社（すべてFC運営）紹介します。

■FC店舗展開で地元密着を図る

APAMAN（株）は1999年に設立された（株）アパマンショップネットワークが前身です。2006年7月に純粋持株方式に移行し、商号を(株)アパマンショップホールディングスに変更しました。さらに2018年1月にAPAMAN（株）に商号変更しています。街でよく見かけるアパマンショップの運営会社は、APAMANの子会社のApaman Networkです。

センチュリー21・ジャパンは、世界最大の不動産仲介ネットワークであるセンチュリー21リアルエステート（通称センチュリー21）の日本法人です。伊藤忠商事との合弁で1983年に設立されました。不動産業の経験を積んだ人が知名度アップのためFC加盟するケースも多く見られます。店舗には直営店はなく、すべてがFC加盟店です。賃貸仲介のみならず売買仲介も事業の領域です。22年はコロナ禍にありながら店舗を増やしており、積極姿勢がうかがえます。

エイブルは1968年設立の大阪建設が前身で、現在は持株会社エイブル&パートナーズの子会社です。同持株会社はジャスダックに上場していましたが、業績不振で2012年、ACコーポレーションに買収されました。

エイブルは直営店比率が52%と高く、FC店を上回っています。現在は「エイブル&パートナーズ」の子会社である「エイブルHD」の完全子会社となっています。

Point
FCの直営店（レギュラーチェーン）と加盟店（フランチャイズチェーン）の違い　①本部との関係・役割、②従業員の使用率、④現金の管理者、⑤店舗・商品の所有権等の違いがある。加盟店は加盟金やロイヤリティの支払いがある。

住宅賃貸仲介会社の店舗数比較（23年2月1日時点）

ブランド名	アパマンショップ	センチュリー21	エイブル
運営会社	Apaman Network（株）	（株）センチュリー21・ジャパン	（株）エイブル
グループ	APAMAN（株）	センチュリー21 リアルエステート LLC	-
上場区分と上場市場名	東証スタンダード	東証スタンダード	未上場
仲介の種類	賃貸	賃貸・売買	賃貸
直営店	72	0	436
FC加盟店	1,026	999	384
合計（国内）	1,098	999	820
海外	-	-	18

出所：OTOMO編集部

APAMANとセンチュリー21の直近3期の業績推移

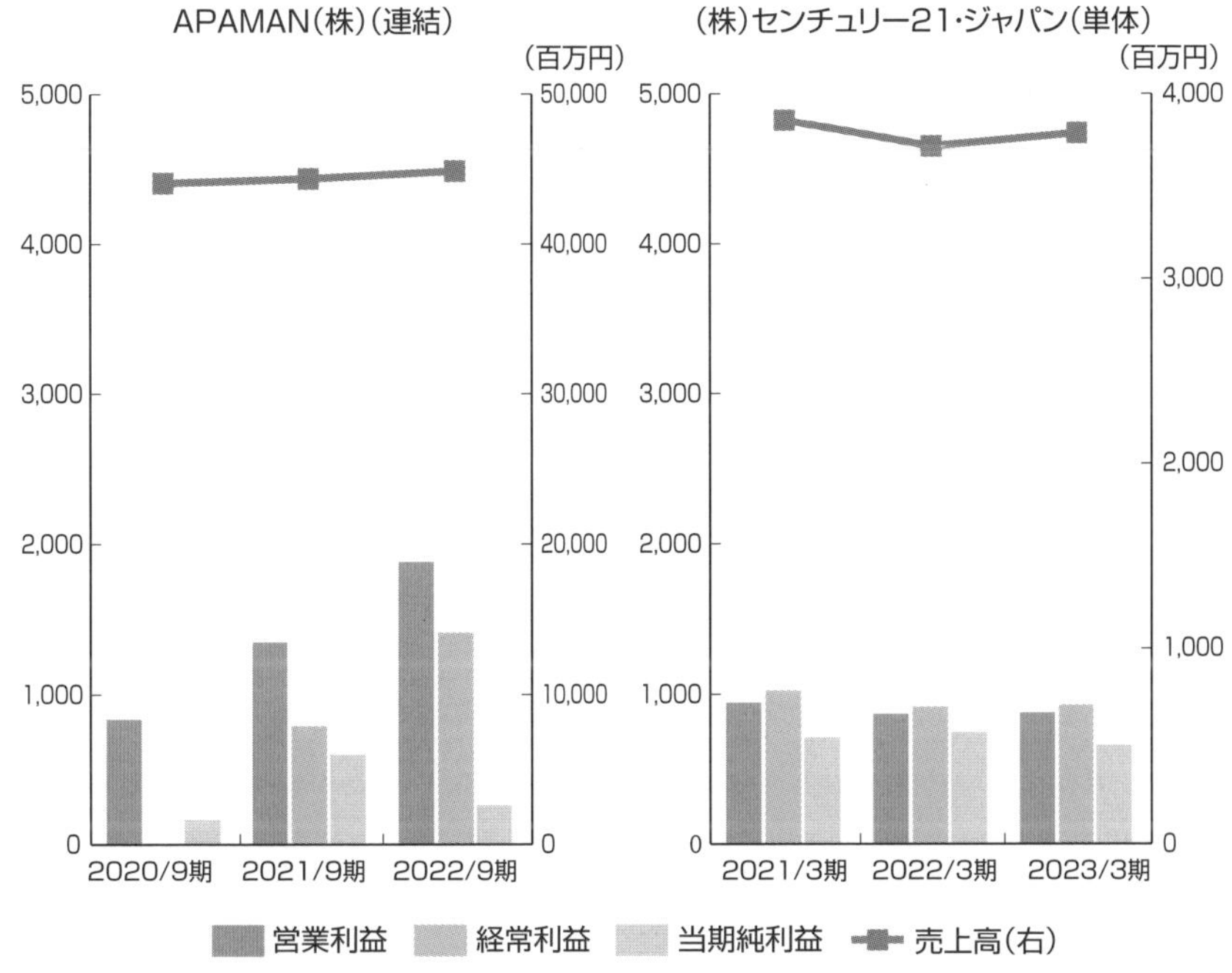

出所：『会社四季報』をもとに作成

Section

3-24

③不動産業の業務分野別売上高ランキング

オフィス賃貸仲介会社

オフィス「賃貸仲介」では三鬼商事、シービーアールイー、三幸ステートが「御三家」といわれています。いずれも上場していませんが、独自の情報・調査網を持ち、貴重な不動産賃貸市場関連のレポートを提供してくれます。

■オフィス賃貸仲介の御三家

・三鬼《みき》商事（株）

1965年12月設立、資本金8400万円、社員数は185名（2017年9月時点）です。

事業内容は全国主要都市のオフィスビル、倉庫、店舗などの仲介ならびに企画コンサルタントです。

テナント向け、ビルオーナー向けの各種情報誌（『MIKI OFFICE REPORT』、『最新オフィスビル市況』、『オフィスレポート』ほか）を月刊・隔月刊・季刊などで発行しています。

・シービーアールイー（株）（通称：CBRE）

創業1969年11月、会社設立1970年2月。

生駒商事が1999年4月に米国大手不動産会社のシービー・リチャードエリスと資本提携し、社名を「生駒シービー・リチャードエリス」に変更しました。

2006年、社名をシービーリチャードエリスに変更、12年に現社名に変更しました。資本金は7億7100万円です。

事業内容は次のような、国内外の事業用不動産に関するトータルなコンサルティング・サービスとなります。

Point

売買仲介と賃貸仲介の違い　売買仲介は売主・買主間のサポート、賃貸仲介は貸主・借主間のサポートという違いである。取扱単価（賃貸仲介は低い）の違いもある。仲介手数料の上限は、売買仲介では3%（売買金額により4.5%の場合もある）、賃貸仲介では「家賃の1カ月分」。

①代理・仲介業務
②プロパティマネジメントほか
③鑑定、デューデリジェンス
④出版およびマーケットリサーチ

『オフィスマーケットレポート』、『全国賃貸ビル相場』、『オフィスジャパン』（いずれも季刊）、『ウェアハウスマーケットレポート』（年2回）などを発行しています。

・三幸エステート（株）

設立は1977年、資本金1億円。

業務内容は、オフィスの賃貸仲介、コンサルティング、賃貸オフィスの市場調査、移転プロジェクトマネジメント、ワークプレイスコンサルティングとなります。

情報誌として、『オフィスマーケットレポート』（全国主要都市、月刊）、『オフィスレント・インデックス』（季刊）、『オフィスレント・データ』（年刊）、『オフィスマーケット調査月報』を発行しています。

CBRE 不動産専門ポータルサイト「PROPERTY SEARCH」

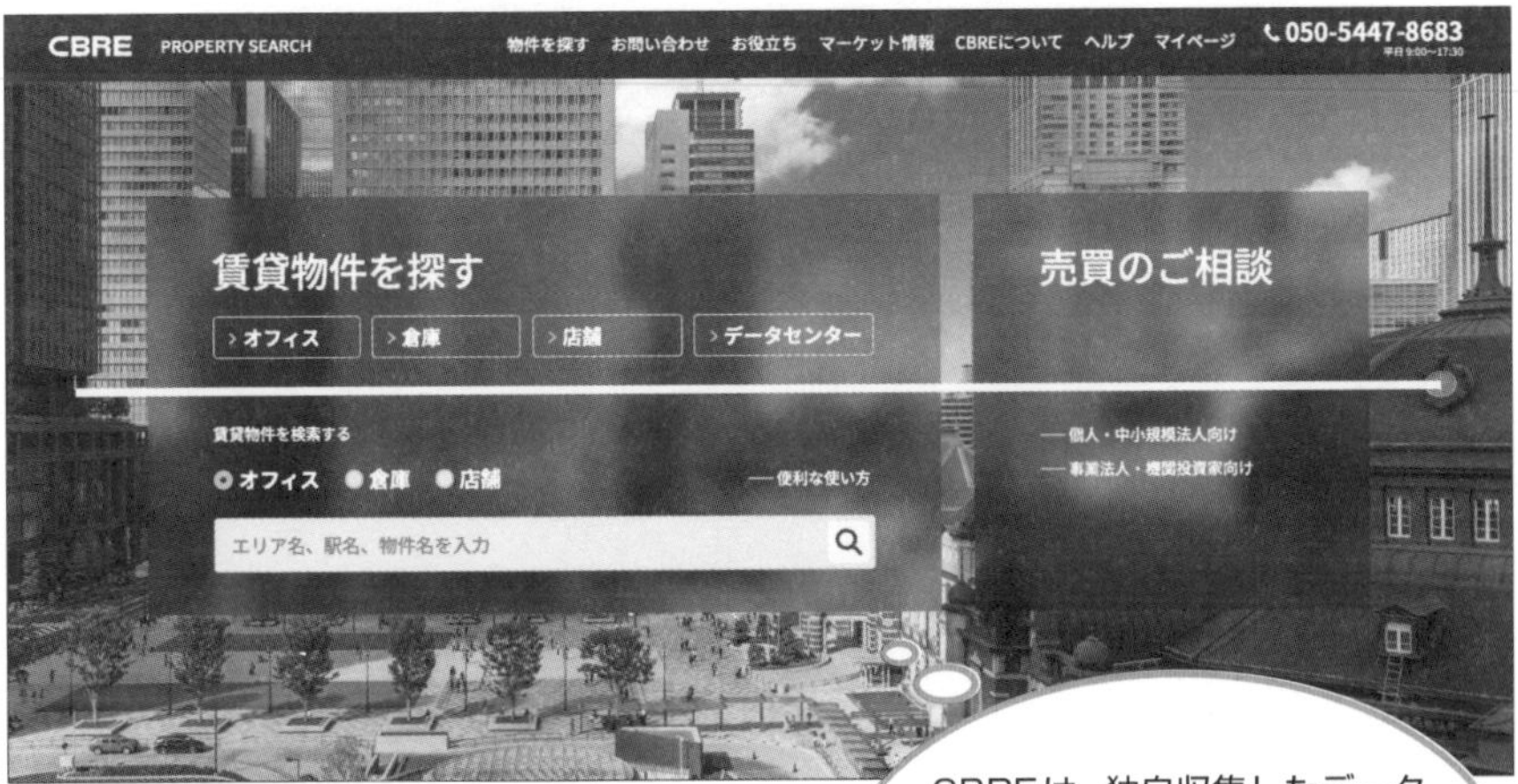

https://www.cbre-propertysearch.jp/

CBREは、独自収集したデータをもとに、不動産マーケットの市況を分析・予測し、市場変化をいち早く捉え、ポイントをまとめた市場レポートを配信しています。

Section

3-25

③不動産業の業務分野別売上高ランキング

不動産管理・ビルメンテナンス売上ランキング

不動産管理業はビルメンテナンス業やPM業務と一体化しており、今後成長が期待される有望分野です。

■今後有望なマンション管理業

不動産管理業*は、サービス業に分類される**ビルメンテナンス業***と隣接分野にあります。ビルマネジメント業務があることで差別化を狙っているビルメンテナンス業は市場規模が4・4兆円（2019年、全国ビルメンテナンス協会）ありますが、近年は縮小傾向にあります。それに比べ、戸数増加の見込めるマンション管理を持ち、PM業務を導入しつつある不動産管理業は今後の有望市場です。

仲介業ほど独占化していませんが、大手不動産各社は自社系列管理会社を数多く抱えています。ビル、マンション、商業施設、運営・総合管理――と機能別に管理会社を所有する親会社もあります。以下、大手不動産会社等ごとに代表的な系列管理会社を示します。

①三井不動産……三井不動産レジデンシャルサービス、三井不動産ファシリティーズ

②三菱地所……三菱地所コミュニティ、三菱地所プロパティマネジメント

③住友不動産……住友不動産建物サービス

④東急不動産ＨＤ……東急コミュニティー、東急モールズデベロップメント

⑤野村不動産ＨＤ……野村不動産パートナーズ

⑥東京建物……東京建物アメニティサポート

⑦大京……大京アステージ、オリックスファシリティーズ

⑧長谷工コーポレーション……長谷工ライブネット、長谷工コミュニティ

⑨大和ハウス工業……大和ライフネクスト、大和リビング

⑩大東建託……大東建託パートナーズ

左ページに、不動産管理・ビルメンテナンス業の売上高ランキングの表を掲げました。

Term

不動産管理業／ビルメンテナンス業　2-5節参照。

分譲マンション管理受託戸数　マンション管理大手3社（日本ハウズイング、大京アステージ、東急コミュニティー）の分譲マンション管理受託戸数は2022年3月末現在1,412,360戸（直近5年間で17.9%増）。

不動産管理・ビルメンテ業の売上高ランキングと分譲マンション管理受託戸数

単位：百万円、戸

売上高順位	企業名	2022年度業績（22年4月～23年3月）					分譲マンション管理受託戸数＊（22年3月末時点）	
		決算種類	決算期	売上高	経常利益	当期純利益		
1	◎イオンディライト	連結	22/2期	317,657	15,789	10,665		-
2	NTTファシリティーズ		22/3期	226,722	11,242	11,835		-
2	◎共立メンテナンス	連結	22/3期	173,701	1,814	539		-
4	東急コミュニティー		22/3期	151,368	8,977	−1,463	1	504,334
5	○日本ハウズイング	連結	22/3期	124,686	7,175	4771	2	478,240
6	◎日本管財ホールディングス	連結	22/3期	103,737	8,276	6,177		
7	野村不動産パートナーズ		22/3期	97,541	8,507	5,950	10	170,493
8	三菱地所プロパティマネジメント		22/3期	95,773	537	3,790		
9	大和ライフネクスト		22/3期	91,409	4,822	2,768	6	275,846
10	大成有楽不動産		22/3期	90,311	8,921	5,943		
11	JR東日本ビルテック		22/3期	66,426	799	417		
12	鹿島建物総合管理		22/3期	65,474	2,865	1,855		
13	日本メックス		22/3期	61,844	4,663	3,217		
14	大京アステージ		22/3期	58,848	7,107	4,894	3	429,786
15	三菱地所コミュニティ		22/3期	57,342	3,790	2,476	5	328,529
16	太平ビルサービス		21/12期	55,734	4,140	2,213		
17	アサヒファシリティーズ		21/12期	55,056	3,202	2,265		
18	長谷工コミュニティ		22/3期	53,937	4,135	2,808	4	382,174
19	オリックス・ファシリティーズ		22/3期	42,221	1,646	1,089		
20	ザイマックス		22/3期	47,239	1,503	1,867		
	上位20社合計		2021年度	1,974,246	109,910	74,076		

注1：数値欄の－記号は未詳を表す。
注2：分譲マンション管理受託戸数の7～9位には、7位：合人社計画研究所、8位：三井不動産レジデンシャルサービス、9位：住友不動産建物サービスが入る。
注3：ザイマックスは2021年11月～ザイマックスアルファを吸収合併。
出所：ランキングはTDB業界動向2023-Ⅱ（帝国データバンク）に加筆

プロパティマネジメント（PM）と旧来の不動産管理業務の違い　建物の日常維持保守、テナント営業、クレーム対応、入出金管理などは同じだが、PMは当該物件の収益性を最大にするために、テナント管理、コスト管理、収益向上コンサルティングを行う。キャッシュフロー重視で投資利回りを向上させる役割もある。

Column

バブル絶頂期の上場不動産会社の現在までの生き残りは35%

バブル絶頂期の1989年12月末の不動産業に分類される上場会社数は37社でした。そのうち現存している会社数は何社くらいでしょうか？　2023年3月末現在13社です。生き残り率は約35%となります。13社の内訳は、上場先別では、東証プライム11社、東証スタンダード2社です。13社のうち7社は、全不動産会社売上高ランキング20社（2022年度）にランクインしている大手企業です（3-4節参照）。

現存13社のうち、出資比率10%以上の大株主（機関投資家資金運用の「日本マスター信託口」を除く）が存在する会社は9社で、全体の69%を占めます。9社の内訳はコスモイニシア（大和ハウス工業63.1%出資）、RISE（ヨウテイ53.9%）、レオパレス21（千鳥25.6%、UH Partners 2 15.3%）、テーオーシー（ニューオータニ22.3%、大谷興産15.3%）、東京楽天地（東宝21.0%、阪急阪神HD17.8%）、東急不動産HD（東急15.9%）、スターツコーポレーション（豊洲15.1%）、京阪神ビルディング（銀泉13.0%）、平和不動産（三菱地所10.9%）です。この中には経営安定のための株式出資もありますが、業態悪化により経営支援のため、親会社等の株式取得が必要になったところも数社あります。

本書執筆にあたり、2006年、13年、18年、23年（いずれも3月）の「上場不動産会社数」と「バブル時の上場不動産会社37社の生存数」の推移を調べました。不動産会社数の推移は127（2006年）➡115（13年）➡128（18年）➡145（23年）です。一方、生存数は年代順に24➡16➡16➡13で推移しています。2003年の上場不動産会社は1989年12月に比べ3.9倍と大幅増ですが、対2006年比では約14%増であり、年間平均0.8%増に過ぎません。2006年に至る間の大幅増は新興市場が急増したことが一因です。一方、2006年以降は親会社による上場子会社の完全子会社化などの減少要因もあって、大きな伸びにはつながらなかったと思われます。

企業の平均寿命は23.3年といわれています。左ページの表の13社は、この寿命を超えた上場企業ばかりです。生き残りには経営理念の存在と経営計画の策定･継続的見直しが必須だと感じます。

バブル絶頂期（1989 年度）の上場会社で現在も上場中の不動産会社一覧

不動産会社売上高（連結決算）ランキング

単位：億円

	会社名 会社名の頭に株式会社が付くもののみ（株）を表示した	1989 年度		2022 年度		
		市場	売上高	市場	売上高	大株主（10%以上）の出資比率（%） 23 年 3 月末現在
1	三井不動産	東 1	10,555	東 P	22,691	日本マスター信託口 17.2
2	三菱地所	東 1	3,292	東 P	13,778	日本マスター信託口 15.9
3	住友不動産	東 1	2,511	東 P	9,399	日本マスター信託口 14.9
4	東急不動産	東 1	1,673	未上場	(3,592) (22/3 期)	(東急不動産 HD 100)
	東急不動産ホールディングス	ー	ー	東 P	10,058	東急 15.9、 日本マスター信託口 5.5
5	（株）エム・ディ・アイ	店頭	1,918	ー	ー	ー
	（株）レオパレス 21	ー	ー	東 P	4,064	千鳥（同）25.6、 （株）UH Partners 2 15.3
6	リクルートコスモス	店頭	3,911	ー	ー	
	コスモイニシア	ー	ー	東 S	1,233	ダイワハウス工業 63.1
7	東京建物	東 1	546	東 P	3,499	日本マスター信託口 17.4
8	スターツ	店頭	540	ー	ー	ー
	スターツコーポレーション	ー	ー	東 P	2,330	（株）豊洲 15.1
9	平和不動産	東 1	143	東 P	945	日本マスター信託口 12.0、 三菱地所 10.9
10	（株）吉田工務店	JQ	18	ー	ー	ー
	（株）RISE	ー	ー	東 S	3	ヨウテイ HD（同）53.9
11	（株）テーオーシー	東 1	183	東 P	156	ニューオータニ 22.3、 （有）大谷興産 15.3
12	京阪神不動産	大 1	127	ー	ー	ー
	京阪神ビルディング	ー	ー	東 P	188	銀泉（住友系）13.0
13	（株）東京楽天地	東 1	93	東 P	90	東宝 21.0、 阪急阪神 HD 17.8
	合計	13 社	25,510	13 社	68,434	

（注 1）決算期は左 1990 年 3 月期、右 2023 年 3 月期の連結決算。

（注 2）東 1 は東証一部、東 2 は東証二部、大 2 は大証二部、JQ はジャスダックの略。

（注 3）東 P は東証プライム、東 S は東証スタンダードの略。

Column

中長期経営計画で使われる代表的財務指標の意味を知り、会社分析に活かそう

第３章で紹介した代表的不動産会社の中長期経営計画の中には、多くの会社で共通して使われている重要な財務指標があります。指標の意味と見方・使い方をまとめておきます。

	財務指標	記事掲載の節（第3章）	内容
1	ROA（総資本利益率）	8,9,10,12,13	Return On Asset の略。利益を総資産（総資本）で除したもの。総合的な収益性の財務指標である。分子の利益としては、事業利益、営業利益、経常利益、当期利益（当期純利益）などが使われる。
2	ROE（自己資本利益率）	8,10,12,13,14,18	Return On Equity の略。「当期純利益÷自己資本」で求める。「株主が出資してくれたお金を元手に、企業がどれだけの利益を上げたか」を数値化したもの。
3	EPS（1株当たり純利益）	8,10,12	Earnings Per Share の略。1株当たりの利益（税引き後の最終利益）のこと。この比率が高いほど収益力が高いので、投資したものを効率的に回収できる。時系列で見ると企業の成長度がわかる。
4	配当性向	8,10,13,18	「その期の純利益（税引後利益）の中から、配当金をどれくらい支払っているか」をパーセンテージで表したもの。配当性向は、投資を行う際に企業を評価する指標の１つである。
5	総還元性向	13	企業の株主還元の度合いを示す指標の1つ。配当性向が当期純利益に占める配当金を示すのに対し、配当金と自社株買いの金額を合計し、これを純利益で割って求める。総還元性向が高いほど、株主還元に力を入れている企業であることを示している。
6	事業利益	8,10,13,14	事業が生み出す利益のことであるが、制度で規定された利益ではない。定義としては、①事業利益＝営業外利益＋受取利息＋配当金、②事業利益＝経常利益＋支払利息、③税引前当期純利益＋支払利息――の3つが考えられる。②の利益は「事業活動が平常時に生み出す利益」であって事業利益の概念に近い。実務では「事業利益＝営業利益＋持分法投資損益」を使っている（三菱地所、東京建物）。
7	親会社株主に帰属する当期純利益	12	企業が稼いだ利益のうち、親会社株主に帰属する部分を示す利益概念である。非支配株主（親会社に 50% 超の株式を保有されている子会社において、親会社以外の少数株主のこと）が存在する場合、子会社が計上した損益のうち、親会社持分相当額のことである。
8	有利子負債	8,14	利子のかかる債務のこと。長短借入金、社債などをいう。
9	自己資本	8	新会社法施行後、金融庁・東京証券取引所は「自己資本＝純資産－新株予約権－少数株主持分」の概念を打ち出した。
10	D/E レシオ	8,12,14,18	Debt Equity ratio。「有利子負債／自己資本」で求める。D/E レシオが低いほど、安全性は高くなるが、成長性は低くなる。
11	EBITDA	8,4,18	イービットディーエー。イービットダーとも読む。具体的には、EBITDA＝利払い前・税引前・償却前利益のこと。
12	有利子負債 / EBITDA 倍率	14,18	「有利子負債が借入金の何倍あるのか」を示す指標。数字が低い方が財務的には良好である。「有利子負債 /EBITDA 倍率＝有利子負債／営業利益＋減価償却費)」であるが、厳密に計算する場合は分子として（有利子負債ー現預金）を使う。
13	KPI	10	Key Performance Indicator の略。企業や組織が定めたゴールに向けて達成すべき定量的な目標数値のこと。「重要業績評価指標」「重要達成度指標」ともいう。最終目標でなく中間目標を指す。

（注）掲載指標の計算式は p.117 参照。

第4章

不動産業界の基礎知識

不動産業は土地・建物を業務の対象としていることから、あらゆる産業ないし個人が、所有・賃借・居住・利用などの形態を通じて関与しています。また、日本経済を支える住宅・建設業とも密接に関係しています。そのため、業界知識はいうに及ばず、建築・税務・金融・経済など多岐にわたる知識の習得が望まれます。不動産関連資格も注目されています。

Section

4-1

①業務知識

地価の種類

土地は「一物四価」といって4種類の価格を持っています。4つの価格の違いについて説明します。

■地価の種類と違いを知る

地価には以下①～④に述べる4種類（⑤を加えると5種類）があります。

①実勢価格

端的にいうと不動産の時価のことです。実際に取引された地価のことです。

以下②～⑤に述べる土地価格は公的土地評価です。

②地価公示価格（公示地価）

地価公示法に基づいて、国土交通省が公表する土地の価格のことです。公示価格は全国に「標準地」を設定し、毎年1月1日時点での土地の価格を鑑定・審査し、3月下旬に公表しています。

③路線価（相続税評価額）

相続税・贈与税などの課税価格を算出するために、国税庁が毎年1回評価（評価時点1月1日）する価格です。毎年7月1日に発表されます。

全国の都市の中心部などに限って、その範囲全域の道路（路線）に面した土地1平方メートル当たりの評価額であり、路線価と呼ばれます。公示価格の80%程度が目安です。

なお、相続税評価額を算出するための宅地・借地権の評価方式には、路線価（方式）のほかに**倍率方式**＊があります。これは、次に述べる固定資産税評価額に、国税局長が定める倍率を乗じて計算した金額により評価する方法です。

④固定資産税評価額

固定資産台帳の登録価格のことです。固定資産税、不動産取得税、登録免許税など、不動産に関する各種税金を課税する場合に利用されています。市町村が決定し3年に1

Term

倍率方式　相続税の基本となる、宅地の価格を求める計算方法の1つ。宅地が市街地以外にある場合に用いられる。宅地が市街地にある場合は、路線価方式によってその価値を計算する。

回見直しがあります。価格決定基準日は1月1日です。

なお、新築建物の固定資産税評価額は建築費の7割が目安です。

以上4種の価格を示しましたが、次に述べる基準地価格を含めて「一物五価」と呼ぶこともあります。

⑤基準地標準価格
（基準地価格、地価調査価格）

地価公示価格を補完する地価調査価格です。地価公示と同じ基準地（地価公示の標準地に相当）を設けることによって連携を図っており、調査時点のずれ（基準地価格は毎年7月1日現在）による補完効果があります。

公的土地評価の一覧

種類	地価公示価格	基準地標準価格	路線価（相続税評価額）	固定資産税評価額
実施主体	国土交通省	都道府県	国税庁	市町村
価格判定基準日	毎年1月1日	毎年7月1日	毎年1月1日	1月1日（3年据置）
公表時期	毎年3月下旬	毎年9月下旬	毎年7月1日発表	基準年の4月頃
根拠法令	地価公示法	国土利用計画法施行令	相続税法	地方税法
評価の目的	一般の土地取引価格に指標を与える	国土利用計画法による規制の適正化・円滑化	相続税・贈与税の算出基礎	固定資産税・都市計画税・登録免許税・不動産取得税等の算出基礎
	公共事業用地の取得価格算定、不動産鑑定の規準	公示価格の補完		
情報入手先	国土交通省サイト「土地総合情報システム」	国土交通省サイト「土地総合情報システム」	国税庁サイト「路線価図」	市町村サイト
調査地点	約2万6000地点	約2万1000地点	約32万地点	課税土地すべて
	2023年9月20日現在			
備考	都市計画区域など	公示価格とほぼ同一価格水準	公示価格の80%程度が目安	公示価格の70%程度が目安

Column **標準地と基準地の違い** 「標準地」は地価公示の地点で、国（土地鑑定委員会）が選定する。価格の名称は公示価格。「基準地」は地価調査の地点で、都道府県知事が選定する。価格の名称は標準価格。

Section

4-2

①業務知識

売買・貸借契約に欠かせない「重要事項説明書」

重要事項については従来、「宅地建物取引士が書面を相手方に交付して説明し、この書面に記名押印しなければならない」というルールでした。2022年5月から書面の電子化が解禁され、対応の幅が広くなりました。

■「重要事項説明書」とはどんなものか

宅建業者は、契約成立までの間に取引の相手方（宅地や建物を取得し、または借りようとしている人）に、物件に関する事項や取引条件などの一定の重要事項を説明することを義務付けられています（宅建業法第35条）。

この説明と**重要事項説明書**（以下、「重説」とも）の作成（必要があれば図面添付）と交付は、**宅地建物取引士**（以下、**取引士**とも）の資格を持つ者が行います。

この際、取引士は相手方などに対して、取引士証を要求されなくても提示（電磁的方法による提示も可）する義務があります。「重説」の作成と重要事項の説明を担当した取引士は、この書面に記名（電子署名も可）しなければなりません。

デジタル改革関連法案の成立により、不動産取引においても、2022年5月から重説の電子化が解禁になりました。これに伴い、契約時の押印義務や対面義務がなくなり、電子化した契約書交付（電子交付）が可能になりました。

電子交付にあたっては、**IT重説と電子契約の締結**と相手方の承諾が必要です。「IT重説」とは、対面ではなくビデオ通話などのITを活用してオンラインで実施する重要事項説明のことです。

IT重説は2017年から貸借取引、2021年から売買取引の重説説明に採り入れられました。電子契約に向けて次の準備が必要です――①契約プロセスの見直し（入居申込書などの電子化）、②業務ルールの設定（電子契約対応の社内ルールの明確化）。

Term

登記記録　登記されたことが書かれているデータのこと。主なものに「不動産登記記録」と「商業登記記録」の2つがある。

損害賠償額の予定　損害賠償額を当事者間であらかじめ約定しておくもの（民法420条）。

電子化の際は次の点に注意します――①契約相手への配慮（電子契約できない相手に対し紙での対応も考慮）、②コンプライアンス強化、③セキュリティ対策のコスト増大。

説明すべき重要事項を以下に示します。なお、宅地の賃借、建物の賃借、区分所有建物の売買など、宅地または建物の売買等の取引態様により、説明事項も若干異なります。

①物件に関する事項

（イ）登記記録＊に記録された事項
（ロ）法令上の制限（取引物件に該当するもの）
（ハ）私道負担
（ニ）飲用水、電気およびガスの供給施設、排水施設の整備の状況
（ホ）未完成物件にあっては工事完了時における形状、構造など
（ヘ）区分所有建物の場合：
　敷地の権利関係、共有部分に関する規約、専用使用権の内容、計画修繕積立金、管理費や管理の委託など
（ト）当該宅地または建物が造成宅地防災区域内か否か
（チ）当該宅地または建物が土砂災害警戒区域内か否か
（リ）石綿（アスベスト）使用調査の内容（建物の場合）
（ヌ）耐震診断の内容（建物の場合）
（ル）住宅性能評価書の交付の有無（住宅性能評価を受けた新築物件である場合）

②取引条件に関する事項

（イ）代金、借賃など以外に授受される金銭の額およびその目的
（ロ）契約の解除に関する事項
（ハ）損害賠償額の予定＊または違約金に関する事項
（ニ）手付金などの保全措置の概要（業者自身の売買の場合）
（ホ）ローン特約＊（金銭貸借のあっせん）の内容およびローンが不成立の場合の措置の概要
（ヘ）支払金または預り金の保全措置
（ト）瑕《か》疵《し》担保責任＊の履行に関する措置の概要（売買の場合）
（チ）割賦販売に関わる事項（売買の場合）

③その他の事項

（イ）供託所＊などに関する説明（宅建業法第35条の2）

Term
ローン特約　不動産売買契約書に記された特約。ローン不成立の場合は契約を無条件で白紙に戻すという合意。
瑕疵担保責任　不動産の品質性能に隠れた欠陥があった場合、売主が買主に対して負う責任のこと。
供託所　法務省、地方法務局、その支局、または法務大臣の指定する法務局の出張所のこと。

Section

4-3

①業務知識

使ってはならない「完売」「格安」

消費者に重大な影響を与える、不当表示となる不動産広告は細かく規制されています。

■不当表示となる不動産広告の例

不動産広告は、**公正競争規約**（正式名「不動産の表示に関する公正競争規約」、以下単に「規約」ともいう）によって細かく規制されています。この規約は**景品表示法**＊31条1項の規定に基づき、公正取引委員会の認定を受けた不動産広告の規制ルールです。最近では2016年4月に改正されています。

不動産広告の表示事項は、取引に関わる物件種類別（分譲、賃貸住宅など）および表示媒体別（新聞記事下広告、新聞・雑誌広告、折り込みチラシ、インターネット広告など）に分類してこの規約で定めています。広告に必要な表示事項の原則は明瞭な表示（見やすい場所、見やすい色彩、見やすい文字の大きさなど）にあります（規約8条）。

この規約によれば、都市計画法などの公法上の制限により建築などが制限されたり、物理的欠陥がある物件に対する広告は、消費者に重大な影響を与えるので、「表示しなければならない特定事項」とされ（規約13条）、表示していない場合、重大な規約違反として扱われます。

広告で使用する用語にも使用基準があります。まず、規約では価格や賃料などについて原則、「二重価格表示」は禁止されています（規約20条）。

二重価格表示とは、実際に販売する価格（実売価格）にこれよりも高い価格（比較対照価格）を併記するなど何らかの方法により、実売価格に比較対照価格を付すことをいいます。例えば、「4000万円の値引」「4000万円⬇3600万円」「市価の一割引」などの表示がこれに当たります。

規約18条2項では広告用語の使用基準として、具体的な用語例を挙げています。これらの用語は、その表示を裏付ける合理的根拠を示す資料がない限り、その用語を使用してはならないとされています。具体例は次のとおりです。

Term

景品表示法　正式な名称は「不当景品類及び不当表示防止法」。過大な景品類の提供および不当な表示について規制した法律。4-7節参照。

①物件の形質その他の内容または役務の内容（例えば、「完全」「完璧」「絶対」「万全」など）。

②物件の形質その他の内容、価格、その他の取引条件または事業者の属性に関する事項（例えば、「日本一」「日本初」「業界一」「超」「当社だけ」「他に類を見ない」「抜群」など）。

③取引の申出に関わる物件（例えば、「特選」「厳選」など、一定の基準により選別されたことを意味する用語）。

④物件の形質その他の内容または価格その他の取引条件に関する事項（例えば、「最高」「最高級」「極」「特級」など）。

⑤不動産の価格または賃料など（例えば、「買得」「掘り出し」「土地値」「格安」「投げ売り」「破格」「特安」「激安」「バーゲンセール」「安値」など）。

⑥物件の人気、売行きに関する事項（例えば、「完売」など）。

特定用語の使用基準（公正競争規約 18 条 1 項）

事業者は、次表の用語を用いて表示する際には、次表に示す意義に即して使用しなければならないとされている。

①新築	建築後1年未満であって、居住の用に供されたことがないものをいう。
②新発売	新たに造成された宅地又は新築の住宅（造成工事又は建築工事完了前のものを含む）について、一般消費者に対し、初めて購入の申込みの勧誘を行うこと（一団の宅地又は建物を数期に区分して販売する場合は、期ごとの勧誘）をいい、その申込みを受けるに際して一定の期間を設ける場合においては、その期間内における勧誘をいう。
③ダイニング・キッチン（DK）	台所と食堂の機能が 1 室に併存している部屋をいい、住宅（マンションにあっては、住戸。次項において同じ）の居室（寝室）数に応じ、その用途に従って使用するために必要な広さ、形状及び機能を有するものをいう。
④リビング・ダイニング・キッチン（LDK）	居間と台所と食堂の機能が1室に併存する部屋をいい、住宅の居室（寝室）数に応じ、その用途に従って使用するために必要な広さ、形状及び機能を有するものをいう。
⑤宅地の造成工事の完了	宅地上に建物を直ちに建築することができる状態に至ったことをいい、当該工事の完了に際し、都市計画法（昭和 43 年法律第 100 号）その他の法令による工事の完了の検査を受けることが必要とされるときは、その検査に合格したことをいう。
⑥建物の建築工事の完了	建物をその用途に従い直ちに使用することができる状態に至ったことをいう。

出所：不動産公正取引協議会連合会「不動産の表示に関する公正競争規約」より

Section

4-4

①業務知識

建築物には用途地域による用途制限がある

建築物は用途地域によって建築制限があります。診療所はどこにでも建てられますが、病院は工業・工業専用、田園住居、第一種・第二種低層住居専用地域には建てられません。

■建物の用途制限表を見る際のポイント

都市計画法は、都市計画区域に13種類（2018年4月より田園住居地域が追加）の**用途地域**＊を定めています。注意したいポイントは次のとおりです。

①神社、巡査派出所（交番）、診療所、保育所などはすべての用途地域に建築できます。保育所と幼稚園、診療所と病院が建築できる地域の違いに注意してください。

②商業地域ではすべての建物が建築可能です。

③住宅、共同住宅、老人ホームなどの住宅関連の建物と図書館、博物館は、工業専用地域を除くすべての用途地域に建築できます。工業地域にも建築できます。

④幼稚園から高校までの学校関係の建物は、工業地域と工業専用地域には建築不可です。

⑤大学と病院は工業地域・工業専用地域、田園住居地域、第一種・第二種低層住居専用地域には建築できません。

⑥床面積150㎡以内の小売店・飲食店は、第二種低層住居専用地域から工業地域まで建築できます。

なお、敷地が2つ以上の用途地域にまたがるときは、敷地の過半の属する用途地域の制限を受けます。敷地が建ぺい率あるいは容積率の異なる地域にまたがる場合、それぞれの地域の建ぺい率あるいは容積率に、その地域の含まれている敷地の割合を乗じて得た合計が、当該建築物の建ぺい率あるいは容積率となります。すなわち、面積比による按分《あんぶん》比例した**加重平均方式**＊を採ります。

次ページに「用途地域による建築物の用途制限の概要」を掲げましたが、本表のほかに「工場・倉庫等」もあり、すべてを掲載したものではありません。

Term

用途地域　建築物の用途規制を目的として定められるものであり、住居系、商業系、工業系を合わせて12種類ある。

加重平均方式　各項の数値にその重要度に比例したウエートを付けてから平均すること。

用途地域による建築物の用途制限の概要

用途地域内の建築物の用途制限 ○ 建てられる用途 　 建てられない用途 ①、②、③、④、▲、■：面積、階数などの制限あり		第一種低層住居専用地域	第二種低層住居専用地域	第一種中高層住居専用地域	第二種中高層住居専用地域	第一種住居地域	第二種住居地域	準住居地域	田園住居地域	近隣商業地域	商業地域	準工業地域	工業地域	工業専用地域	備考
住宅、共同住宅、寄宿舎、下宿		○	○	○	○	○	○	○	○	○	○	○	○		
兼用住宅で、非住宅部分の床面積が、50㎡以下かつ建築物の延べ面積の2分の1以下のもの		○	○	○	○	○	○	○	○	○	○	○	○		非住宅部分の用途制限あり
店舗等	店舗等の床面積が150㎡以下のもの		①	②	③	○	○	○	①	○	○	○	○	④	①日用品販売店舗、喫茶店、理髪店等。2階以下 ②①に加えて、物品販売店舗、飲食店、損保代理店・銀行の支店・宅地建物取引業等のサービス業用店舗のみ。2階以下 ③2階以下 ④物販店、飲食店を除く ■ 農産物直売所、農家レストラン等のみ。2階以下
	店舗等の床面積が150㎡を超え、500㎡以下のもの			②	③	○	○	○	■	○	○	○	○	④	
	店舗等の床面積が500㎡を超え、1,500㎡以下のもの				③	○	○	○		○	○	○	○	④	
	店舗等の床面積が1,500㎡を超え、3,000㎡以下のもの					○	○	○		○	○	○	○	④	
	店舗等の床面積が3,000㎡を超え、10,000㎡以下のもの						○	○		○	○	○	○	④	
	店舗等の床面積が10,000㎡を超えるもの									○	○	○			
事務所等	事務所等の床面積が150㎡以下のもの				▲	○	○	○		○	○	○	○	○	
	事務所等の床面積が150㎡を超え、500㎡以下のもの				▲	○	○	○		○	○	○	○	○	
	事務所等の床面積が500㎡を超え、1,500㎡以下のもの				▲	○	○	○		○	○	○	○	○	▲2階以下
	事務所等の床面積が1,500㎡を超え、3,000㎡以下のもの					○	○	○		○	○	○	○	○	
	事務所等の床面積が3,000㎡を超えるもの						○	○		○	○	○	○	○	
ホテル、旅館						▲	○	○		○	○	○			▲3,000㎡以下
遊戯施設、風俗施設	ボウリング場、スケート場、水泳場、ゴルフ練習場等					▲	○	○		○	○	○	○		▲3,000㎡以下
	カラオケボックス等						▲	▲		○	○	○	▲	▲	▲10,000㎡以下
	マージャン屋、パチンコ屋、射的場、馬券・車券発売所等						▲	▲		○	○	○	▲		▲10,000㎡以下
	劇場、映画館、演芸場、観覧場、ナイトクラブ等							▲		○	○	○			▲客席部分等の床面積200㎡未満
	キャバレー、個室付浴場等										○	▲			▲個室付浴場等を除く
公共施設、病院、学校等	幼稚園、小学校、中学校、高等学校	○	○	○	○	○	○	○	○	○	○	○			
	大学、高等専門学校、専修学校等			○	○	○	○	○		○	○	○			
	図書館等	○	○	○	○	○	○	○	○	○	○	○	○		
	巡査派出所、一定規模以下の郵便局等	○	○	○	○	○	○	○	○	○	○	○	○	○	
	神社、寺院、教会等	○	○	○	○	○	○	○	○	○	○	○	○	○	
	病院			○	○	○	○	○		○	○	○			
	公衆浴場、診療所、保育所等	○	○	○	○	○	○	○	○	○	○	○	○	○	
	老人ホーム、身体障害者福祉ホーム等	○	○	○	○	○	○	○	○	○	○	○	○		
	老人福祉センター、児童厚生施設等	▲	▲	○	○	○	○	○	▲	○	○	○	○	○	▲600㎡以下
	自動車教習所					▲	○	○		○	○	○	○	○	▲3,000㎡以下

出所：東京都HPをもとに作成

Section

4-5

①業務知識

緩和条件を活用したい建ぺい率と容積率

一定の空地確保のための規制が建ぺい率で、建物密度の規制が容積率です。

■建ぺい率

建ぺい率とは、「建築物の建築面積（建坪）の、敷地面積に対する割合」であり、敷地内に一定の空地を確保するための規制です。例えば、100坪の土地に建築面積30坪の建物が建っている場合の建ぺい率は、10分の3（30%）となります。建ぺい率の規制には、次のような緩和ルールがあります。

①角地の場合

建ぺい率の緩和が適用されるのは、敷地の2辺が道路に接する角地で、かつ**特定行政庁***が角地として指定した基準に適合した場合に限られます。この場合、指定建ぺい率に10%加算した建ぺい率となります。

②耐火建築物の場合

耐火建築物*が建ぺい率の緩和適用となるのは、第一種住居・第二種住居・準住居地域、準工業地域、近隣商業地域、および商業地域内の建ぺい率限度額が80%とされている地域外（すなわち指定建ぺい率30～70%の地域）で、かつ防火地域内の場合に限られ、準防火地域などでは認められません。この場合も建ぺい率は10%加算で、①にも当てはまる場合は合計20%の加算となります。

③建ぺい率の制限を受けない場合（適用除外）

第一種住居・第二種住居・準住居地域、準工業地域、近隣商業地域および商業地域内の建ぺい率の限度が80%とされる地域内で、しかも防火地域であって耐火建築物を建築する場合は、建ぺい率の制限はありません。

■容積率

容積率とは、「建築物の延床面積の敷地面積に対する割合」であり、建物の密度を規制しています。例えば、100坪の土地に1階30坪、2階20坪（合計50坪）の建物

Term

特定行政庁　建築主事（建築確認を行う地方公務員）を置く市町村の区域は当該市町村の長をいい、その他の市町村区域については都道府県知事のことをいう。

耐火建築物　建築基準法に基づく耐火性能を持つ材質・構造の住宅のこと。

が建っている場合の容積率は10分の5（50%）になります。前面道路が2つ以上ある場合、そのうち最も幅の広い幅員の数値で容積率を計算します。

指定容積率（都市計画で指定された容積率）がすべて使用できるわけではありません。敷地の前面道路が12m未満の場合に一定の数字（住居系用途地域は10分の4、それ以外の用途地域は10分の6）を乗じたものと指定容積率の両方を比較し、制限の厳しい方を採用します。

容積率の緩和の例として、住宅地下室（住宅部分全体の3分の1を上限）、共同住宅の共用廊下・階段の容積率不算入があります。

用途地域内の形態制限*

<table>
<tr><th>種類</th><th>建ぺい率（%）</th><th>容積率（%）</th><th>外壁の後退距離</th><th>建築物の高さの限度</th></tr>
<tr><td rowspan="6">第一種低層住居専用地域</td><td>30</td><td>60</td><td>敷地境界から1m</td><td rowspan="6">10m</td></tr>
<tr><td>40</td><td>60</td><td rowspan="2">前面道路から1m</td></tr>
<tr><td>40</td><td>80</td></tr>
<tr><td>50</td><td>80</td><td rowspan="3">—</td></tr>
<tr><td>50</td><td>100</td></tr>
<tr><td>60</td><td>100</td></tr>
<tr><td rowspan="4">第二種低層住居専用地域</td><td>40</td><td>80</td><td rowspan="2">前面道路から1m</td><td rowspan="3">10m</td></tr>
<tr><td>50</td><td>80</td></tr>
<tr><td>50</td><td>100</td><td rowspan="2">—</td></tr>
<tr><td>60</td><td>150</td><td>12m</td></tr>
<tr><td>第一種中高層住居専用地域</td><td>60</td><td>150</td><td>—</td><td rowspan="4">—</td></tr>
<tr><td>第二種中高層住居専用地域</td><td>60</td><td>150</td><td>—</td></tr>
<tr><td>第一種住居地域</td><td>60</td><td>200</td><td>—</td></tr>
<tr><td>第二種住居地域</td><td>60</td><td>200</td><td>—</td></tr>
<tr><td>準住居地域</td><td>60</td><td>200</td><td>—</td><td rowspan="9">—</td></tr>
<tr><td rowspan="3">近隣商業地城</td><td rowspan="3">80</td><td>200</td><td rowspan="3">—</td></tr>
<tr><td>300</td></tr>
<tr><td>400</td></tr>
<tr><td rowspan="5">商業地域</td><td rowspan="5">80</td><td>400</td><td rowspan="5">—</td></tr>
<tr><td>500</td></tr>
<tr><td>600</td></tr>
<tr><td>700</td></tr>
<tr><td>800</td></tr>
<tr><td rowspan="2">準工業地域</td><td rowspan="2">60</td><td>200</td><td rowspan="2">—</td><td rowspan="2">—</td></tr>
<tr><td>400</td></tr>
<tr><td>工業地域</td><td>60</td><td>200</td><td>—</td><td>—</td></tr>
<tr><td rowspan="2">工業専用地域</td><td>40</td><td rowspan="2">200</td><td rowspan="2">—</td><td rowspan="2">—</td></tr>
<tr><td>60</td></tr>
</table>

出所：横浜市HPより（高度地区、緑化地域省略）。2021年10月18日現在

Term

形態制限　個性ある街並み形成、良好な住宅環境の確保の観点から、建築物の形態、建ぺい率、容積率、建物の高さをコントロールすること。

Section 4-6

②法律知識

不動産に関わる法律の体系

不動産に関わる法律は多岐にわたりますが、特に重要なものは民法、宅地建物取引業法、建築基準法、借地借家法です。

■不動産取引のよりどころは民法

不動産関連の法律としては、冒頭で述べた民法以下の4つが重要です。**民法**（一般法）に対し、**宅地建物取引業法**、**建築基準法**、**借地借家法**、商法、消費者契約法（2000年5月成立。以下、2000年以降成立の法律は成立年月をカッコ書き）、景品表示法などは特別法となります。

不動産全般に関わる法律には、2004年に105年ぶりの大改正となった**不動産登記法**があります。土地関連としては、土地利用計画の作成や土地取引の規制について定めた国土利用計画法、農地転用を規制した農地法、宅地造成工事などを規制した宅地造成等規制法、土地区画整理の手順を定めた土地区画整理法などがあります。

建築物関連としては、建築基準法と並んで都市三法の1つである都市計画法のほか、建設業法、建築士法があります。

住宅関連では比較的新しい法律が多く、品確法（1999年6月成立）、住宅瑕疵担保履行法（2007年5月）、住生活基本法（2008年6月）があります。

マンション関連では、マンション管理適正化法（2000年12月）、マンション建替え円滑化法（2002年6月）、2003年に大規模修繕に関する改正のあった区分所有法があります。ビル関連では、ビル管理の基本法であるビル衛生管理法があります。

その他、日常生活で遭遇しかつ不動産に関係する法律として、個人情報保護法（2003年5月）、会社法（2005年7月）、金融商品取引法（2007年9月名称変更）、バリアフリー新法（2006年6月）、デジタル改革関連法*（2021年5月）などがあります。なお、民法、不動産登記法（ともに2023年4月施行）、消費税法（インボイス制度導入、2023年10月施行）などの改正法にも注目しておく必要があります。

Term

デジタル改革関連法　地方自治体を含む行政システムの統一を図り、官民のデジタル化を推進することで、国民や民間企業の利便性を向上させるための６つの法律の総称。

不動産に関わる法律の体系

重要度	法律名
全般	
◎	民法
不動産取引	
◎	宅地建物取引業法（宅建業法）
◎	借地借家法
○	不動産登記法
○	消費者契約法
○	国土利用計画法（国土法）
○	地価公示法
	不動産の鑑定評価に関する法律（不動産鑑定評価法）
○	不当景品類及び不当表示防止法（景品表示法）
土地開発・建築物関連	
○	都市計画法
◎	建築基準法
○	消防法
○	建設業法
	宅地造成等規制法（宅造法）
	土地区画整理法
	農地法
	高齢者、障害者等の移動等の円滑化の促進に関する法律（バリアフリー新法）
住宅関連	
○	住宅の品質確保の促進等に関する法律（品確法）
○	特定住宅瑕疵担保責任の履行の確保等に関する法律（住宅瑕疵担保履行法）
○	空家等対策の推進に関する特別措置法（空家等対策特別措置法）
	住生活基本法
マンション・ビル関連	
○	建物の区分所有等に関する法律（区分所有法、マンション法）
○	マンションの建替え等の円滑化に関する法律（マンション建替え円滑化法）
○	マンションの管理の適正化の推進に関する法律（マンション管理適正化法）
	建築物における衛生的環境の確保に関する法律（建築物衛生法、ビル衛生管理法、ビル管理法）
その他	
○	個人情報の保護に関する法律（個人情報保護法）
	金融商品取引法（金商法）
	信託業法
○	会社法
	商法
	相続税法

②法律知識

不動産業関連の主な法律と最近の法改正動向

不動産と密接に関連する法律である、民法、宅地建物取引業法、建築基準法、借地借家法などについて解説します。

商法は民法の特別法、宅建業は民法・商法の特別法

2017年6月に**改正民法**が公布されました。1896年の制定以来120年ぶりの大改正です。瑕疵担保責任の変更等は2020年4月1日に施行されました。さらに、所有者不明土地の問題解決を目的に、2023年4月に民法が改正・施行されました。

宅地建物取引業法は、宅地建物取引の公正さ確保と購入者等の利益保護を図ることを目的としており、不動産取引には不可欠な法律です。

民法・商法・宅建業法の関係は、「商法は民法の**特別法**」、「宅建業法は民法および商法の**特別法**」です。2022年5月、重要事項説明のオンライン化等を盛り込んだ改正宅建業法が施行されました。今回の改正により、重要事項説明書面などの書類に押印が不要となり、また、紙ではなく電磁的方法による交付が可能となりました。

建築基準法は国民の生命・健康・財産の保護のため、建築物の敷地・設備・構造・用途について最低基準を定めた法律です。熊本地震後の改正ほか、毎年小改正が行われています。

借地借家法は1991年10月に建物保護法、借地法および借家法を統合して新設された法律です（翌年8月1日施行）。

借地借家法により、土地の流動化を促進するため、更新がなく、借地契約が満了すれば確実に明け渡しをしてもらえる「定期借地権」の制度が新設されました。借家については、2000年3月1日施行の「良質な賃貸住宅等の供給の促進に関する特別措置法」に伴う借地借家法改正により、期間満了で明け渡しをする制度が実現しました。

Point

特別法は一般法に優先する　一般法とは、その分野に対して一般的に適用される法であり、特別法がない限りその法律が適用される。

不動産関連の主な法律と法改正等の動向（本文中採り上げた法律は除く）

法律名	法律の概要と最近の法改正等
国土利用計画法	重要な国土を総合的かつ計画的に利用するために必要とされる規定を置く法律。
都市計画法	都市の健全な発展等を図るために制定された法律。 建築基準法と密接な関係を有し、都市における建築等を規制している。
住宅の品質確保の促進等に関する法律［住宅品質確保促進法、（住宅）品確法］	1999年6月に成立。方策の3本柱――①住宅性能表示制度の創設、②瑕疵担保責任（基本構造部分の10年保証）、③住宅紛争処理機関の設置。
特定住宅瑕疵担保責任の履行の確保等に関する法律［住宅瑕疵担保履行法］	2007年5月成立。住宅品質確保促進法の基本構造部分10年保証の履行を確保するため、あらかじめ売主等への保証金供託または保険加入を義務付けた法律。
建物の区分所有等に関する法律［区分所有法、マンション法］	マンション等の区分所有、管理組合、敷地利用権、復旧、建替え等について定めた法律。マンションの共用部分修繕について「所有者の過半数の賛成が必要」（現行）を「出席者の過半数で決議可能」に改正検討中。2024年改正を目指す。
マンション管理の適正化の推進に関する法律［マンション管理（適正化）法］	2000年12月に成立した法律。マンションにおける良好な居住環境の確保を図ることが目的。①マンション管理士の資格の創設、②マンション管理業者登録の義務付け、③**管理業務主任者**＊の設置義務（5戸以下不要）。
マンションの建替え等の円滑化に関する法律［マンション建替え円滑化法］	2002年6月に成立。マンション建替組合がマンションの建替えを円滑に進めるための様々な手続き、方法が定められた法律。建替えには区分所有者の4分の3以上の賛成が必要。
不当景品類及び不当表示防止法［景品表示法］	不動産の広告・表示・販促手段などの方法を規定し、公正な競争を確保することによって、消費者利益を保護しようとする法律。この法律の規定を受けて、不動産に関する公正競争規約が定められている。
不動産登記法	不動産登記に関する手続きを定めた法律。2004年に旧不動産登記法（1899〈明治32〉年成立）を全面改正、内容一新。2024年以降、所有者不明土地の発生予防を目指し、不動産登記法の改正（施行）が順次行われている。

Term **管理業務主任者**　4-16節参照。

Section

4-8 定期借地権と定期借家権

②法律知識

定期借地権・定期借家権はともに、契約期間満了後の契約の更新はありません。したがって、借地人・借家人は期間満了とともに土地の返還あるいは建物の明け渡しをしなくてはなりません。

■通常の借地権・借家権と異なる定期借地権・定期借家権

定期借地権は1992（平成4）年8月に施行された「借地借家法」の中で定められました。通常の借地権とは異なり、当初定められた契約期間で借地期間が終了し、その後の更新はありません。次の3つのタイプがあります。

①一般定期借地権

借地期間を50年以上としたものです。期間の満了に伴い、原則として借主は建物を取り壊して土地を返還する必要があります。

②建物譲渡特約付借地権

契約後30年以上経過した時点で土地所有者が建物を買い取ることを、あらかじめ約束しておきます。買い取った時点で借地権が消滅します。

③事業用借地権

借地期間「30年以上50年未満」と「10年以上30年未満」の2種類があります*。事業用に建物を建てて利用するための定期借地権で、居住用には使えません。

定期借地権付住宅とは「定期借地権で借地した土地に建設する住宅」で、持ち家では一戸建て住宅、分譲マンション、賃貸住宅では賃貸マンション・アパートがあります。定期借地権付住宅は公的主体の場合、持家・賃貸住宅とも、一般定期借地権が付いた住宅が大半で、建物譲渡特約付借地権は極めて少ないのが現状です。民間業者の場合、賃貸住宅は圧倒的に建物譲渡特約付借地権が多くなっています。

借地期間は平均で戸建て住宅51年9カ月（最長53年0カ月）、分譲マンションは63年0カ月（1販売単位）、賃貸マ

Term …**2種類があります**　2007年12月21日成立（2008年1月1日施行）の「借地借家法の一部を改正する法律」で、従来は「10年以上20年以下」の1種類であったものが2種類に変更された。

ンション・アパートは50年8カ月（最長70年0カ月）となっています（国土交通省「令和3年度公的主体における定期借地権の活用実態調査報告書」）。

定期借家権とは、2000年3月施行のいわゆる**定期借家法**によって創設された、新しいタイプの借家権です。

定期借家権は、契約で定めた期間が満了した際には更新されることなく終了します。従来の借家権との最大の違いは、「賃貸人に正当の理由がない場合でも、期間の満了により明け渡しを求められる」ことです。その際、立ち退き料の支払いは不要です。従来の借地権・借家権は、地主（家主）都合の解約で正統な事由がなければ、契約は自動的に更新、明け渡しには立ち退き料が必要でした。さらに従来の借家権では、賃借人はいつでも賃料の減額を要求でき、逆に賃貸人からの賃料増額の要求は難しかったのですが、定期借家権では契約の定めに従って賃料の値上げができます。一方、賃借人にとっても、仮住まいなどごく短期間の建物賃借が可能になること、居住したい期間の契約をすればその間中は追い出される心配もないこと、良質な賃貸物件の供給が増加するなどのメリットがあります。

2022年5月施行の借地借家法の改正により、定期借地・借家契約のオンライン化が可能になりました。

定期借地権付住宅の供給状況

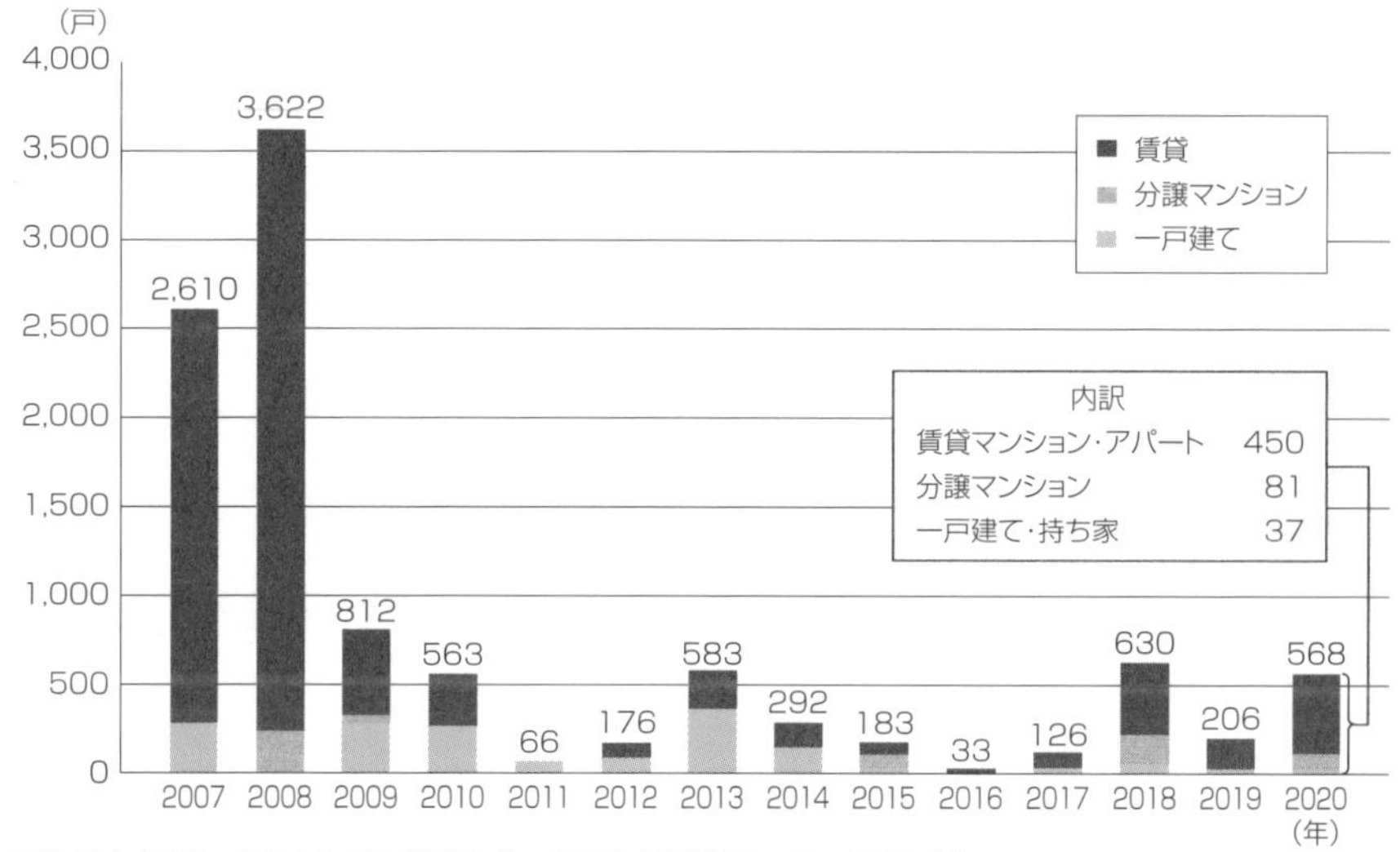

出所：国土交通省　令和3年3月「公的主体における定期借地権の活用実態調査」

Point **従来の借地権・借家権と定期借地権・定期借家権の違い**　定期借地権・定期借家権は、期間満了で賃貸借が終了（解約申し立てに正当な理由は不要）。更新なし。明け渡しに立ち退き料不要。従来の借地権・借家権は、地主（家主）都合で解約の場合、正当な事由がなければ契約は自動的に更新。明け渡しに立ち退き料が必要。

Section

4-9

③税金知識

不動産を取得したときにかかる税金

不動産を取得したときにかかる税金には、不動産取得税や登録免許税などがあります。

■住宅取得後１年以内に登記すれば登録免許税が安い

土地や家屋の購入、家屋の建築（新築・増築・改築）、贈与や交換などによる土地や家の取得をしたときには、登記の有無にかかわらず**不動産取得税**（地方税）がかかります。

不動産取得税の課税の基礎となる価格を**課税標準**といいますが、これは不動産の実際の購入価格や建築工事費ではなく、固定資産課税台帳に登録された価格等になります。

ただし、宅地および宅地比準土地（地目が宅地以外となっている土地で、その価額がその土地と状況が類似する宅地の価格に比準して求められるもの）の取得については、この取得が２０２４年３月31日までに行われた場合は、不動産取得税の課税標準は、この不動産の価格の２分の１の額となっています。

不動産取得税の標準税率は原則４％ですが、特例措置として、２０２４年３月31日までの間に住宅および土地を取得した場合には、当該不動産の取得にかかる税率は３％となっています。

土地建物などを取得したらその権利を明らかにするため所有権移転登記を、家を建てたら所有権保存登記をしなければなりません。また、住宅ローンを利用する場合は抵当権設定登記が必要になります。これらの登記をするときにかかるのが、**登録免許税**（国税）です。

登録免許税の計算のもとになる不動産の価額（「課税標準」）は時価によりますが、当分の間は、固定資産課税台帳の価格によります。土地・建物などにかかる代表的な登録免許税の標準税率は、所有権移転登記（売買）１０００分の４（１０００分の３）、所有権保存登記１０００分の４（１０００分の１.５）、抵当権設定登記１０００分の４（１０００分の１）です。ここでカッコ内は「住宅を取得し

Point

国税と地方税　国税とは国が課税する税金であり、地方税とは地方公共団体が課税する税金のこと。地方税は道府県税と市町村税に分かれる。

て1年以内に登記する場合」の特例です。

また、不動産を取得したときにかかるその他の税金としては、次のものがあります。

①消費税(国税・地方税)

建物を建築したり購入する場合には、建築工事請負代金や建物購入代金に10%の消費税がかかります。なお、土地の売買には、仲介手数料を除いて消費税はかかりません。

②印紙税(国税)

「不動産売買契約書」や「建築工事請負契約書」に、契約金額に応じた印紙税がかかります。2014年4月1日から2024年3月31日まで、これらの書面にかかる印紙税の税額が軽減されています。

③相続税(国税)、贈与税(国税)

土地・建物などを相続したり贈与を受けた場合、相続税や贈与税がかかることがあります。

課税価格の合計額が遺産にかかる基礎控除額(=3000万円+600万円×法定相続人の数)以下の金額であれば、相続税の申告は原則として不要です(個別事情にもよるので、事前に税務署などにご相談ください)。

不動産取得税

▼マイホーム(新築住宅、建売住宅、マンション、既存住宅)を取得した場合

マイホームを取得した場合、納税通知書により一度だけ納付する税金

軽減税額(評価額−1200万円*)×3%

▼マイホーム用の住宅用土地を取得した場合

住宅用土地を取得した場合、納税通知書により一度だけ納付する税金

一般住宅用土地を取得した場合

- 軽減税額(評価額×$\frac{1}{2}$×3%)

特例住宅用土地を取得した場合

- 軽減税額(評価額×$\frac{1}{2}$×3%)−軽減額(下記AかBの多い金額)

A=45000円

B=(土地1㎡当たりの固定資産税評価額×$\frac{1}{2}$)×(課税床面積×2[200㎡限度])×3%

Term

評価額−1200万円 認定長期優良住宅の場合は1300万円。既存住宅については、新築時期により100万円から1200万円まで。

Section

4-10 ③税金知識 不動産の所有にかかる税金

不動産を所有しているときにかかる税金には、固定資産税・都市計画税・事業所税などがあります。

■一定規模以上の事業所に適用される事業所税

固定資産税（地方税）は、土地・家屋および一定の事業用償却資産について課せられる税金です。

土地・家屋の場合、毎年1月1日（**賦課期日**＊）現在において、固定資産課税台帳に所有者として登録されている人が納税義務者です（**台帳課税主義**）。

税額は、固定資産税台帳に登録されている固定資産税評価額に税率を乗じた額（土地については**負担調整措置**＊がある）です。

この課税標準（固定資産税の課税の基礎となる価格）となる土地と家屋の固定資産税評価替えは3年目ごとの基準年度（評価替え年度）に行われ、直近では2021年度に実施されました。固定資産税額は市町村（東京23区は東京都）が評価決定し、課税台帳に登録し、これが原則として3年間据え置かれます。

固定資産税の標準税率は1・4%ですが、都市計画区域のうち市街化区域内等に土地や家屋を所有する場合は、さらに0・3%を限度として、市町村（東京23区は東京都）の条例で定める料率によって**都市計画税**（地方税）が課せられます。

この固定資産税は、住宅用地や新築住宅については各種の軽減措置が講じられています。

住宅用地については、小規模住宅用地（住宅の敷地で住宅1戸につき200㎡までの部分）の課税標準が6分の1、一般住宅用地（住宅の敷地で住宅1戸につき200㎡を超える部分）のそれが3分の1となっています。

新築住宅については、地上3階以上の中高層耐火住宅および一定の高齢者向け貸家住宅は5年間、その他住宅は3年間、固定資産税額の2分の1（高齢者向け優良賃貸住宅の場合は3分の2）が軽減されています。

Term

賦課期日　税が課せられる基準となる日。

負担調整措置　税の負担水準（当該年度評価額に対する前年度課税標準額の占める割合）の高い土地は引き下げまたは据え置き、低い土地はゆるやかに上昇させることで、負担水準の均衡を図ること。

東京23区と一定の市において事業所など（事務所または事業所）で事業を行っている場合、法人個人を問わず、また、その事業等の所有者が自己・第三者のどちらであっても、**事業所税**（地方税）が課せられます。

納税義務者は、事業所等の床面積が１０００㎡（免税点）を超える法人または個人（「資産割」の納税義務者）、従業員数の合計が１００人（免税点）を超える法人または個人（「従業者割」の納税義務者）です。床面積と従業員数がともに免税点を超えている場合は、資産割と従業者割の両方を納付することになります。

税額は、資産割が「事業所等の床面積に６００円を乗じた金額」で、従業者割が「従業者給与総額の０・25％の金額」となります。

固定資産税は固定資産（土地、家屋、償却資産）を所有している全員に課される税金ですが、都市計画税は原則として、市街化調整区域内に土地や家屋を所有している人にはかかりません。

固定資産税

▼マイホーム（新築住宅、建売住宅、マンション、既存住宅）を取得した場合

固定資産税

マイホームの取得後、1月1日の保有を基準に納税通知書により毎年納付する税金

- 床面積120㎡までの部分にかかる軽減税額：固定資産税評価額×1.4%×$\frac{1}{2}$
- 軽減期間：3年間（認定長期優良住宅の場合は5年間）、
  3階建て以上の中高層耐火建築物は5年間（同、7年間）

▼マイホーム用の住宅用土地を取得した場合

固定資産税

住宅用土地を取得後、1月1日の保有を基準に納税通知書により毎年納付する税金

小規模住宅用土地（1戸につき200㎡までの部分）の場合：

- 軽減税額（固定資産税評価額×$\frac{1}{6}$）×1.4%（負担水準により調整措置あり）

一般住宅用土地（1戸につき200㎡を超える部分）の場合：

- 軽減税額（固定資産税評価額×$\frac{1}{3}$）×1.4%（負担水準により調整措置あり）

Section
4-11

③税金知識

不動産を売却したときにかかる税金

不動産を売却したときにかかる税金には、譲渡所得税・住民税などがあります。

■土地・建物などの譲渡所得は申告分離課税

土地・建物などを売った場合や、買い換えたり交換した場合、収用を受けた場合には、その譲渡が営利を目的として継続的に行われる場合を除き、その譲渡益に対して所得税（国税）と住民税（地方税）がかかります。個人が土地・建物などを売却したときの譲渡所得は、長期譲渡所得・短期譲渡所得とも、その人の他の所得と切り離して、**申告分離課税**＊が適用されます。

①長期と短期では違う「譲渡所得の計算」

(a) **長期譲渡所得**の税額の計算の仕方（一般の譲渡の場合）

長期譲渡所得とは、「譲渡した年の1月1日において所有期間が5年を超える土地や建物など」を譲渡したときの譲渡所得をいいます。長期譲渡所得にかかる一般の場合の所得税額の計算式は次のとおりです。

課税長期譲渡所得金額＝譲渡価額－（取得費＋譲渡費用）－特例を受けた場合の特別控除額－所得控除の控除不足額

税額＝課税長期譲渡所得金額×15％（住民税は5％）

(b) **短期譲渡所得**の税額の計算の仕方（一般の譲渡の場合）

短期譲渡所得とは、「譲渡した年の1月1日において所有期間が5年以下の土地や建物など」を譲渡したときの譲渡所得をいいます。短期譲渡所得にかかる一般の場合の所得税額の計算式は次のとおりです。

課税短期譲渡所得金額＝譲渡価額－（取得費＋譲渡費用）－特例を受けた場合の特別控除額－所得控除の控除不足額

税額＝課税短期譲渡所得金額×30％（住民税は9％）

②居住用財産を譲渡した場合には各種の特例や軽減措置がある

(a) 居住用財産の3000万円特別控除

Term

申告分離課税　確定申告の段階で他の所得と合算せず、分離して課税する制度。申告分離課税が適用されるのは、上記の「譲渡所得のうち土地建物などの譲渡」のほかに、退職所得、山林所得、譲渡所得のうち株式や出資持分の譲渡、などがある。

個人が自分の居住している家屋やその敷地を譲渡した場合、その所有期間の長短を問わず、原則として3000万円の控除ができます。

(b) 10年超所有の場合の居住用財産譲渡の軽減措置

所有期間が10年を超える居住用財産を譲渡した場合、3000万円を特別控除したあとの課税長期譲渡所得金額が6000万円以下ならば税率は「所得金額の10％（住民税は4％）」、6000万円超ならば「600万円（住民税240万円）＋6000万円超の部分の15％（住民税5％）」となり、一般の場合の長期譲渡所得より税率が軽減されます。(a) と (b) は併用可能です。

(c) 特定居住用財産の買換え・交換特例

居住用財産を買換えまたは交換した場合、一定の要件を満たせば課税されません（課税の繰り延べであって免除ではありません）。(a) と (c) は選択的ですから有利な方を選ぶことができます。

(d) 居住用財産に関わる譲渡損失の損益通算＊および繰越控除の特例（下記）もあります。

所得税・住民税

▼マイホームを譲渡した場合

自分が居住している家屋敷を売った場合：

- 居住用財産を譲渡した場合の特別控除＝3000万円控除

自分が居住している所有期間10年超の家屋敷を売った場合：

- 軽減税額
  上記3000万円特別控除後の譲渡益が6000万円以下の部分は10％（住民税は4％）、6000万円超の部分は15％（住民税は5％）の比例税率により課税

▼マイホームを譲渡した場合に譲渡損失が出たとき

所有期間5年超の自分が居住している家屋敷（一定の住宅借入金等の残債があるもの）を売った際に、その売った家屋敷に譲渡損失が出た場合で、なおかつ、その売却代金が住宅借入金等の残債より低い場合：

- 一定の譲渡損失の金額について、他の所得との損益通算ができるとともに、その年の翌年以後3年内の繰越控除が可能

Term **損益通算**　住宅ローンの残っているマイホームを、住宅ローンの残高を下回る価額で売却して、損失（譲渡損失）が生じたときは、一定の条件を満たすものに限り、その譲渡損失をその年度の給与所得や事業所所得など他の所得から控除（損益通算）することができる。4-12節参照。

Section

4-12

③税金知識

不動産を貸したときにかかる税金

不動産を貸したときにかかる税金は、不動産の取得・保有・売却（譲渡）にかかる税金ほど一般的ではありません。

■複雑な税金計算

不動産所得は原則、**損益通算**ができます。土地や建物などを貸し付けて受け取った地代や家賃等は、原則として**不動産所得**となります。不動産所得は、他の所得と合算して総合課税され、所得税と住民税がかかります。

不動産の金額の計算上生じた損失の金額は損益通算（他の所得の黒字の金額から控除すること）の対象となりますが、必要経費に算入した金額のうち土地の借入金利子の額は損益通算できません。

土地建物等の貸付では、次のように**消費税**がかかる場合とかからない場合があります。

①住宅の貸付（契約において、人の居住の用に供することが明らかにされているものに限る）に関わる家賃は非課税となります。

②店舗、事務所、工場などの貸付に関わる家賃は課税対象となります。

③駐車場その他の施設の利用に伴う土地の使用は課税対象となります。

④駐車場として利用する場合であっても、地面の整理、フェンス、区画建物の設置などをしていないときは、その土地の利用は「土地の貸付」に該当し、原則として非課税となります。

なお、この節の内容に限らず、税金の計算は個別性が強いので、不動産売買等により税金計算の事態が生じた場合は、税理士など専門家にご相談ください。

Point

不動産売買契約者や建築工事請負契約者の印紙税の軽減措置　契約書記載の契約金額が１千万円を超えるもので、2024年３月31日までの間に作成されるものは印紙税の軽減措置が適用される。契約金額が１千万円超５千万円以下ならば、本則税額は２万円だが、軽減税額は１万５千円である。

土地、建物などにかかる主な税金（個人）

- **取得したとき**
  - 不動産取得税
  - 土地・建物などを相続した場合…相続税
  - 土地・建物などの贈与を受けた場合…贈与税
  - 登録免許税
- **持っているとき**
  - 固定資産税
  - 都市計画税
  - 事業所税（事業所などの使用〈借りているときを含む〉に対し課されるもの）
- **貸したとき**
  - 不動産取得などに所得税および復興特別所得税・住民税
  - 権利金（譲渡所得・不動産所得）に所得税および復興特別所得税・住民税
  - 事業税（事業的規模で行っている場合に課されるもの）
- **売ったとき**
  - 売却の場合
  - 交換の場合
  - 収用の場合
  - → 譲渡所得などに所得税および復興特別所得税・住民税
  - → 事業税（事業的規模で行っている場合に課されるもの）

注：上記のほかに、建物を建築したり購入する場合には、建築工事請負代金や建物購入代金に10%の「消費税」がかかるとともに、「不動産売買契約書」や「建築工事請負契約書」には200円から48万円の「**印紙税***」がかかります。これらの契約書の印紙税には軽減措置があります。なお、土地の売買には、仲介手数料を除き、消費税はかかりません。

出所：金融企画21編「新しい税金の知識」より

Term

印紙税　経済的取引などに関連して作成される文書に課税される税金。なお、2014（平成26）年4月1日からの消費税の引き上げに伴い、2014年4月1日以降2024年3月31日までに作成される「不動産売買契約書」と「建築工事請負契約書」にかかる印紙税の税額が引き下げられている。

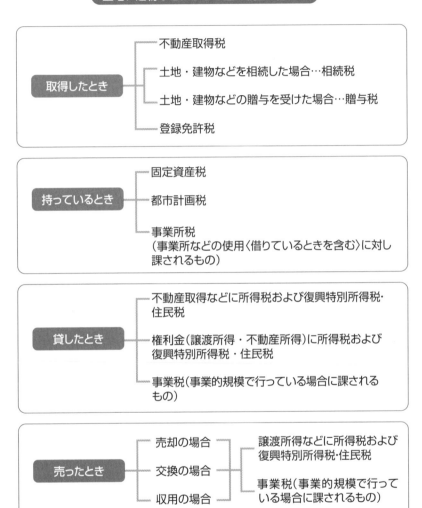

Section 4-13

③税金知識

住宅ローン控除制度の概要

住宅ローン控除（減税）制度は、1972（昭和47）年度創設の「住宅取得控除制度」がそのルーツです。1978年度の税制で住宅ローン控除が創設され、今日まで続いています。

■2022年から制度は大幅変更

住宅ローン控除制度は、住宅ローンを借りると節税ができる制度です。**住宅ローン減税**、住宅減税、住宅借入金等特別控除とも呼ばれます。

2022(令和4)年から制度が大きく変更になりました。改正前と改正後の制度の違いを、新制度のメリット、デメリット面から見て説明します。

・住宅ローン控除改正後の主なメリット

①控除期間が、新築住宅取得の場合、原則として10年から13年に延長（2019年に13年の特例導入済み）。

②借入限度額が住宅の性能・時期によって分かれる……より性能の高い住宅（最上は長期優良住宅＊・低炭素住宅＊）になるほど、多額の控除が受けられる。

③入居時期は2025年まで延長……当初、入居時期は2022年12月末までだったが、25年末まで延長になった。

・住宅ローン控除改正後の主なデメリット

①控除率が1%から0.7%に引き下げられた。

②所得制限が引き下げられた（年間所得額3000万円→2000万円に）。

③住民税からの控除額の上限が引き下げられた（最大13万6500円→9万7500円）。

④「その他の住宅」は住宅ローン控除が受けられなくなった。

2024～25年に「その他の住宅」に入居する場合、23年までに新築の建築確認を受けていないと住宅ローン控除は受けられません。

Term

長期優良住宅　長期にわたり良好な状態で使用するための措置が講じられた優良な住宅。
低炭素住宅　二酸化炭素（CO_2）の排出量を抑制する仕組みのある住宅。

住宅ローン減税制度の概要（令和４年度税制改正前）

居住開始時期	~2014(平成26)年3月	2014(平成26)年4月~2021(令和3)年12月	2019(令和元)年10月~2022(令和4)年12月
控除期間	10年間	10年間	13年間
控除率	1%	1%	1%
最大控除額	2000万円 ×1% ×10年 =200万円	4000万円 ×1% ×10年 =400万円	[1~10年目] 4000万円 ×1% ×10年 =400万円 [11~13年目] 80万円
住民税からの控除上限額	9.75万円／年 (前年度課税所得×5%)	13.65万円／年 (前年度課税所得×7%)	13.65万円／年 (前年度課税所得×7%)
主な要件	①床面積が50㎡以上であること　②借入金の償還期間が10年以上であること　など		

出所：すまいの給付金

住宅ローン減税について（令和４年度税制改正後）

住宅の取得を支援し、その促進を図るため、住宅およびその敷地となる土地の取得にかかる毎年の住宅ローン残高の0.7%を最大13年間、所得税から控除する制度（所得税から控除しきれない場合、翌年の住民税からも一部控除）。

新築/既存等	住宅の環境性能等	借入限度額		控除期間
		2022~23年入居(令和4~5)	2024~25年入居(令和6~7)	
新築住宅 買取再販	長期優良住宅・低炭素住宅	5000万円	4500万円	13年間
	ZEH水準省エネ住宅	4500万円	3500万円	
	省エネ基準適合住宅	4000万円	3000万円	
	その他の住宅	3000万円	0円(2000万円※1)	
既存住宅 (中古住宅)	長期優良住宅・低炭素住宅 ZEH水準省エネ住宅 省エネ基準適合住宅	3000万円		10年間
	その他の住宅	2000万円		

【主な要件】

①自らが居住するための住宅

②床面積が50m^2以上※2

③合計所得金額が2000万円以下※2

④住宅ローンの借入期間が10年以上

⑤引渡し又は工事完了から6カ月以内に入居

⑥1982年以降に建築または現行の耐震基準に適合等

※1：2023年までに建築確認が行われた場合、ただし控除期間10年間。

※2：2023年末までに建築確認を受けた新築住宅を取得する場合、合計所得金額1000万円以下に限り、床面積が40m^2以上。

出所：国土交通省

Section
4-14 ④金融知識 長期金利が上がれば住宅ローン金利が上がる

住宅ローンをはじめとする不動産融資と切り離せないのが、金利です。ここでは金利の体系を整理してみました。

■新長プラの影響を受ける変動型住宅ローン金利

金利の基本は**公定歩合**＊でした。これは、中央銀行である日本銀行が市中銀行に融資する際の金利です。日銀は長らく公定歩合を政策金利としており、これが銀行預金金利や貸出金利、国債の利回りなどに影響を与えていました。1999年、日銀のゼロ金利政策により、**無担保コールレート翌日物金利**＊が政策金利の役割を果たすことになりました。これは短期市場金利の代表格といわれるもので、誘導目標が掲げられてきましたが、2013年4月に同目標は廃止され、金融市場調節の目標が**マネタリーベース**＊に変更されました。

その間、金融市場調節方針は2001年の「量的緩和政策」の開始以降、「包括的な金融緩和政策」、「量的・質的金融緩和」と変わってきました。

2016年1月に「マイナス金利付き量的・質的金融緩和」、同9月には「長短金利操作付き量的・質的金融緩和」が導入されました。2018年7月の日銀会合でもこの政策を持続することになりましたが、金融市場調節はより弾力的に運営していく措置が決定されました。

金融機関が企業に融資するときの基準となるのが、長期プライムレートと短期プライムレートです。

長期プライムレート（**長プラ**）は、民間金融機関が企業に1年以上貸し付ける際の最優遇金利です。従来は長期信用銀行が発行する5年もの利付金融債に0・9％上乗せして水準が決定されていました。昨今は銀行が発行する5年もの普通社債の発行利率等市場における金融機関の資金調達レートを参考に、一定の利ざやを上乗せして決定されています。現在、長期プライムレートは長期信用銀行の流

Term

公定歩合　正式には2006年8月に名称変更され、「基準割引率および基準貸付利率」と呼ばれる。

無担保コールレート翌日物金利　日本の金融機関が1年以内のいわゆる短期資金の貸借を行うコール市場において、約定した翌日に返済を行う際の金利のこと。

れをくむみずほ銀行などが発表しています（みずほ銀行2023年11月現在1・40％で、2017年7月より同一水準）。実際は新発10年もの国債に連動して決められるのがほとんどです。

短期プライムレート（短プラ）は、1年未満の貸付最優遇貸出金利のことです。1989年以降、都市銀行6行が調達コストなどをベースに自主的に決定している金利で、銀行によって異なりますが、最頻値の金利（最も多くの数の銀行が採用する金利）は現在1・475％で、2009年1月から同一水準です。1989年以降の金利を「新短期プライムレート（新短プラ）」と呼ぶことがあります。

このほか、1991年には**新長期プライムレート（新長プラ）**が誕生しています。これは、1年以上3年未満は短プラ＋0・3％、3年以上は短プラ＋0・5％などと、各行が独自に決めています。従来、長期貸出金利は長プラに基づき決定されていましたが、長期国債利回りでなく、現在は新長プラを使うところが増えています。なお、固定型住宅ローンの金利は10年もの長期国債の利回りに、変動型住宅ローンは新長プラに、大きく影響されます。

主要金利の推移

単位：%

年.月	短期プライムレート（最頻値）	長期国債（10年もの）新発債応募者利回り	長期プライムレート（みずほ銀行）	三井住友銀行住宅ローン	
				変動金利（短期プライム連動）店頭金利	超長期固定金利型（借り換え）30年超35年以内融資利率
2018.4	1.475	0.032	1.00	2.475	1.75
2019.4	1.475	−0.060	1.00	2.475	1.58
2020.4	1.475	0.023	1.10	2.475	1.47
2021.4	1.475	0.123	1.10	2.475	1.57
2022.4	1.475	0.201	1.25	2.475	1.86
2023.4	1.475	0.456	1.40	2.475	2.07

（注1）各数値の基準は月初、ただし長・短期プライムレートは10日。
（注2）短期・長期プライムレートは金融機関により異なる。
出所：日本銀行、みずほ銀行、三井住友銀行HPより作成

Term

マネタリーベース　日本銀行が供給する通貨のこと。「ベースマネー」「ハイパワードマネー」と呼ぶ場合もある。現金通貨（日本銀行券、補助貨幣）と民間金融機関の法定準備金（日銀当座準備金）の合計であり、信用創造の基礎となるお金である。

Section
4-15

④金融知識

「証券化」の仕組みを使った「フラット35」

長期固定金利型住宅ローン（機構買取型）「フラット35」の取扱いは順調に伸びています。大手銀行を含め320以上の金融機関が取り扱う人気商品です。

■フラット35とは

フラット35（長期固定金利型住宅ローン）には「**買取型**」と「**保証型**」の2種類がありますが、前者が320の金融機関が取り扱う人気商品であるのに対し、後者は12機関（うち新規取扱10機関）のみの取り扱いです（2023年10月20日現在）。以下、前者について説明します。

フラット35は、民間金融機関の融資した住宅ローンを住宅金融支援機構（旧住宅金融公庫）が譲り受け、そのローンを裏付けとして機構が資金調達を行う――という手法を用いた住宅ローン商品です。2003年10月に誕生しました。「住宅金融支援機構が行う証券化支援事業（買取型）を活用した、民間金融機関の長期固定金利型の住宅ローン商品」と言い換えることもできます。

フラット35の特徴および民間住宅ローンとの違いは、次のとおりです。

①最長35年間（認定長期優良住宅対象の別商品であるフラット50は最長50年間）の固定金利で、計画的返済が可能。
②取扱金融機関により、融資金利、融資手数料が異なる。
③保証会社に対する保証料、繰上げ返済手数料が不要。
④中古住宅、セカンドハウス、親族居住用住宅資金の借入が可能。
⑤借入金額は8000万円が限度（民間金融機関ローンでは1億円の借入も可能）。
⑥繰上げ返済最低額100万円（取扱金融機関窓口利用の場合）から（民間金融機関ローンでは1万円からも可能）。
⑦団信加入は任意（民間住宅ローンでは必須）。
⑧連帯保証人不要。

Term
MBS　Mortgage Backed Securityの略。住宅ローン債権を担保とした資産担保証券。2-6節参照。

フラット35の仕組み

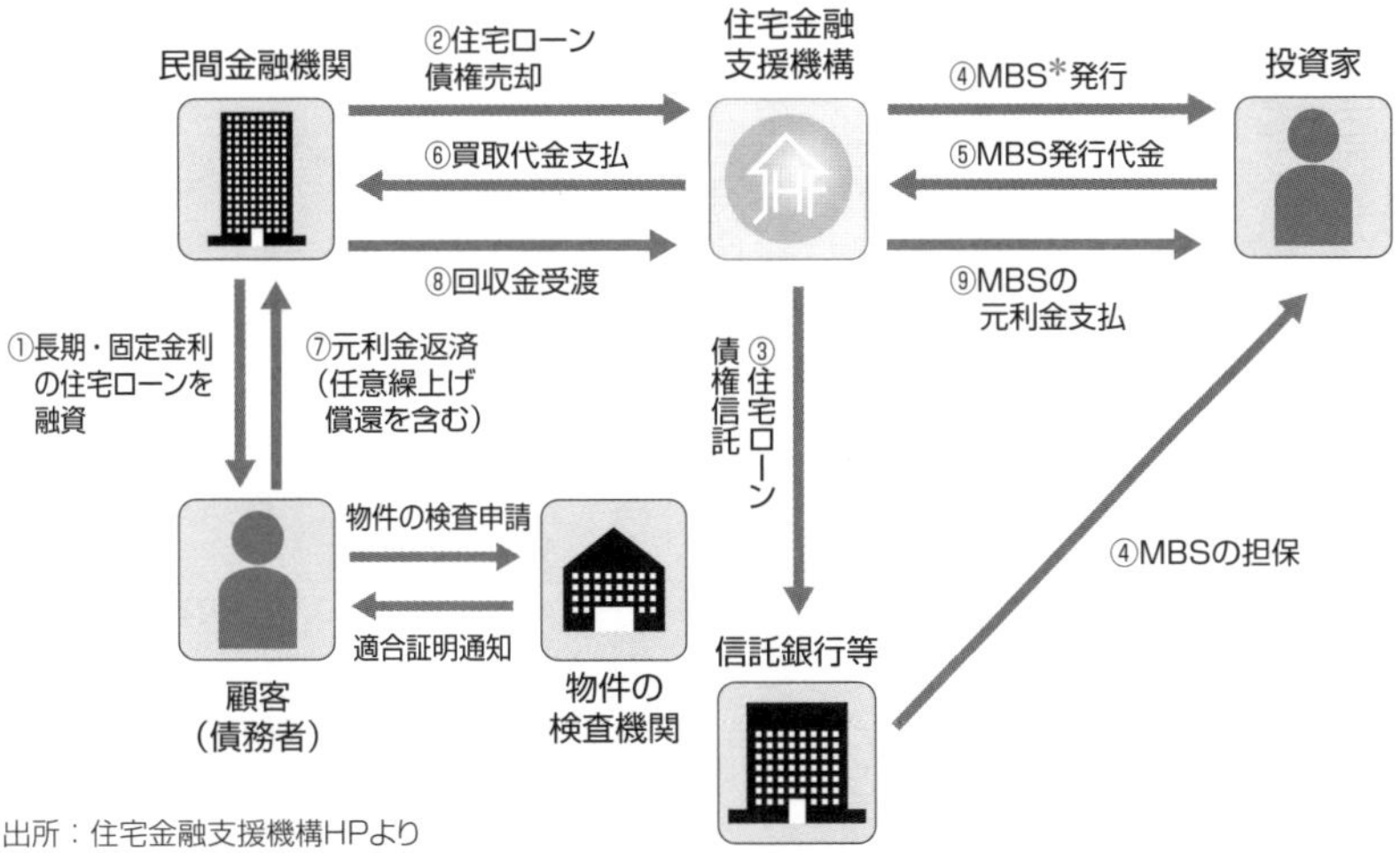

出所：住宅金融支援機構HPより

みずほ銀行の長期固定金利型住宅ローン「フラット35」（機構買取型）概要（抜粋）

1	商品名	長期固定金利住宅ローン「フラット35」（機構買取型）
2	利用できる方	次の条件を満たす個人の顧客 1. 申込時70歳未満、完済時80歳未満の方 2. 日本国籍の方または永住権許可を受けている外国人の方 3. 総返済負担率 年収400万円未満：30%、年収400万円以上:35%
3	資金使途	・本人所有・居住の住宅の建築、または新築・中古住宅の購入のための資金（含むセカンドハウス） ・本人所有、本人または親族が居住する住宅の建築、または新築・中古住宅の購入のための資金 ・他金融機関借入中の住宅ローンの借り換え資金
4	借入金額	100万円以上8000万円以内、ただし、住宅建設費または購入価額の100%以内
5	借入期間	15年以上35年以内、ただし80歳に達するまで。借り換えの場合は「35年」－「借り換え時の住宅ローン経過年数」
6	返済方法	毎月元利均等返済または毎月元金均等返済（選択）
7	団信	新機構団信（一般）、新機構団信（夫婦連生）、新3大疾病付機構団信のいずれか選択加入可。加入しないことも可
8	保証人	不要
9	金利	固定金利方式（全期間固定）
10	担保	融資対象物件およびその敷地に第1順位抵当権設定（抵当権者:住宅金融支援機構）
11	融資手数料	32,400円（定額型）
12	繰上げ返済	繰り上げる元金100万円以上
13	火災保険	必須加入

出所：みずほ銀行HPより作成

不動産に関する資格

不動産関連の主な資格には、宅地建物取引士、建築士、不動産鑑定士、公認不動産コンサルティングマスター、マンション管理士などがあります。

■人気抜群の国家資格「宅地建物取引士」

宅地建物取引士は、宅地建物取引業法を**根拠法***とする、国家資格です。不動産取引に欠かせない重要な資格であり、人気も抜群、毎回約20万人が受験しており、国家資格試験の中で最大級の規模です。

不動産と密接な関係にある建設関連の代表的国家資格として、**建築士**があります。

特に不動産の開発・分譲・仲介業務などでは建築知識が必要となりますので、宅地建物取引士資格と併せ持つと強力な武器になります。

「不動産の鑑定評価に関する法律」（不動産鑑定法）を根拠法とする**不動産鑑定士**は、超難関の国家資格です。2006年以降の新制度の試験では、最終合格者数100人前後、最終合格率は2～6%という低さです。

宅地建物取引士、不動産鑑定士、一級建築士（2013年11月試験から）に限って受験資格が与えられる試験に**不動産コンサルティング技能試験**（資格名：公認不動産コンサルティングマスター）があります。不動産流通推進センターが登録・証明する公的資格です。

このほかの国家資格に**マンション管理士**、**管理業務主任者**資格があります。ともに、2000年成立の「マンションの管理の適正化の推進に関する法律」を根拠法とします。

土地家屋調査士、測量士、司法書士、そして職業能力開発促進法を根拠法とする**ビル設備管理技能士**（1級、2級）などもあります。測量士と土地家屋調査士は、測量を行う点は同じですが、最大の違いは「登記ができるかどうか」です。測量士が「測量の技術者」であるのに対し、土地家屋調査士は「土地の境界・用途をはっきりさせ、登記をする人」です。測量士は、土地の登記は行えません。

Term

根拠法　制度や施策の基盤となっている法律。何らかの制度や施策を稼働させる場合に、その妥当性の裏付け（根拠）となる法令のこと。例えば「宅建業者は免許を受けなければ営業できない」の根拠法は宅地建物取引業法である。

不動産関連の資格概要一覧

NO	重要度	資格名	資格認定・登録機関	資格の根拠法令	資格試験（認定）開始年	資格試験の指定試験機関
1	◎	宅地建物取引士（略称：宅建士、取引士）	都道府県知事登録	宅地建物取引業法	1958年	（一財）不動産適正取引推進機構
2	-	建築士	-	-	-	-
	◎	一級建築士	国土交通大臣免許登録	建築士法	1950年	（公財）建築技術教育普及センター
	◎	二級建築士	都道府県知事免許登録	建築士法	1950年	（公財）建築技術教育普及センター
	◎	木造建築士	都道府県知事免許登録	建築士法	1984年	（公財）建築技術教育普及センター
3	◎	不動産鑑定士	国土交通大臣確認登録	不動産の鑑定評価に関する法律	1964年	国土交通省・土地鑑定委員会（問い合わせ先：同省土地・水資源局地価調査課）
4	○	公認不動産コンサルティングマスター	（公財）不動産流通推進センター認定（国土交通大臣登録）	不動産特定共同事業法	1992年	（公財）不動産流通推進センター
5	◎	マンション管理士	国土交通大臣登録	マンション管理適正化法	2001年	（公財）マンション管理センター
6	◎	管理業務主任者	国土交通大臣登録	マンション管理適正化法	2001年	（一社）マンション管理業協会
7	△	区分所有管理士	（一社）マンション管理業協会	-	1996年	（一社）マンション管理業協会（試験制度2012年で終了、ただし、2023年登録更新継続中）
8	◎	土地家屋調査士	法務省	土地家屋調査士法	1950年	問い合わせ先：各地法務局・地方法務局
9	◎	測量士・測量士補	国交省国土地理院	測量法		問い合わせ先：国交省国土地理院
10	◎	司法書士	法務省	司法書士法	1978年	問い合わせ先：各地法務局・地方法務局
11		ビル設備管理技能士	-	-	-	-
	◎	1級ビル設備管理技能士	厚生労働省	職業能力開発促進法	1991年	（公社）全国ビルメンテナンス協会
	◎	2級ビル設備管理技能士	厚生労働省	職業能力開発促進法	1991年	（公社）全国ビルメンテナンス協会
12	○	ビル経営管理士	国土交通大臣登録証明	-	1991年	（一財）日本ビルヂング経営センター

注：◎：国家資格　○：公的資格　△：民間資格

出所：各団体HPなどより作成

Section

4-17 ⑤不動産関連の資格 取引には欠かせない宅地建物取引士

宅地建物取引士がいないと、重要事項説明も、契約締結もできません。不動産取引にはなくてはならない存在です。

■宅地建物取引士とは

宅地建物取引士とは、宅地建物取引士資格試験（宅建試験）に合格し、都道府県知事の登録を受け、宅地建物取引士証の交付を受けた者のことをいいます。2015年4月、宅地建物取引主任者から宅地建物取引士に名称が変わりました。通常は略して、宅建士、取引士、宅建取引士などと呼びます。

宅地建物取引士は、契約締結前の取引の当事者に対する重要事項の説明、**重要事項説明書***への記名や宅建業法三七条書面（「契約書」のことです）への記名の業務を行うことができるとされています。

これらの業務は宅地建物取引士であれば専任の取引士でなくても行うことができます。しかし、宅地建物取引士だけに与えられた業務であって宅地建物取引士以外の者にはできません。

宅地建物取引業者（免許を受けて宅地建物取引業を営む者）は、その事務所などごとに一定数の成年である専任の宅地建物取引士を置かなければなりません（宅地建物取引業法第31条の3項）。

この場合、事務所などに関しては業務に従事する者5人につき1人、マンションのモデルルームのような案内所では従事する人数に関係なく1人置かなければならないとされています。

過去10年間の宅地建物取引士資格試験の受験者数・合格者数・登録者数を左ページに示します。合格者の75%前後が登録者です。総登録者数は110万人を突破しました。

なお、宅地建物取引士には、「公認不動産コンサルティングマスター」になるための技能試験の受験資格があります。

Term

重要事項説明書　宅地建物取引業者が取引当事者に契約上重要な事項を説明する際、当事者に交付する書面。2022年5月から、不動産取引における書面の電子化の全面解禁により、書面でなくてもよくなった。4-2節参照。

宅地建物取引士資格試験の受験者数・合格者数等の推移

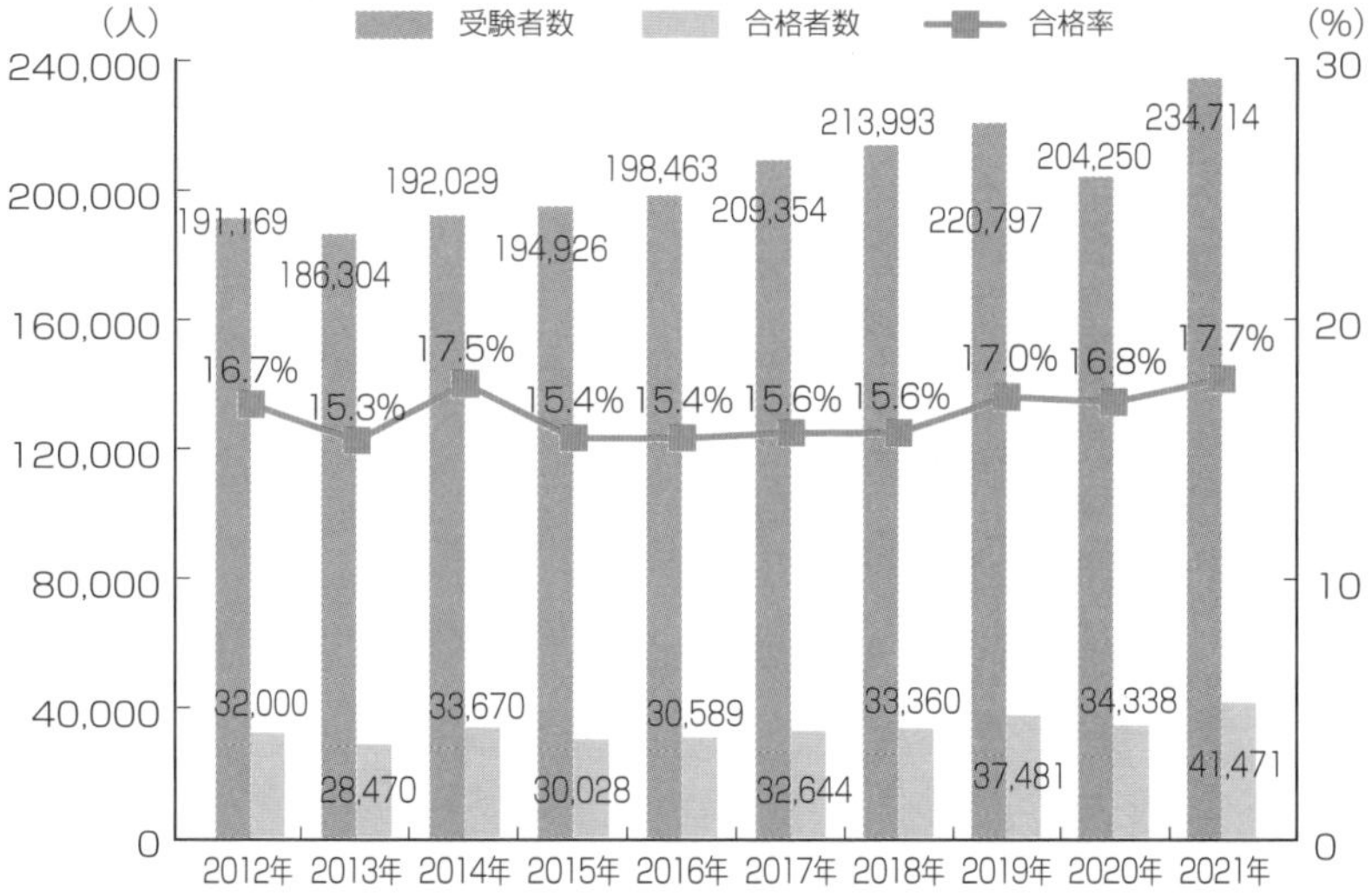

出所：(一財) 不動産適正取引推進機構

宅地建物取引士　登録者数の推移

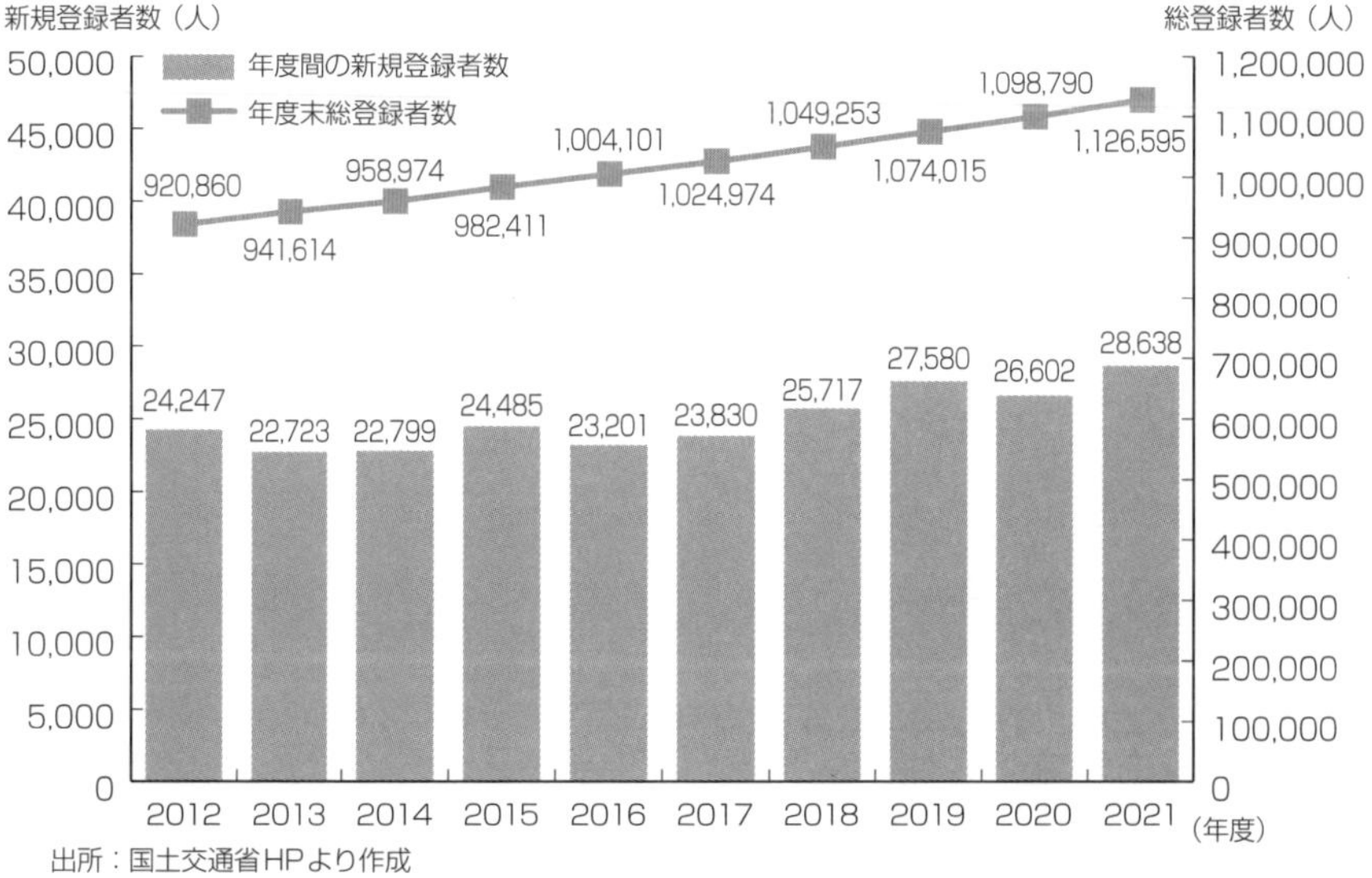

出所：国土交通省HPより作成

重要事項説明書と契約書の違い　重要事項説明書は、不動産会社が借主（買主）に対して交付する書面となる。契約書は、貸主（売主）と借主（買主）の間で締結する書面である。

Section **4-18**

⑤不動産関連の資格

住宅・建設・不動産業界共通資格「建築士」

一級建築士を頂点に、二級建築士、木造建築士とあわせ、100万人以上の建築士が存在します。

■建築士の種類とその業務範囲

建築士法（1950年制定）第2条では、**建築士**には一級建築士、二級建築士、木造建築士があるものとし、それぞれを次のように定義しています。

・**一級建築士**……国土交通大臣の免許を受け、一級建築士の名称を用いて、設計・工事監理などの業務を行う者。
・**二級建築士**……都道府県知事の免許を受け、二級建築士の名称を用いて、設計・工事監理などの業務を行う者。
・**木造建築士**……都道府県知事の免許を受け、木造建築士の名称を用いて、木造の建築物に関し、設計・工事監理などの業務を行う者。

どの種類の建築士も、設計・工事監理などの業務を行う点では同じですが、その資格により設計監理できる建物に違いがあります。

建築士別の業務範囲は左ページの表に示すとおりです。これによると、一級建築士は複雑・高度な技術を要する建築物を含むすべての施設を、二級建築士は一定規模以下の木造や鉄筋コンクリート造などの建築物を、木造建築士は木造建築物で延べ面積300㎡以内かつ2階以下のものを、それぞれ設計・工事監理できるということです。

一級・二級建築士は1950年に誕生しており、試験制度も70年強の歴史を誇ります。木造建築士は1984年に誕生しています。一級建築士は1984年から、二級建築士と木造建築士は1985年から、**（公財）建築技術教育普及センター**＊が中央指定試験機関となって試験を実施しています。

なお、一級建築士にも、「公認不動産コンサルティングマスター」になるための技能試験の受験資格があります。

Term
（公財）建築技術教育普及センター　建築士（一級・二級・木造）、建築整備士などの試験実施機関。

建築士の種類と業務範囲

一級建築士：すべての構造・規模・用途の建築物について、設計・工事監理を行うことができます。

二級建築士：比較的小規模な建築物についてのみ、設計・工事監理を行うことができます。

木造建築士：より小規模な木造建築物についてのみ、設計・工事監理を行うことができます。

出所：（公財）建築技術教育普及センターHPより

建築士の種類別業務範囲

延べ面積 S(㎡)		木造			木造以外		すべての構造
		高さ≦13m かつ 軒高≦9m			高さ≦13m かつ 軒高≦9m		高さ＞13m または 軒高＞9m
		階数1	階数2	階数3以上	階数2以下	階数3以上	
S≦30		A	A	C	A	C	D
30<S≦100		A	A	C	C	C	D
100<S≦300		B	B	C	C	C	D
300<S≦500		C	C	C	D	D	D
500<S≦1000	一般	C	C	C	D	D	D
500<S≦1000	特定※	D	D	D	D	D	D
1000<S	一般	C	D	D	D	D	D
1000<S	特定※	D	D	D	D	D	D

A：だれでもできる
B：一級建築士、二級建築士、木造建築士でなければできない
C：一級建築士または二級建築士でなければできない
D：一級建築士でなければできない

※特定とは、学校、病院、劇場、映画館、観覧場、公会堂、オーディトリアム*を有する集会場、百貨店をいう。

出所：（公財）建築技術教育普及センターHPより

Term

オーディトリアム（auditorium）　公会堂・音楽堂の意味もあるが、ここでは聴衆席・観客席のこと。

Section 4-19

⑤不動産関連の資格

鑑定評価と適正利用の専門家「不動産鑑定士」

2006（平成18）年度から新試験制度が始まりました。

■不動産鑑定士とは

（公社）日本不動産鑑定士協会連合会によれば、「**不動産鑑定士**は、地球の環境や諸条件を考慮して『不動産の有効活用』を判定し、『適正な地価』を判断します。つまり、不動産鑑定士は、不動産の価格についてだけでなく、不動産の適正な利用についての専門家でもあります」とのことです。

不動産鑑定士の業務には、大きく分けて不動産鑑定業務とコンサルティング業務があります。

前者としては、定期的な鑑定評価として「地価公示」「都道府県地価調査」「相続税標準地の鑑定評価」「固定資産税標準宅地の鑑定評価」があります。そのほかにも公共用地の取得や裁判上の評価、会社合併時の資産評価などがあります。後者としては、不動産の有効活用、開発計画の策定をはじめとする総合的なアドバイスを行っています。

不動産鑑定士は国家資格であり、不動産鑑定士となるためには国土交通省土地鑑定委員会が実施する試験に合格しなければなりません。難易度が極めて高く、司法試験、公認会計士試験と並んで3大国家試験といわれてきました。2003年に「不動産の鑑定評価に関する法律」が改正され、2006(平成18)年度から新しい試験制度が始まりました。

新しい試験制度では、従来の第一次試験（国語・数学・論文）、第三次試験（不動産鑑定評価に関する実務）は廃止され、短答式試験（年1回5月実施）および論文式試験（年1回8月上旬実施）の2段階により実施されることになりました。論文試験合格後、実務修習を修了し、修了試験に合格すると不動産鑑定士となる資格を得ます。なお、不動産鑑定士補の資格は廃止されました。

不動産鑑定士にも、「公認不動産コンサルティングマスター」になるための技能試験の受験資格があります。

Point

不動産鑑定士の試験機関　不動産関連の国家試験は、その大半を民間の指定試験機関が実施しているが、不動産鑑定士試験だけは国土交通省（土地鑑定委員会）が直接行っている。問い合わせ先は国土交通省の不動産・建設経済局地価調査課となっている。

不動産鑑定士試験（短答式）の受験者数・合格者数等の推移

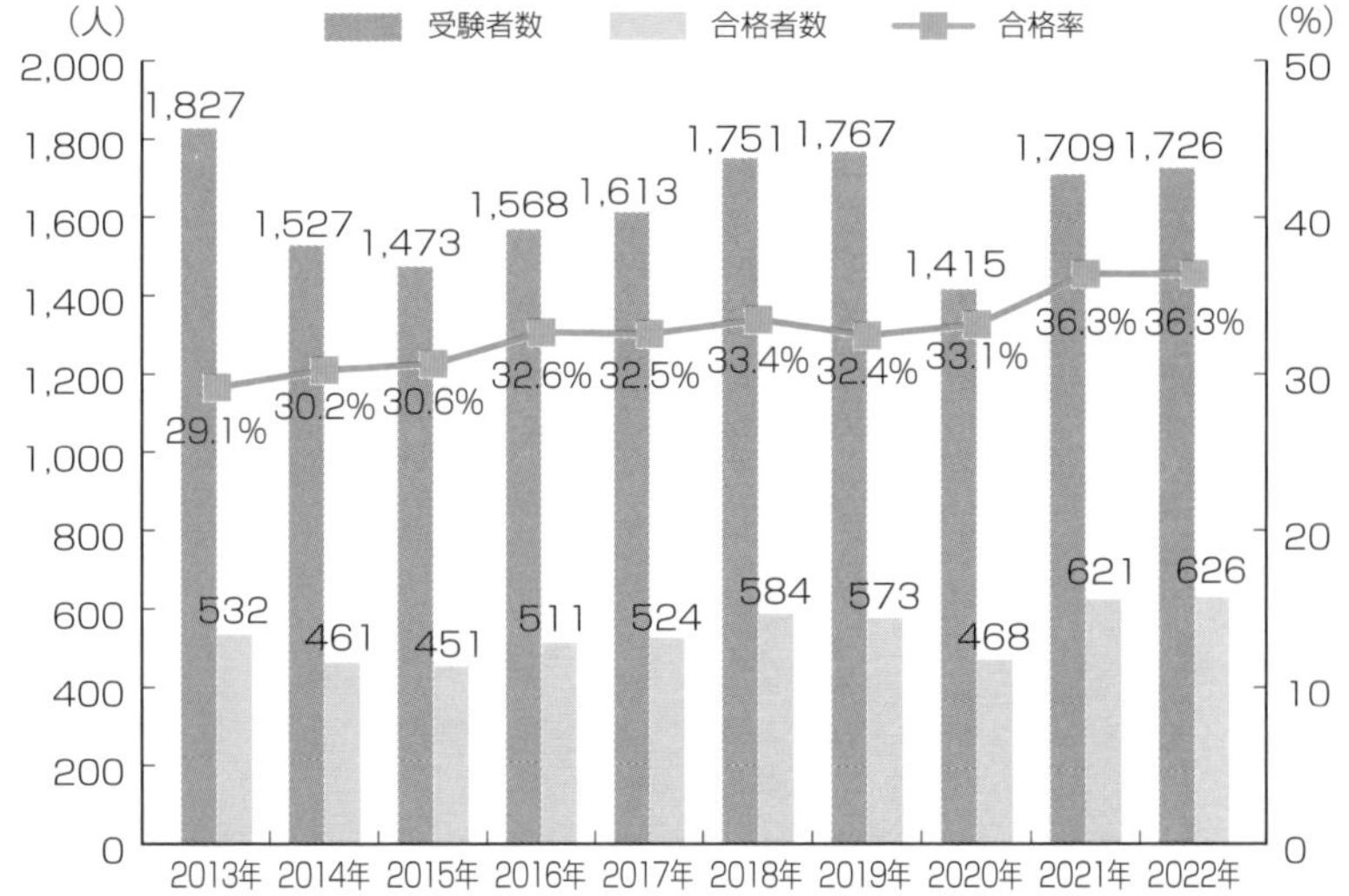

出所：国土交通省HPより作成

不動産鑑定士試験（論文式）の受験者数・合格者数等の推移

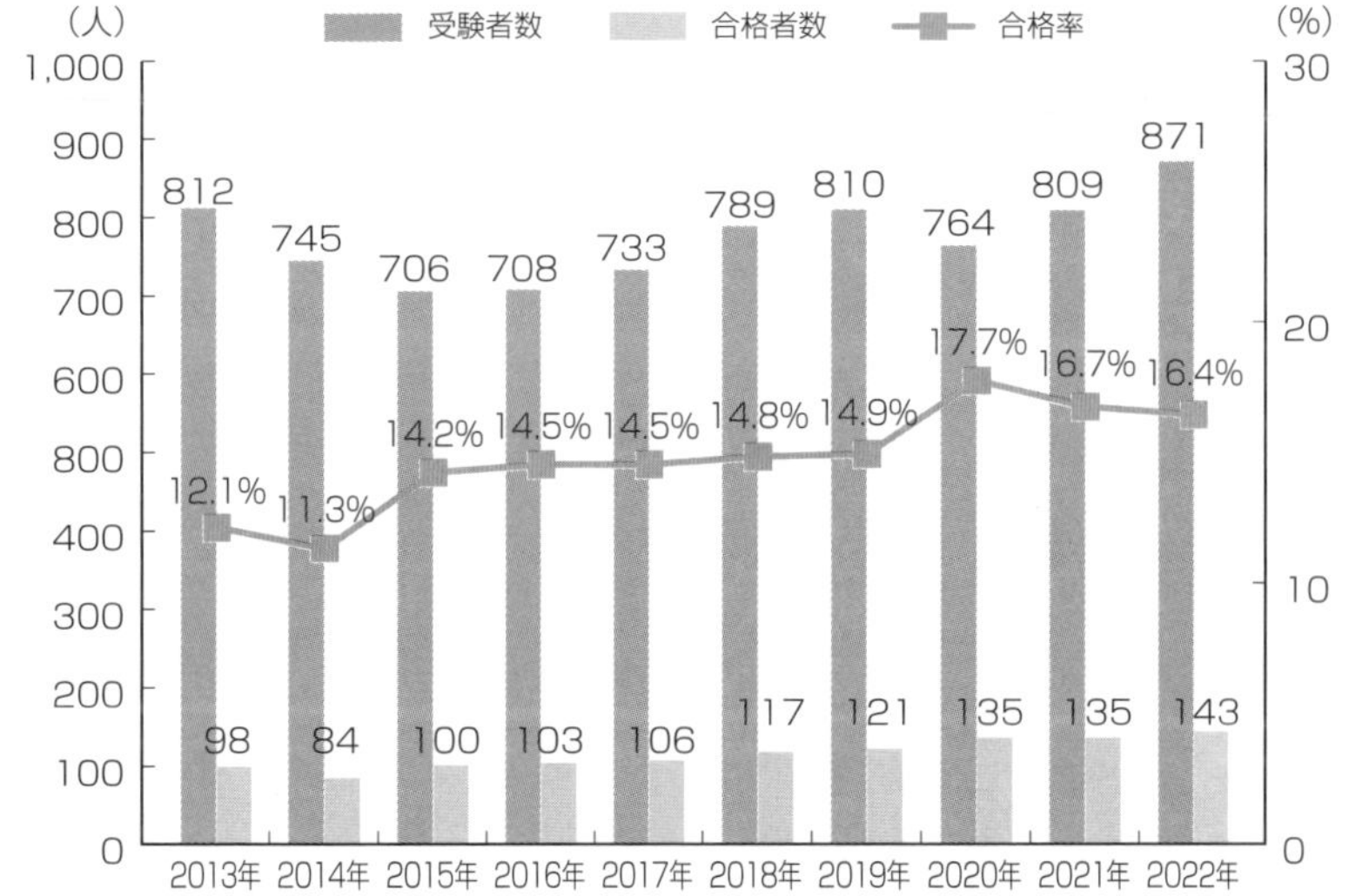

出所：国土交通省HPより作成

Point

不動産の鑑定評価　土地や建物の所有権以外の権利の経済価値を判定し、その結果を価額に表示すること。

Section
4-20

⑤不動産関連の資格

難化傾向「公認不動産コンサルティングマスター」

不動産鑑定士、宅地建物取引士、一級建築士の中から選抜され、5年間の実務経験が必要な資格です。従来の不動産コンサルティング技能登録者から、2013年に名称変更されました。

■公認不動産コンサルティングマスターとは

2013年1月、不動産コンサルティング技能登録者の名称が、**公認不動産コンサルティングマスター**に変更されました。

（公財）不動産流通推進センター*によれば、公認不動産コンサルティングマスターとは、「不動産の有効活用や投資について、高い専門知識と豊富な経験に基づいてコンサルティングを行うことのできる専門家」とのこと。すなわち、同センターが実施する**不動産コンサルティング技能試験**に合格し、不動産コンサルティングに関する一定の水準以上の知識および技術を有すると認められて、同センターに登録された人たちです。

不動産コンサルティング業務については、「不動産の利用、取得、処分、管理、事業経営および投資等について、企画、調整し、提案する業務」と定義付けされています。

不動産コンサルティング技能試験は、不動産流通推進センターが国交省の登録を受け、1993年から実施している技能試験です。宅地建物取引士と不動産鑑定士、一級建築士（2013年11月実施試験時から追加）を対象に、年1回行われます。2022年度は第30回の試験で、第1回以来の合格者総数は約3万9000人、合格率（平均）63・7%です。ただし第1回試験は特例で、合格者数1万4000人（合格者総数の23%）、合格率92・3%の異常値です。第1回を除くと合格者総数は2万5000人、合格率（平均）は54%となります。近年、不動産の流動化・証券化等への対応で当資格への需要が高まっている中、合格率は低下し、試験難化傾向が見られます。

コンサルティング以外の資格として、「不動産特定共同事業法」における「業務管理者」の資格などが得られます。

Term

不動産流通推進センター　不動産コンサルティング技能試験、登録事業、不動産流通４団体が参加する不動産物件サイト「不動産ジャパン」の運営、各種講座・研修を行っている。

不動産コンサルティング技能試験の受験者数・合格者数等の推移

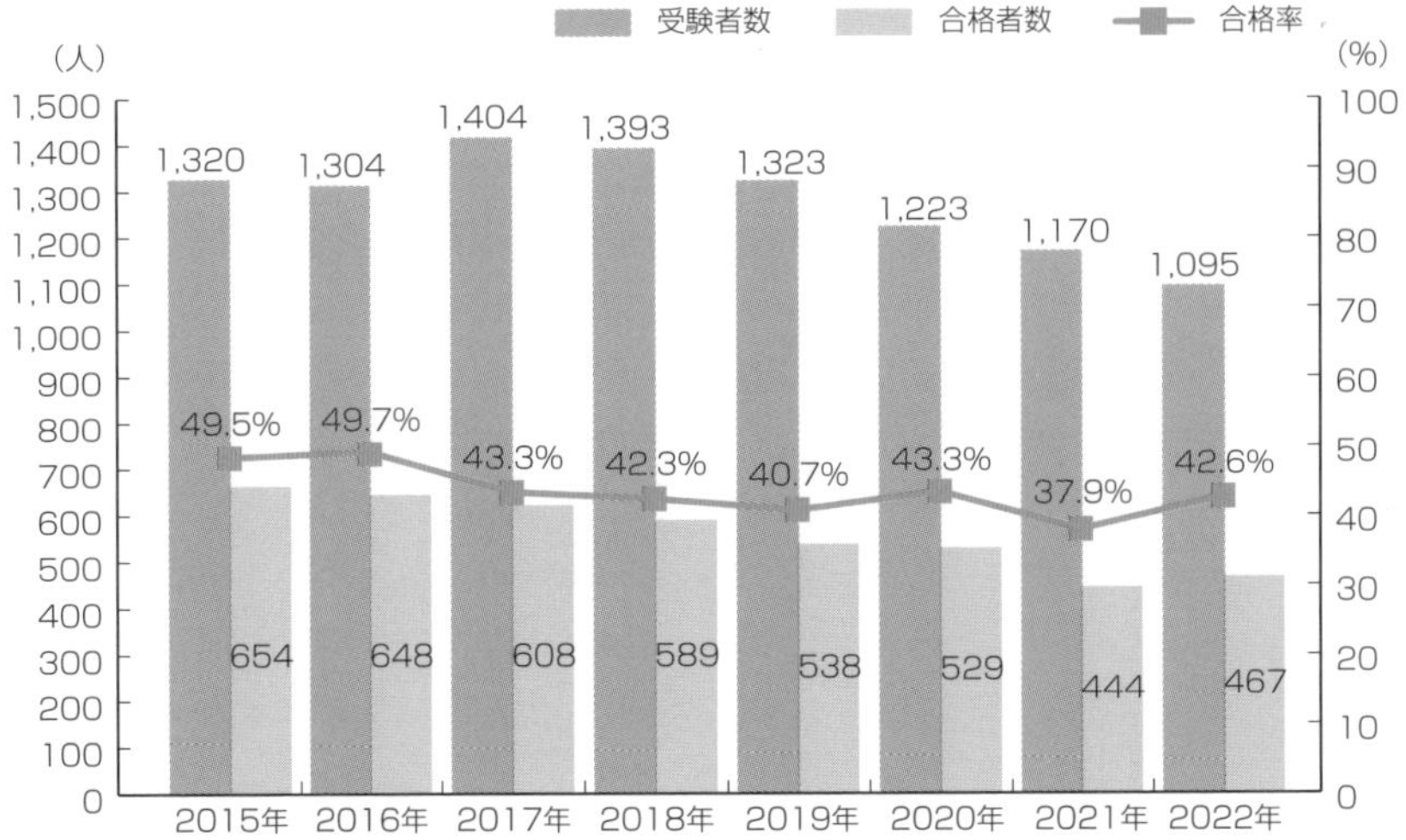

出所：(公財) 不動産流通推進センター

「この試験を受験する主な目的は？」のアンケート結果

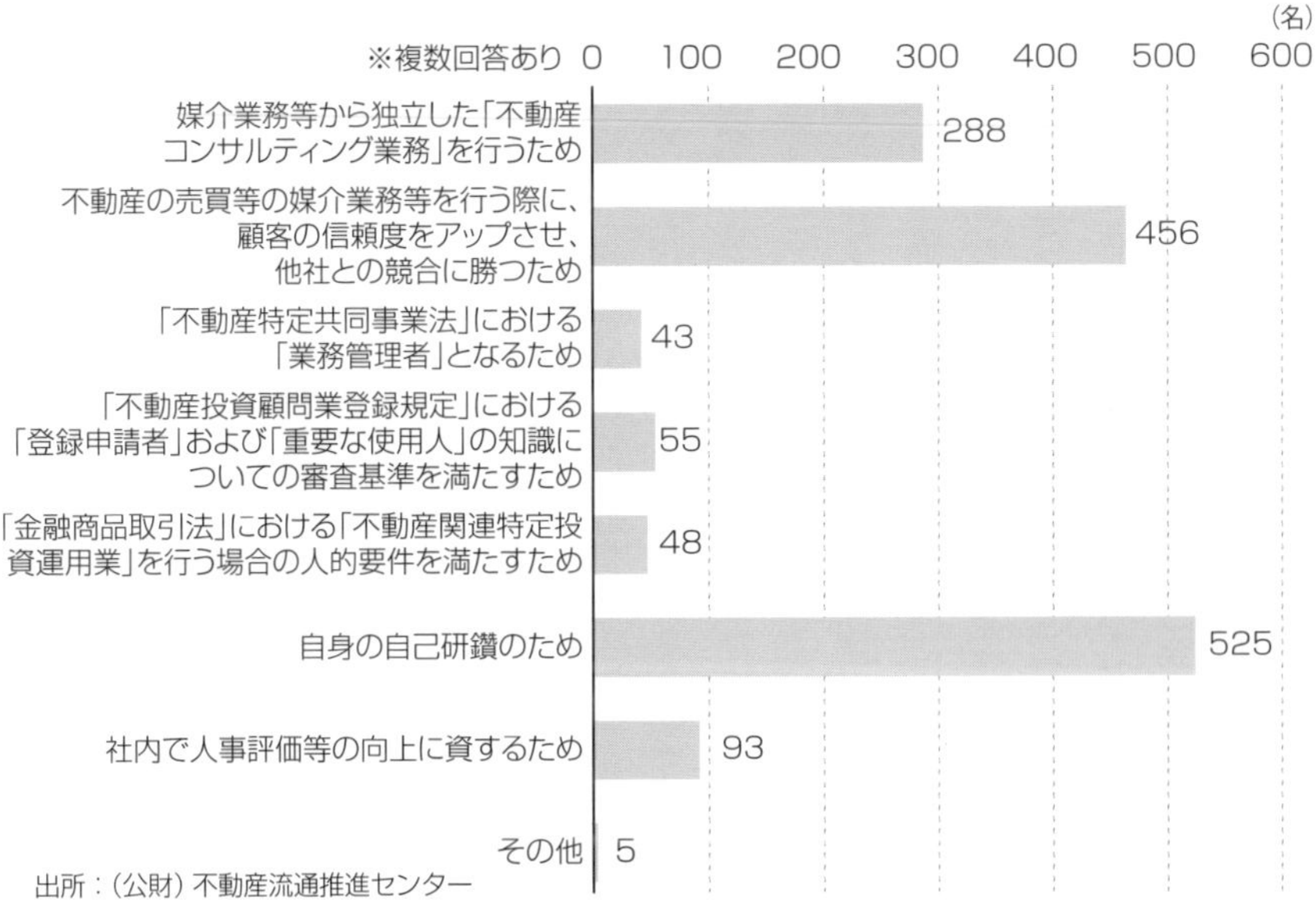

出所：(公財) 不動産流通推進センター

Point

公認不動産コンサルティングマスター」の持つコンサルティング以外の資格

(1)「不動産特定共同事業法」における「業務管理者」となる資格。(2)「不動産投資顧問業登録規程」における登録申請者等の資格。(3)「金融商品取引法」における「不動産関連特定投資運用業」を行う資格。

Section
4-21

⑤不動産関連の資格

マンション独自の国家資格

2000年、「マンションの管理の適正化の推進に関する法律」（略称：マンション管理適正化法）の制定に伴い新設された「マンション管理士」、ならびに民間資格から移行した「管理業務主任者」が、マンション関連の代表的な国家資格です。

■マンション管理士と管理業務主任者

マンション管理士は「管理組合の運営その他マンション管理に関し、助言、指導その他の援助を行うことを業務とする者をいう」とマンション管理適正化法＊に定義されています。すなわち、マンション管理組合のアドバイザーです。主に組合ないしは区分所有者の立場に立って、問題解決をします。

管理業務主任者は、マンションの委託契約に関する重要事項の説明や管理業務の報告のために設けられた資格です。管理会社（管理業者）の立場から問題解決をします。

マンション管理業者＊、マンション管理業を営む者は、30管理組合に1人以上の専任の管理業務主任者を置かなければなりません。ただし、住宅部分が5戸以下のマンションの管理業務のみをその業務とする事務所については、設置不要です。

マンション管理士試験は合計23回行われ、合格者総数は約4万1000人となっています。合格率はここ5年で9・2%、試験開始以来では7・1%で、なかなかの難関です。受験者数は前年割れが当初から18年間続いていましたが、直近3期のうち2期はわずかながら前年を上回っています。

また、管理業務主任者試験もいままで23回行われ、合格者総数は約12万5000人、合格率は最近5年間は21・4%、試験開始以来では異常に高い第1回を除くと22・0%です。

両資格は学習範囲がほぼ共通であることから、各資格保有者が相手資格の受験をする際には、50問中あらかじめ定められた5問が正解扱いにされる制度があります。

Term

マンション管理適正化法　マンション管理が適正に行われる仕組みを法律で定め、マンションの資産価値の維持、快適な住環境確保を目的としている。いわゆる分譲マンションが対象で、ワンオーナー所有の賃貸マンションなどは対象外である。4-7節参照。

マンション管理士試験の合格者数等の推移

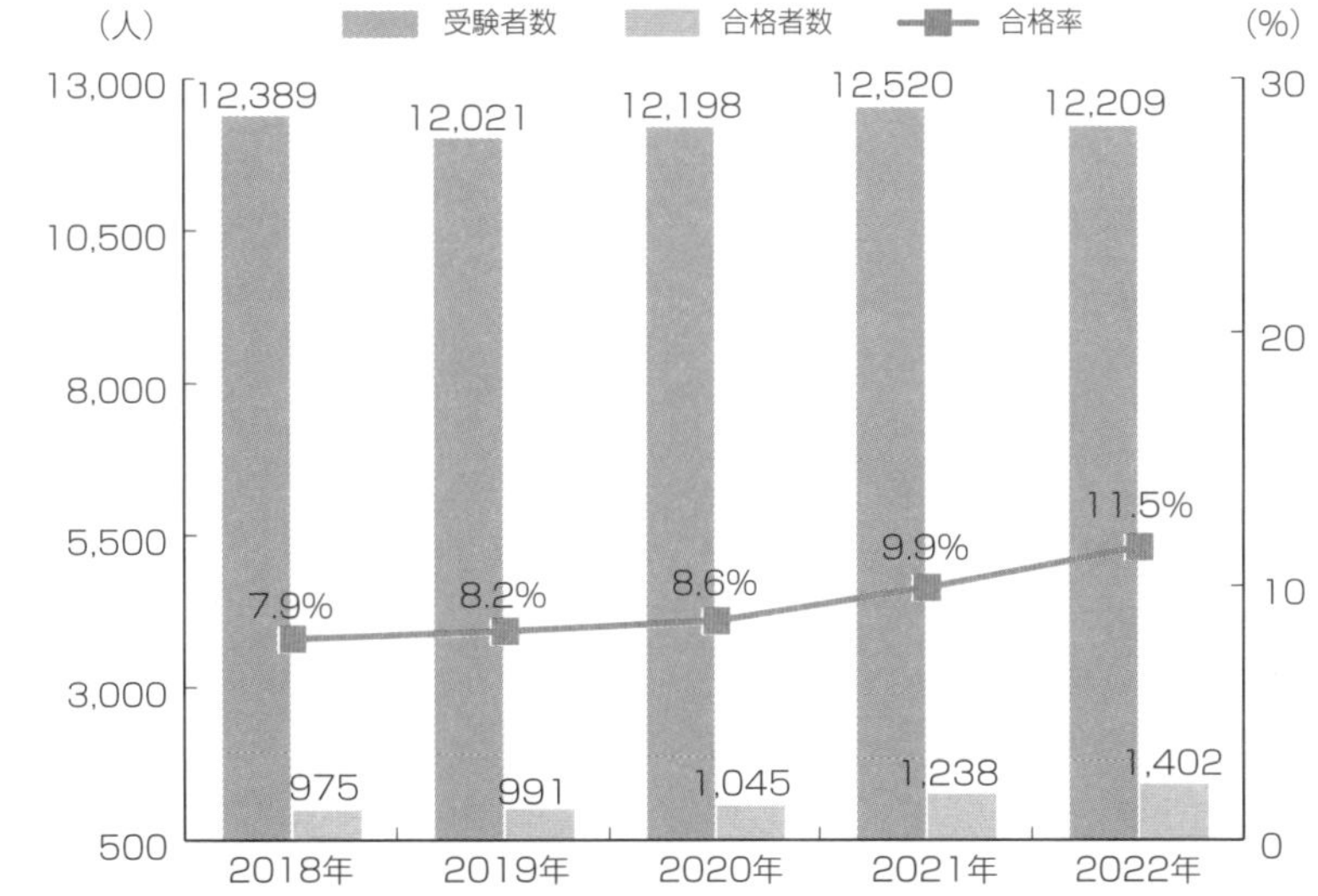

出所：（公財）マンション管理センター

管理業務主任者試験の合格者数等の推移

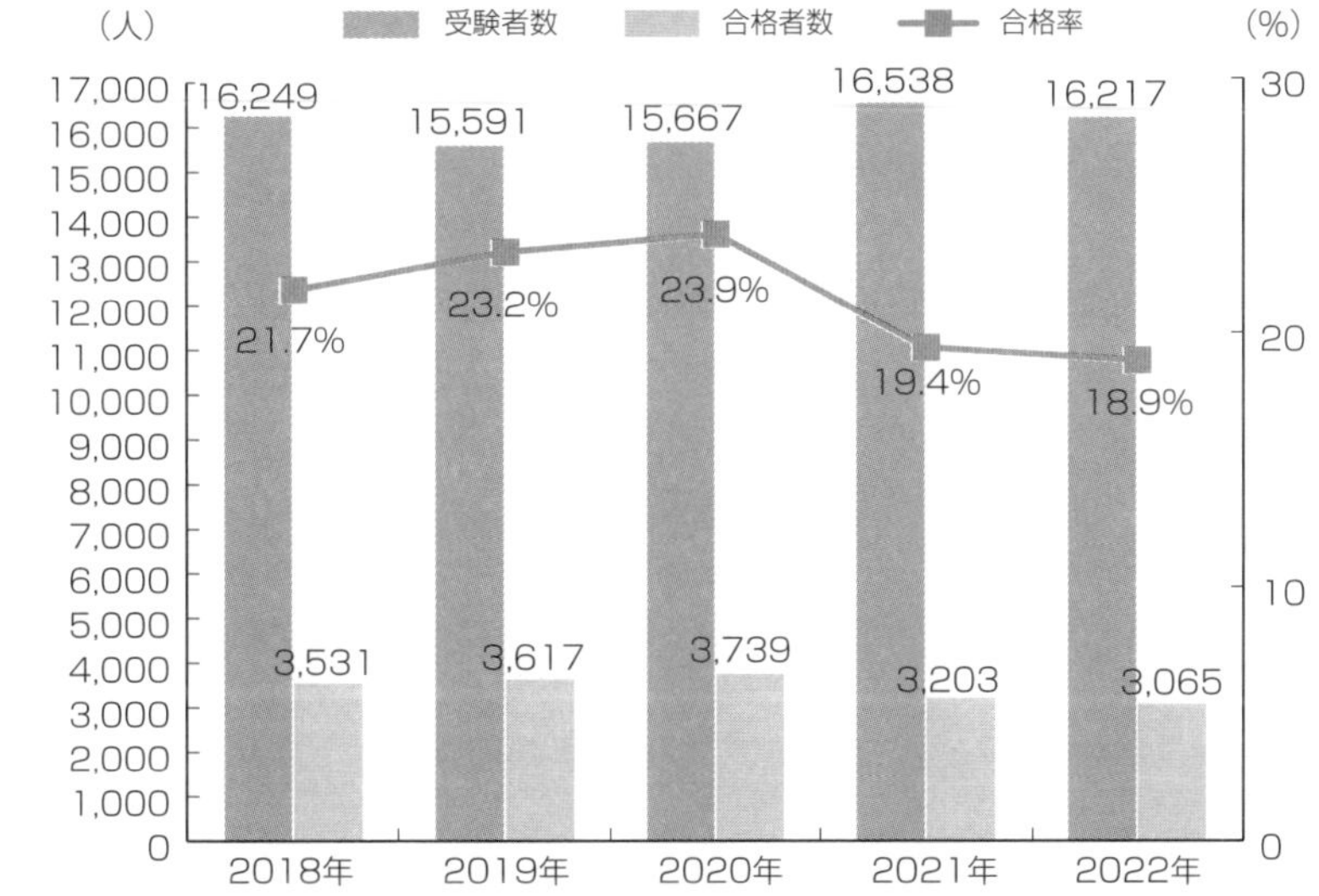

出所：（一社）マンション管理業協会HPより作成

マンション管理業者　国土交通省の登録を受けてマンション管理業を営む者。

Column

不動産・住宅統計を読む難しさ

住宅着工関連の統計には「建築動態統計」があり、「建築物着工統計」と「住宅着工統計」などが含まれます。**建築物着工統計**は「全国における建築物の着工状況（建築物の数、床面積の合計、工事費の予定額）を建築主、構造、用途等に分類して把握する」ものであり、**住宅着工統計**は「着工建築物のうち、住宅の着工状況（戸数、床面積の合計）を構造、建て方、利用関係、資金等に分類して把握する」ものです。

「建築物着工統計」では、工事種別に分類し、「新築」「増築」「改築」の工事を次のように定義しています。

・「新築」とは、既存の建築物のない新たな敷地に建築物を建てる工事をいう。
・「増築」とは、既存の建築物のある敷地内において床面積の合計が増加する工事をいう。
・「改築」とは、建築物の全部または一部を除却し、またはこれらが災害などにより滅失したあと、用途、規模、構造の著しく異ならない建築物を建てる工事をいう。従前のものと著しく異なるときは、新築または増築とする。

「住宅着工統計」では、工事別に分類した「新設」「その他」の工事を次のように定義しています。

・「新設」とは、住宅の新築（旧敷地以外の敷地への移転を含む）、増築または改築によって住宅の戸が新たに造られる工事をいう。
・「その他」とは、住宅が増築または改築されるときで、住宅の戸が新たに増加しない工事をいう。

したがって、増築・改築には、新設住宅戸数にカウントされるケースと、そうでないケースがあります。戸数が増えるかどうかで判断します（増築はカウントされないケースが多く、改築はカウントされるケースが多い）。世間一般でいう「建替え」（従前のものと著しく異なるものを建てるとき）は、既存の建築物のない新たな敷地に建築物を建てる工事ではありませんが、「改築」の定義に含まれる「（従前と）著しく異ならない建築物」ではないので、新築（増築もあります）と見なされます。この場合、除却または滅失による減と新築による増で実質戸数の増減はありません。このように、言葉の定義・意味をはっきり理解しておかないと、間違った分析をすることにもなりかねないので、注意する必要があります。

第5章

不動産業の特性と問題点

不動産業は、1事業所当たりの従業者数が3.9人で、中小零細性の著しい業種です。廃業率が開業率を上回るため、一部地域では事業所数が減少傾向にあります。廃業する事業者の大半が中小零細業者です。

近年、地価はゆるやかな上昇傾向にあります。バブルの再来は未然に防止する必要があります。東京都心部23区の新築分譲マンションの平均価格は1億円を超える勢いです。

Section
5-1 不動産業の特性と問題点を整理する

第1章でも一部述べましたが、ここで不動産業の特性と問題点を挙げておきます。

■不動産業の特性と問題点

①不動産業をフローの面から見ると、国内総生産（GDP）550兆円の12％に当たる66兆円（2021暦年）の付加価値額を産出している（1-3節参照）。

②不動産業をストックの面から見ると、不動産の評価額は国民総資産1京2400兆円の24％に当たる3000兆円となる（2021年末）（1-4節参照）。

③経営指標*から見た特徴は次のとおり。

（a）従業員1人当たりの付加価値額が極めて高い（1-9節参照）。

（b）売上高利益率（売上高営業利益率、売上高経常利益率）は高いが、総資本利益率（総資本営業利益率、総資本経常利益率）は低い。

（c）自己資本比率が低い。

（d）借入金比率が高い。

（b、c、dは5-2節参照）

④中小零細性が著しい。

・従業者規模別事業所の割合では1～4人が86％（全産業平均は57％）である（2016年経済センサス）。

・1事業所当たりの平均従業者数は全産業平均11・2人に対し、不動産業は3・9人である（1-8節の表参照）。

⑤廃業率が高い（5-3節参照）。

⑥景気の波にさらされやすく、好況・不況の差が顕著である。内需（国内の需要）の変動が企業業績に影響を与える。

⑦就業者の高齢化が進んでおり、2015年時点で60歳以上が約5割（総務省国勢調査）。

⑧経営層の高齢化・後継者不足が顕著（次のデータは2018年帝国データバンク調べ）。

・社長の平均年齢61・7歳（全業種最高齢）

・後継者不在率68・9％

Term **経営指標**　最新業績に基づいて経営分析を行い、同業と比較するための尺度となるもの。大企業向けには「法人企業統計」「日経経営指標」などがあるが、中小企業向けには「TKC経営指標」や「小企業の経営指標」（日本政策金融公庫〈国民生活事業〉）などが使われる。

各産業の従業員１人当たりの付加価値額の推移

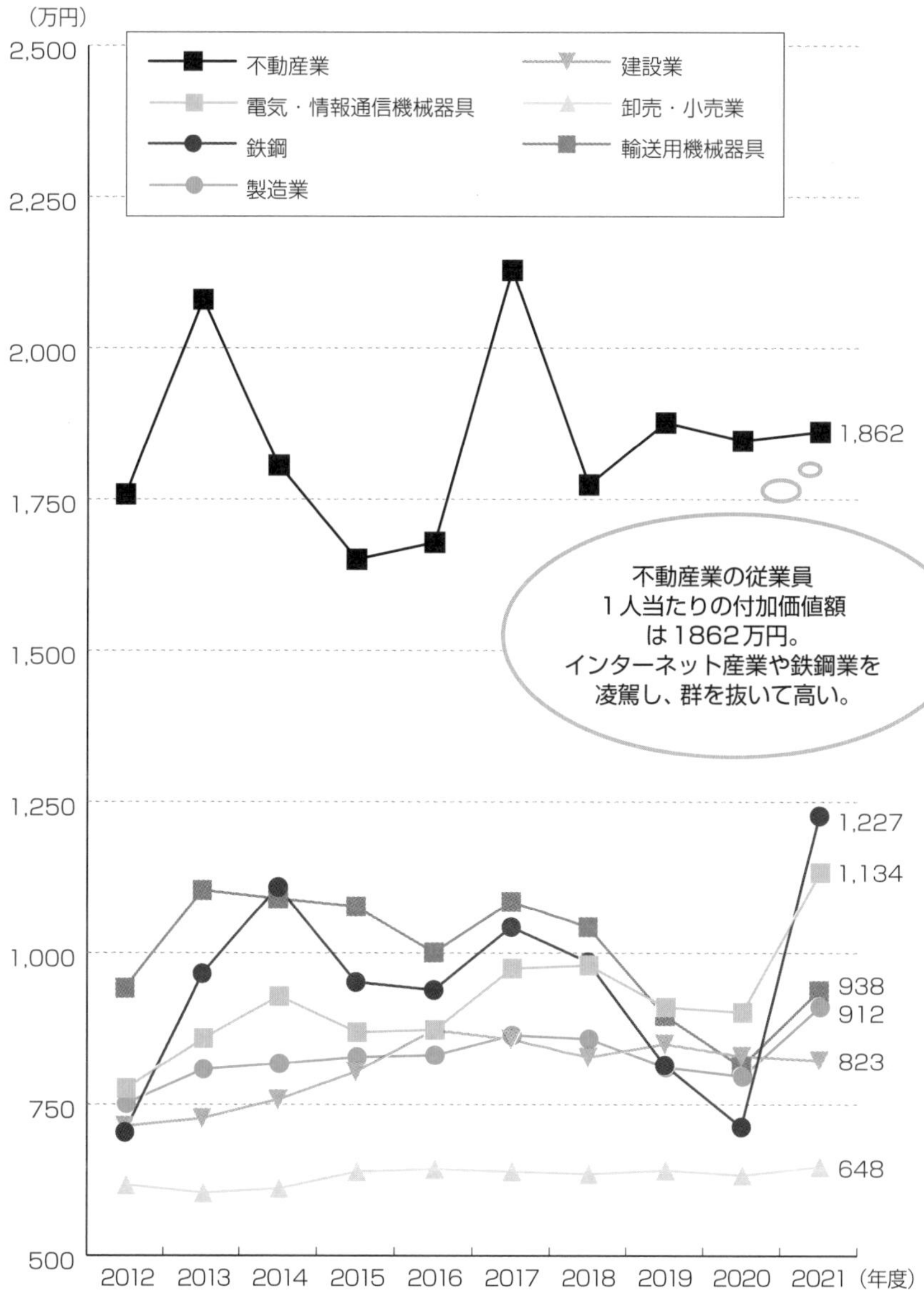

出所：財務省「財政金融統計月報」―法人企業統計年報特集―より作成

小規模企業　製造業その他：従業員20人以下／商業・サービス業：従業員５人以下の企業。中小企業基本法の定義では、商業とは卸売業、小売業（飲食店を含む）を指し、不動産業は「製造業その他」に含まれる。「製造業その他」とは、ソフトウェア業、情報処理サービス業、建設業、運送業、倉庫業、印刷業、出版業など。

Section

5-2 経営指標から見た不動産業の特徴

不動産業の売上高営業利益率・売上高経常利益率は高いが、自己資本比率・総資本回転率は低い。

■不動産業の利益率は高いが効率は悪い

大企業も含んだ統計である「**財政金融統計月報***」―法人企業統計年報特集―により、不動産業の経営指標を見てみると、次のような特徴が見いだせます（カッコ内のデータは2021年度。上が不動産業、下が全産業平均）。

①売上高経常利益率（12・5%、5・8%）は高いが、総資本経常利益率*（2・8%、4・3%）は低い。
②総資本回転率が悪い（0・24回、0・73回）。
③借入金比率が高い（210・3%、40・6%）。
④金融費用費率が高い（2・0%、0・5%）。
⑤自己資本比率が低い（33・1%、40・5%）。

「総資本経常利益率＝売上高経常利益率×総資本回転率」という関係にあることから、総資本経常利益率が悪いのは、総資本回転率が悪いためであることがわかります。

「総資本回転率＝売上高÷総資本」で表されることからわかるとおり、総資本回転率が悪いのは、総資本が大きすぎることが一因です。

総資本が大きいのは、借入金比率が高いのが一因です。借入金比率が高いのは、借入金が大きいためだと考えられます。借入金が大きいため、金融費用比率が高くなっています。

借入金が大きいため、自己資本比率が悪くなっていることが考えられます。

ここでいう借入金比率は「(短期借入金＋長期借入金＋手形割引残高)／売上高×100」、金融費用比率は「支払利息等／売上高×100」、自己資本比率は「(純資産―新株予約権)／総資本×100」が算式となります。

Term
財政金融統計月報　財務省の主要な業務統計や一般に公表されている統計資料などを基に財政、金融、経済の重要な事象について解明した統計資料集。当月報は、毎号、特定のテーマについての特集号となっている。

全産業・不動産業の収益性の代表的指標の推移

単位%、回

経営指標	業種	2012	2013	2014	2015	2016	2017	2018	2019	2020	2021
総資本経常利益率（%）	全産業	3.4	4.0	4.2	4.3	4.6	4.9	4.7	4.0	3.4	4.3
総資本経常利益率（%）	不動産業	2.5	2.3	3.0	2.9	3.4	3.4	2.8	2.5	2.8	3.0
売上高経常利益率（%）	不動産業	9.5	10.9	12.6	10.9	124	14.0	11.1	10.2	12.1	12.5
総資本回転率（回）	不動産業	0.26	0.21	0.24	0.26	0.27	0.24	0.25	0.25	0.23	0.24

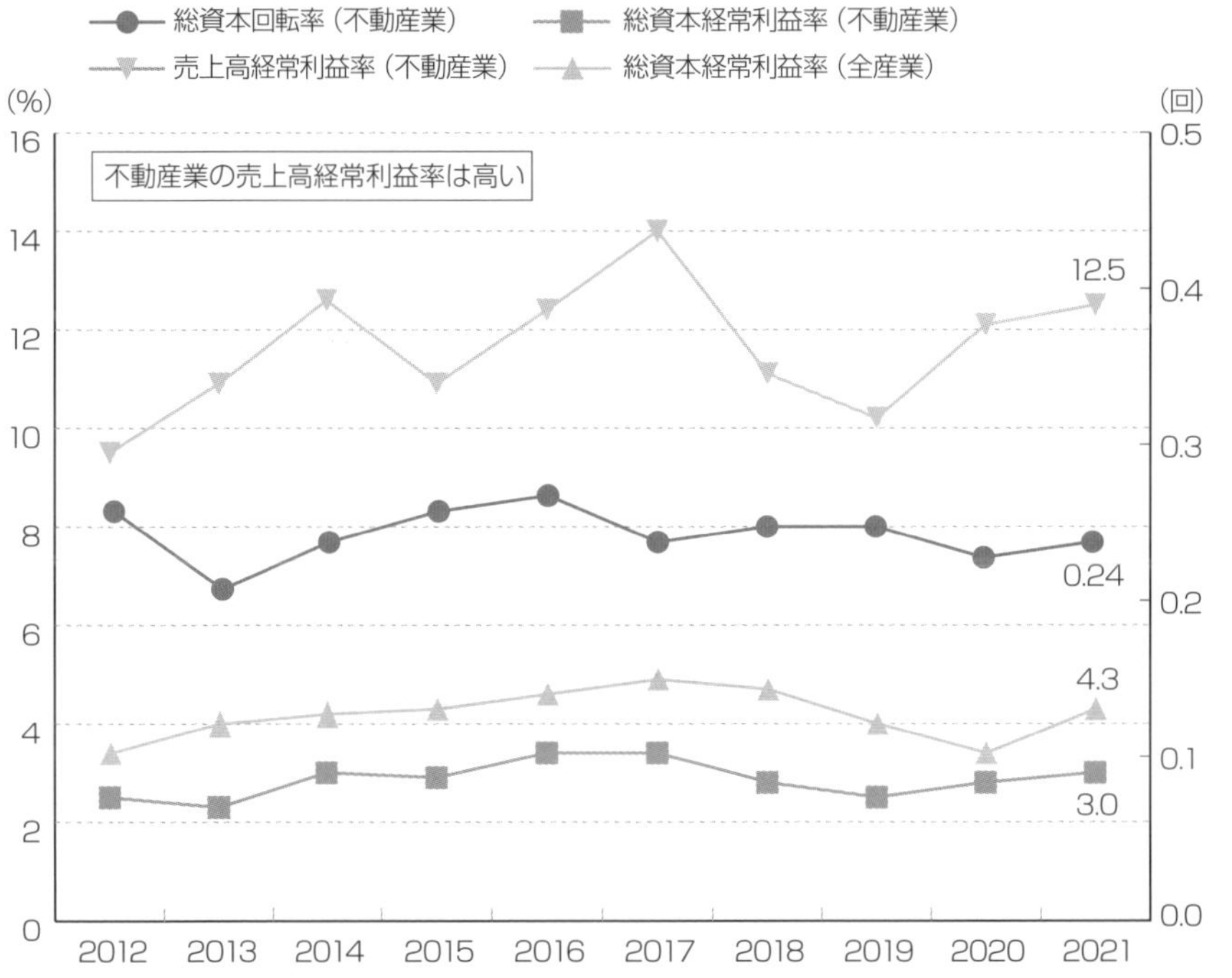

注1：全産業には金融業・保険業を含まない。
注2：算式は次のとおり：
・総資本経常利益率＝経常利益÷総資本(期首・期末平均)×100
・売上高経常利益率＝経常利益÷売上高×100
・総資本回転率＝売上高÷総資本（期首・期末平均）

出所：財務省「財政金融統計月報」－法人企業統計年報特集－による

総資本経常利益率　算式を分解していくことにより、どこに問題があるかがわかる。収益性の総合指標といわれ、収益性の全貌を知る意味で重要な比率。

Section
5-3 事業所の廃業率が開業率を上回る

不動産業は参入・退出率が高い業種といわれてきましたが、参入率は必ずしも高くありません。

■不動産業の開業率は4・7%、廃業率は5・4%（2012～14年調査）

開業率・廃業率の代表的なデータには、①経済センサス（2006年以前は事業所・企業統計調査＊）、②雇用保険事業年報、③民事・訴務・人権統計年報と国税庁統計年報をもとに算出した3つの異なったデータがあります。ここでは以下、経済センサスを使って不動産業の開廃業率を算出してみました。

同センサス（2014年基礎調査）によると、2012年2月～14年7月の間で、新設事業所3万9174、廃業事業所4万5051となっており、廃業数が新設数を上回っています。

これを1年当たりに換算（2014年調査と2016年調査の間隔を29カ月で計算）しますと、それぞれ1万6210、1万8642となります。この数字を2014年2月調査時の事業所数で割ると、年率の開業率、廃業率が求められます（厳密には新設・廃業事業所の中にはほかの場所からの移転、ほかの場所への移転も含まれていますが、捨象しました）。

集計の結果は、不動産業全体の開業率は4・7%、廃業率は5・4%で、廃業率が開業率を0・7ポイント上回っています。同一調査時点の全産業平均がそれぞれ4・6%、6・1%ですから、かい離幅は不動産業が全産業の半分程度となっています。

業態別・従業者規模別に分析すると、次の点が読み取れます。

①不動産業を2分類（中分類）した不動産取引業、不動産賃貸業・管理業とも、廃業率が開業率を上回っている。

②不動産取引業の方が、不動産賃貸業・管理業より、開・廃業率とも高い率を示している。

Term

事業所・企業統計調査　2006年まで行われていた日本の事業所の全数調査である。本調査は2006年の調査を最後に2009年からは経済センサスに統合された。

③小分類事業でも、不動産管理業を除き、廃業率が開業率を上回っている。不動産管理業の開業率は異常値と思われ、捨象する必要がある。

④不動産賃貸・管理業の小分類事業が、開・廃業率のかい離率が2%以上で大きい。

⑤従業者規模別に見ると、規模が大きくなるにつれて、開業率も廃業率も絶対値が大きくなっている。従業員5人以上の開業率が廃業率を上回っているが、1～4人では廃業率が開業率を上回っている。

⑥「不動産業の参入率は高い」といわれているが、宅建業の許可が不要な不動産賃貸業・管理業ならびに5人未満の小規模事業者に関しては、開業率は低い。

不動産業の中・小分類別の開業率・廃業率

項目 中・小分類	新設事業所数 総数 A	新設事業所数 年換算新設事業所数 B	開業率（年率）（%）C=B/G ×100	廃業事業所数 総数 D	廃業事業所数 年換算廃業事業所数 E	廃業率（年率）（%）F＝E/G ×100	2012年2月1日事業所数 G
	2012年2月1日～2014年7月1日			2012年2月1日～2014年7月1日			
不動産業	39,174	16,210	4.7	45,051	18,642	5.4	344,057
従業者規模 1～4人	30,685	12,697	4.3	38,055	15,747	5.3	297,277
従業者規模 5～9人	4,747	1,964	6.2	4,291	1,775	5.6	31,919
従業者規模 10人以上ならびに出向・派遣業者のみ	3,742	1,548	10.4	2,705	1,119	7.5	14,861
不動産取引業	10,091	4,176	6.5	10,717	4,435	6.9	64,025
建物売買業・土地売買業	2,648	1,096	6.7	2,710	1,121	6.9	16,297
不動産代理業・仲介業	7,427	3,073	6.4	7,996	3,309	6.9	47,706
不動産賃貸業・管理業	29,083	12,034	4.3	34,334	14,207	5.1	280,032
不動産賃貸業（狭義）	3,433	1,421	3.4	5,385	2,228	5.4	41,511
貸家業・貸間業	9,553	3,953	2.4	18,191	7,527	4.6	163,207
駐車場業	1,760	728	2.2	4,274	1,769	5.3	33,385
不動産管理業	14,308	5,921	14.3	6,414	2,654	6.4	41,428

注1：2012年2月1日～2014年7月1日の開業率（年率）＝年換算新設事業所数÷2014年2月1日現在の事業所数
注2：2012年2月1日～2014年7月1日の廃業率（年率）＝年換算廃業事業所数÷2014年2月1日現在の事業所数
出所：総務省「2012年経済センサス（活動調査）」、「2014年経済センサス（基礎調査）」より著者作成

Point

経済センサス：基礎調査と活動調査の違い②　基礎調査には、通常事業対象の甲調査と国および地方公共団体の乙調査がある。甲調査は2009（初回）、2014、2019年に実施。活動調査は、民営事業所のほか、国・地方公共団体の事業所も対象。2012（初回）、2016、2021年に実施。（①は1-6節参照）

Section
5-4 宅地建物取引業者数は増加傾向

過去10年間で宅地建物取引業者数は5・0%増加しています。法人が11・0%増加しているのに対し、個人は27・3%の減少です。

■宅建業者の89%は法人

2021年度末の宅建業者数は約12万8000です。免許種類別に見ると大臣免許が2%で、知事免許が98%です。組織別では法人が89%、個人が11%となっています。

過去10年間で宅地建物取引業者数は5・0%増加しています。免許種類別では、大臣免許*、知事免許*ともそれぞれ29・9%、4・5%増加しています。

組織別に見ると、法人が11・0%増加しているのに対し、個人は27・3%の減少です。

宅建業者数は1991年度の14・4万業者がピークで、それ以降は減少傾向にあります。2004、2005年度に微増しましたが、2006年以降は漸減、2016年以降は微増しています。2021年度はピーク時に比べ11%減少しています。不動産業の法人数を発表している財務省の「法人企業統計」では、不動産業の法人数は1997年以降、下がることなく年々上昇し、2021年度末では約36万8000社となっています。

個人の宅建業者数は減少一途です。個人事業者の減少要因の1つに「経営者」の高齢化が挙げられます。個人事業者の平均分布は63・3歳で、60歳以上が全体の7割を占めており、廃業に至る率が高いです。法人は法人企業統計でいっているような増加一途ではなく、増減を繰り返しながら2021年度末で約11万4000社となっています。

もちろん、不動産業の中には、宅建業者でない法人も含まれますので、一概に比較はできません。しかし、不動産業を営む法人は宅建免許を持つことが多いと思われるので、増え続ける法人数と増減を繰り返している宅建業者（法人）数のギャップには疑問が残るところです。

Term
大臣免許　2つ以上の都道府県で事務所を設置して宅建業を営む場合に、国土交通大臣が与える免許。
知事免許　1つの都道府県のみに事務所を設置して宅建業を営む場合に、都道府県知事が与える免許。

宅地建物取引業者数の推移

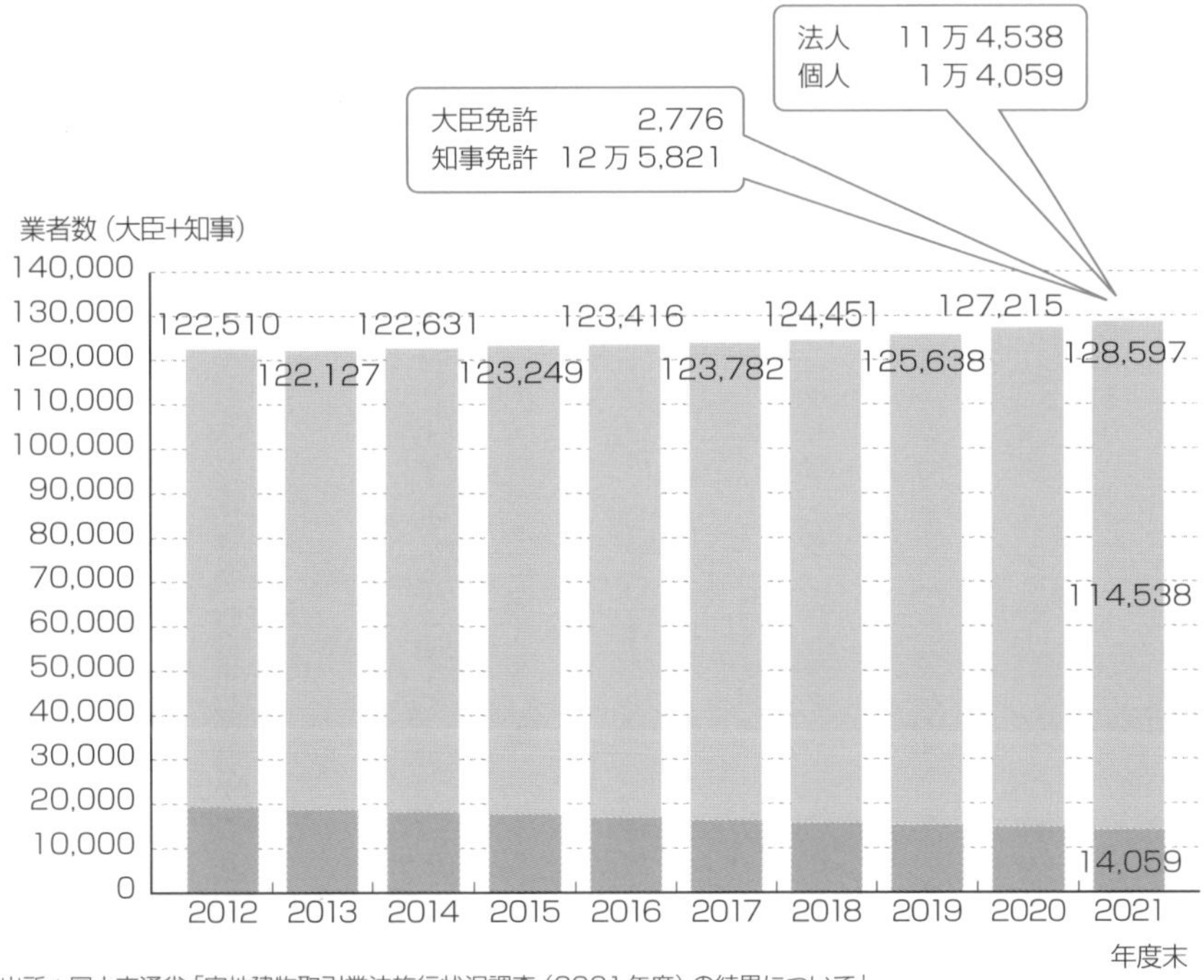

出所：国土交通省「宅地建物取引業法施行状況調査（2021年度）の結果について」

Point

宅地建物取引業　宅地や建物の売買や交換、および売買や交換、賃貸をするときの代理や媒介を業として行うもの。

Section

5-5 急減した免許取消

国土交通省不動産業課では毎年「宅地建物取引業法施行状況調査」を行っています［委託先：（一財）不動産適正取引推進機構］。その中から紛争処理の問題を取り出してみました。

免許取消が初めて年間100件を下回る

国土交通省による2021年度の宅建業者に対する**行政処分**（宅建業法上は**監督処分***と呼びます）の件数は、免許取消93件（57%）、業務停止処分27件（17%）、指示処分42件（26%）、計162件（100%）となっています。過去20年では2002年度の450件をピークに漸減傾向にあり、2015年度には227件で半減、2020年度には近時最低の161件まで低下しました。2021年度もほぼ同数の最低線を維持しました。2021年度は免許取消が初めて年間100件を下回りました。ただし、業務停止と指示も21年度は急減して最低を記録したため、監督処分の中では処分の最も重い「**免許取消**」が50%以上を占める結果となっています。このほか、監督処分と違って強制力のない「勧告等」についても、2021年度は627件で2012年度の848件から26%減少しています（左ページ上のグラフ参照）。

次に、苦情紛争相談件数について説明します。

国土交通省および都道府県に寄せられた苦情紛争相談件数は、2021年度は806件（うち本局・本庁対応532件）で初めて1000件を下回りました。ピークの2003年4000件からは8割方減少しています。物件別の苦情紛争相談内容を見ると、宅地29・7%、土地付き建物38・5%、マンション31・2%とほぼ均等に三分されています。土地付き建物およびマンションについては、新築・中古の観点から見ていくと2：8で中古の苦情相談の方が多くなっています（左ページ下のグラフ参照）。相談目的別の相談内容を見てみると、売買では宅地、売買の媒介・代理では土地付き建物（中古）、賃貸の媒介・代理ではマンション（中古）の相談が最も多くなっています。

Term **監督処分**　行政機関が法律に基づき営業などの行為を規制している場合に、法令違反があったときに行政機関が発する命令などをいう。

国土交通省 監督処分件数の推移

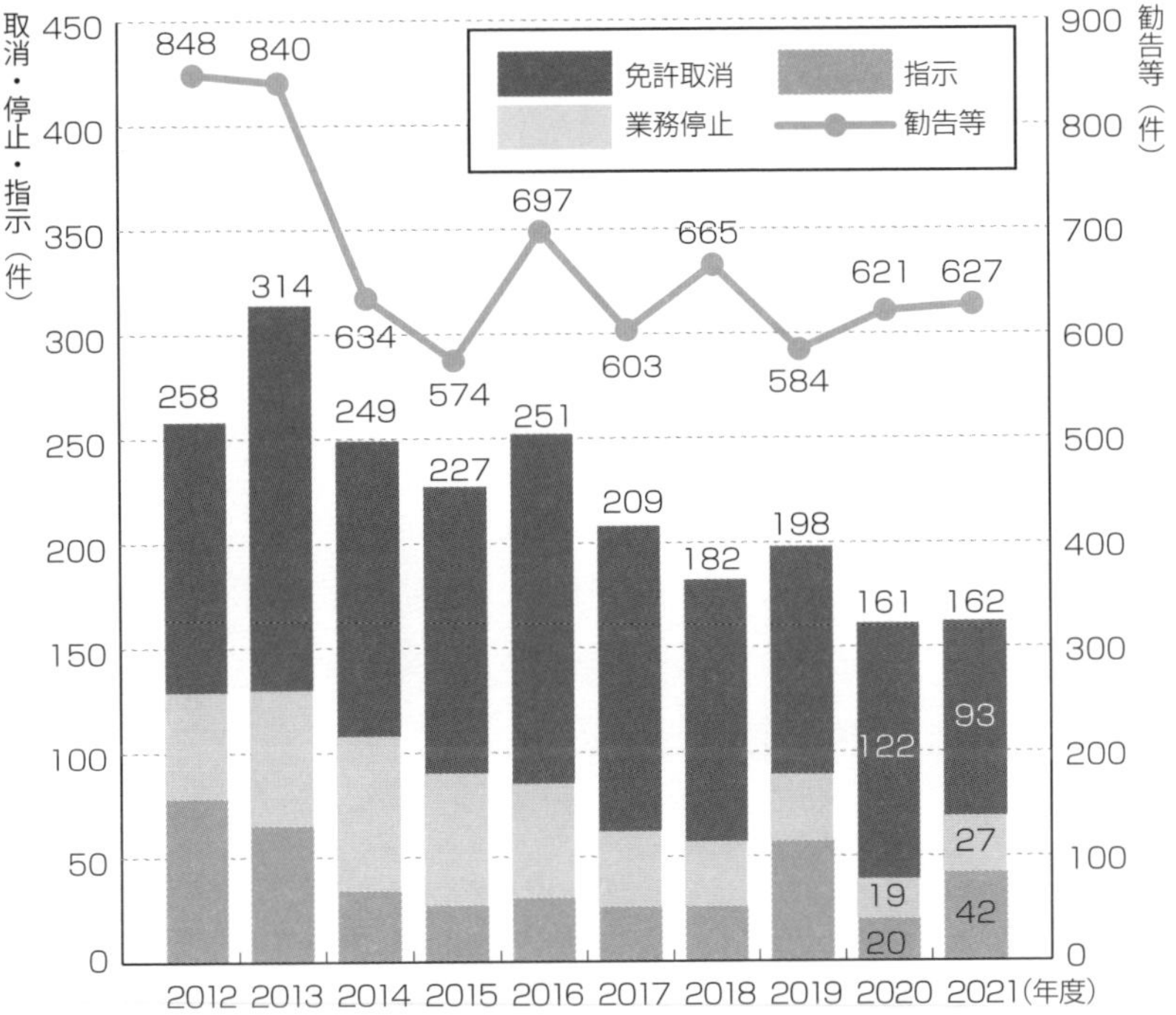

（注）勧告等：宅建法第71条の規定に基づく指導等のうち、文書による勧告および指導の件数
出所：国土交通省「宅地建物取引業法の施行状況調査結果について」による

物件別の苦情紛争相談件数（2021年度）

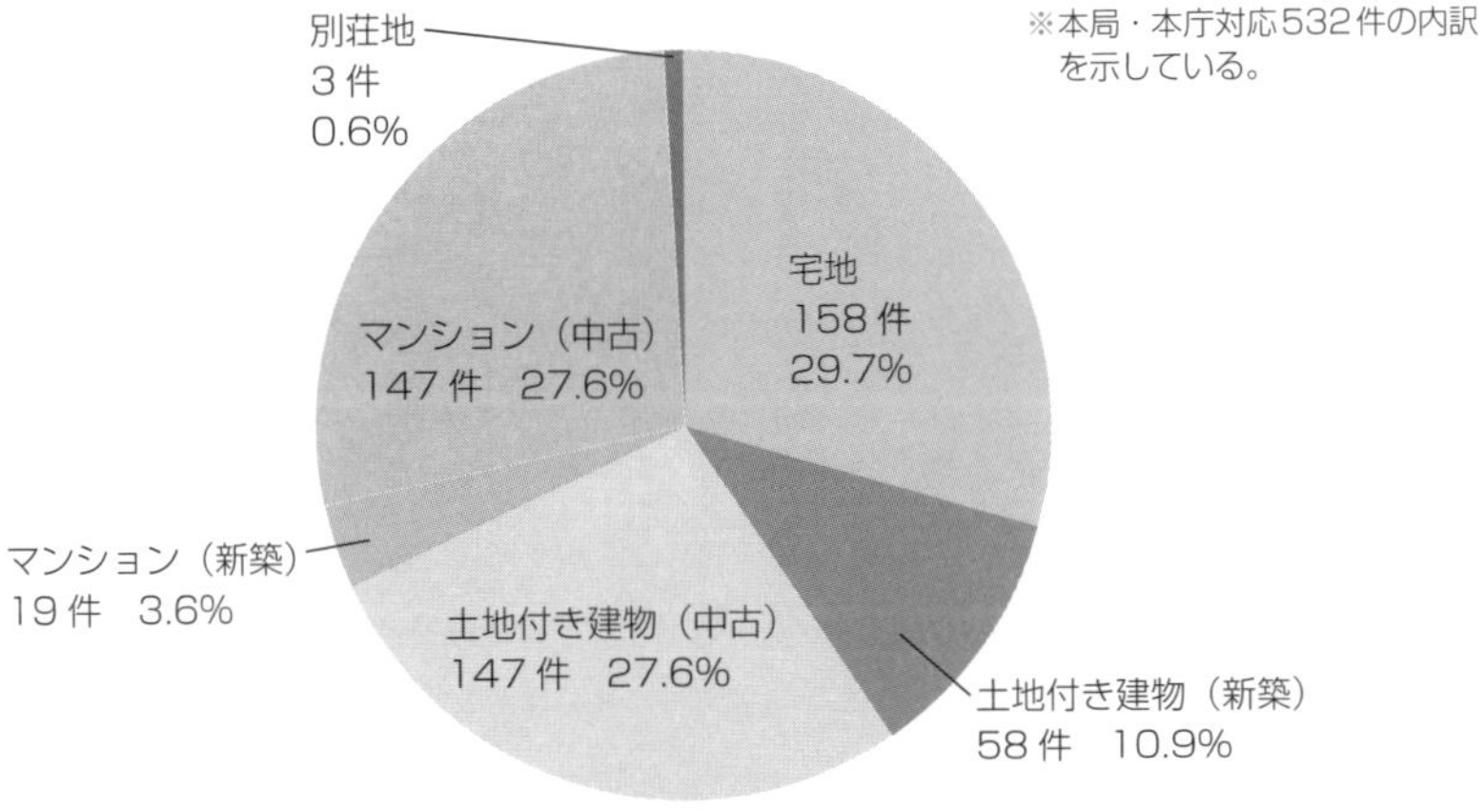

※本局・本庁対応532件の内訳を示している。

出所：国土交通省「宅地建物取引業法の施行状況調査結果について」による

Section
5-6
既存住宅流通市場は着実に拡大

既存住宅（中古住宅）流通シェアは約14・5％（2018年）であり、欧米諸国と比べると6分の1から5分の1程度と低い水準にあります。

■東京の都心区では既存住宅の売買戸数が新築マンション着工戸数を上回る

日本の既存住宅（中古住宅）の流通量を知るには、次の4種の統計資料があります。

①一般的には総務省の**住宅・土地統計調査**の資料が使われ、年間約16万戸となっています（2018年）。同時期の既存住宅流通シェア（既存住宅流通比率）は14・5％で、1989年から84％アップしています。しかし欧米に比べると6分の1から5分の1程度と低い水準にあります。

②**レインズ**を活用した指定流通機構への成約報告件数は14・3万件（2021年、居住用だけでなく事業用も含む）であり、総務省の数字と似通っています。

③業界団体の**不動産流通経営協会**（略称**FRK**）*のデータによると、既存住宅流通量*は60万4000戸（2020年、新推計方式）。10年前と比べ40％伸びており、既存住宅比率は40・0％となっています。

④不動産流通推進センターによる**新不動産ビジョン**での中古住宅流通量*は62・1万戸（2020年）と推計され、10年前からの伸び率は22・2％となっています。

③④は①の約16万戸とは大きな開きがあります。既存住宅の捉え方の違い、統計調査の頻度の違いによる比較時点のずれなどはあるものの、開きが大きすぎる点は疑問の残るところです。

全国ベースでの既存住宅流通比率は低いものの、新宿区68・6％、港区65・4％をはじめ東京の都心区では50％を超えており、既存住宅流通戸数が新築着工戸数を上回っています。

Term

不動産流通経営協会（FRK） 既存住宅の売買仲介や新築販売を行っている大手・中小の住宅・不動産会社を会員とする法人。

既存（中古）住宅流通量 第2章コラム（p.94）を参照。

既存（中古）住宅流通シェアの推移

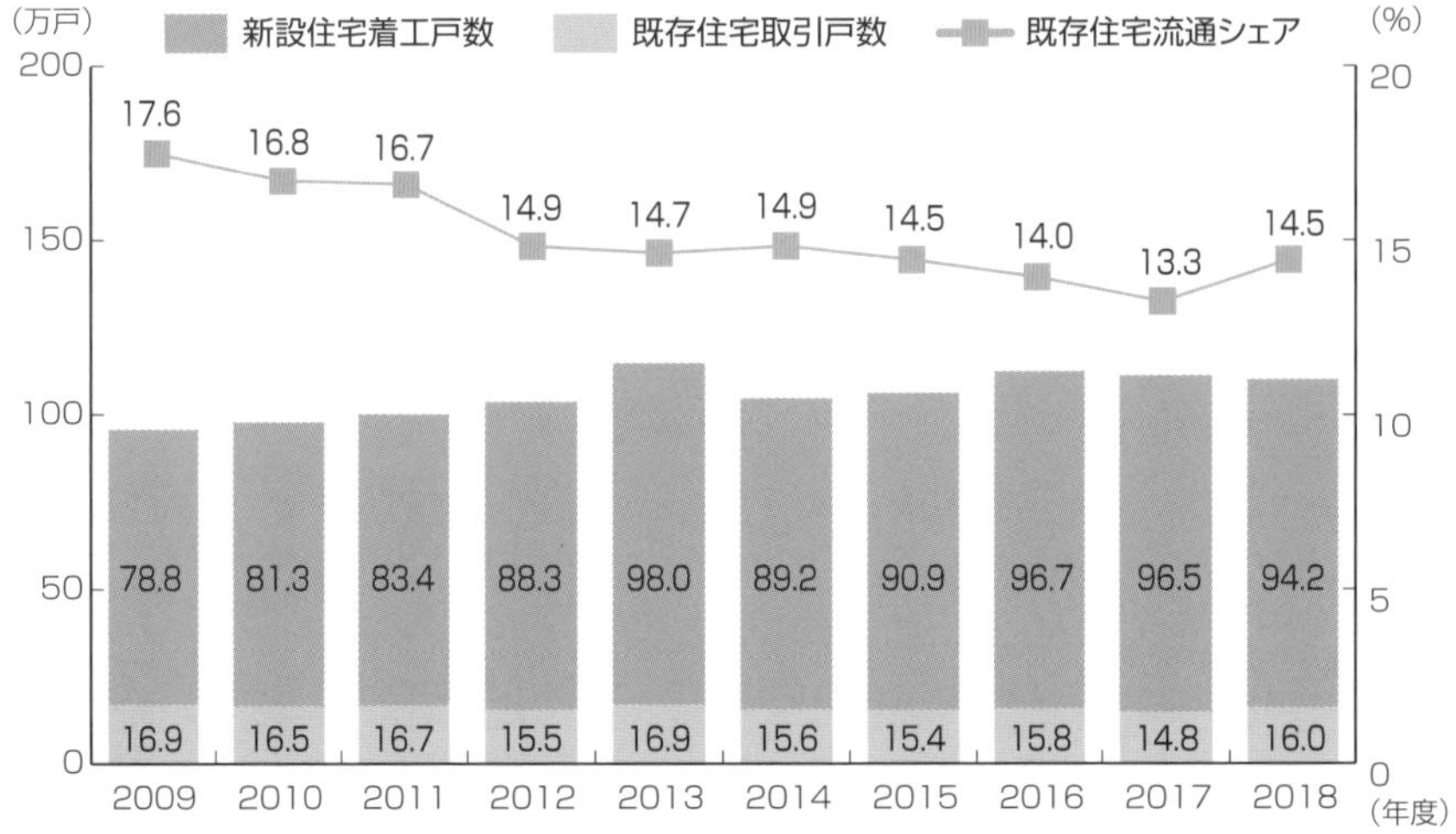

出所：住宅・土地統計調査（総務省）、住宅着工統計（国土交通省）

既存住宅の流通シェアの国際比較

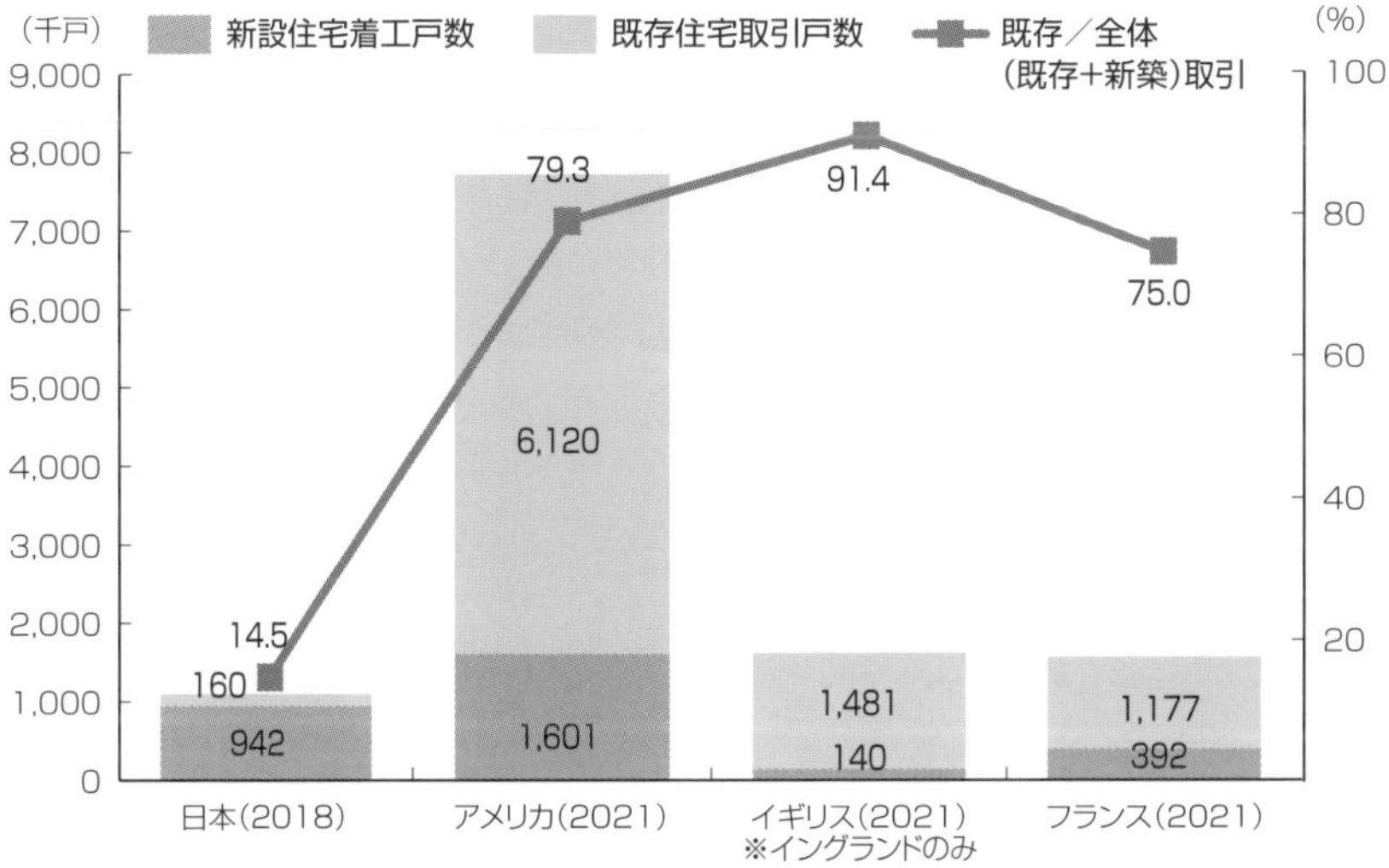

出所：日本：総務省「平成30年住宅・土地統計調査」、国土交通省「住宅着工統計」
アメリカ：New Residential Construction／U. S. Census Bureau, Existring-Home Sale／National Association of REALTORS　イギリス：House building, UK：permanent dwellings started and completed／Office for National Statistics　フランス：House Prices in Fance：Property Price Index, French Real Estate Market Trends in the Long Run／Inspection générale de l'environnement et du développement durable, Construction de logements：résultats à fin Juillet 2022（France entire）／Données et etudes statistiques

Section
5-7 負債総額が急減中の不動産業の倒産

不動産業の倒産は件数・負債金額とも減少傾向にあります。倒産件数は10年前の3割減、負債総額は6～7割減となっています。とはいえ、2023年にはユニゾンHDをはじめ不動産業の倒産も増えており、予断を許しません。

■倒産の定義は調査会社によって違う

日本には代表的な企業信用調査機関として**帝国データバンク**（以下**TDB**とも）と**東京商工リサーチ**（以下**TSR**とも）の2社があります。これらの機関は毎月・半期・年間・年度の倒産状況の情報を提供しています。数字を見るとき注意を要するのは、両者における倒産*の定義が異なることです。

TDBでは2004年までは私的整理も含んでいましたが、現在は法的整理のみを対象としています。一方、TSRは法的整理のみならず私的整理も含んでいます。そのため、後者の数字の方が大きくなります。

負債総額1000万円以上の企業などを発表対象にしているのは両者とも同じです。

近年は倒産件数・負債総額とも減少傾向にあります。TDB、TSRとも倒産件数・負債総額が前年比増加した年はわずかで、ほとんどの年は減少しています。両者が共通して増加している年は、件数では2014年、負債総額では2014年、2016年です。

2014年は不動産業の倒産が多発し、負債総額も過去10年間で最多額（約3500億円）を計上した年でした。

最近の傾向として、負債金額が増加しています。コロナ融資後倒産、人手不足による倒産も増えています。倒産減少に歯止めがかかることも予想され、注視の必要があります。

2023年4月には不動産業のユニゾンHD（20年まで東証一部上場）が倒産しました（負債総額1262億円）。同年最大の倒産といわれています。

Term

倒産　倒産という用語は法律用語ではない。一般的には「企業経営が行き詰まり、弁済しなければならない債務を弁済できなくなった状態」を指す。

不動産業の倒産件数・負債総額（帝国データバンク）

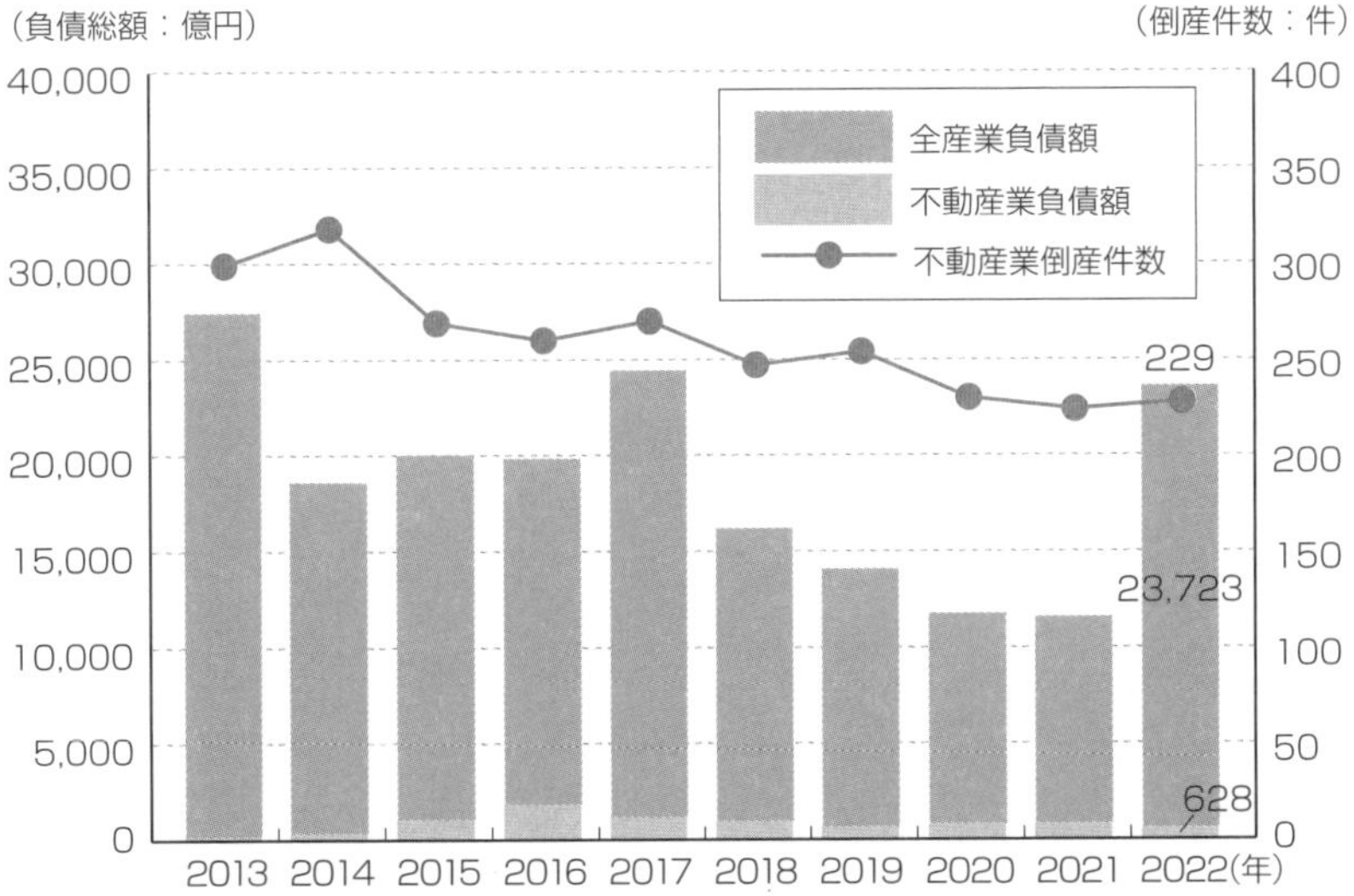

出所：帝国データバンク「全国企業倒産集計」より

不動産業の倒産件数・負債総額（東京商工リサーチ）

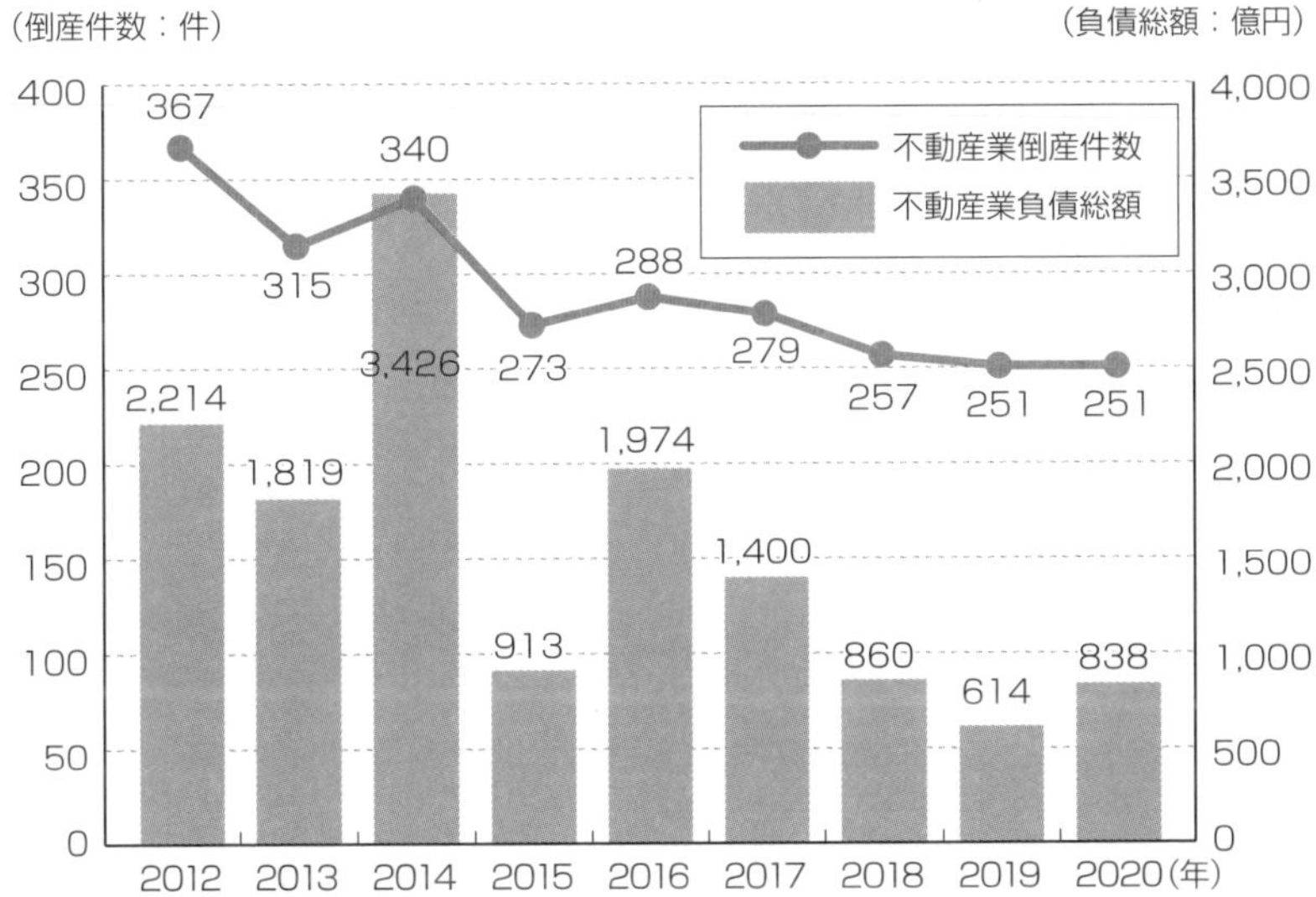

出所：東京商工リサーチ「全国企業倒産状況」

帝国データバンクの定める倒産の種類　帝国データバンクでは、①銀行取引停止処分、②内整理、③会社更生法適用申請、④民事再生法手続き開始、⑤破産申請、⑥特別清算開始申請、のいずれかに該当するときを「**倒産**」と定めている。①と②が**任意整理**、③～⑥が**法的整理**である。

Section

5-8 「収益還元法」にも落とし穴がある

不動産の鑑定評価には、原価法・取引事例比較法・収益還元法の3種類があります。収益還元法は比較的信頼性の高い評価法として推奨されていますが、採り上げ方によっては落とし穴もあります。

■収益還元法には、直接還元法とDCF法の2種類がある

不動産の評価法には**原価法**・**取引事例法**・**収益還元法**の3種類があり、収益還元法には**直接還元法**と**DCF法**の2種類があります。

収益還元法は、対象不動産が将来生み出すであろうと期待される純収益の現在価値を求めることにより、対象不動産の試算価格（収益価格）を求める手法です。

直接還元法は、年間純収益を還元利回りで除して求めますが、**還元利回り**（**キャップレート**＊）の設定の仕方で収益価格は大きく変わってきます。「純収益＝総収益－総費用」で表されます。一定期間の純収益（例えば賃料）を初年度純収益にするか、標準化された純収益にするか、将来の動向を分析した純収益にするか、などによって、収益価格は大きく違ってきます。

DCF法は、直接還元法よりも算式が複雑ですが、より高い信頼性を認められています。「一定保有期間中の毎期の純収益（キャッシュフロー）の現在価値」に「売却時価格（復帰価格）の現在価値」をプラスして「収益価格」を求めます。DCF法でも、割引率、売却時価格算出のための純収益額、最終還元利回り、売却費用控除額などの設定次第で、「収益価格」に大きな違いが出てきます。どの方法を採っても何らかの恣意性は入らざるを得ないといえます。

なお、不動産の証券化にあたっての鑑定評価では、原則としてDCF法を採用することになっています。

Term
キャップレート　期待投資利回り、総合還元利回りのこと。投資家が求める不動産の期待利回り。

鑑定評価の３手法

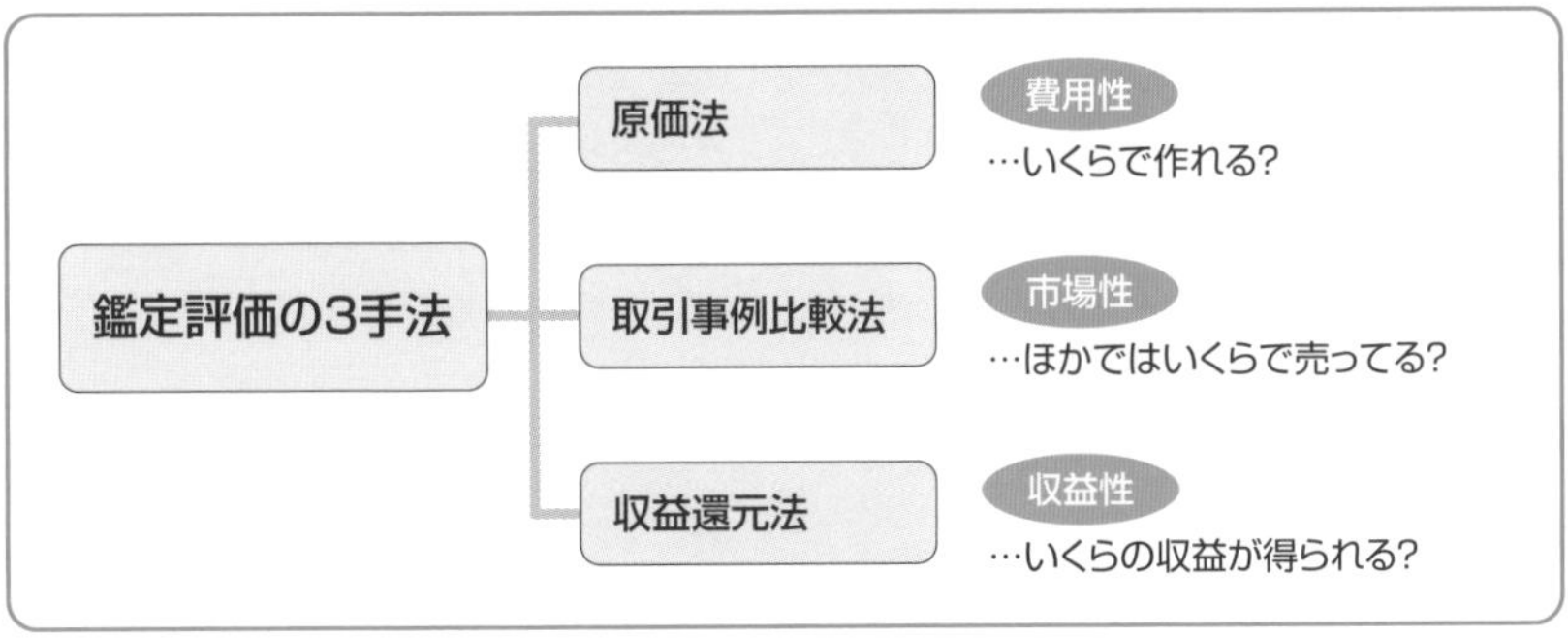

収益還元法

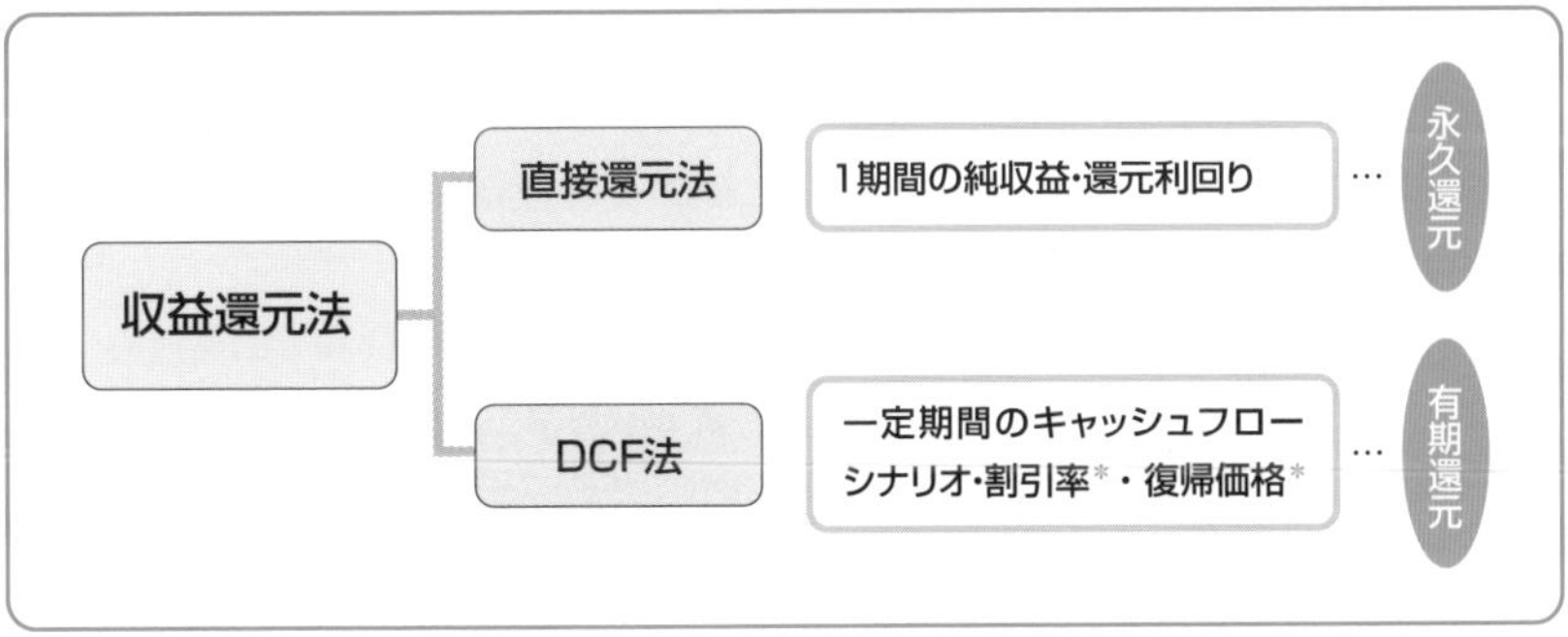

●「直接還元法」の概略算式

収益価格 ＝ 年間純収益* ÷ 還元利回り

●「DCF法」の概略算式

収益価格 ＝ キャッシュフロー表に基づく各年度純収益の割引額合計
＋ 復帰価格割引額

出所：森島義博他著『プロパティ・マネジメント入門』（東洋経済新報社刊）より

Term
割引率 資本投下する者にとっての投資利回り。
復帰価格 転換価格から売却費用を引いたもの。
年間純収益 賃料から経費を引いたもの。

Column

表参道 同潤会跡を訪ねて

森ビルの手がけた代表的再開発プロジェクトの1つに「**表参道ヒルズ**」があります。ここは**同潤会青山アパート**の跡地です。同潤会アパートは、関東大震災後に発足した財団法人同潤会が東京、横浜に建設した鉄筋コンクリート造の集合住宅です。

その後の住宅公団の中高層の集合住宅やマンションのモデルになったといわれています。同財団は1926(大正15)年から1941(昭和16)年にかけて、2000戸のアパートを含む1万2000戸の住宅を建設しました。アパートはすべて耐震性を考慮した鉄筋コンクリート造で、大部分は3階建てであり、電気、水道、ガスの設備を完備したほか、住居ごとに水洗便所を設けるなど、当時としては画期的な仕様でした。

戦時体制中の1941年、住宅営団が発足すると同時に、同営団に事業を譲り渡し、同潤会は解散しました。終戦後に住宅営団が解散すると、都内の同潤会アパートは東京都に引き継がれ、のちに原則として居住者に払い下げられました。

都内の同潤会アパートの1つである同潤会青山アパートは、1927年に竣工、築後約80年の2006年2月に複合施設「表参道ヒルズ」として生まれ変わりました。施設内には約100店舗の専門店と38戸の住居があります。同アパートは歴史的建造物でもあり、存続が叫ばれました。青山ヒルズの一角に安藤忠雄氏の設計により、青山アパートの東端1棟の外観が忠実に再現されたのは喜ばしいことです。

いまでこそ高層ビルが林立し、オフィス街、ファッション街となっている表参道駅近辺ですが、昭和30年代の後半まではビルらしき高い建物は何もなく、後背地の南青山に高級住宅地がある閑静な街でした。東京オリンピックが開催された1964(昭和39)年頃から青山通り(国道246号)は3倍に拡幅され、高いビルが建ち始めました。表参道駅(当時は神宮前駅でした)からケヤキ並木を見ながら明治神宮に向かう途中に、当時としては高い建物である蔦《つた》の絡まる由緒ある同潤会アパートがあったのが思い出されます。当時、当地に勤務したことのある筆者の思い出です。

▼表参道ヒルズの一角に再現された同潤会青山アパート

同潤会青山アパートは
2003年に解体されました。

第6章

不動産業界の将来動向

不動産業の抱えている大きな課題として、少子高齢化によって発生する空き家問題、オリンピック需要等を見越して建築先行気味だったオフィスビルの過剰問題、ひとまず 2022 年度は対応できた生産緑地問題などがあります。

そのほか、不動産向け融資急増、金利上昇懸念とゼロゼロ融資解消後の銀行融資姿勢の変化、近時の不動産業界における大型倒産の発生、中国経済不況と日本向け不動産投資の変化、地価上昇気配と都心部のマンション価格の高騰によるバブル化の懸念、フラット 35 の不正利用などが挙げられます。いずれも早めの対応策を講じることが必要です。

Section
6-1 空き家に対する早急な対策が必要

この20年間で空き家の総数は約1・5倍、長期不在空き家は約1・9倍に増加しています。

この空き家は、2030（令和12）年には470万戸にまで増加する恐れがある（国土交通省）とされています。

空き家放置対策として、「管理されていない空き家の税金が上がる」可能性があります。2023年6月制定の「改正空家等対策特別措置法」で「管理不全空き家」が新たに定義されました。「特定空き家」と並び、税軽減特例が適用外となり、税金が最大6倍になる恐れがあります。

「**特定空き家**」とは、「放置すると倒壊するなどの危険や衛生上の問題のある空き家」です。

「**管理不全空き家**」とは、「現状倒壊はしないが、放置すると特定空き家になる可能性のある空き家」です。

空き家の解決策として、売却・賃貸活用・解体など、所有する空き家の使い道を再検討した上で早急に対策を講じる必要があります。

■「改正空家等特別措置法」の制定と税負担増の可能性

「**空家等**」とは、「居住その他の使用がなされていないことが常態である建築物等及びその敷地」と定義されています（空家等対策特別措置法第2条）。

わが国の人口は2008（平成20）年をピークに減少に転じ、世帯数も2023年以降は減少に転じる見込みです。住宅ストック数（2018年時点で約6241万戸）は、総世帯数（約5400万世帯）より多く、量的には充足しています。

住宅・土地統計調査*（総務省）によれば、空き家の総数は、この20年間で約1・5倍（576万→849万戸）に増加しています。二次的利用、賃貸用または売却用の住宅を除いた、長期にわたっての不在の住宅などの「その他の空き家」（349万戸）が、この20年で約1・9倍に増加しています。

Term

住宅・土地統計調査　わが国の住宅とそこに居住する世帯の居住状況、世帯の保有する土地などの実態を明らかにする調査。5年に1回。

住宅ストック数と世帯数の推移

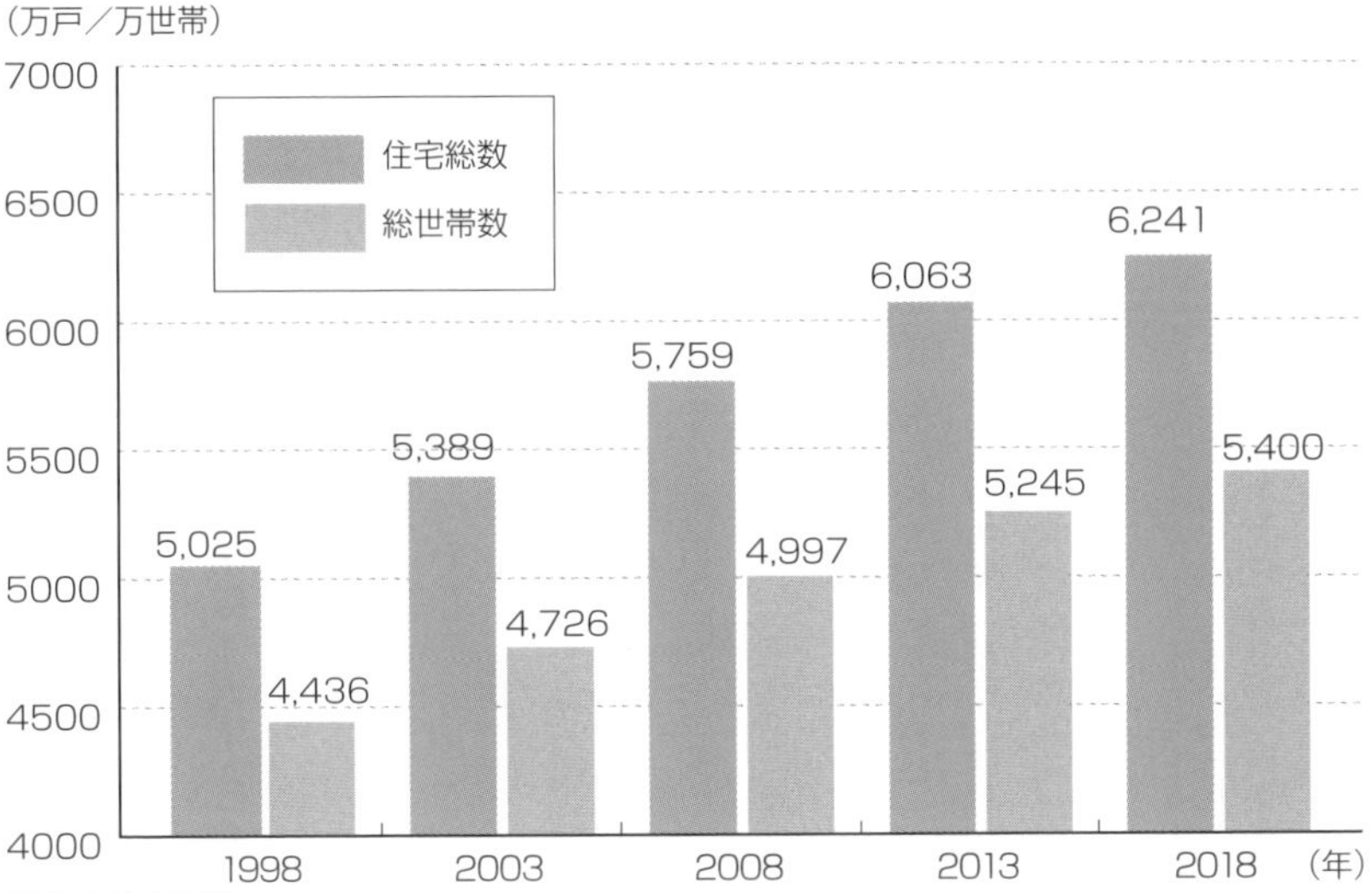

出所：国土交通省

空き家数の推移

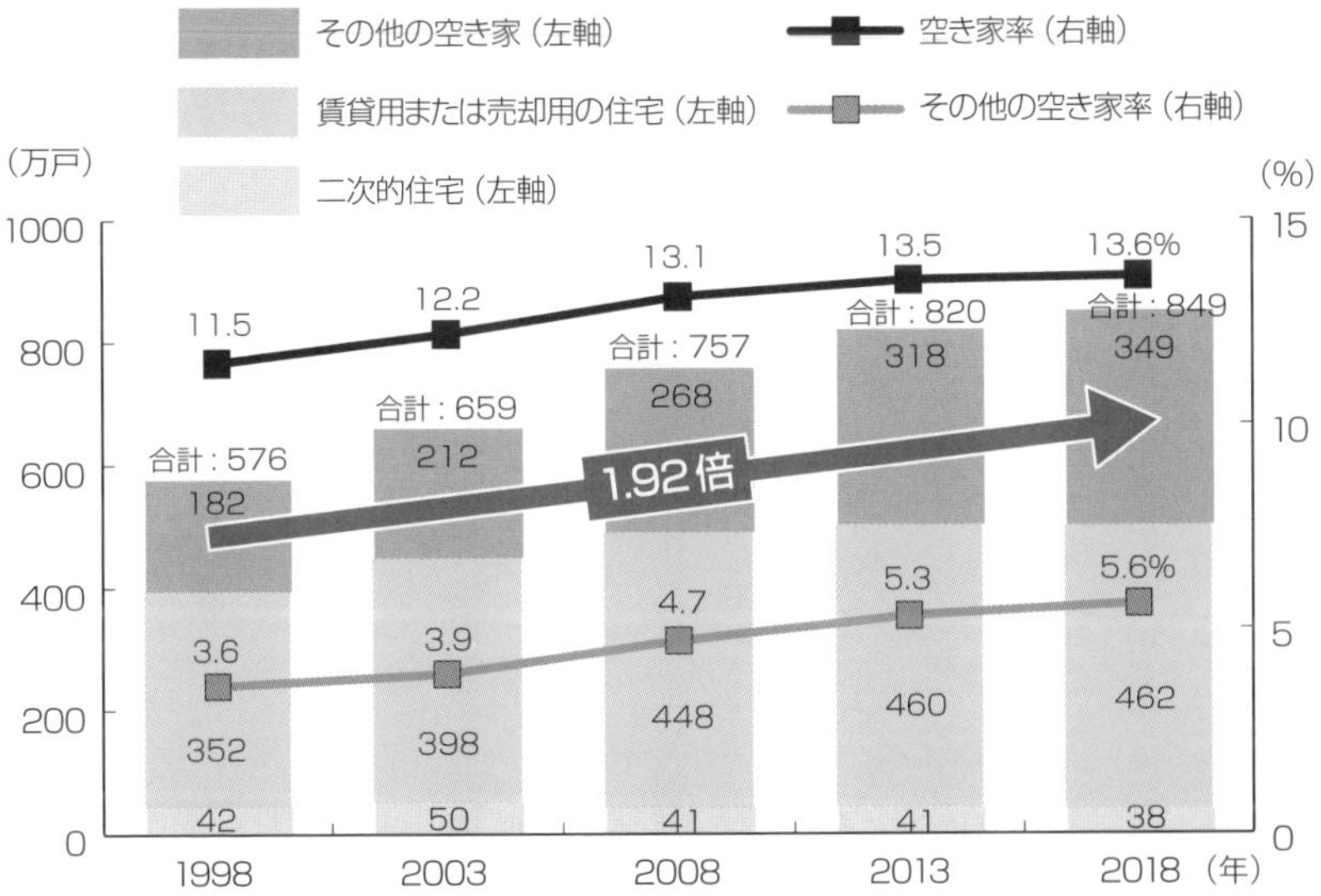

出所：住宅・土地統計調査(総務省)

Section
6-2 生産緑地2022年問題の結末

生産緑地2022年問題は、大半が「特定生産緑地」指定の10年間延長で落ち着きました。

■生産緑地2022年問題とは

生産緑地とは、1992年に生産緑地法で制定された土地制度の1つで、「最低30年間、農地・緑地として土地を維持する代わりに、税制優遇を受けられる」ものです。税制優遇とは、相続税・贈与税の納税猶予、固定資産税の優遇です。

相続などにより生産緑地を取得した場合、取得者は生産緑地分の相続税の納税額猶予を受けることができます。これはあくまで猶予であって、相続人が営農を廃止した場合、相続時までさかのぼって相続税が課税されます。なお、納税猶予された分の相続税の支払いが免除されるのは、営農相続人の死亡時のみとなります。

生産緑地は1992年に一斉に指定されているため、指定の日から30年の営農義務が終わる2022年に、一斉に生産緑地の指定が解除されました。30年の営農義務期間の経過後は、市町村に対して買取の申し出が可能になり、市場に大量の土地が供給されて、地価の下落を引き起こすことが懸念されていました。

2022年問題への行政側の対策として、**特定生産緑地制度**の創設が挙げられます。

2022年問題による不動産市場の急激な変動を予防し、都市における緑地の保全を図るため、2017年に生産緑地法の改正が行われました。この改正により、特定生産緑地の指定制度が設けられ、特定生産緑地に指定された土地については、買取の申出が可能な期間が10年間延長されたのです。

2022年の生産緑地指定解除後の土地所有者の対処法としては、①特定生産緑地指定、②従来の生産緑地指定の継続、③解除申請（買取申出）の3つがありますが、大半は①の「特定生産緑地の指定を受ける」を選択しています。これで2022年問題はほぼ解決しました。なお、市町村による買取は、財政難から実例は少ないのが実情です。

Point

生産緑地と農地の違い　生産緑地は農業をするために利用される農地であるのに対し、一般市街化区域農地はいつでも転用が可能であるため、宅地と同様に扱われる農地である。

特定生産緑地制度（国交省）

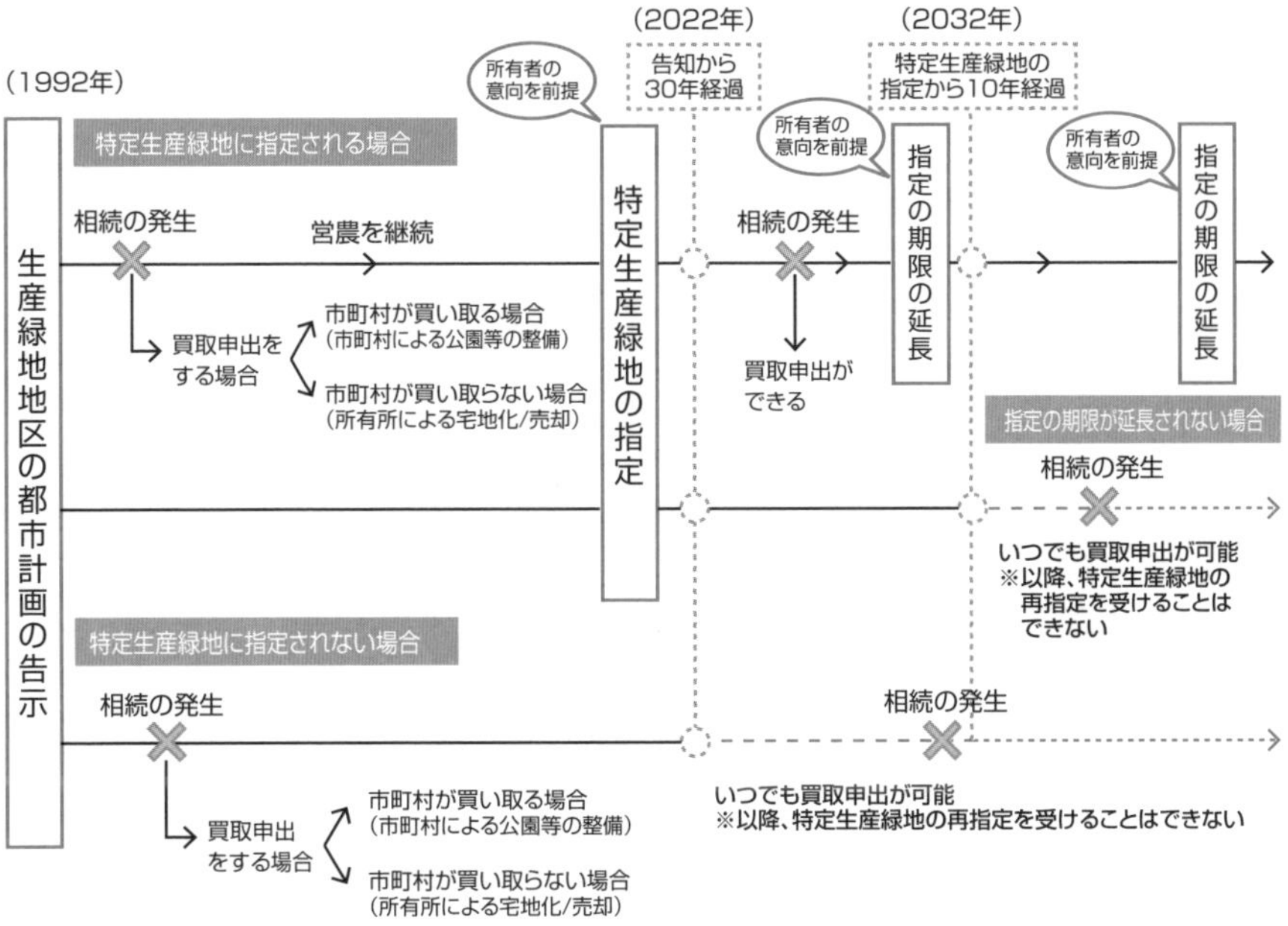

出所：国土交通省都市局「生産緑地法等改正について」

生産緑地指定解除後の農地活用の選択肢とその概要

No	選択肢	生産緑地法の規制	固定資産税の課税	相続税等の納税猶予	備考
①	特定生産緑地の指定を受ける	あり	農地課税のまま	適用あり	売却や開発等が 10 年間不可（10 年間引き続き営農）
②	従来の生産緑地指定を継続（特定生産緑地の指定を受けない）	あり	宅地並み課税（5 年間の激変緩和措置あり）	適用なし	―
③	解除申請（買取申出）を行い、開発・売却を図る	なし	宅地並み課税	適用なし	―

Section
6-3 オフィス大量供給と2023年問題の影響

2023年は過去10年では2020年、2018年に次ぐオフィスビル大量供給が見込まれます。一方、吸収量が追い付かず空室率は上昇傾向にあります。

オフィス大量供給と2023年問題

森ビルの調査*によれば、2023年の東京23区のオフィスビル供給量は126万㎡で、過去10年では20年、18年に次ぐ高い水準です。しかし、23、25年に一定のボリュームが見込まれるものの、今後5年間の平均は過去平均を下回る見込みです。

一方、今後5年間で供給予定のオフィスビルの中では、延床面積10万㎡以上の物件が高い割合を占めており、オフィスビルの「大規模化」が進みます。

2022年の東京23区の吸収量（需要量）は37万㎡と供給量（48万㎡）を下回っています。したがって空室率は上昇します。2023年は「虎ノ門・麻布台プロジェクト」や「東京三田再開発プロジェクト・オフィスタワー」「渋谷駅桜丘口地区市街地再開発事業」など、大規模オフィスを備えた再開発の竣工が相次ぎます。オフィスの供給量は22年の48万㎡から126万㎡に跳ね上がる予定です。つまり、オフィス供給過多になりかねない状況にありながら、テレワークの浸透等により大企業中心にオフィス需要が縮小傾向にあります。この需給のアンバランスを「**2023年問題**」と呼んで警戒しています。

2023年問題の影響は次のとおりです。供給過剰になれば賃料は下がります。賃料低下の進行により競争が激化し、中小オフィスビルの淘汰《とうた》が進む可能性があります。なぜなら、価格競争となれば、大手不動産会社に有利な物件とテナントが集中することになるかもしれないからです。

2023年問題は終わりましたが、この問題は一過性としてとらえるべきでなく、不動産業界の将来性を左右する大きな問題であるとの認識から採り上げました。

Term

森ビルの調査　「東京23区の大規模オフィスビル市場動向調査」のこと。森ビルが東京23区の延床面積10千m²以上（1986年以降竣工）の事務所（店舗、住宅、ホテルなどを除く）を対象に調査している。

東京23区の大規模オフィスビル供給量の推移

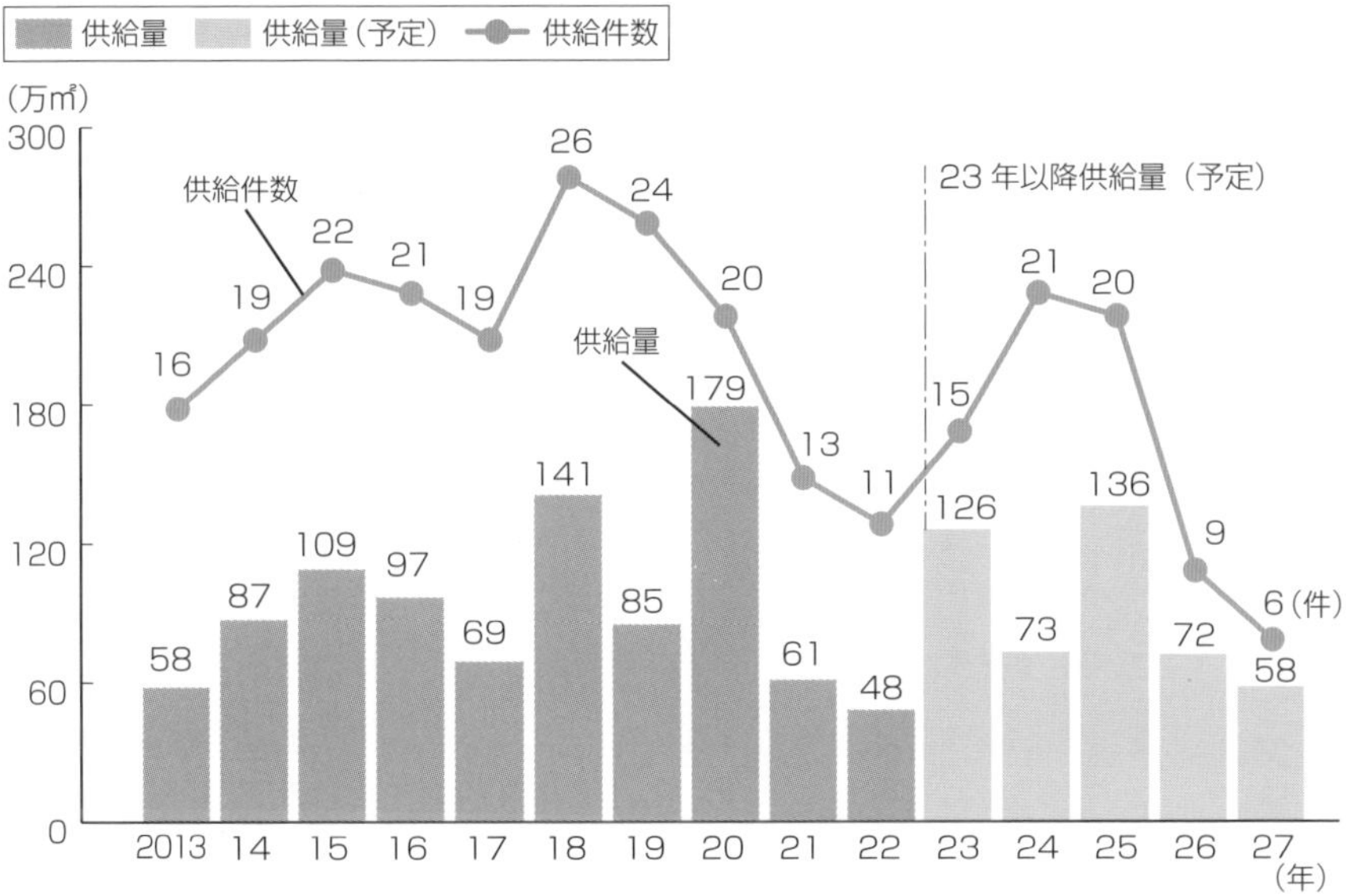

供給量・吸収量・空室率の推移

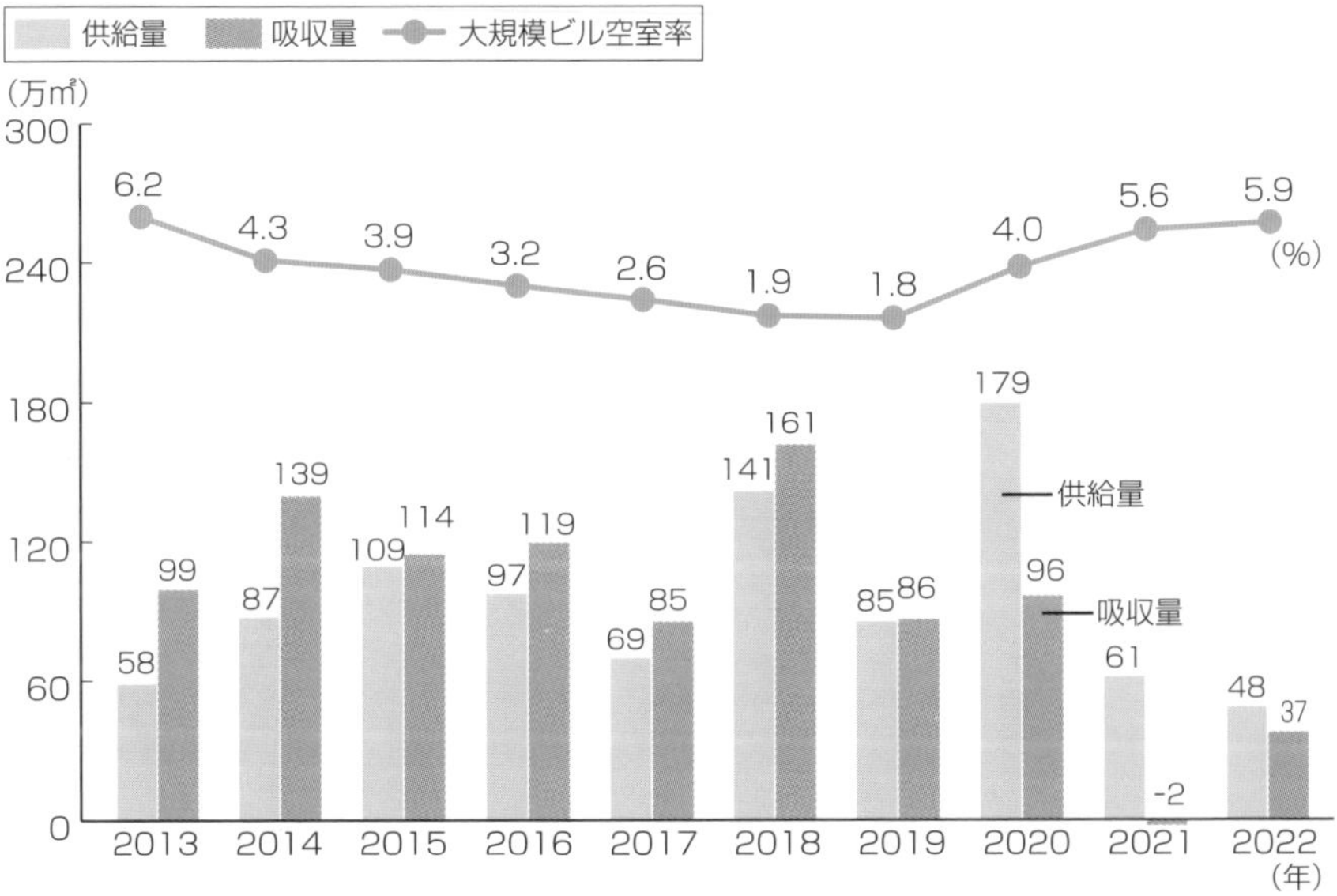

出所：東京23区の大規模オフィスビル市場動向調査2023（森ビル）

Section
6-4 住宅ローンは個人向け金融の柱であり続けるか

公的機関の落ち込みはあるものの、民間機関は堅調で、住宅ローン残高は年々増加し続けています。低金利が続くこともあり、旺盛な住宅ローン需要はしばらく続きそうです。

■年度による波がある住宅ローン新規貸出額

住宅ローンを貸出残高面から見ると、2021年度末現在210兆円で、そのうち国内銀行が約66%の139兆円を占めています。バブル期の1989年の住宅ローン残高が全体で107兆円、うち国内銀行が38兆円ですから、32年間でおのおの約96%、265%増加したことになります。

住宅ローンを新規貸出面から見ると、貸出額のピークは1995年度の36・4兆円で、2021年度は約59%に当たる21・7兆円となっています。最近数年間は20兆円前後で推移していますが、公的機関・民間機関ともに年度による波があります。

住宅ローン貸出残高に占める金融機関別シェアは、1989年では、「国内銀行」、「住専・その他の民間金融機関」、「住宅金融公庫等の公的機関」でほぼ3等分していました。2021年は、国内銀行66%、その他民間金融機関23%、住宅金融支援機構など公的機関10%となっています。

公的機関が2001年以降直近まで年々シェアを落とし続けているのに対し、国内銀行を含む民間金融機関は2006年を除き一度も前年割れしたことがなく、着実に残高を増やしています。

住宅ローンは今後も民間主導で進むと思われます。銀行も企業向け融資が減少する中、住宅ローンを個人向け取引の主戦場と位置付けています。住宅ローンをめぐって銀行間の低金利競争も続きそうです。

なお、住宅ローンの残高・新規融資額については日銀（貸出先別貸出金）と住宅金融支援機構の両者でとりまとめていますが、下記ポイント欄に見る違いがあります。

Point **日銀発表の住宅資金残高と住宅金融支援機構発表の住宅ローン残高の違い** 住宅金融支援機構発表の住宅ローン残高・新規融資額が「公的機関＋民間国内銀行＋その他民間機関」であるのに対し、日銀発表の住宅資金残高・新規融資額は「民間国内銀行＋信用金庫」である。

住宅ローン貸出残高の推移

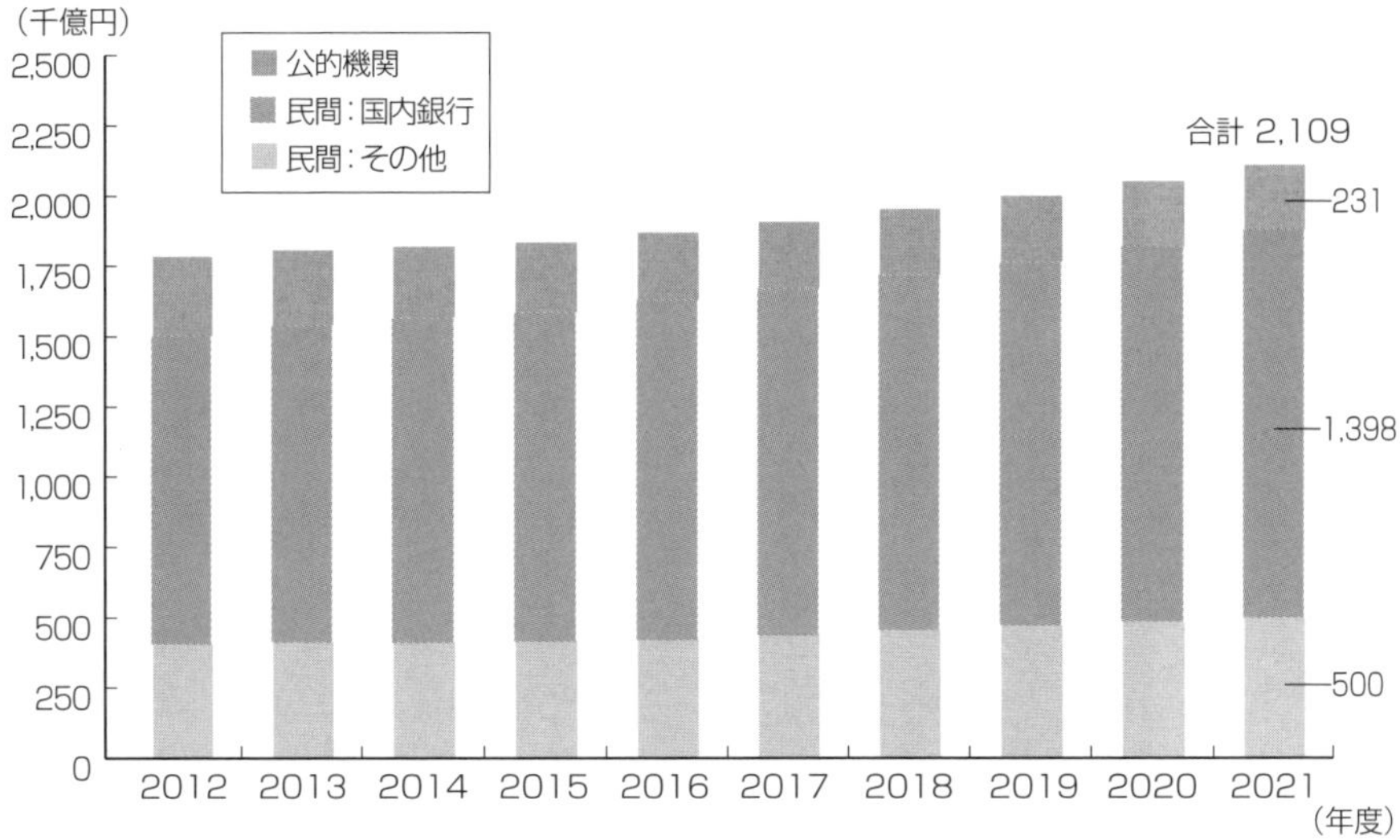

出所：（独法）住宅金融支援機構「業態別住宅ローンの新規貸出額及び貸出残高の推移」による

住宅ローン新規融資額の推移

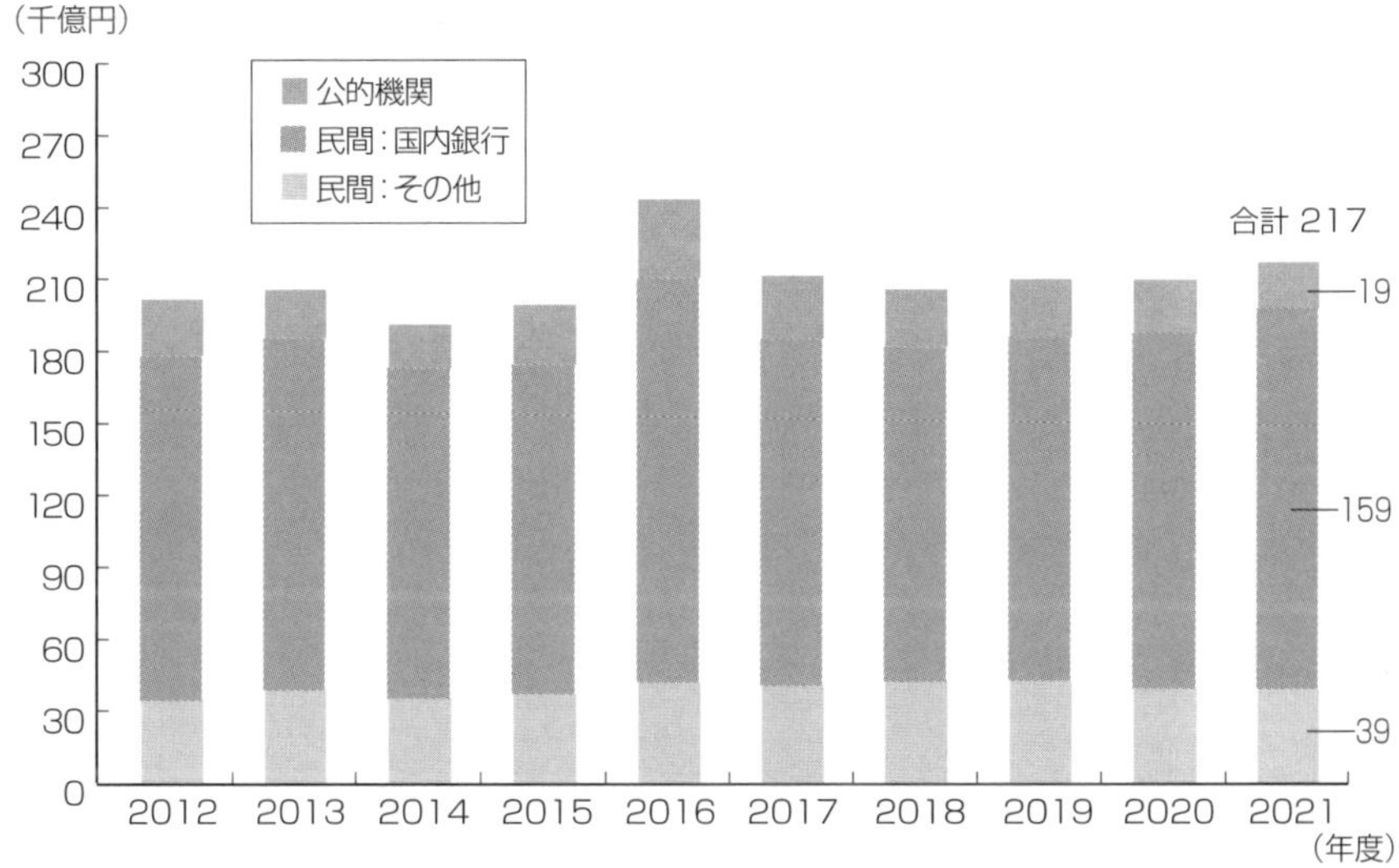

出所：（独法）住宅金融支援機構「業態別住宅ローンの新規貸出額及び貸出残高の推移」による

Section

6-5 フラット35は伸び続けるか

住宅金融支援機構が「フラット35」の取扱い（債権買取）を開始してから20年ほど経ちました。フラット35は長期・固定金利の特徴を活かし、30歳代や40歳代を中心に人気があります。

■新規買取金額は年間1・5兆円強、買取残高は約19兆円（2022年）

2003年10月から業務を開始した**住宅金融支援機構***の**フラット35***（買取型）の毎年の買取金額は2010年以降はほぼ2兆円をオーバーしています。

買取債権残高は2022年度末で約19兆円となっています（左ページ上のグラフ参照）。2022年度の住宅ローン残高は2014年度から全体で16・0%増、国内銀行19・4%増に対し、フラット35は64・4%増と急増しています。この点から見て、フラット35はしばらくの間、国内銀行の新規貸出増に伴って増え続けていくと思われます。

住宅金融支援機構の「2022年度フラット35利用者調査」では、2012~22年度推移を分析しています。「融資区分別（建て方別）」では、中古住宅（中古戸建て・中古マンション）の利用割合が増加傾向にあり、2018年度以降は4分の1程度で推移しています。注文住宅は前年度から2・3%増加し、約2分の1程度を占めています。

「年齢別」では、平均年齢は上昇傾向が続いており、2022年度は42・8歳となりました。

「家族数別」では、「家族数3人以上」の利用割合は減少傾向にありましたが、2022年度は前年度から0・7ポイント増加して64・4%となりました。

「世帯・年収別」×「融資区分別」では、マンション「利用世帯」の平均年収が844万円と最も高く、「世帯年収800万円以上」の割合が約4割を占めています。

「所要資金」×「融資区分」では、所要資金は全体として上昇傾向が続いており、2022年度はすべての融資区分で前年度から上昇しました。

Term

住宅金融支援機構　住宅金融公庫の業務を継承した独立行政法人で、2007年4月に発足した。

フラット35　2-6節参照。

住宅金融支援機構のフラット35新規買取金額・買取債権残高の推移

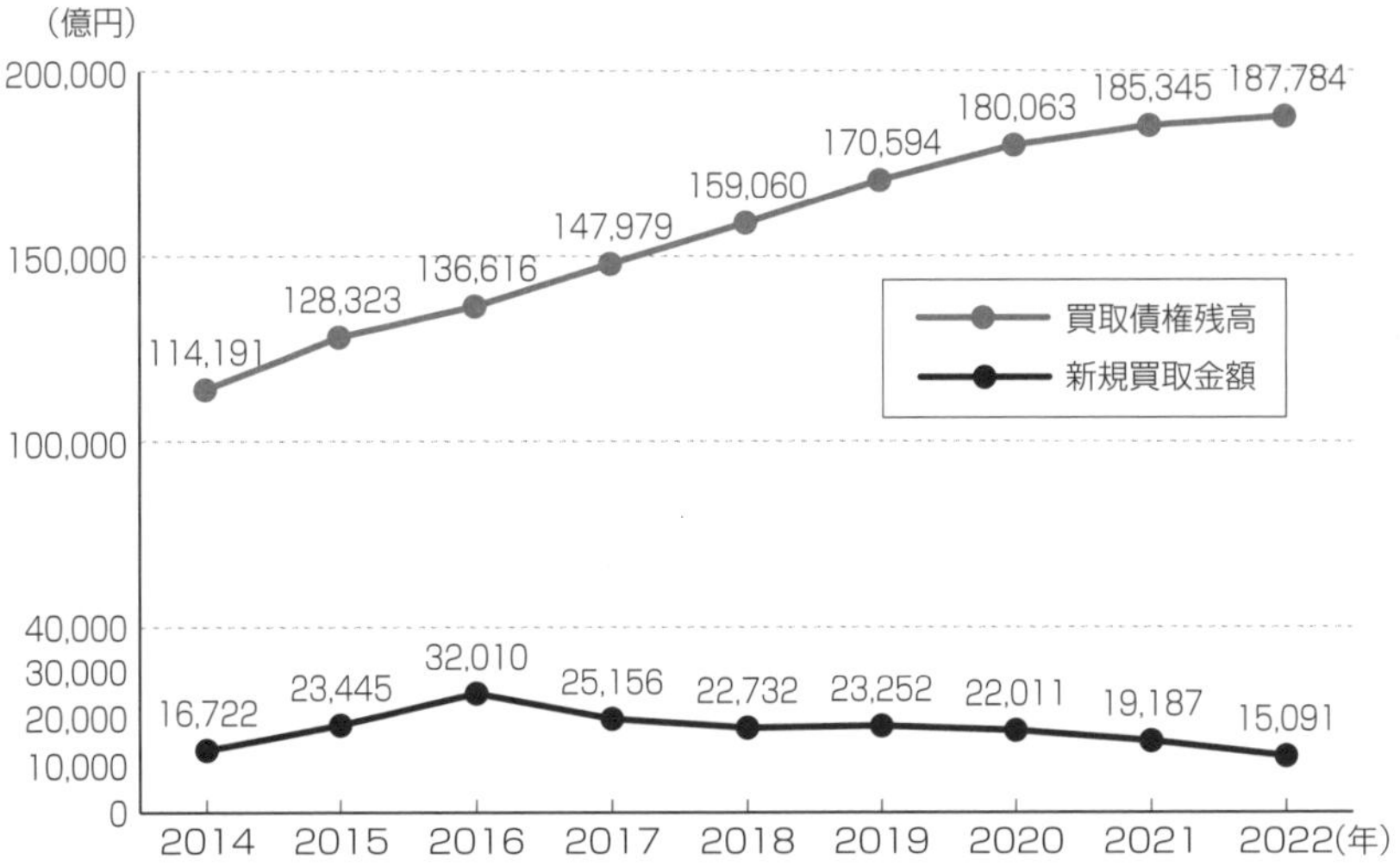

出所：（独法）住宅金融支援機構「業態別住宅ローンの新規貸出額および貸出残高の推移」による

フラット35利用者の住宅種類別家族数の構成比

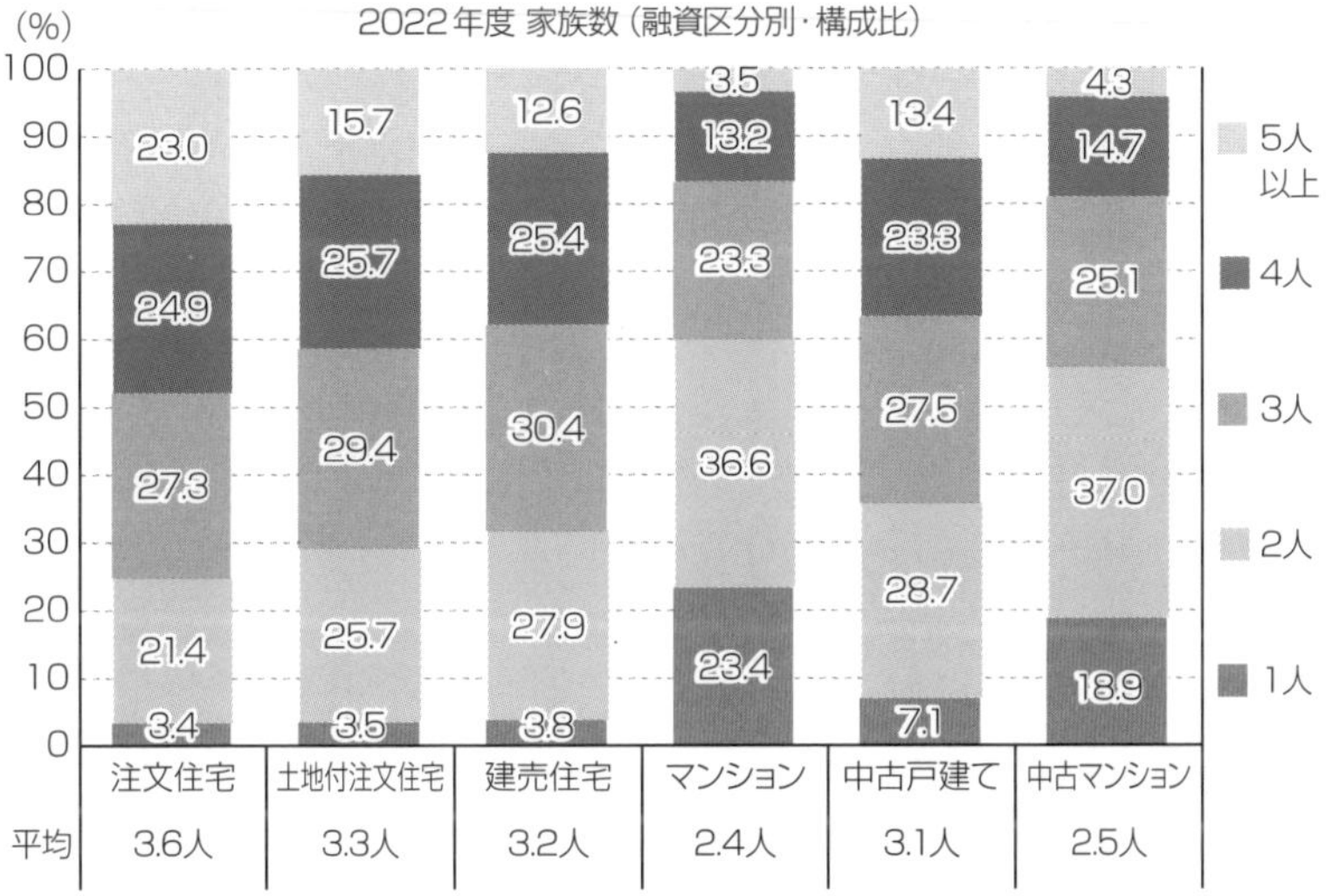

出所：（独法）住宅金融支援機構「2022年度フラット35利用者調査報告」

Section

6-6

不動産業向け貸出残高は今後も伸び続けるか

不動産業向け貸出はバブル時には抑制されてきましたが、実需に伴う貸出が増えつつあり、貸出残高はバブル期ピークを抜いて2017年3月期から過去最高を更新し続けています。

■不動産業向け貸出残高が過去最高を更新中

日本銀行発表の「**貸出先別貸出金**」によると、2023年3月末の国内銀行（三勘定：銀行、信託、海外店）の貸出残高は約577兆円、そのうち不動産業向け貸出残高は約98兆円、不動産業向け貸出残高シェアは17・0%となっています。

1970年以降の銀行貸出残高のピーク（四半期ベース）は1997年12月の約514兆円で、不動産業向貸出残高のピークは長らく1998年6月の約65兆円でしたが、2015年12月に更新され、以後8決算期連続で更新し続けています（2023年3月現在）。

不動産貸出残高の増加の原因は、マイナス金利政策を背景とした住宅ローン金利の低下、地価上昇を受けた不動産投資信託（REIT）向け融資の増加が考えられます。

2022年3月期の新規貸出額は13・1兆円で前年比14・5%の伸びを示しています。過去9年間の平均伸び率は8・2%ですから急増した感があります。不動産業に対する新規貸出額が全産業の26%を占めることからも理解できます。

2023年4～6月期の新規貸出は3・0兆円でした。過去10年のピーク値であった3・7兆円に比べて19%の減少となっているとはいうものの、年間ベースに換算すると2023年度、2018年度に次ぐ高い数字になります。

不動産業の内数である「個人による貸家業」への貸出残高（2022年3月期）は2・8兆円となり、前年同期比4・8%の伸び率を示しています（2009年5月に、「不動産業」の内訳項目として「個人による貸家業」が新設されました）。

Point **不動産業向け貸出金の内訳項目**　不動産業向け貸出残高、新規貸出金額は、日銀の統計「貸出先別貸出金」から算出する。2009年5月より「不動産業」の内訳項目として「不動産流動化等を目的とするSPC」「個人による貸出業」が新設された。

不動産業向け貸出残高の推移

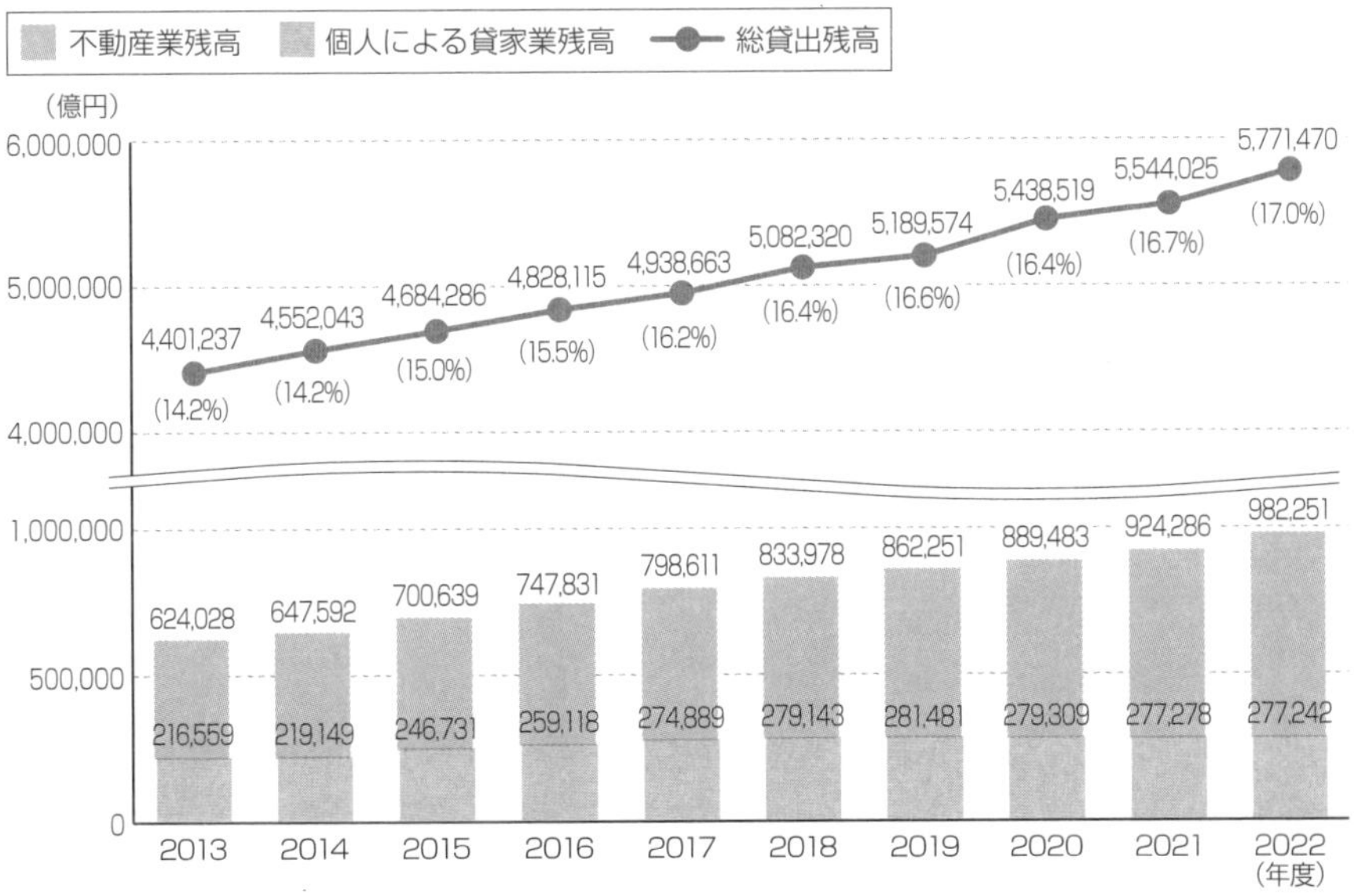

出所：日本銀行「貸出先別貸出金」により筆者作成

不動産業向け新規貸出金額の推移

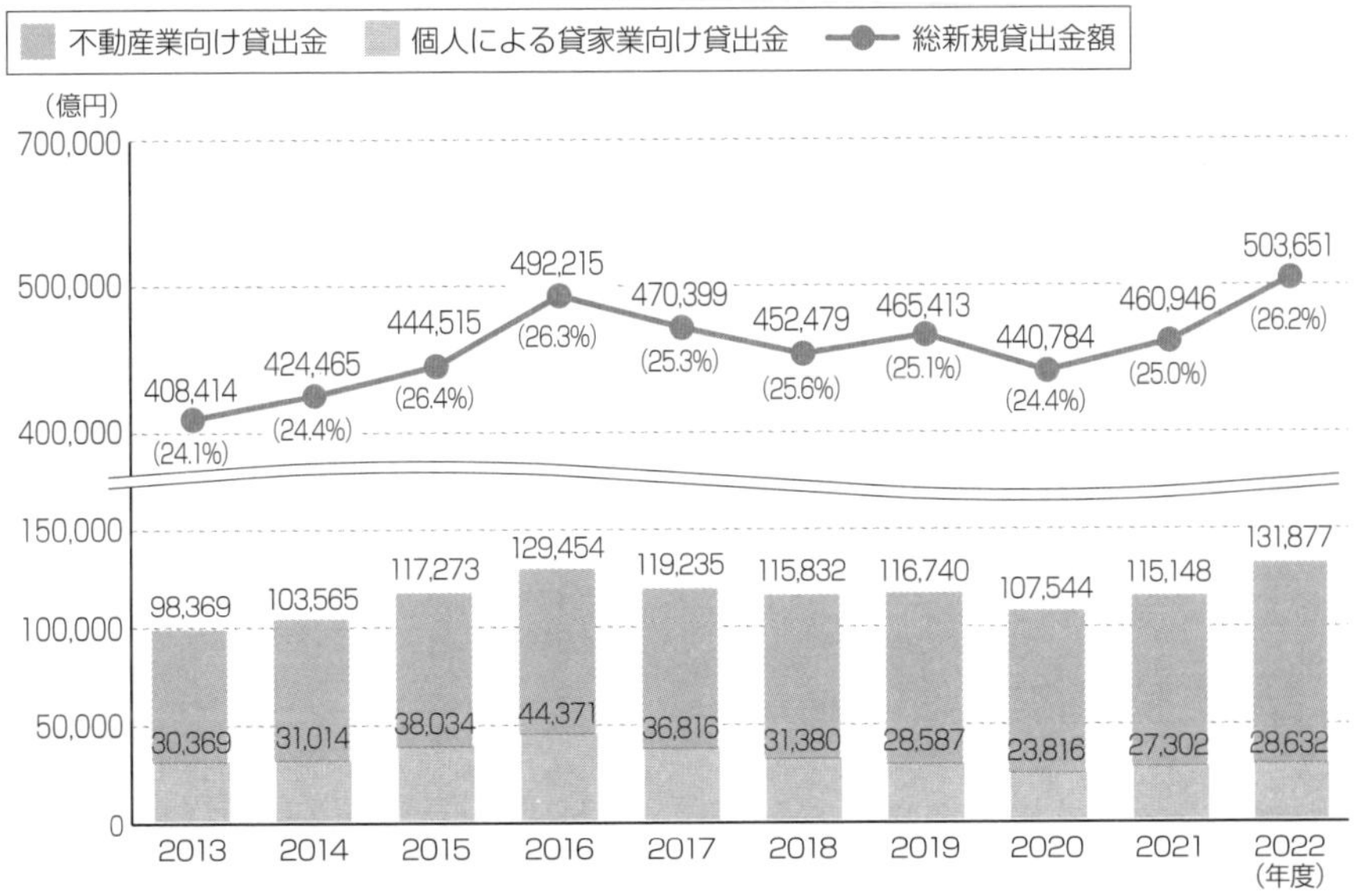

出所：日本銀行「貸出先別貸出金」により筆者作成

Section

6-7 J-REITの好調はいつまで続くのか

日本版不動産投資信託（J-REIT）の時価総額が16兆円を超えました。オフィス賃料の上昇、堅調なホテル稼働率に支えられ、J-REIT業績は拡大基調です。

■好調なオフィス賃貸市況、利回りの割安感をバックにJ-REITは優位

2001年9月にJ-REITが開始されてから20年以上となります。その間、出入りはありましたが、現在61銘柄が東証に上場しています。上場REITの市場規模を測る代表的指標である時価総額は約16兆円、東証REIT指数*は1800となっています（2023年6月末現在）。同指数の最高値は2612・98（2007年5月）、最安値はリーマン・ショック後の704・46（2008年10月）でした。時価総額の最高は17・6兆円（2021年8月）です。J-REITが好調な原因としては主に次の4点が考えられます。1つ目は、オフィス賃貸市況が活況を呈していること、2つ目はJ-REIT利回りの割安感に着目した海外からの資金流入が継続していること、3つ目は特殊なケースを除き保有物件はすべて国内資産であるため直接的な為替リスクを受けることがないこと、4つ目はインフレに強いことです。

今後の見通しとして、以下に述べるの4つの理由から、J-REITの好調はいましばらく続くと思われます。理由の1つ目は、東京中心部での大規模なインフラ整備、不動産開発が2024年以降も続くことです。例えば、東京駅近くの常盤橋地区開発、リニア中央新幹線開業の品川駅周辺、渋谷エリアの再開発などです。2つ目は、インバウンドの回復・増加によるホテル需要です。3つ目は金融緩和政策の継続見通しによる低金利と借入費用の抑制、4つ目は4・0%前後の高予想配当利回りなどです。国債との格差が大きく、J-REIT投資に妙味があります。参考までに左ページ下に「主要国のREITと10年国債の利回り比較」図を掲げました。

Term

東証REIT指数 東京証券取引所に上場している不動産投資信託（REIT）全銘柄を対象とした、時価総額加重平均型の株価指数。2003年3月末の時価総額を1000として指数化したもの。

J-REIT 保有不動産額・時価総額・銘柄数

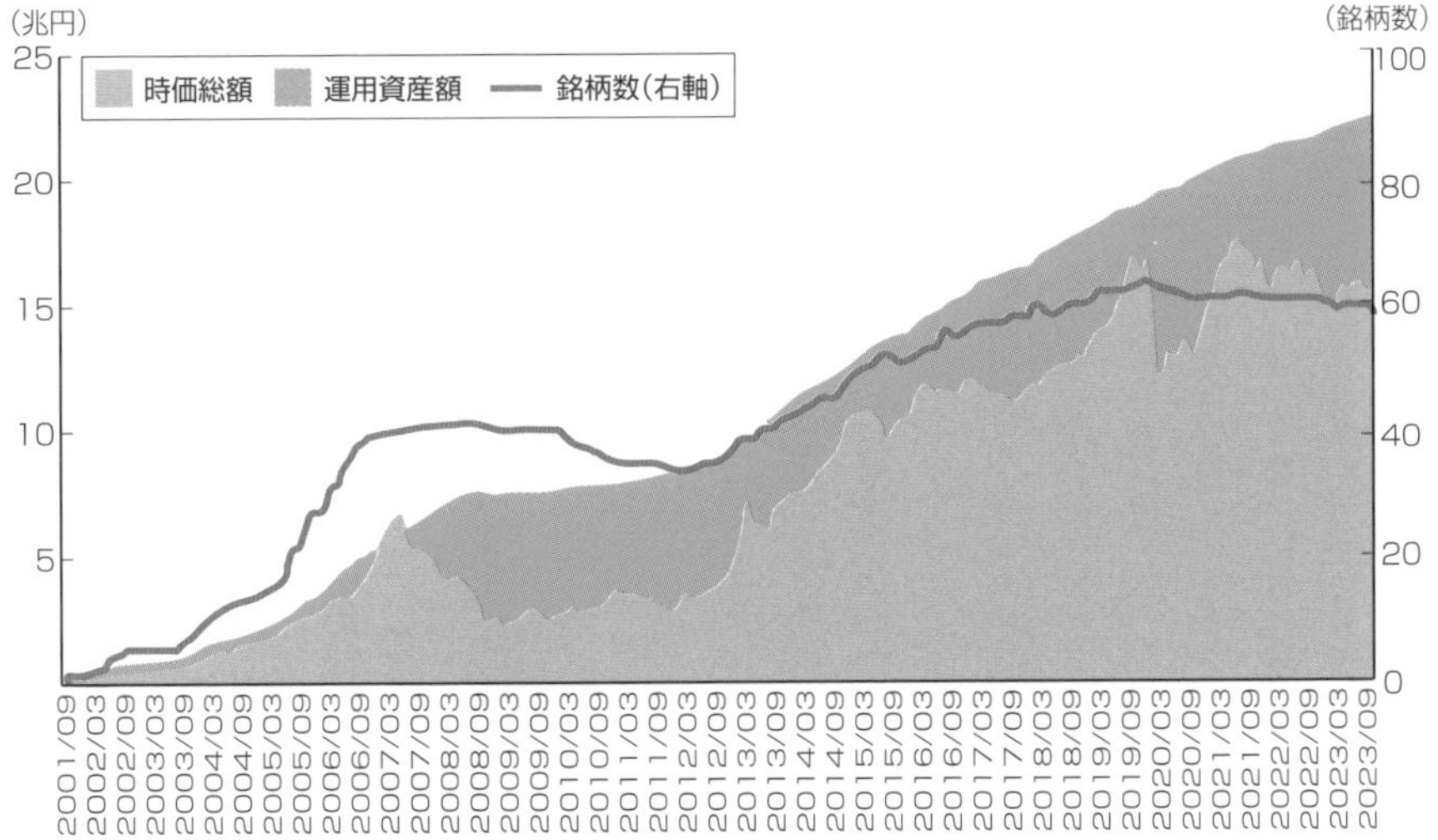

出所：ARES「マンスリーレポート」

主要国の REIT と 10 年国債の利回り比較

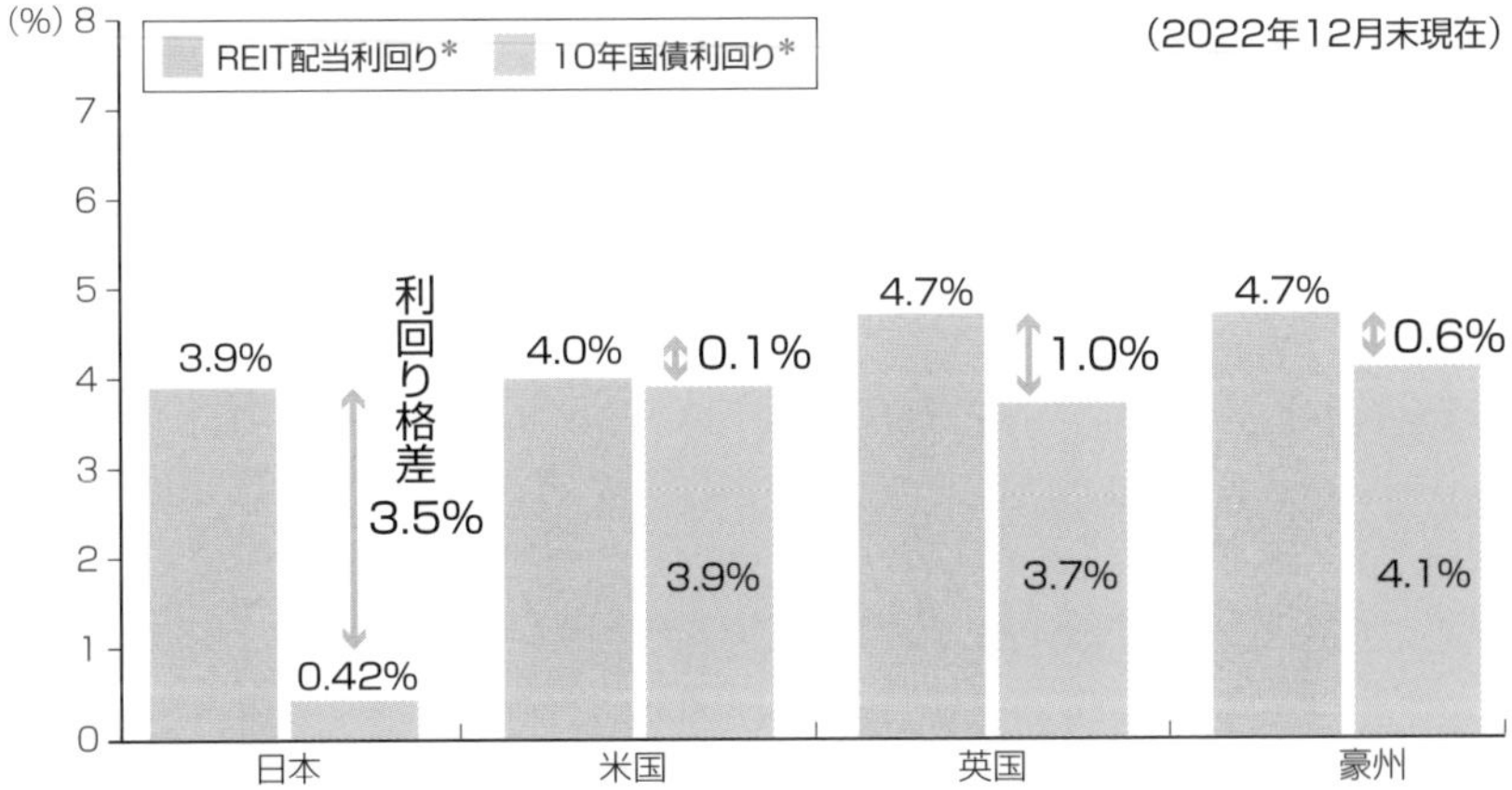

※日本は東証REIT指数、その他はS&PグローバルREIT指数の各国インデックスの実績配当利回り、小数点以下第2位を四捨五入

出所：三井住友トラスト・アセットマネジメント「J-REIT四半期レポート」

Term

国債利回り　国債に投資した場合の収益率のこと。国債価格が上昇すると利回りは下落し、価格が下落すると利回りは上昇する。

REIT配当利回り　配当利回り＝1株当たりの配当金÷株価

Section
6-8 不動産ファンドの将来

不動産ファンドの市場規模は公募型・私募型を合わせて約60兆円と推定されます。私募型、特に私募リートの伸びが大きいのが特徴です。

国土交通省は、2022年末の不動産の証券化市場規模を53・3兆円と発表しています。不動産ファンドの市場規模はほぼこれに一致します。内訳別に見ると、私募ファンドが33・4兆円（2023年8月）、J－REITが22・4兆円（2023年6月）と発表しているので、両者の合計で55・8兆円となり全体の53・3兆円をオーバーします。発表時期の違いもあるので一致はしませんが、ほぼ60兆円前後が不動産ファンドの市場規模といえます。

私募ファンドの市場規模（33・4兆円）は2014年12月から年間14・7％伸びています。私募ファンドの1つである私募リートも、直近1年で12・8％伸びています。

J－REITの着実な伸びとともに、不動産ファンドの市場拡大は続くと思われます。

■「不動産ファンド」という用語の使われ方はまちまち

「**不動産ファンド**＊」とは、すでに2－8節で説明したように、広義の「不動産証券化」の一部であり、そこから「**資産流動化型不動産証券化**＊」（狭義の不動産証券化）を除いたものをいいます。すなわち、「**資産運用型（ファンド型）不動産証券化**＊」のことです。

不動産ファンド（**不動産投資ファンド**ともいいます）には公募型と私募型があります。前者の代表に**J・REIT**（日本版不動産投資信託、単にREITともいいます）があり、後者は**私募ファンド**または**プライベートファンド**などと呼ばれています。私募ファンドの中には**私募リート**も含まれます。「私募型」に限って不動産ファンドということもあります。

Term

不動産ファンド　投資ファンドの一種。投資ファンドとは投資家から集めた資金を株式・公社債・不良債権・不動産などに投資し、そこから上がる配当や売却益などを投資家に分配する仕組みや商品のこと。

資産流動化型不動産証券化／資産運用型（ファンド型）不動産証券化　2-8節参照。

不動産ファンド（私募型）のイメージ図

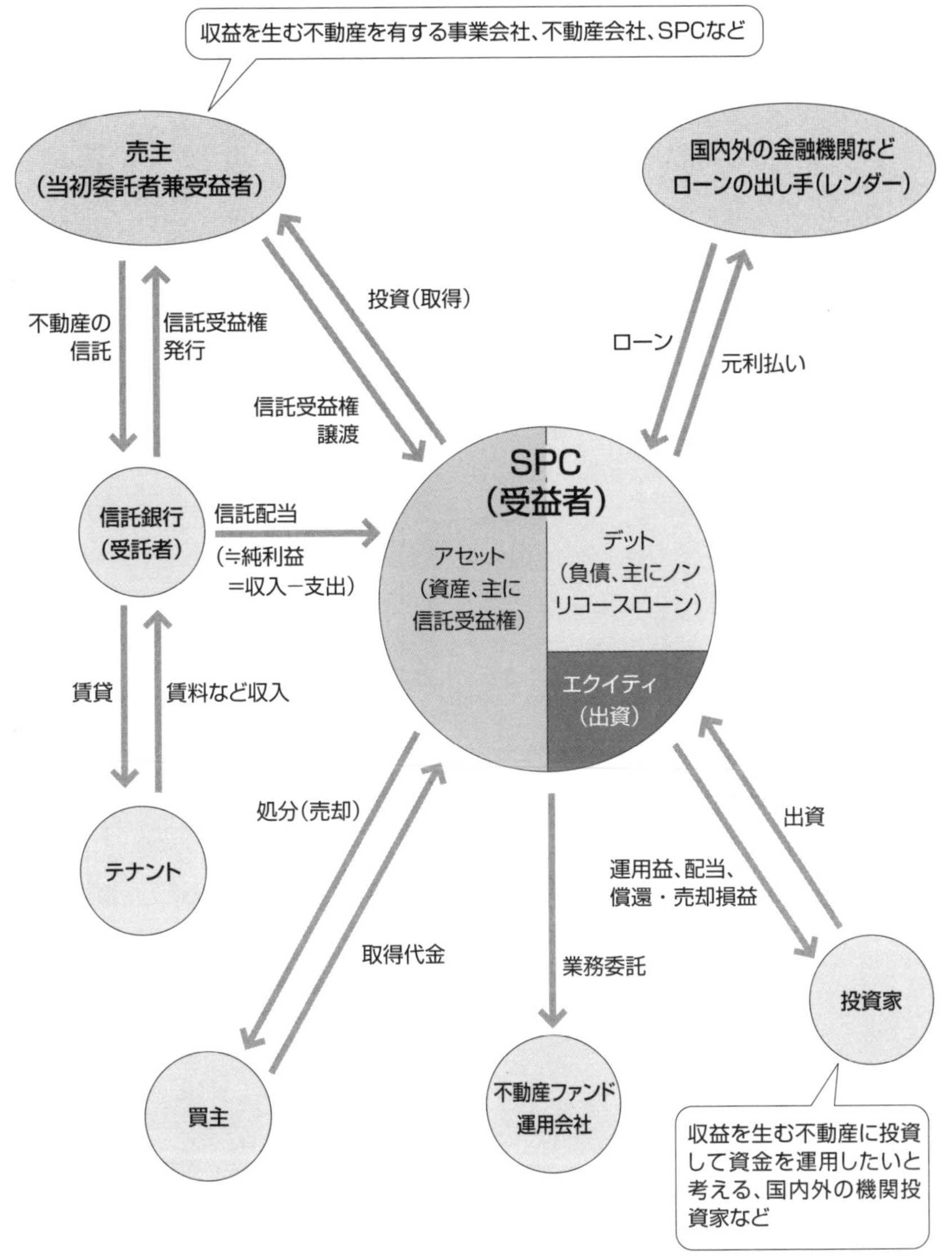

出所：『週刊エコノミスト』2007年5月29日号 脇本和也氏による図より

Point

投資ファンドの種類　投資ファンドの種類には不動産ファンドのほかに、ヘッジファンド、ベンチャーファンド、再生ファンド、ファンド・オブ・ファンズ、商品ファンド、ソブリン・ウェルス・ファンド、事業ファンド、バイアウトファンドなどがある。

Section
6-9 不動産情報はネット検索の時代へ

一般消費者が不動産の売買・賃貸などに関する情報を入手する経路には、展示場、不動産会社、不動産屋、不動産情報誌、知人からの紹介など各種ありますが、ぜひ利用していただきたいのがインターネット検索です。他の情報源を利用する場合も併用が有効です。

■「SUUMO」が連続8年1位 ～賃貸情報サイトランキング

一般消費者が不動産の売買・賃貸に関する物件・価格情報などを入手するための不動産物件情報検索サイト＊について、左ページの2つの表にまとめました。

代表的な公的サイトとしては、国土交通省が関与する「土地総合情報システム」、「不動産ジャパン」、「レインズ・マーケット・インフォメーション」の3つがあります。**土地総合情報システム**は、公的土地評価である公示価格および都道府県が行う地価調査価格ならびに全国の実際の取引価格情報を提供します。成約情報の提供という点では**レインズ・マーケット・インフォメーション**も同じです。**不動産ジャパン**の情報は成約情報ではなく、これから売買・賃借をしたい消費者への情報提供です。SUUMO（旧住宅情報ナビ）、LIFULL HOME'Sなどの公的版といえます。

これらの公的・民間の売買・賃借情報サイトは、一般消費者のみならず不動産業者も利用しています。レインズを利用せずにこれらの情報を利用して業務を行っている不動産業者も数多く見受けられます。

東京カンテイの**不動産データサービス**、資産評価システム研究センターの全国地価マップは、先に挙げた公的機関の補完的役割を担っています。

登記情報提供サービスや路線価図・評価倍率表はインターネット検索サイトです。

左ページの下の表は、オリコン顧客満足度調査の賃貸情報サイトランキングです。総合第1位は8年連続9回目の1位となるSUUMO（株式会社リクルート運営）です。

Term

不動産物件情報検索サイト　2-4節参照。

サイト　ここではウェブサイトのことで、ホームページなどのコンテンツ（中身）が置かれている場所を指す。場所の指定にはURLを使用する。

不動産の情報収集に役立つサイト*

情報検索サイト名	実施機関、運営機関	特徴
土地総合情報システム	国土交通省	地価公示価格、都道府県地価調査価格に関する情報を検索・閲覧できる国土交通省のサイト。実際の取引価格情報が得られる。2006年4月スタート。
不動産ジャパン	(公財)不動産流通推進センター	全国の9割を超える不動産会社が加盟している不動産流通4団体が情報を提供する総合不動産物件情報検索サイト。成約情報の提供ではない。2003年10月から稼働。
レインズ・マーケット・インフォメーション	指定流通機構	成約価格をもとにした不動産取引情報提供サイト。国土交通省の指定を受けた指定流通機構が運営するコンピュータネットワークシステムに集積された情報がもとになっている。中古一戸建て・マンションの実際の取引価格情報。2007年11月から実施。
登記情報提供サービス	(一財)民事法務協会	登記所(法務局)が保有する登記情報を、インターネットを通じて確認することができる有料サービス。
財産評価基準書路線価図・評価倍率表	国税庁	国税庁のサイトで、誰でも無料で全国のものの閲覧が可能。最新分と過去6年分が開示されている。
東京カンテイ不動産データサービス	(株)東京カンテイ	全国の土地、マンションの売買事例などをデータベース化して提供。会員登録(有料)した法人にのみ配信。ただし、マンション価格情報サービスについてはユーザー名を登録(無料)した会員は利用できる。
全国地価マップ	(一財)資産評価システム研究センター	国や地方公共団体が一般に公開している宅地の価格(固定資産税評価額、路線価、地価公示価格および地価調査価格)を情報公開する。

賃貸情報サイトランキング

(単位:点)

順位	サイト名	得点					
		総合	サイトの使いやすさ	物件情報の充実感	問い合わせのしやすさ	検索のしやすさ	特集・キャンペーン
1	SUUMO(スーモ)	71.0	74.0	71.3	70.2	72.8	63.6
2	at home(アットホーム)	69.4	71.8	69.9	69.8	70.7	62.6
3	LIFULL HOME'S	69.4	72.4	69.8	69.1	71.3	61.7
4	スマイティ	68.6	71.4	68.9	68.7	70.3	61.8
4	Yahoo! 不動産	68.6	71.4	69.5	68.3	70.5	61.7
6	CHINTAI	65.8	67.6	66.3	65.8	67.1	60.9

出所:オリコン顧客満足度*調査(2023年10月2日発表)

Term

オリコン顧客満足度 音楽データベースの老舗オリコン(東証スタンダード上場)が独自に行っている顧客満足度の調査、およびその結果を示した指標である。

Section
6-10 インターネット活用が生き残りの分かれ目

ウェブメール、ウェブ会議等のウェブとその通信技術であるインターネットは、日常生活に欠かせない時代となりました。不動産取引も電子化に波にさらされてきました。

■不動産取引にも電子化の波

2022年5月から、不動産取引において書面の電子化が解禁となり、契約の締結も対面でなくオンラインで行うことが可能になりました。そのため、不動産会社の担当者はいうに及ばず取引当事者の全員に、インターネットのより深い知識が求められています。

総務省の「2022年通信利用動向調査」からは、以下の点が読み取れます。

スマートフォンの保有状況は、世帯の保有割合が9割を超えるとともに、個人の保有割合でも8割弱と堅調に伸びています。パソコン（7割）、タブレット型端末（4割）は横ばいですが、固定電話（6割強）は減少傾向にあります。

個人のインターネット利用機器は、引き続きスマートフォンがパソコンを上回り、20～59歳の各年齢階層で約9割が利用しています。70歳以上の年齢階層では上昇傾向にあります。

テレワークを導入している企業の割合は5割を超えていますが、2021年からは横ばい状況です。テレワークの形態としては9割以上が在宅勤務を導入しています。業種別に見ると、情報通信業は97％導入で圧倒的首位、2位は金融保険84％、3位は不動産業65％となっています。不動産業は2022年、他業種が増加する中、対前年比11ポイント（75・1→64・9％）下げているのが気になります。

ICT総研＊の調査によると、日本の**SNS**＊利用者は8270万人を超えており、普及率は82％です（2022年12月時点）。若年層だけでなく高齢者層にも、スマートフォンの普及が進んでいるため、SNSの登録者数や利用数は増加傾向にあります。

Term

SNS　ソーシャルネットワーキングサービス。登録者同士が交流できるインターネットの会員制サービスのこと。X（旧Twitter）、Facebook、Instagram、LINE、TikTokなどが挙げられる。LINEの利用が最も多い。

ICT総研　NTT直属のシンクタンク集団。日本屈指のIT研究機関。

主な情報機器の保有状況（世帯）推移

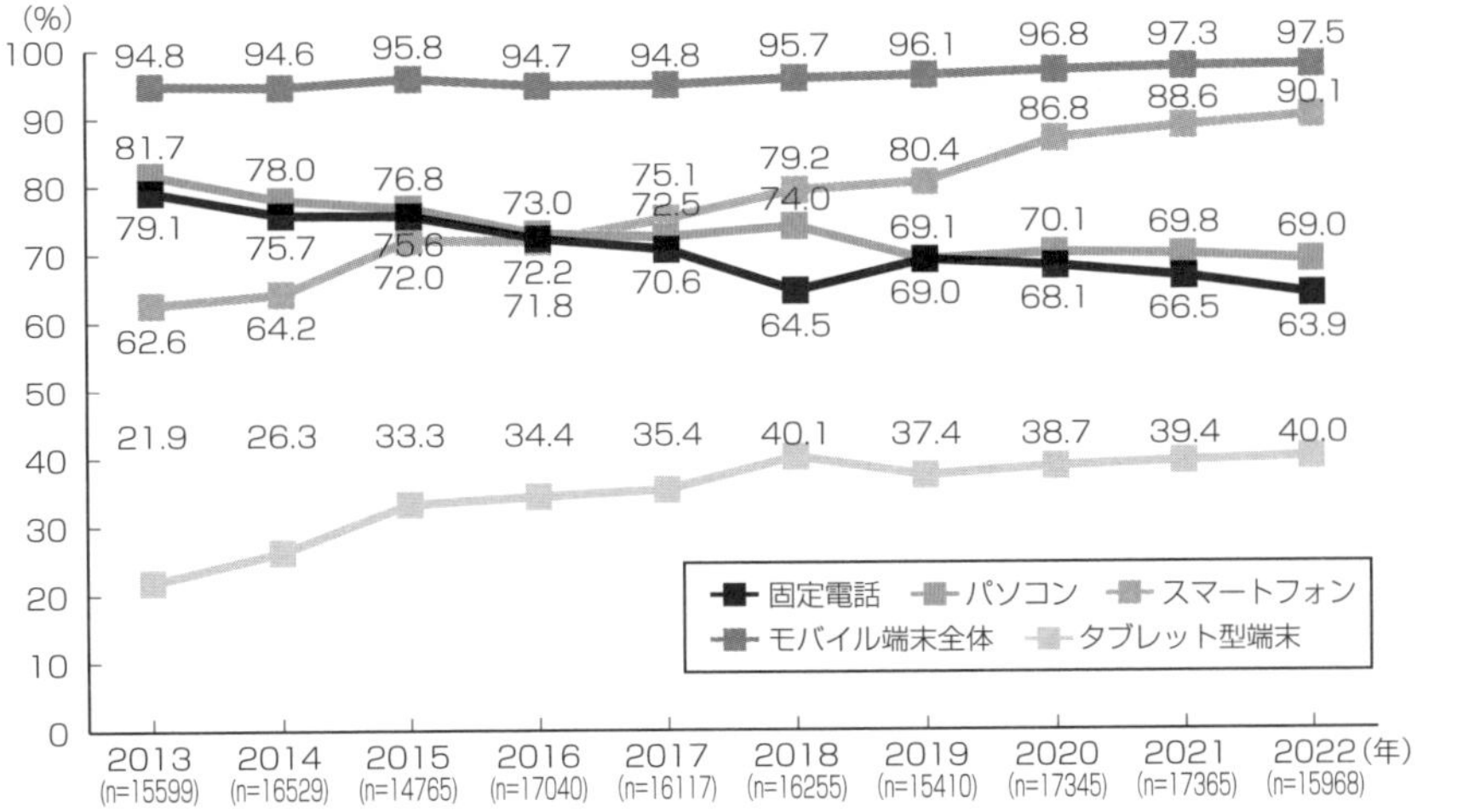

（複数回答）
（注）当該比率は、各年の世帯全体における各情報機器の保有割合を示す。「モバイル端末全体」の2020年以前はPHSを含む。
出所：総務省 令和4（2022）年通信利用動向調査

年齢階層別インターネット利用機器状況（個人）

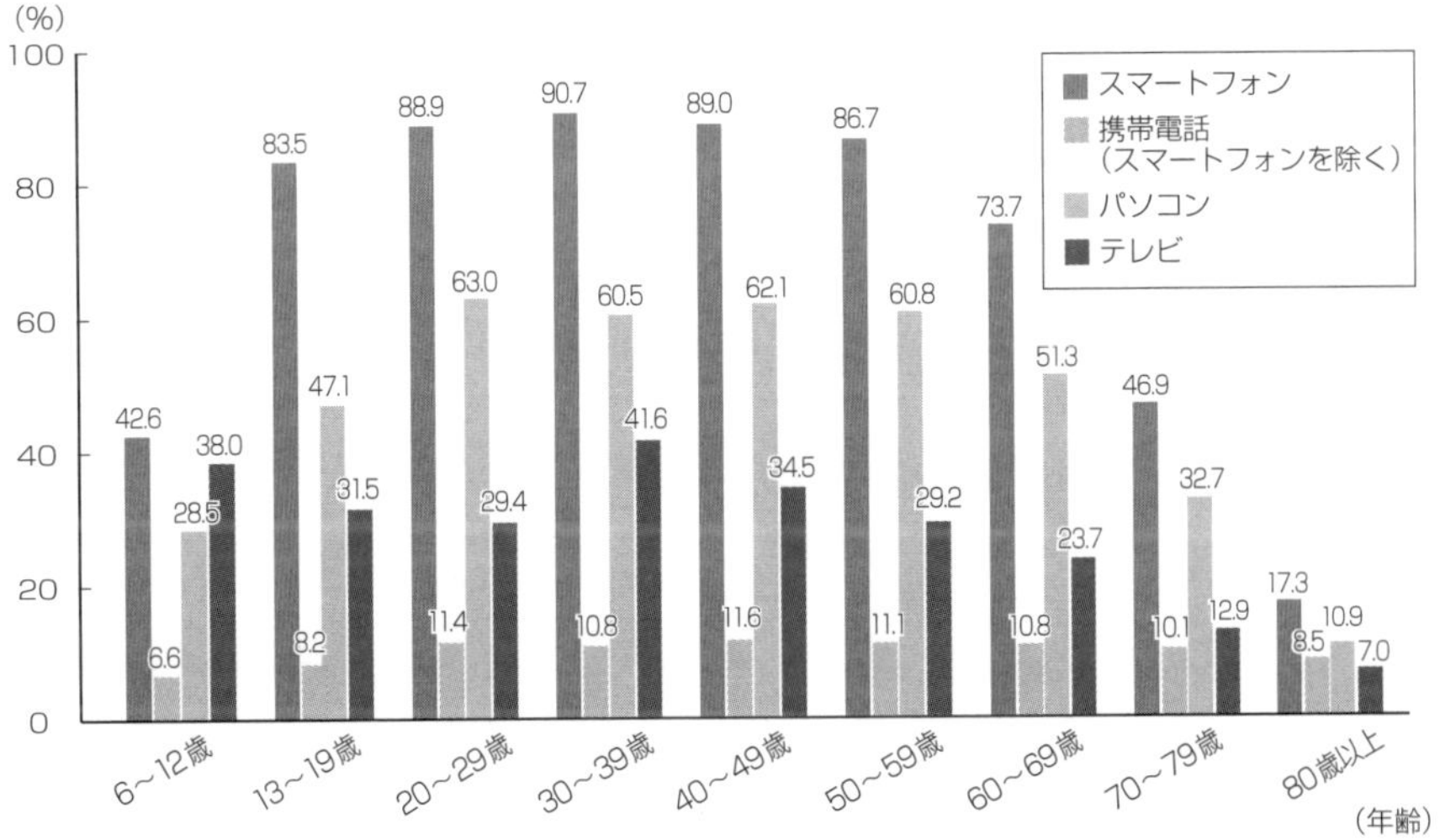

（複数回答）
（注）主な利用機器のみ記載。
出所：総務省 令和4（2022）年通信利用動向調査

公庫融資と住宅ローン借入の今昔

Column

マイホーム購入資金手当の中心は長らく**住宅金融公庫融資**でした。金利は公庫発足の1950年以来、基準金利5.5%（固定金利）の時代が長く続きました。基準金利の上限は5.5%と決められていました。

公庫の基準金利は、資金の調達先である財政投融資金利（財投金利）に連動して決まっていました。1980年の金融引き締め時には財投金利が6%台から8.5%へ急騰し、基準金利との格差が拡大。この差を埋めるため、一般会計から補給（税金投入）がなされました。この差の解消のため、82年に段階性金利が導入されましたが、2005年に廃止されました。

一方、1997年度の公庫制度改正により、当時のような低金利時には、公庫金利は財投金利に連動しないことが容認されました。1998年には財投金利が1%台に下がったのに伴い、公庫金利もついに2%まで下がりました。旧建設省はこの金利を下限とすることを発表しました。

住宅資金が公庫で賄えないときは、年金、財形住宅融資、社内融資などが検討されました。民間金融機関の住宅ローンを考えるのはその次でした。民間金融機関はこれら公的融資ないしは社内融資に比べ、金利が割高だったからです。公的融資でほぼ賄われるため、民間の金融機関に回る金額はわずかでした。担保も公庫、年金、勤務先、民間金融機関の順序で設定されるのが通常のパターンでした。

2000年に年金福祉事業団が解散し、事業団の指定協会の協会融資、公庫併せ貸しなどに生まれ変わり、原則、事業団の住宅の直接融資はなくなりました。

さらに2007年には住宅金融公庫が住宅金融支援機構に名称変更し、業務内容を証券化支援業務中心にシフトし、住宅ローンの直接融資は原則行わなくなりました。

こういった流れで、今日では民間住宅ローンが住宅金融の主流になっています。民間金融機関は競い合って新しい住宅ローンを開発し、金利も従来の長期ローンでは考えられないような低金利も提示されています。従来は、短期の預金を貸出の原資とする銀行にとって10年以上の長期固定金利は考えられませんでした。いまは35年、特殊なものとしては50年の固定金利もあります。民間金融機関が住宅ローンを貸し出し、証券化した債権を機構が買い取る長期固定金利住宅ローン（フラット35）は、早期資金化の観点から、民間金融機関にとっては願ってもない商品です。

住宅ローンは民間金融
機関主導で今後とも
伸びていくと思われます。
中でも「フラット35」が
大きく伸びています。

資料編

●不動産業界勢力図
●不動産関連業界団体等一覧
●上場不動産会社一覧
●代表的な未上場不動産会社一覧

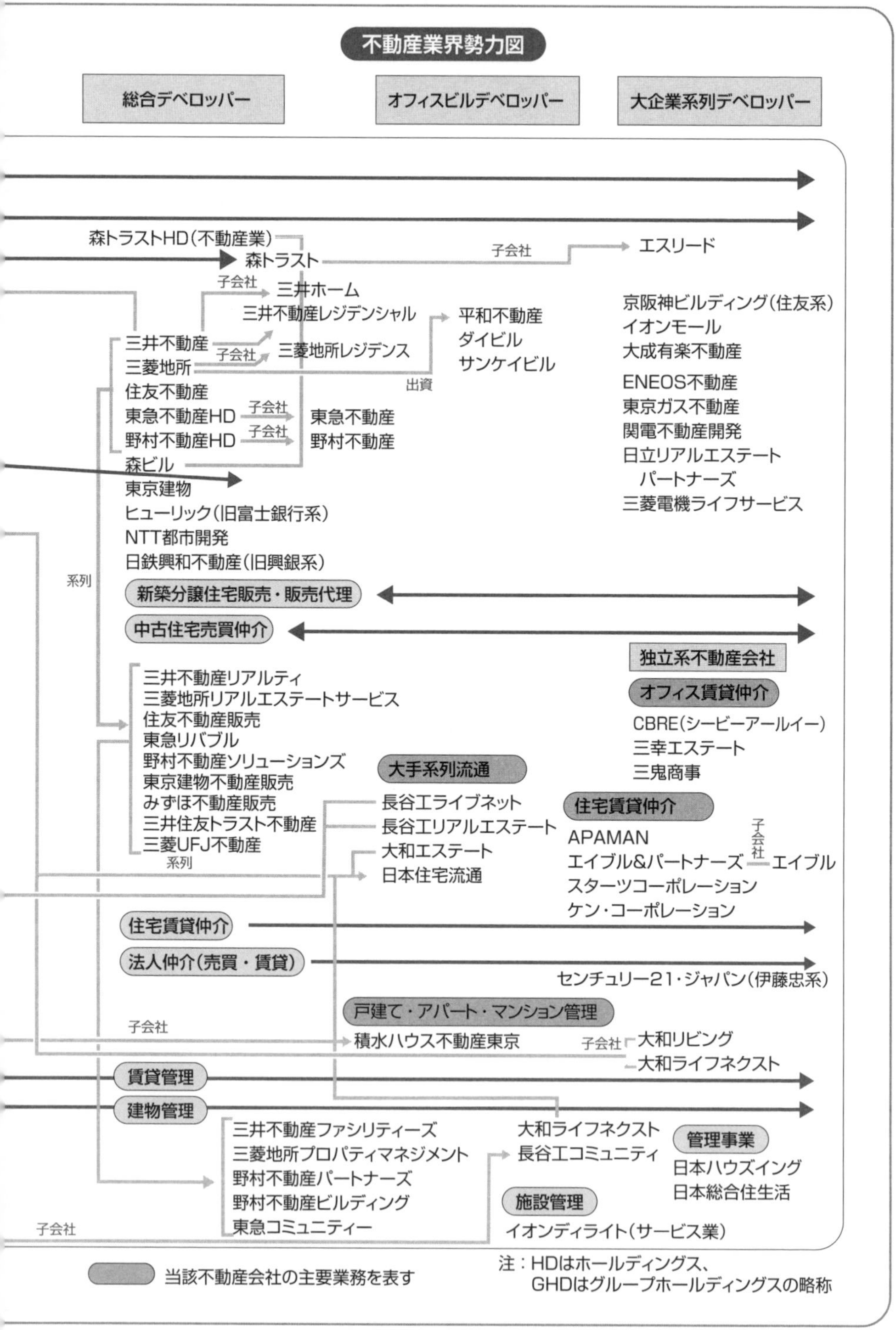
不動産業界勢力図
総合デベロッパー
オフィスビルデベロッパー
大企業系列デベロッパー
森トラストHD(不動産業)
森トラスト
子会社
エスリード
子会社
三井ホーム
三井不動産レジデンシャル
三井不動産
三菱地所
子会社
三菱地所レジデンス
平和不動産
ダイビル
サンケイビル
出資
住友不動産
東急不動産HD
子会社
東急不動産
野村不動産HD
子会社
野村不動産
森ビル
東京建物
ヒューリック(旧富士銀行系)
NTT都市開発
日鉄興和不動産(旧興銀系)
京阪神ビルディング(住友系)
イオンモール
大成有楽不動産
ENEOS不動産
東京ガス不動産
関電不動産開発
日立リアルエステート
パートナーズ
三菱電機ライフサービス
系列
新築分譲住宅販売・販売代理
中古住宅売買仲介
独立系不動産会社
オフィス賃貸仲介
CBRE(シービーアールイー)
三幸エステート
三鬼商事
三井不動産リアルティ
三菱地所リアルエステートサービス
住友不動産販売
東急リバブル
野村不動産ソリューションズ
東京建物不動産販売
みずほ不動産販売
三井住友トラスト不動産
三菱UFJ不動産
系列
大手系列流通
長谷工ライブネット
長谷工リアルエステート
大和エステート
日本住宅流通
住宅賃貸仲介
APAMAN
エイブル&パートナーズ
子会社
エイブル
スターツコーポレーション
ケン・コーポレーション
住宅賃貸仲介
法人仲介(売買・賃貸)
センチュリー21・ジャパン(伊藤忠系)
戸建て・アパート・マンション管理
子会社
積水ハウス不動産東京
子会社
大和リビング
大和ライフネクスト
賃貸管理
建物管理
三井不動産ファシリティーズ
三菱地所プロパティマネジメント
野村不動産パートナーズ
野村不動産ビルディング
東急コミュニティー
大和ライフネクスト
長谷工コミュニティ
管理事業
日本ハウズイング
日本総合住生活
施設管理
イオンディライト(サービス業)
子会社
当該不動産会社の主要業務を表す
注：HDはホールディングス、
GHDはグループホールディングスの略称

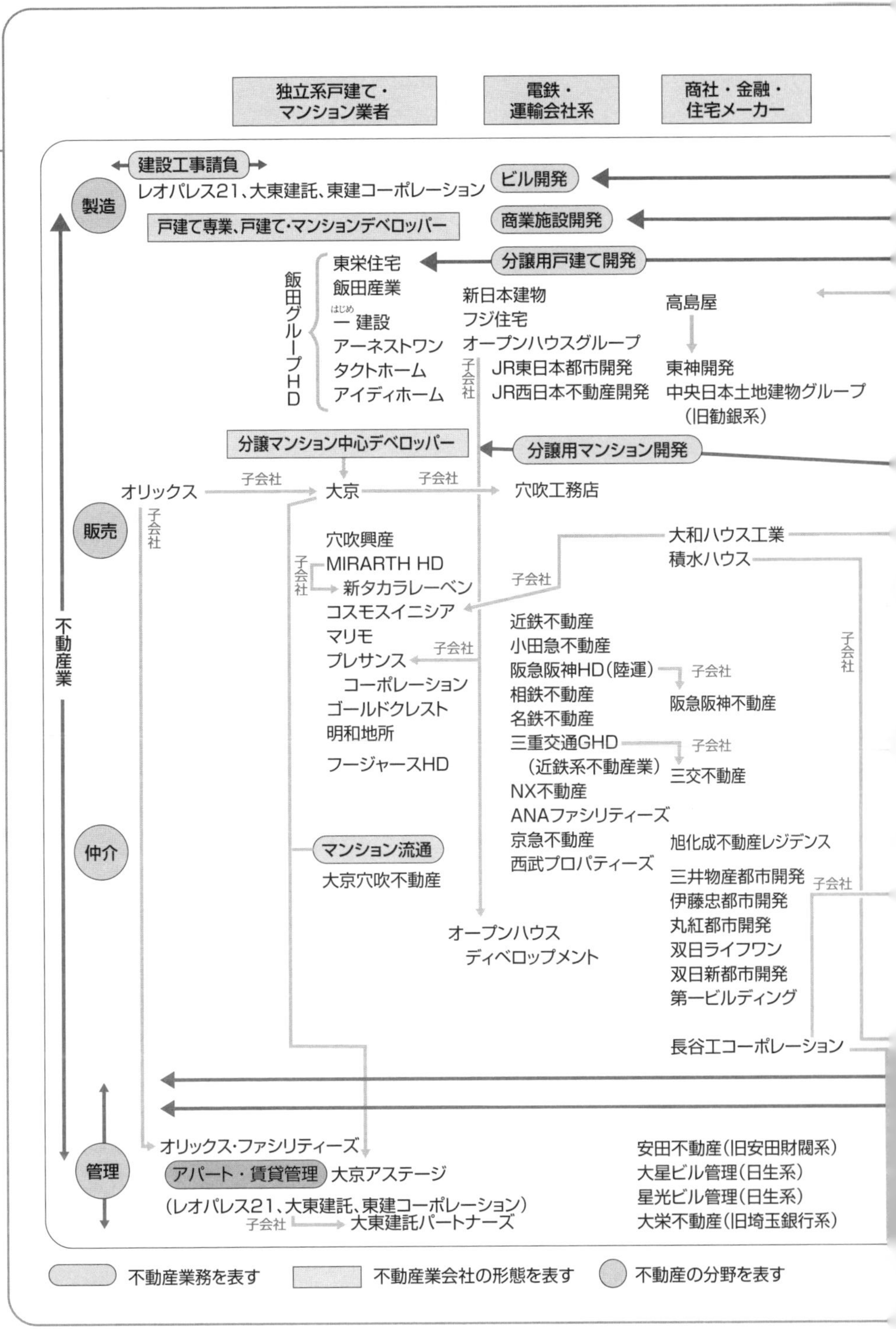
独立系戸建て・マンション業者
電鉄・運輸会社系
商社・金融・住宅メーカー
製造
建設工事請負
レオパレス21、大東建託、東建コーポレーション
ビル開発
商業施設開発
戸建て専業、戸建て・マンションデベロッパー
分譲用戸建て開発
飯田グループHD
東栄住宅
飯田産業
一《はじめ》建設
アーネストワン
タクトホーム
アイディホーム
新日本建物
フジ住宅
オープンハウスグループ
子会社
JR東日本都市開発
JR西日本不動産開発
高島屋
東神開発
中央日本土地建物グループ
(旧勧銀系)
分譲マンション中心デベロッパー
分譲用マンション開発
販売
オリックス
子会社
大京
子会社
穴吹工務店
子会社
穴吹興産
MIRARTH HD
子会社
新タカラレーベン
コスモスイニシア
マリモ
プレサンス
コーポレーション
子会社
ゴールドクレスト
明和地所
フージャースHD
大和ハウス工業
積水ハウス
子会社
子会社
近鉄不動産
小田急不動産
阪急阪神HD(陸運)
子会社
阪急阪神不動産
相鉄不動産
名鉄不動産
三重交通GHD
(近鉄系不動産業)
子会社
三交不動産
NX不動産
ANAファシリティーズ
京急不動産
西武プロパティーズ
旭化成不動産レジデンス
三井物産都市開発
子会社
伊藤忠都市開発
丸紅都市開発
双日ライフワン
双日新都市開発
第一ビルディング
長谷工コーポレーション
仲介
マンション流通
大京穴吹不動産
オープンハウス
ディベロップメント
不動産業
管理
オリックス・ファシリティーズ
アパート・賃貸管理
大京アステージ
(レオパレス21、大東建託、東建コーポレーション)
子会社
大東建託パートナーズ
安田不動産(旧安田財閥系)
大星ビル管理(日生系)
星光ビル管理(日生系)
大栄不動産(旧埼玉銀行系)
不動産業務を表す
不動産業会社の形態を表す
不動産の分野を表す

不動産関連業界団体等一覧（2024年1月31日現在）

公益社団法人 全日本不動産協会(全日)
〒102-0094
東京都千代田区紀尾井町3-30全日会館3F
TEL:03-3263-7055
FAX:03-3239-2159
https://www.zennichi.or.jp/

公益社団法人 全国宅地建物取引業協会連合会(全宅連)
〒101-0032　東京都千代田区岩本町2-6-3
全宅連会館
TEL:03-5821-8111(代)
FAX:03-5821-8101
https://www.zentaku.or.jp/

一般社団法人 不動産流通経営協会(FRK)
〒105-0001　東京都港区虎ノ門3-25-2
虎ノ門ESビル5F
TEL:03-5733-2271　FAX:03-5733-2270
https://www.frk.or.jp/

公益財団法人 不動産流通推進センター
〒100-0014　東京都千代田区永田町1-11-30
サウスヒル永田町8F
TEL:03-5843-2070　FAX:03-3504-3522
https://www.retpc.jp/

一般社団法人 不動産証券化協会(ARES)
〒107-0052　東京都港区西新橋1-8-1
REV20虎ノ門ビル2F
TEL:03-3500-5601(代)
FAX:03-3500-5607
https://www.ares.or.jp/

【住宅関連団体】

一般社団法人 全国住宅産業協会
〒102-0083　東京都千代田区麹町5-3
麹町中田ビル8F
TEL:03-3511-0611(代)
FAX:03-3511-0616
https://www.zenjukyo.jp/

一般財団法人 高齢者住宅財団
〒104-0054　東京都千代田区神田錦町1-21-1
ヒューリック神田橋ビル4F
TEL:03-6870-2410　FAX:03-6870-2412
https://www.koujuuzai.or.jp/

一般財団法人 住宅金融普及協会
〒112-0014　東京都文京区関口1-24-2
関口町ビル内
TEL:03-3260-7341

【官公庁】

国土交通省
〒100-8918　東京都千代田区霞が関2-1-3
TEL:03-5253-8111(代)
https://www.mlit.go.jp/

法務省
〒100-8977　東京都千代田区霞が関1-1-1
中央合同庁舎第6号館Ａ棟
TEL:03-3580-4111(代)
https://www.moj.go.jp/

総務省
〒100-8926　東京都千代田区霞が関2-1-2
中央合同庁舎第2号館
TEL:03-5253-5111(代)
https://www.soumu.go.jp/

国税庁
〒100-8978　東京都千代田区霞が関3-1-1
TEL:03-3581-4161(代)
https://www.nta.go.jp/

財務省
〒100-8940　東京都千代田区霞が関3-1-1
TEL:03-3581-4111(代)
https://www.mof.go.jp/

【中央銀行】

日本銀行
〒103-0021　東京都中央区日本橋本石町2-1-1
TEL:03-3279-1111(代)
https://www.boj.or.jp/

【政府関係機関・団体】

独立行政法人 住宅金融支援機構
〒112-8570　東京都文京区後楽1-4-10
TEL:03-3812-1111(代)
https://www.jhf.go.jp/

独立行政法人 都市再生機構(UR都市機構)
〒231-8315　神奈川県横浜市中区本町6-50-1
横浜アイランドタワー
TEL:045-650-0111(代)
https://www.ur-net.go.jp/

【代表的な不動産関係団体】

一般社団法人 不動産協会
〒100-6017　東京都千代田区霞が関3-2-5
霞が関ビル17F
TEL:03-3581-9421　FAX:03-3581-7530
https://www.fdk.or.jp/

公益社団法人 近畿圏不動産流通機構
〒540-0036　大阪市中央区船越町2-2-1
大阪府宅建会館5F
TEL:06-6943-5913
https://www.kinkireins.or.jp/

公益社団法人 西日本不動産流通機構
〒732-0824　広島県広島市南区的場町1-1-21
クリスタルタワー6F
TEL:082-568-5850　FAX:082-568-5851
https://www.nishinihon-reins.or.jp/

【ビルヂング関連団体】

公益社団法人 全国ビルメンテナンス協会
〒116-0013　東京都荒川区西日暮里5-12-5
ビルメンテナンス会館5F
TEL:03-3805-7560　FAX:03-3805-7561
https://www.j-bma.or.jp/

一般社団法人日本ビルヂング協会連合会
〒100-0011　東京都千代田区内幸町2-2-3
日比谷国際ビルB1F
TEL:03-3528-8340　FAX:03-3528-8347
https://www.jboma.or.jp/

日本ビルヂング経営センター
〒100-0011　東京都千代田区内幸町2-2-3
日比谷国際ビルB1F
TEL:03-6811-1711　FAX:03-6811-1712
https://www.bmi.or.jp/

【定期借地権、定期借家関連協議会】

定期借地権推進協議会(通称:定借協議会)
事務局:株式会社プレイスメイキング横浜
https://teikishakuchi.com/

定期借家推進協議会
〒101-0032　東京都千代田区岩本町2-6-3
全宅連会館
TEL:03-5821-8117
https://teishaku.jp/

【リフォーム関連団体】

公益財団法人 住宅リフォーム・紛争処理支援センター
〒102-0073　東京都千代田区九段北4-1-7
九段センタービル3F
TEL:03-3261-4567(代)
https://www.chord.or.jp/

一般社団法人 住宅リフォーム推進協議会
〒102-0071　東京都千代田区富士見2-7-2
ステージビルディング4F
TEL:03-3556-5430　FAX:03-3261-7730
https://www.j-reform.com/

FAX:03-3260-7349
https://www.sumai-info.com/

住宅保証機構株式会社
〒105-0011　東京都港区芝公園3-1-38
芝公園三丁目ビル
TEL:03-6435-8870
https://www.mamoris.jp/

一般財団法人 住宅保証支援機構
〒162-0825　東京都新宿区神楽坂6-67
マイナビ不動産ビル神楽坂3F
TEL:03-6280-7241　FAX:03-6280-7342
https://www.how.or.jp/

公益財団法人 日本賃貸住宅管理協会
〒100-0005　東京都千代田区丸の内1-7-12
サピアタワー18F
TEL:03-6265-1555　FAX:03-6265-1556
https://www.jpm.jp/

【マンション管理関連団体、マンション関連調査会社】

一般社団法人 マンション管理業協会
〒105-0001　東京都港区虎ノ門1-13-3
虎ノ門東洋共同ビル2F
TEL:03-3500-2721(代)
FAX:03-3500-2722
https://www.kanrikyo.or.jp/

公益財団法人 マンション管理センター
〒101-0003　東京都千代田区一ツ橋2-5-5
岩波書店一ツ橋ビル7F
TEL:03-3222-1516(代)
FAX:03-3222-1520
https://www.mankan.or.jp/

株式会社不動産経済研究所
〒160-0022　東京都新宿区新宿1-15-9
さわだビル7F
TEL:03-3225-5301　FAX:03-3225-5330
https://www.fudousankeizai.co.jp/

【物件情報、指定流通機構】

公益財団法人 東日本不動産流通機構
〒101-0044　東京都千代田区鍛冶町2-3-2
神田センタービルディング2F
TEL:03-5296-9350
http://www.reins.or.jp/

公益社団法人 中部圏不動産流通機構
〒451-0031　名古屋市西区城西5-1-14
愛知県不動産会館1F
TEL:052-521-8589
https://www.chubu-reins.or.jp/

公認会計士会館
TEL:03-3515-1120(代)
https://jicpa.or.jp/

【その他の不動産団体】

一般財団法人 土地総合研究所
〒105-0001　東京都港区虎ノ門1-16-17
虎の門センタービル9F
TEL:03-3509-6971(代)
FAX:03-3509-6975
https://www.lij.jp/

公益社団法人 日本建築士会連合会
〒108-0014　東京都港区芝5-26-20　建築会館5F
TEL:03-3456-2061　FAX:03-3456-2067
https://www.kenchikushikai.or.jp/

公益財団法人 建築技術教育普及センター
〒102-0094　東京都千代田区紀尾井町3-6
紀尾井町パークビル
TEL:03-6261-3310
https://www.jaeic.or.jp

公益社団法人 日本不動産鑑定士協会連合会
〒105-0001　東京都港区虎ノ門3-11-15
SVAX TTビル9F
TEL:03-3434-2301(代)
FAX:03-3436-6450
https://www.fudousan-kanteishi.or.jp/

一般財団法人 日本不動産研究所
〒105-8485　東京都港区虎ノ門1-3-1
東京虎ノ門グローバルスクエア
TEL:03-3503-5331(総務部)
https://www.reinet.or.jp/

不動産コンサルティング中央協議会
事務局:不動産流通推進センター
http://www.fu-consul.jp/

一般財団法人 不動産適正取引推進機構
〒105-0001　東京都港区虎ノ門3-8-21
第33森ビル3F
TEL:03-3435-8111(代)
https://www.retio.or.jp/

一般財団法人 民事法務協会
〒101-0047
東京都千代田区内神田1-13-7　四国ビル7F
TEL:0570-011-810
https://www.minji-houmu.jp/

一般社団法人 マンションリフォーム推進協議会
〒102-0083　東京都千代田区麴町4-3-4
宮ビル8F
TEL:03-3265-4899　FAX:03-3265-4861
http://www.repco.gr.jp/

【再開発関連団体】

一般社団法人 再開発コーディネーター協会
〒105-0014　東京都港区芝2-3-3
JRE芝二丁目大門ビルディング7F
TEL:03-6400-0261　FAX:03-3454-3015
https://www.urca.or.jp/

一般社団法人 都市みらい推進機構
〒112-0014　東京都文京区関口1-23-6
プラザ江戸川橋ビル201号
TEL:03-5261-5625　FAX:03-5261-5629
https://www.toshimirai.jp/

株式会社都市未来総合研究所
〒103-0027　東京都中央区日本橋2-3-4
日本橋プラザビル11F
TEL:03-3273-1431(代)
FAX:03-3273-1482
http://www.tmri.co.jp

【不動産公正取引協議会】

公益社団法人 首都圏不動産公正取引協議会
〒102-0083　東京都千代田区麴町1-3
ニッセイ半蔵門ビル3F
TEL:03-3261-3811
https://www.sfkoutori.or.jp/

公益社団法人 近畿地区不動産公正取引協議会
〒540-0012　大阪市中央区谷町2-2-20
大手前類第一ビル9F
TEL:06-6941-9561　FAX:06-6941-9350
https://www.koutori.or.jp/

東海不動産公正取引協議会
〒451-0031　名古屋市西区城西5-1-14
愛知県不動産会館
TEL:052-529-3300　FAX:052-529-3301
http://www.tfkoutori.jp/

一般社団法人 九州不動産公正取引協議会
〒812-0054　福岡県福岡市東区馬出1-13-10
福岡県不動産会館4F
TEL:092-631-5500　FAX:092-631-0445
https://www.k-koutori.com/

【会計基準関連協会】

日本公認会計士協会
〒102-8264　東京都千代田区九段南4-4-1

上場不動産会社一覧（2023年6月16日現在）

企業名	証券コード	市場名	備考
アーバンネットコーポレーション	3242	東証スタンダード	
アールエイジ	3248	東証スタンダード	
アールプランナー	2983	東証プライム	東京＋名古屋市場
青山財産ネットワーク	8929	東証スタンダード	
アグレ都市デザイン	3467	東証プライム	
アズーム	3496	東証グロース	
アズ企画設計	3490	東証スタンダード	
アスコット	3264	東証スタンダード	
アズマハウス	3293	東証スタンダード	
穴吹興産	8928	東証スタンダード	
APAMAN	8889	東証スタンダード	
AVANTIA	8904	東証プライム	東京＋名古屋市場
アルデプロ	8925	東証プライム	
And Do HD	3457	東証プライム	
アンビションDX HD	3300	東証グロース	
イーグランド	3294	東証スタンダード	
飯田グループHD	3291	東証プライム	
イオンモール	8905	東証プライム	
いちご	2337	東証プライム	
インテリックス	8940	東証プライム	
イントランス	3237	東証グロース	
ウィル	3241	東証スタンダード	
ウェルス・マネジメント	3772	東証スタンダード	
ウッドフレンズ	8886	東証スタンダード	東京＋名古屋市場
AMG HD（旧エムジーホーム）	8891	東証プライム	東京＋名古屋市場
ADワークスグループ	2982	東証プライム	
ASIAN STAR	8946	東証プライム	
SRE HD	2980	東証スタンダード	
エストラスト	3280	東証スタンダード	東京＋福岡市場
エスポア	3260	名証ネクスト	
エスリード（旧日本エスリード）	8877	東証プライム	
FJネクストHD	8935	東証プライム	
エムティジェネックス	9820	東証スタンダード	
エリアクエスト	8912	東証スタンダード	
エリアリンク	8914	東証スタンダード	

※株式会社の表示は省略した。
※HDはホールディングスの略。
※一覧ではTOKYO PRO Market（東京プロマーケット）は除く。

企業名	証券コード	市場名	備考
LA HD	2986	東証グロース	東京＋福岡市場
オープンハウスグループ	3288	東証プライム	
霞ヶ関キャピタル	3498	東証グロース	
カチタス	8919	東証プライム	
空港施設	8864	東証プライム	
グッドコムアセット	3475	東証プライム	
グッドライフカンパニー	2970	東証スタンダード	
グランディーズ	3261	東証グロース	東京＋福岡市場
グランディハウス	8999	東証プライム	
クリアル	2998	東証グロース	
グローバル・リンク・マネジメント	3486	東証プライム	
グローム・HD	8938	東証グロース	
ケイアイスター不動産	3465	東証プライム	
京阪神ビルディング	8818	東証プライム	
コーセーアールイー	3246	東証スタンダード	東京＋福岡市場
ゴールドクレスト	8871	東証プライム	
香陵住販	3495	東証スタンダード	
コスモスイニシア	8844	東証スタンダード	
THE グローバル社	3271	東証スタンダード	
サムティ	3244	東証プライム	
サンウッド	8903	東証スタンダード	
三栄建設設計	3228	東証プライム	東京＋名古屋、札幌、福岡市場
サンセイランディック	3277	東証プライム	
サンネクスタグループ（旧日本社宅サービス）	8945	東証プライム	
サンフロンティア不動産	8934	東証プライム	
シーアールアイ	3458	東証プライム	
GA technologies	3491	東証グロース	
G-FACTORY	3474	東証グロース	
ジェイ・エス・ビー	3480	東証プライム	
JPMC	3276	東証プライム	
地主	3252	東証プライム	東京＋名古屋市場
JALCO HD	6625	東証スタンダード	
新日本建物	8893	東証プライム	
スターツコーポレーション	8850	東証プライム	
スター・マイカ・HD	3230	東証プライム	
ストライダーズ	9816	東証スタンダード	
ストレージ王	2997	東証グロース	

企業名	証券コード	市場名	備考
住友不動産	8830	東証プライム	
センチュリー 21・ジャパン	8898	東証スタンダード	
セントラル総合開発	3238	東証スタンダード	
大英産業	2974	福証	
大東建託	1878	東証プライム	東京＋名古屋市場
タスキ	2978	東証グロース	
長栄	2993	東証スタンダード	
ツクルバ	2978	東証グロース	
テーオーシー	8841	東証スタンダード	
ティーケーピー	3479	東証グロース	
ディア・ライフ	3245	東証プライム	
デュアルタップ	3469	東証スタンダード	
テンポイノベーション	3484	東証プライム	
トーセイ	8923	東証プライム	
東急不動産 HD	3289	東証プライム	
東京建物	8804	東証プライム	
東京楽天地	8842	東証プライム	
東武住販	3297	東証スタンダード	
トラスト HD	3286	東証グロース	東京＋福岡市場
日住サービス	8854	東証スタンダード	
日神グループ HD	8881	東証プライム	
日本グランデ	2976	札証アンビシャス	
日本エスコン	8892	東証プライム	
日本空港ビルデング	9706	東証プライム	
日本システムバンク	5530	名証メイン	2023.4.14 上場
日本駐車場開発	2353	東証プライム	
野村不動産 HD	3231	東証プライム	
パーク二四	4666	東証プライム	
ハウスコム	3275	東証プライム	
ハウスフリーダム	8996	東証スタンダード	東京＋福岡市場
パラカ	4809	東証プライム	
パルマ	3461	東証グロース	
ビーロット	3452	東証プライム	
ビジネス・ワン HD	4827	福証Q-board	
ヒューリック	3003	東証プライム	
フージャース HD	3284	東証プライム	
ファースト住建	8917	東証プライム	
ファーストブラザーズ	3454	東証プライム	
ファンドクリエーショングループ	3266	東証スタンダード	

企業名	証券コード	市場名	備考
フェイスネットワーク	3489	東証プライム	
フォーライフ	3477	東証グロース	
フジ住宅	8860	東証プライム	
プレサンスコーポレーション	3254	東証スタンダード	
プロパスト	3236	東証スタンダード	
プロパティエージェント	3464	東証プライム	
property technologies	5527	東証グロース	
平和不動産	8803	東証プライム	東京＋名古屋、札幌、福岡市場
ホームポジション	2999	東証スタンダード	
毎日コムネット	8908	東証プライム	
誠建設工業	8995	東証スタンダード	
マリオン	3494	東証スタンダード	
三重交通グループ HD	3232	東証プライム	東京＋名古屋市場
三井不動産	8801	東証プライム	
三菱地所	8802	東証プライム	
宮越 HD	6620	東証プライム	
MIRARTH HD	8897	東証プライム	
ムゲンエステート	3299	東証プライム	
明豊エンタープライズ	8927	東証プライム	
明和地所	8869	東証プライム	
ヤマイチ・ユニハイムエステート	2984	東証スタンダード	
ヨシコン	5280	東証スタンダード	
RISE	8836	東証スタンダード	
ランディックス	2981	東証プライム	
ランド	8918	東証スタンダード	
ランドネット	2991	東証スタンダード	
ランドビジネス	8944	東証スタンダード	
LeTech	3497	東証グロース	
リベレステ	8887	東証スタンダード	
レーサム	8890	東証スタンダード	
レオパレス 21	8848	東証プライム	
REVOLUTION	8894	東証スタンダード	
ロードスターキャピタル	3482	東証スタンダード	
和田興産	8931	東証プライム	

全　145 社

内訳		
	東証プライム	64
	東証スタンダード	55
	東証グロース	21
	地方市場	5

代表的な未上場不動産会社一覧（アイウエオ順）

会社名	資本関係	不動産関連事業内容
ANA ファシリティーズ	ANA HD 100%子会社	オフィスビル・マンション・社宅・寮の賃貸などグループ内不動産関連業務
（株）CHINTAI	（株）エイブル&パートナーズのグループ会社	賃貸物件の空室情報提供サービス
ENEOS 不動産（旧 JX 不動産）	ENEOS HD 100%子会社	オフィスビル・住宅の賃貸、マンション・戸建て住宅・住宅用地の開発・分譲
JP プロパティーズ（旧郵船不動産）	日本郵政不動産 51%、日本郵船 49%	ビル、マンション等の不動産の賃貸、受託管理業務
JR 東海不動産	東海旅客鉄道 100% 子会社	①商業施設開発、②住宅の開発、管理・運営、③オフィスビルの管理・運営
JR 西日本不動産開発	西日本旅客鉄道 100%子会社	駅ビル、複合商業施設開発・賃貸、マンションの分譲・賃貸
JR 東日本都市開発	東日本旅客鉄道 100%子会社	①開発事業、② SC 運営、③オフィスビル・住宅の賃貸、④物販・飲食
NX 商事（旧日通商事）	NIPPON EXPRESS HD 100%子会社	NX（日本通運のアルファベット表記）グループ
アイディホーム	飯田グループ HD 100%子会社	不動産売買および仲介、建築工事請負、土地の開発、造成ならびに請負
旭化成不動産レジデンス	旭化成 100%子会社	都市開発事業、賃貸管理事業、売買仲介事業
（株）朝日ビルディング	朝日新聞社 100%子会社	貸ビル（各地朝日ホール、朝日ビル）中心
（株）アトレ	東日本旅客鉄道 91.4%子会社	JR 東日本との駅ビル共同開発、駅ビルの管理および運営、直営店の運営
（株）穴吹工務店	オリックス実質 100%子会社（株主：大京 100%）	不動産開発、不動産販売、建設請負
（株）アーネストワン	飯田グループ HD 100%子会社	マンション分譲、戸建て住宅分譲、建築工事設計施工
（株）飯田産業	飯田グループ HD 100%子会社	戸建て住宅分譲、マンション住宅分譲、注文住宅、土地分譲
伊藤忠アーバンコミュニティ	伊藤忠商事 100%子会社	伊藤忠グループのマンション管理会社
伊藤忠都市開発	伊藤忠商事 99.8%出資。ほかにセンチュリー 21・ジャパン	伊藤忠グループの唯一の総合不動産デベロッパー
伊藤忠ハウジング	伊藤忠商事、伊藤忠都市開発	伊藤忠グループの中心的不動産販売会社

※会社名の頭に株式会社が付くもののみ（株）の表示をした。
※HD はホールディングスの略。

会社名	資本関係	不動産関連事業内容
（株）エイブル	（株）エイブル&パートナーズのグループ会社	不動産賃貸仲介サービス事業
エヌ・ティ・ティ都市開発〈2019.1 上場廃止〉	NTT（日本電信電話）100%子会社（株主：NTT アーバンソリューション）	オフィスビル・商業施設・マンション等の不動産開発・賃貸事業
オークラヤ住宅	旧三和銀行（現三菱 UFJ 銀行）系	①不動産の売買、仲介および管理 ②マンションの企画、開発、販売 ③中古マンション売却実績大
大林新星和不動産	大林組 100%子会社	大林グループの不動産開発事業の中核を担う総合不動産会社
小田急不動産	小田急電鉄 100%子会社	戸建て、マンション分譲、ビル、マンションの賃貸
オリックス・ファシリティーズ	オリックス実質 100%子会社（株主：大京 100%）	総合ビル管理、賃貸マンション管理、建設業
オリックス不動産	オリックス 100%子会社	高齢者住宅の開発・運営、マンション・戸建て住宅等の分譲
（株）オープンハウス	（株）オープンハウスグループ 100%子会社	戸建ておよび米国不動産の販売
（株）オープンハウス・ディベロップメント	（株）オープンハウスグループ 100%子会社	戸建ておよびマンションの開発等
（株）オープンハウス・リアルエステート	（株）オープンハウスグループ 100%子会社	収益不動産の販売
関電不動産開発（旧関電不動産、MID 都市開発）	関西電力 100%子会社	収益不動産への投資事業、住宅開発事業
（株）木下不動産	（株）木下グループ（持株会社）系列	マンション企画分譲、集合住宅建築請負、不動産仲介
銀泉	旧住友銀行系	ビル賃貸、駐車場運営、保険代理店業務、不動産コンサルティング
近鉄不動産	近鉄グループ HD 100%子会社	戸建て、マンション分譲
京王不動産	京王電鉄系列	不動産売買、賃貸、仲介、管理
京急不動産	京浜急行電鉄系列	不動産売買、賃貸、仲介、管理
京成不動産	京成電鉄 100%子会社	不動産の売買、管理、賃貸、仲介
京阪神興業	旧神戸銀行（現三井住友銀行）系、株主：神戸土地建物 100%	ビルの賃貸管理、不動産の仲介事業
京阪電鉄不動産	京阪 HD 100% 子会社	不動産の分譲、仲介、リフォーム
神戸土地建物	旧神戸銀行（現三井住友銀行）系、持株会社	不動産賃貸、物品販売
神戸ビル管理	神戸土地建物グループ	建物総合管理、建築、運送
ケン・コーポレーション	ケン・コーポレーショングループ	外国人向け賃貸高級マンション仲介の草分け
ケン不動産リース	ケン・コーポレーショングループ	高級賃貸住宅のマスターリース事業

会社名	資本関係	不動産関連事業内容
（株）サンケイビル	フジ·メディア・HD 100%子会社	大手町のサンケイビルなどビル賃貸主力
三交不動産	三重交通グループHD 100%子会社	マンション、団地開発・分譲主力
三信	旧UFJグループ	不動産賃貸会社
清水総合開発	清水建設 100%子会社	住宅分譲、ビル・マンション管理
神鋼不動産	神戸製鋼所 100%子会社	分譲マンション、賃貸住宅
新東昭不動産	旧東海銀行（現三菱UFJ銀行）系	不動産仲介、コンサルティング、鑑定
スターツアメニティー	スターツコーポレーション 100%子会社	賃貸管理、駐車場経営
スターツピタットハウス	スターツコーポレーション 100%子会社	コンサルティング事業（FC店の募集経営指標等）、プロパティマネジメント
（株）スピナ	西日本鉄道 100%子会社	不動産賃貸、建築・設備工事、ビルメンテナンスが主力
住商建物	住友商事 100%子会社	オフィスビルの管理・運営
住友不動産建物サービス	住友不動産 100%子会社	建物総合管理
住友不動産販売	住友不動産 100%子会社	不動産仲介、マンション販売
（株）西武リアルティソリューションズ（旧西武プロパティーズ）	西武HD 100%子会社	不動産の所有・売買・管理・賃貸借・仲介業務等、ホテルの経営
世界貿易センタービル	日本政策投資銀行 12.7%他	ビル賃貸事業
清和綜合建物	旧第一銀行（現みずほ銀行）系	オフィスビル、マンション、社宅、寮の賃貸管理
積水ハウス不動産東京	積水ハウス 100%子会社	不動産賃貸 94%、他 6%
積水ハウス不動産東北	積水ハウス 100%子会社	不動産賃貸 85%、販売2仲介2管理1ほか 10%
総合地所	長谷工コーポレーション 100%子会社	マンション分譲、戸建て・宅地開発事業、賃貸マンション事業
相互住宅	第一生命保険系	不動産売買、賃貸借、管理仲介
双日新都市開発	双日 100%子会社	新築マンションの受託販売、不動産仲介コンサルティング、プロパティマネジメント
双日ライフワン（旧双日総合管理）	双日 100%子会社	マンションおよびビル管理、不動産オーナー代行業務
綜通	旧横浜正金銀行（現三菱UFJ銀行）関連として発足。現在三菱UFJ銀行系	不動産売買、賃貸借の仲介、あっせん管理、ビルの保有、賃貸
（株）相鉄アーバンクリエイツ	相鉄HD 100%子会社	オフィスビル、都市再開発事業の業務受託
（株）相鉄ビルマネジメント	相鉄HD 100%子会社	不動産賃貸業

会社名	資本関係	不動産関連事業内容
相鉄不動産	相鉄 HD 100%子会社	不動産分譲、賃貸マンション事業、分譲マンション、戸建て住宅開発（住宅系に特化）
相鉄不動産販売	相鉄 HD 100%子会社	不動産分譲、販売受託業務
相鉄リビングサポート	相鉄 HD 系列	相鉄グループのマンション管理
第一ビルディング	第一生命 HD 100% 会社	不動産投資法人所有のオフィスビルの運営・管理が主力
大栄不動産	旧埼玉銀行系（現埼玉りそな銀行系）	オフィスビル賃貸、不動産販売主力。ビル賃貸 29%，住宅 56%
（株）大京（2019.12 上場廃止）	オリックス 100%子会社	不動産開発、不動産販売、都市開発
（株）大京穴吹不動産	オリックス実質 100%子会社（株主 : 大京 100%）	不動産売買、仲介、賃貸借、管理
（株）大京アステージ	オリックス実質 100%子会社（株主 : 大京 100%）	マンション管理、修繕工事、マンションのライフサポート
大成有楽不動産	大成建設 100%子会社	不動産開発、建物・施設の管理までトータルサポート
大成有楽不動産販売	大成有楽不動産 100%子会社	仲介業務、販売代理、都市開発開発
ダイビル（2022.4 上場廃止）	（株）商船三井 100%子会社	オフィスビル・ホテルビル・商業ビル賃貸・管理、住宅賃貸
大星ビル管理	星光ビル管理、日本生命、高島屋、日本土地建物ほか	総合ビル管理
大和エステート	大和リビング（株）100%子会社	賃貸住宅の仲介
（株）大和地所	大和地所 HD 100%子会社	横浜地盤の総合不動産会社
大和ハウスパーキング	大和ハウス工業 100%子会社	パーキング、不動産賃貸、不動産販売
大和ハウスリアルエステート（旧日本住宅流通）	大和ハウス工業 100%子会社	仲介･管理･代理、鑑定、リフォーム
大和リース	大和ハウス工業 100%子会社	商業施設開発･運営、駐車場建設、自動車等リース事業
大和リビング（2022.1 大和リビングマネジメントを経営統合）	大和ハウス工業 100%子会社	賃貸住宅、賃貸マンションの管理・運営事業、マスターリース・サブリース事業
大和ハウスリアルティマネジメント	大和ハウス工業 100%子会社	商業施設運営管理
大和リゾート	（合同）恵比寿リゾート 100%	ホテル等リゾート施設の運営管理
（株）タカラレーベン（旧タカラレーベンは 2022.10 MIRARTH HD へ商号変更）	MIRARTH HD 100%子会社	新築分譲マンション企画、開発ならびに販売
タクトホーム	飯田グループ HD 100%子会社	戸建て住宅分譲・販売

会社名	資本関係	不動産関連事業内容
千歳コーポレーション（旧千歳興産）	旧三菱銀行系	オフィスビル（特に銀行店舗）賃貸、マンション賃貸
中央日本土地建物（旧日本土地建物、旧中央不動産）	中央日本土地建物グループ100%子会社。第一勧銀（現みずほ銀行）系	都市開発事業、不動産ソリューション事業、住宅事業
（株）東栄住宅	飯田グループHD 100%子会社	戸建て住宅分譲、マンション分譲、建築請負事業、不動産賃貸事業
東急コミュニティー〔サービス業〕	東急不動産HD 100%子会社	商業施設の管理、ビルマネジメント
東急住宅リース	東急不動産HD 100%子会社	不動産の賃貸管理運営が主業
東急不動産	東急不動産HD 100%子会社	商業施設の開発、アセットマネジメント
東急不動産SCマネジメント	東急不動産60%、東急コミュニティー40%出資	商業施設の運営、プロパティマネジメント
東急プロパティマネジメント（旧東急ファシリティサービス）	東急100%子会社	ビル資産の運営管理・経営代行（＝プロパティマネジメント）、ビル管理
（株）東急Re･デザイン〔建設業〕（旧東急ホームズ）	東急コミュニティー100%子会社（実質東急不動産HD 100%子会社）	新築･リフォーム事業、法人事業
（株）東急モールズデベロップメント	東急100%子会社	都市型商業施設運営
東急リゾーツ＆ステイ	東急不動産100%子会社	別荘、土地、マンション、会員制ホテル
東急リバブル	東急不動産HD 100%子会社	不動産売買仲介3位。マンション自社開発、受託販売
東京ガス不動産（旧東京ガス都市開発、東京ガス用地開発）	東京ガス100%子会社	東京ガスグループの不動産事業
東京建物アメニティサポート	東京建物100%子会社	分譲マンションの管理受託、ビル清掃、保険総合代理店
東京建物不動産販売	東京建物100%子会社	不動産仲介
東京ビルサービス	ヒューリック50.0%、東京建物48.3%	オフィスビルなどの清掃
東京不動産管理〔ビルメンテナンス業＝サービス業〕	東京建物39.5%，ヒューリック24.0%、大成建設、損保ジャパン各10.0%	ビル管理、ビル清掃
東京ミッドタウンマネジメント	三井不動産100%子会社	「東京ミッドタウン」の運営・管理業務全般
東建ビル管理	東建コーポレーション	賃貸マンション・アパートのサブリース事業、プロパティマネジメント（不動産経営管理）事業
東神開発	高島屋100%子会社	ショッピングセンターの開発・運営・管理が主軸

会社名	資本関係	不動産関連事業内容
東武不動産（旧東武プロパティーズ）	東武鉄道 100%子会社	不動産売買、仲介賃貸、管理、あっせんおよび鑑定
東洋不動産	旧三和銀行（現三菱 UFJ 銀行）系	不動産仲介，不動産の鑑定、デューデリジェンス開発、賃貸
（株）東京流通センター	三菱地所 54.2%連結子会社	平和島で物流ビル４棟、オフィスビル３棟所有
トヨタ不動産（旧東和不動産）	15 名（トヨタ自動車 19.5%、豊田自動織機 19.4%ほか）	不動産の所有、管理、売買、賃借ならびに受託管理。ビル賃貸が主
南海不動産	南海電気鉄道系列	不動産の売買、賃貸借、媒介、管理
日鉄興和不動産（旧新日鉄興和不動産）	みずほ銀行と日本製鉄が母体。株主は日本製鉄ほか 34 名	マンション・戸建て分譲、不動産賃貸、施設運営管理
日本総合住生活	都市再生機構（UR 都市機構）83%出資	都市再生機構ほかの賃貸住宅の修繕、維持管理が主業
野村殖産	旧野村財閥系	自社所有オフィスビル、マンションの賃貸管理専業
野村不動産	野村不動産 HD 100%子会社	「プラウド」ブランドなどマンション分譲（主力）
野村不動産ソリューションズ（旧野村不動産アーバンネット）	野村不動産 HD 100%子会社	個人・法人向け不動産仲介事業
野村不動産パートナーズ	野村不動産 HD 100%子会社	ビルマネジメント、マンション管理事業
（株）ハウスメイトパートナーズ	アイ・ビー・エスほか	賃貸物件のサブリースおよび管理運営
一建設	飯田グループ HD 100%子会社	戸建て住宅建築請負、建売住宅分譲販売
（株）長谷工コミュニティ	長谷工コーポレーション 100%子会社	マンション管理、仲介、賃貸
（株）長谷工アーベスト	長谷工コーポレーション 100%子会社	新築マンションの受託販売。業界トップ級
（株）長谷工不動産	長谷工コーポレーション 100%子会社	長谷工総合不動産デベロッパー
長谷工ライブネット	長谷工コーポレーション 100%子会社	賃貸マンションの管理運営
長谷工リアルエステート	長谷工コーポレーション 100%子会社	総合不動産流通企画
阪急阪神不動産	阪急阪神 HD 100%子会社	不動産賃貸、商業施設の賃貸、管理、マンション・住宅の分譲事業
（株）日立リアルエステートパートナーズ（旧日立アーバンインベストメント、日立ライフ）	日立製作所 100%子会社	マンション・一戸建て・宅地分譲、マンション賃貸、注文住宅、不動産仲介
（株）フージャースコーポレーション	フージャース HD 100% 子会社	マンション分譲販売

会社名	資本関係	不動産関連事業内容
ブラザー不動産	ブラザー工業 100%子会社	名古屋近郊戸建て分譲住宅施工・販売
（株）マリモ	マリモHD 100%子会社	マンション分譲、収益不動産事業
（株）丸の内よろず	旧三菱銀行（旧川崎第百銀行）系、三菱系	不動産賃貸、不動産仲介
丸紅都市開発（旧丸紅不動産販売）	丸紅 100%子会社	分譲・賃貸マンション事業、市街地再開発等総合不動産開発会社
丸紅リアルエステートマネジメント	丸紅 100%子会社	不動産活用コンサルティングから建物管理までワンストップサービス提供
みずほ不動産販売	みずほフィナンシャルグループ系列	不動産仲介 100%
三井住友トラスト不動産	三井住友信託銀行系列	不動産仲介 100%
三井物産都市開発	三井物産 100%子会社	ビル開発・運営、物流施設開発、不動産ソリューション事業
三井物産ファシリティーズ	三井物産 100%子会社	総合ファシリティマネジメント
三井不動産商業マネジメント	三井不動産 100%子会社	日本最大のSC「ららぽーと」ほか全国59の商業施設の運営受託
三井不動産ファシリティーズ	三井不動産 100%子会社	オフィスビル、SC、ホテル等の総合建物管理（ビルメンテナンス）
三井不動産リアルティ	三井不動産 100%子会社	不動産売買仲介連続首位。不動産仲介業（三井リハウス）と駐車場（三井のリパーク）運営
三井不動産レジデンシャル	三井不動産 100%子会社	マンション、戸建て分譲、賃貸住宅の開発、供給戸数は国内トップ級
三井不動産レジデンシャルサービス	三井不動産レジデンシャル 100%子会社	分譲マンション建物等の保守・管理
三井不動産レジデンシャルリース	三井不動産レジデンシャル 100%子会社	首都圏マンションの転貸が主力
三井ホームエステート	三井ホーム（三井不動産 100%子会社）100%子会社	賃貸住宅の企画、運営管理、メンテナンス、リフォーム
三越伊勢丹不動産	Blackstone（投資アドバイザー特定ファンド）ほか	賃貸運営管理、損害保険代理、建物・設備メンテナンス業務
三菱商事都市開発	三菱商事 100%子会社	収益不動産の開発
三菱地所コミュニティ	三菱地所コミュニティHD（三菱地所グループ 71.5%、丸紅 28.5%の持株会社）100%子会社	三菱地所グループのマンション管理会社
三菱地所パークス	三菱地所リアルエステートサービス 84.8%、三菱地所 15.2%	駐車場管理運営、駐車場コンサルティング

会社名	資本関係	不動産関連事業内容
三菱地所ハウスネット	三菱地所 100%子会社	不動産売買・賃貸仲介、賃貸管理
三菱地所プロパティマネジメント（2020.11 三菱地所リテールマネジメントを吸収合併）	三菱地所 100%子会社	ビルの総合的運営管理
三菱地所ホーム〔建設業〕	三菱地所 100%子会社	戸建て・集合住宅の設計施工ならびに住宅・店舗などのリフォーム
三菱地所リアルエステートサービス	三菱地所 100%子会社	事業用および投資用不動産を中心とした不動産の総合コンサルティング
三菱地所レジデンス	三菱地所 100%子会社	不動産開発全般ならびに販売
三菱電機ライフサービス	三菱電機 100%子会社	総合不動産サービス事業、ビジネスサービス事業ほか
三菱 UFJ 不動産販売	三菱 UFJ・FG 系列	不動産仲介
室町殖産	旧三井銀行系（三井住友海上、三井生命各 8%）	持株会社化、グループの統括会社の位置付けになった（所有ビルは子会社に譲渡）
室町建物	室町殖産 100%子会社	オフィス、商業ビルの賃貸・管理会社
名鉄都市開発（旧名鉄不動産）	名古屋鉄道の 100%子会社	土地建物の売買、賃貸借、管理、仲介、評価、鑑定および住宅地の造成
森トラスト	森トラスト HD 100%子会社	不動産・ホテル・投資の３本柱経営
森ビル	森一族関連３会社 93.3%	都市再開発に注力
安田不動産	旧芙蓉グループ（旧安田財閥系）	安田保善社の土地建物を継承。不動産賃貸 62%、不動産販売 31% ほか
（株）陽栄	旧太陽銀行（現三井住友銀行）系、株主：（株）陽栄 HD 100%	ビル賃貸・管理、土地建物売買、仲介
リサ・パートナーズ	（株）アークス、バロー HD ほか	不動産投資事業、アドバイザリー事業
菱重エステート	三菱重工業 100%子会社	三菱重工業使用のビル、工場設備、施設の管理からマンションの建設・分譲・仲介まで
合計 164 社		

索引
INDEX

あ行

か行

■さ行

■た行

■な行

■は行

■や行

■ら行

■わ行

■ま行

■数字

■アルファベット

●著者紹介

磯村　幸一郎（いそむら　こういちろう）

1938年生まれ。慶應義塾大学商学部卒業。

（株）富士銀行（現（株）みずほ銀行）入行、クボタハウス（株）（現サンヨーホームズ（株））を経て03年経営コンサルタントとして独立。

銀行支店では、官公庁・大企業、中堅・中小企業、個人・住宅店舗等であらゆる機関、業種・業態の取引先の融資・渉外業務に携わってきた。住宅・建設・不動産業の取引先との接触が比較的多かった。本部では、一般経営相談・診断業務のほか、住宅・建設・不動産の事業調査・業界調査業務に従事。

プレハブメーカーでは注文住宅の設計、施工、管理、マンションの分譲、不動産売買仲介等の実務を体験。

独立後は、個人・法人の創業支援、中小企業の事業計画・経営改善計画策定、資金繰り・資金調達、事業再生、事業承継支援等に従事してきた。

中小企業診断士、二級建築士、宅地建物取引士、二級FP技能士、（一社）東京都中小企業診断士協会城南支部参与、NPO法人横浜中小企業診断士会顧問。

図《ず》解《かい》入《にゅう》門《もん》業《ぎょう》界《かい》研《けん》究《きゅう》
最《さい》新《しん》不《ふ》動《どう》産《さん》業《ぎょう》界《かい》の動《どう》向《こう》とカラクリが
よ～くわかる本《ほん》［第《だい》４版《はん》］

発行日　2024年　3月25日　　第1版第1刷

著　者　磯村《いそむら》　幸一郎《こういちろう》

発行者　斉藤　和邦
発行所　株式会社　秀和システム
〒135-0016
東京都江東区東陽2-4-2　新宮ビル2F
Tel 03-6264-3105（販売）Fax 03-6264-3094
印刷所　三松堂印刷株式会社　　Printed in Japan

ISBN978-4-7980-6973-9 C0033